Matemática para o Ensino Médio

Caderno de Atividades
2º ano
volume 1

1ª Edição

Manoel Benedito Rodrigues

São Paulo
2021

Digitação, Diagramação : Sueli Cardoso dos Santos - suly.santos@gmail.com
Elizabeth Miranda da Silva - elizabeth.ms2015@gmail.com

www.editorapolicarpo.com.br
contato: contato@editorapolicarpo.com.br

Dados Internacionais de Catalogação, na Publicação (CIP)

(Câmara Brasileira do Livro, SP, Brasil)

Rodrigues, Manoel Benedito.

Matemática / Manoel Benedito Rodrigues.
- São Paulo: Editora Policarpo, **1ª Ed. - 2021**
ISBN: 978-65-88667-05-7
1. Matemática 2. Ensino Médio
I. Rodrigues, Manoel Benedito II. Título.

Índices para catálogo sistemático:

Todos os direitos reservados à:
EDITORA POLICARPO LTDA
Rua Dr. Rafael de Barros, 175 - Conj. 01
São Paulo - SP - CEP: 04003-041
Tel./Fax: (11) 3288 - 0895
Tel.: (11) 3284 - 8916

Índice

I TRIGONOMETRIA

1 – Ciclo trigonométrico..01

2 – Funções Circulares...30

3 – Relações fundamentais..56

4 – Identidades Trigonométricas..75

5 – Adição de Arcos...82

II TÓPICOS DE GEOMETRIA ANALÍTICA

1 – Distância entre pontos...119

2 – Equação de uma circunferência..125

III GEOMETRIA ESPACIAL

1 – Cilindros...139

2 – Cones..157

3 – Esferas..187

IV FUNÇÃO MODULAR

1 – Função Afim (Função polinomial do 1º grau).......................205

2 – Função polinomial do 2º grau (Função quadrática)..............213

3 – Função definida por várias sentenças..................................229

4 – Módulo de um número real...233

5 – Função modular..235

I TRIGONOMETRIA

1 – Ciclo trigonométrico

1) Arco de circunferência

Se A e B são as extremidades de um diâmetro de uma circunferência, a intersecção da circunferência com cada semi-plano com origem na reta AB é chamada **semicircunferência** ou **arco de meia volta**.

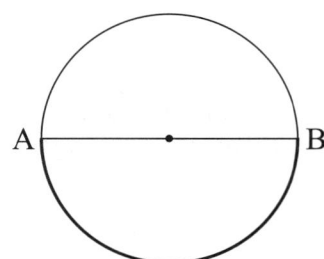

Se A e B não são extremidades de um diâmetro de uma circunferência de centro O, a intersecção da circunferência com o setor angular AÔB é chamado arco de circunferência de extremidades **A e B**. Como o conjunto formado por A, B e a outra parte da circunferência também é chamado arco de circunferência de extremidades A e B, para identificar os arcos, quando for necessário, vamos colocar uma terceira letra.

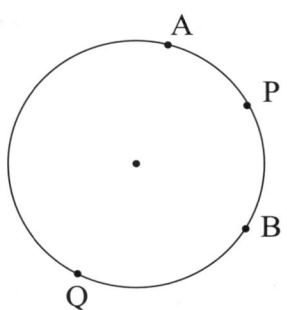

Notação: Arco AB = $\widehat{AB}$

(Arco menor de extremidades A e B) = $\widehat{APB}$

(Arco maior de extremidades A e B) = $\widehat{AQB}$

Quando A = B dizemos que A e B determinam dois arcos: um que é dito **arco nulo** e outro que é chamado **arco de uma volta**.

2) Medida de um arco de circunferência

A medida de um ângulo é conceituada por axiomas mas de uma forma elementar a medida de um ângulo, em graus, é um número real α de graus, com

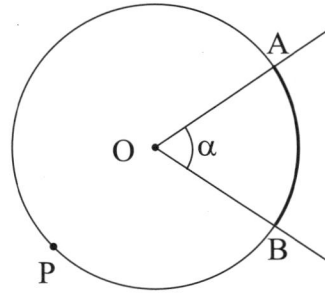

$0 < \alpha < 180$ e indicaremos $0° < \alpha° < 180°$

Quando escremos $0° < x < 180°$ deve ficar claro que $x = \alpha°$ e $0 < \alpha < 180$.

A medida **em graus** do menor arco AB determinado por dois pontos distintos A e B que não são extremidades de um diâmetro é definida como sendo a medida de AÔB.

$$m(\widehat{AB}) = m(A\hat{O}B)$$

A medida do arco maior AB, no caso, é dada por $360° - m(\widehat{AB})$.

$$m(\widehat{APB}) = 360° - m(\widehat{AB})$$

Diremos ainda que o arco nulo mede $0°$, o de meia volta $180°$ e o de uma volta $360°$.

3) Comprimento de um arco

Já sabemos que a razão entre o comprimento de uma circunferência e o seu diâmetro é a constante π, onde π é o número irracional 3,1415926535 897932384 ...

Então, o comprimento **C** de uma circunferência de raio **R** é dado por:

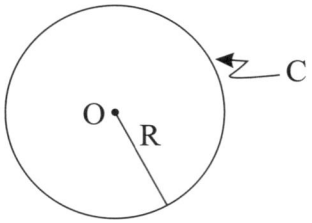

$$\frac{C}{2R} = \pi \Rightarrow \boxed{C = 2\pi R}$$

Como arcos congruentes, de uma mesma circunferência têm a mesma medida em graus e os comprimentos de arcos de uma mesma circunferência são proporcionais à suas medidas em graus, o comprimento ℓ de um arco de circunferência de medida α ($\alpha = x°$) será:

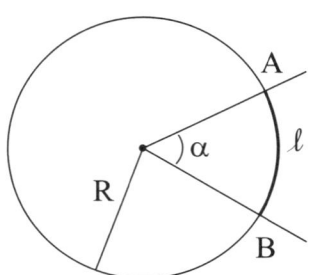

$$\ell = \frac{\alpha}{360°} \cdot C \Rightarrow \boxed{\ell = \frac{\alpha}{360°}(2\pi R)} \quad \text{ou} \quad \boxed{\ell = \frac{x}{360}(2\pi R)}$$

Note que o comprimento de um arco de circunferência é dado na mesma unidade do raio.

4) Radianos

O radiano é uma unidade para medir ângulos e também arcos de circunferência

Dizemos que um ângulo mede **1 radiano** (1 rad) quando ele determina numa circunferência de raio **R** e centro no vértice dele, um arco de comprimento **R** e dizemos que uma arco de uma circunferência de raio **R** mede **1 radiano**, quando o seu comprimento for igual a medida do raio **R**.

Se o comprimento ℓ do arco AB for igual a R, temos:

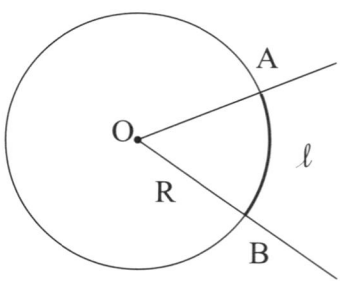

$$\boxed{m(A\hat{O}B) = 1 \text{ rad} \quad \text{e} \quad m(\overset{\frown}{AB}) = 1 \text{ rad}}$$

5) Medida de um arco em radiano

Para determinarmos o número real α de radianos que mede um arco AB de uma circunferência de raio **R**, basta acharmos a razão entre o comprimento de AB e R. Isto é:

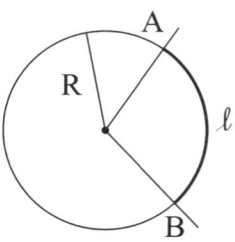

$$\boxed{\alpha = \frac{\ell}{R}} \quad \text{onde } \ell \text{ é o comprimento de } \overset{\frown}{AB}$$

Vejamos o intervalo de variação do número real α que expressa em radianos a medida de um arco de circunferência.

Como o comprimento ℓ de um arco de circunferência de raio R varia de Zero (arco nulo) até 2πR (circunferência), temos:

$$\boxed{0 \leq \ell \leq 2\pi R}$$ Dividindo por R obtemos:

$$\frac{0}{R} \leq \frac{\ell}{R} \leq \frac{2\pi R}{R} \Rightarrow \boxed{0 \leq \alpha \leq 2\pi}$$

Escreveremos também: $0 \text{ rad} \leq \alpha \text{ rad} \leq 2\pi \text{ rad}$

Quando escreveremos $0 \text{ rad} \leq x \leq 2\pi \text{ rad}$, deve ficar claro que $x = \alpha$ rad e α é real com $0 \leq \alpha \leq 2\pi$.

O comprimento de uma arco AB de uma circunferência de raio R pode ser dado em função da sua medida α radianos da seguinte forma:

$$\boxed{\alpha = \frac{\ell}{R}} \Rightarrow \boxed{\ell = \alpha R}$$, onde ℓ é o comprimento de $\widehat{AB}$

Obs: A medida de um ângulo, em radianos, é igual à medida em radianos do arco que os lados do ângulo determina em uma circunferência com centro no vértice do ângulo. Sendo α a medida de um ângulo, em radianos, note que:

$$0 \leq \alpha \leq \pi.$$

6) Área de um setor em função do arco em radianos

Sendo ℓ o comprimento do arco de um setor de uma circunferência de raio R, note que $\theta = \frac{\ell}{R}$ é a medida do arco em radiano. Como a área de um setor é dada por $\frac{1}{2}\ell R$, temos:

$$A_{setor} = \frac{1}{2}\ell R = \frac{1}{2}\frac{\ell}{R} \cdot R^2 = \frac{1}{2}\theta R^2 \Rightarrow \boxed{A_{setor} = \frac{\theta R^2}{2}}$$

Exemplo 1: A seguinte tabela mostra alguns arcos notáveis com as correspondentes medidas em graus e radianos.

Arco				
Graus	360	180	90	270
Radianos	2π	π	$\frac{\pi}{2}$	$\frac{3\pi}{2}$

Exemplo 2: Em cada caso está mostrada a correspondência entre as medidas, em graus e radianos, de um mesmo arco.

a) $180° \leftrightarrow \pi$ rad   b) $90° \leftrightarrow \frac{\pi}{2}$ rad   c) $45° \leftrightarrow \frac{\pi}{4}$ rad   d) $22°30' \leftrightarrow \frac{\pi}{8}$ rad

d) $11°15' \leftrightarrow \frac{\pi}{16}$ rad   e) $60° \leftrightarrow \frac{\pi}{3}$ rad   f) $30° \leftrightarrow \frac{\pi}{6}$ rad   g) $15° \leftrightarrow \frac{\pi}{12}$ rad

h) $120° \leftrightarrow \frac{2\pi}{3}$ rad   i) $135° \leftrightarrow \frac{3\pi}{4}$ rad   j) $150° \leftrightarrow \frac{5\pi}{6}$ rad   k) $75° \leftrightarrow \frac{5\pi}{12}$ rad

Exemplo 3: Obter em radianos a medida de um arco de 50°

1º Modo: (Regra de três)

$\begin{cases} 180° \longrightarrow \pi \text{ rad} \\ 50° \longrightarrow x \end{cases} \Rightarrow 180°x = 50°\pi \Rightarrow \boxed{x = \frac{5\pi}{18}} \Rightarrow 50° \leftrightarrow \frac{5\pi}{18}$ rad

2º Modo: $50° = \frac{50° \cdot \pi}{\pi} \Rightarrow x = \frac{50°\pi}{180°} \Rightarrow \boxed{x = \frac{5\pi}{18}}$

Obs: Para fazer a "volta" basta usarmos a correspondência $\pi \leftrightarrow 180°$

$\frac{5\pi}{18}$ rad $\leftrightarrow \frac{5 \cdot 180°}{18} = 5 \cdot 10° = 50°$

Exemplo 4: Um arco de uma circunferência de 10 cm de raio mede 25 cm.
Qual é em radianos a medida desse arco?

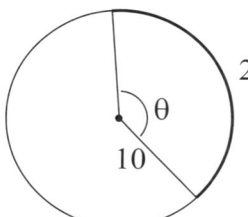

$\theta = \frac{\ell}{R} \Rightarrow \theta = \frac{25}{10} \Rightarrow \theta = \frac{5}{2}$ ou $\theta = 2,5$

Resp: 2,5 rad

Exemplo 5: Um setor circular mede $\frac{2\pi}{7}$ rad e tem 28π cm² de área.
Determine o raio do círculo.

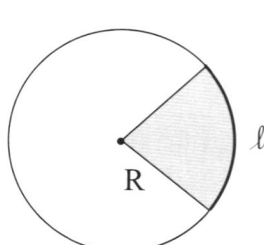

1º Modo: $A_{setor} = \frac{\theta R^2}{2} \Rightarrow 28\pi = \frac{1}{2} \frac{2\pi}{7} \cdot R^2 \Rightarrow$

$\Rightarrow R^2 = 196 \Rightarrow \boxed{R = 14}$

2º Modo: 1º) $\theta = \frac{\ell}{R} \Rightarrow \frac{2\pi}{7} = \frac{\ell}{R} \Rightarrow \ell = \frac{2\pi R}{7}$

2º) $A_{setor} = \frac{\ell R}{2} \Rightarrow 28\pi = \frac{2\pi R}{7} \cdot \frac{1}{2} \cdot R \Rightarrow$

$\Rightarrow R^2 = 196 \Rightarrow \boxed{R = 14}$ **Resp: 14 cm**

1 Em cada caso é dada uma medida, em graus, de um ângulo. Determine em radianos a medida do mesmo ângulo

a) 70°

b) 72°

c) 36°

d) 40°

2 Dada a medida em radianos, determine a medida correspondente em graus, nos casos:

a) $\frac{2\pi}{3}$ rad

b) $\frac{3\pi}{5}$ rad

c) $\frac{7\pi}{12}$ rad

d) $\frac{3\pi}{20}$ rad

3 O raio de uma circunferência mede 6 cm. Em cada caso é dado o comprimento ℓ de um arco dessa circunferência. Determine a medida, em radianos, desses arcos.

a) $\ell = 18$ cm

b) $\ell = 24$ cm

c) $\ell = 9\pi$ cm

d) $\ell = 9$ cm

4 Em cada caso é dado a medida, em radianos, de um arco de uma circunferência de 18 cm de raio. Determine o comprimento do arco.

a) $\frac{5\pi}{3}$ rad

b) 3 rad

5 Em cada caso é dado o comprimento ℓ de um arco de $\frac{2\pi}{3}$ rad de um arco de circunferência. Determine o raio da circunferência.

a) $\ell = 36\pi$ cm

b) $\ell = 54\pi$ cm

6 Em cada caso é dada a medida em graus de um arco AB de circunferência e o raio da circunferência. Determine o comprimento do arco AB.

a) 120° e 12 cm

b) 135° e 24 cm

7 Determine a área de um setor circular dado o ângulo α e o raio R.

a) α = 72°, R = $15\sqrt{2}$ cm

b) α = $\frac{5\pi}{9}$ rad, R = 18 cm

c) α = 225°, R = 12 cm

d) α = $\frac{4\pi}{5}$ rad, R = 15 cm

8 Como os submúltiplos do grau são o minuto e o segundo (1° = 60' e 1' = 60"), simplifique as seguintes medidas:

a) 15° 80'

b) 5° 100"

c) 2° 30' 150"

d) 25° 59' 60"

9 Efetuar:

a) 5° 31' 40" + 6° 50' 50"

b) 6° − 3° 40' 50"

c) 5 · (5° 15' 40")

d) (16° 22' 30") : 3

10 Expressar $\frac{\pi}{81}$ rad em graus.

11 Expressar 5° 37' 30" em radianos.

12 Com o auxílio de uma calculadora simples mostre que 1 rad corresponde a 57° 17' 44", aproximadamente.

(Usar $\pi = 3,1416$)

13 Determine o menor ângulo, em graus, formado pelos: ponteiros de um relógio nos seguintes horários:

a) 1 : 00 ↔   b) 2 : 00 ↔

c) 4 : 00 ↔   d) 7 : 00 ↔

e) 8 : 00 ↔   f) 10 : 00 ↔

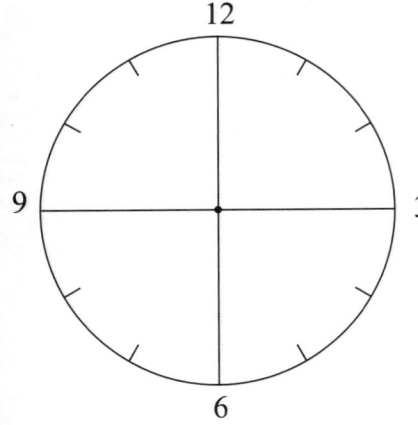

Resp: **1** a) $\frac{7\pi}{18}$ rad   b) $\frac{2\pi}{5}$ rad   c) $\frac{\pi}{5}$ rad   d) $\frac{2\pi}{9}$ rad   **2** a) 120°   b) 108°   c) 105°   d) 27°

3 a) 3 rad   b) 4 rad   c) $\frac{3\pi}{2}$ rad   d) $\frac{3}{2}$ rad   **4** a) 30 π cm   b) 54 cm   **5** a) 54 cm   b) 81 cm

7

14 Determine, em graus, o menor ângulo formado pelos ponteiros de um relógio nos seguintes horários:

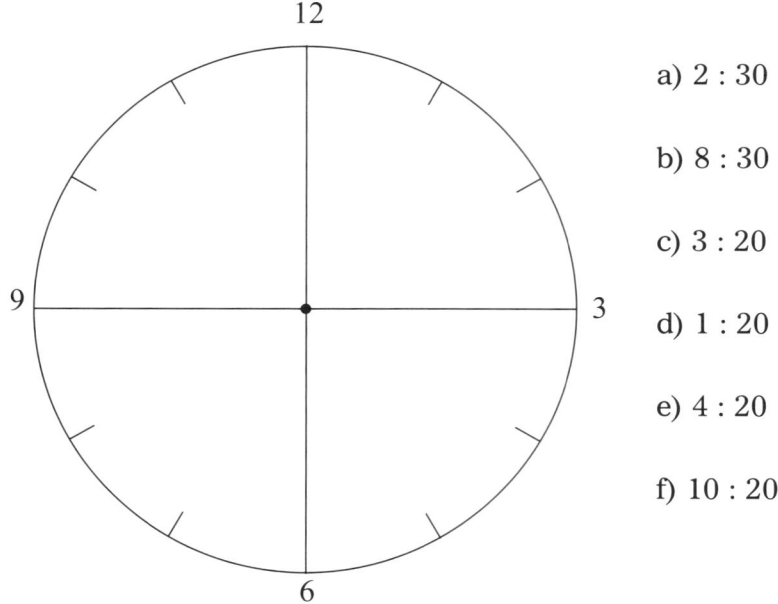

a) 2 : 30

b) 8 : 30

c) 3 : 20

d) 1 : 20

e) 4 : 20

f) 10 : 20

g) 6 : 50

h) 9 : 40

i) 8 : 50

j) 2 : 50

k) 1 : 15

l) 9 : 15

m) 6 : 45

n) 3 : 45

---

15 Os arcos AB e CD da figura são centrados em O e BD = 10 cm.

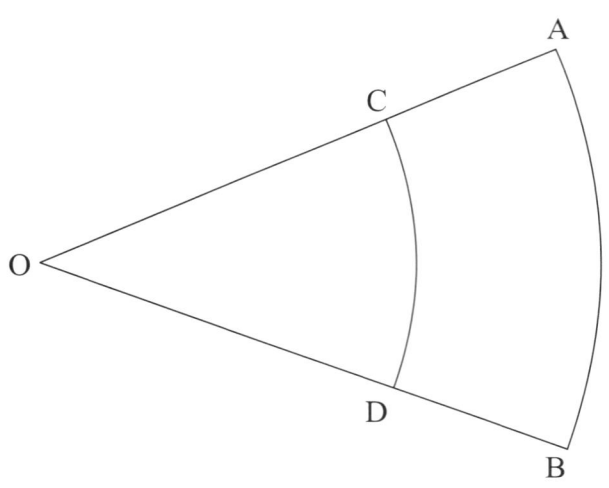

Se o arco AB tem $\frac{\pi}{5}$ rad e o arco CD 6π cm, determine:

a) A medida de CD em radianos

b) As medidas em graus dos arcos AB e CD

c) O comprimento do arco AB

d) A área do setor COD

e) A área do setor AOB

16 A região sombreada da figura abaixo é limitada por arcos centrados em **O** e tem 40π cm² de área. Determine o perímetro da região sombreada se os raios dos arcos medem 16 cm e 24 cm.

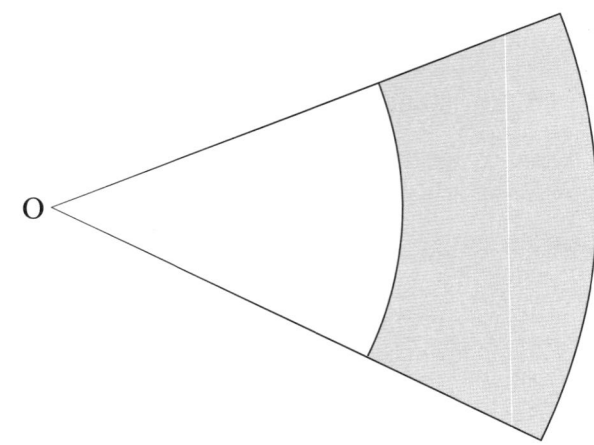

17 Os eixos x e y, neste e nos exercícios onde aparecerem, definem um sistema cartesiano ortogonal. Os arcos AM_1, AM_2, ... devem ser considerados como aquele que contém os pontos descritos por um ponto que percorre a circunferência no sentido anti-horário, partindo de **A** e indo até **M**. Neste exercício, por exemplo, $AM_3 = 270°$ e não $AM_3 = 90°$.
Determine, em graus, a medida do arco não nulo indicado, nos casos:

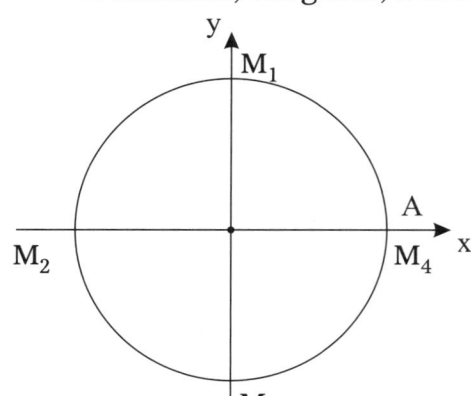

a) $\widehat{AM}_4 =$ (1 volta)

b) $\widehat{AM}_1 =$

c) $\widehat{AM}_2 =$

d) $\widehat{AM}_3 =$

18 Determine, em radianos, a medida do arco não nulo indicado, nos casos:

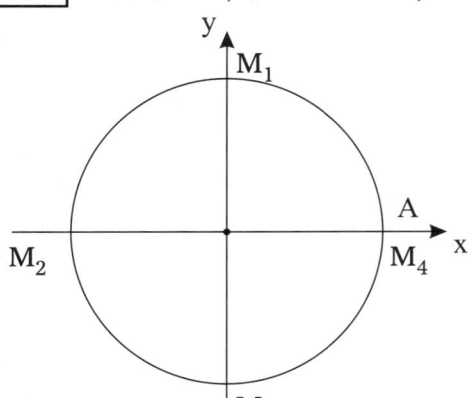

a) $\widehat{AM}_4 =$ ↔ 360° (1 volta)

b) $\widehat{AM}_2 =$ ↔ 180°

c) $\widehat{AM}_1 =$ ↔ 90°

d) $\widehat{AM}_3 =$ ↔ 3 · 90° = 270°

Resp: **6** a) 8π cm   b) 18π cm   **7** a) 90π cm²   b) 90π cm²   c) 90π cm²   d) 90π cm²
8 a) 16° 20'   b) 5° 1' 40"   c) 2° 32' 30"   d) 26°   **9** a) 12° 22' 30"
b) 2° 19' 10"   c) 26° 18' 20"   d) 5° 27' 30"   **10** 2° 13' 20"   **11** $\frac{\pi}{32}$ rad   **13** a) 30°
b) 60°   c) 120°   d) 150°   e) 120°   f) 60°

19 Sabendo que $M_1 M_2 M_3 M_4$ é um quadrado com lados perpendiculares aos eixos, determine as medidas, em graus, dos arcos da circunferência circunscrita, indicados:

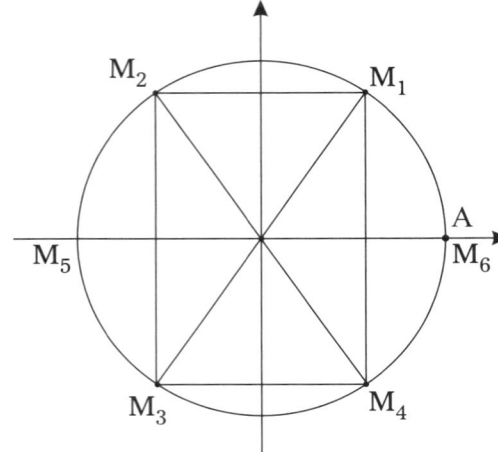

a) $\widehat{AM_1} =$

b) $\widehat{AM_2} =$

c) $\widehat{AM_3} =$

d) $\widehat{AM_4} =$

20 $M_1 M_2 M_3 M_4$ é um quadrado com lados perpendiculares aos eixos. Determine as medidas, em radianos, dos arcos indicados:

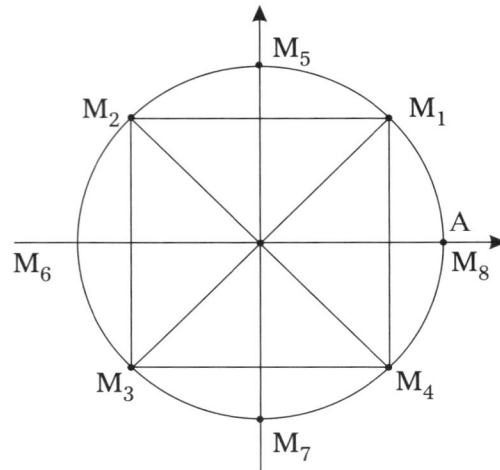

a) (1 volta) $\widehat{AM_8} =$

b) (meia volta) $\widehat{AM_6} =$

c) $\widehat{AM_5} =$

d) $\widehat{AM_1} =$

e) $\widehat{AM_2} = 3 \widehat{AM_1} =$

f) $\widehat{AM_3} = 5 \widehat{AM_1} =$

g) $\widehat{AM_7} = 6 \widehat{AM_1} =$

h) $\widehat{AM_4} = 7 \widehat{AM_1} =$

21 $M_1 M_2 M_3 M_4$ é um retângulo com lados perpendiculares aos eixos e lado horizontal $M_1 M_2$ congruente ao raio, doravante chamado "**retângulo em pé**". Determine as medidas, em graus, dos arcos, nos casos:

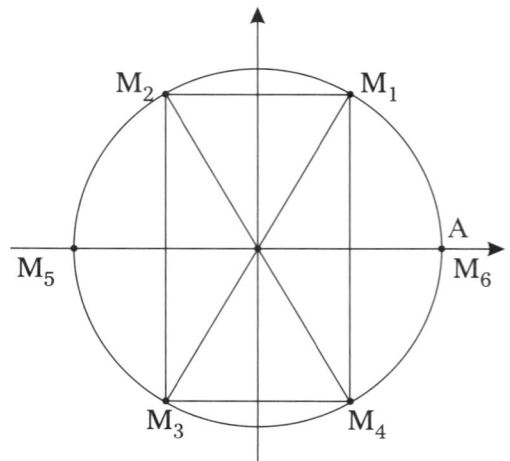

a) $\widehat{AM_1} =$

b) $\widehat{AM_2} =$

c) $\widehat{AM_5} =$

d) $\widehat{AM_3} =$

e) $\widehat{AM_4} =$

f) $\widehat{AM_6} =$ (1 volta)

22 $M_1 M_2 M_3 M_4$ é o "**retângulo em pé**" (lado horizontal $M_1 M_2$ = Raio da circunferência). Determine as medidas, em radianos, dos arcos:

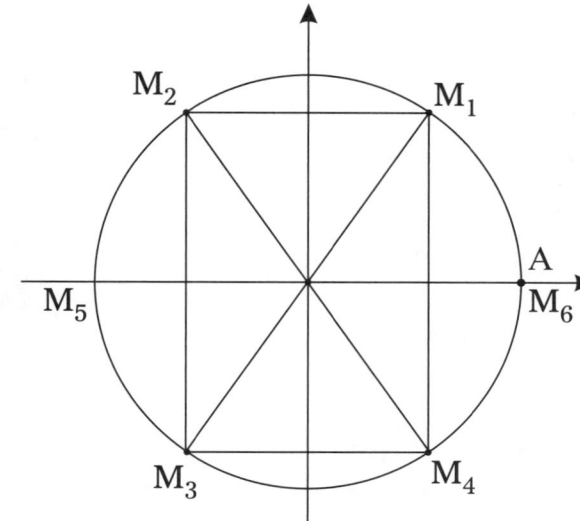

a) $\widehat{AM}_6 =$ (1 volta)

b) $\widehat{AM}_5 =$

c) $\widehat{AM}_1 = \frac{1}{3} \widehat{AM}_5 =$

d) $\widehat{AM}_2 = 2 \widehat{AM}_1 =$

e) $\widehat{AM}_3 = 4 \widehat{AM}_1 =$

f) $\widehat{AM}_4 = 5 \widehat{AM}_1 =$

g) $\widehat{AM}_6 = 6 \widehat{AM}_1 =$

---

23 $M_1 M_2 M_3 M_4$ é um retângulo com lados perpendiculares aos eixos e lado vertical $M_2 M_3$ congruente ao raio, doravante chamado "**retângulo deitado**". Determine, em graus, as medidas dos arcos indicados:

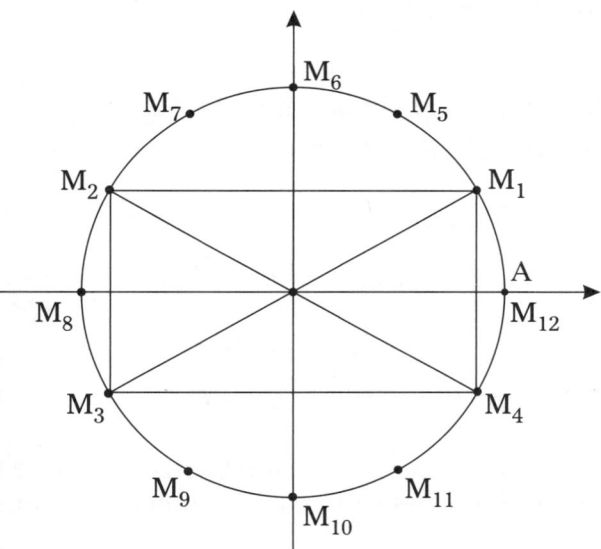

c) $\widehat{AM}_5 = 2 \widehat{AM}_1 =$

d) $\widehat{AM}_6 = 3 \widehat{AM}_1 =$

e) $\widehat{AM}_7 = 4 \widehat{AM}_1 =$

f) $\widehat{AM}_2 = 5 \widehat{AM}_1 =$

g) $\widehat{AM}_8 = 6 \widehat{AM}_1 =$

h) $\widehat{AM}_3 = 7 \widehat{AM}_1 =$

i) $\widehat{AM}_9 = 8 \widehat{AM}_1 =$

j) $\widehat{AM}_{10} = 9 . \widehat{AM}_1 =$

k) $\widehat{AM}_{11} = 10 \widehat{AM}_1 =$

a) $\widehat{AM}_8 =$

l) $\widehat{AM}_4 = 11 \widehat{AM}_1 =$

b) $\widehat{AM}_1 = \frac{1}{6} \widehat{AM}_8 =$

m) $\widehat{AM}_{12} = 12 \widehat{AM}_1 =$

Resp: **14** a) 105° b) 75° c) 20° d) 80° e) 10° f) 170° g) 95° h) 50°
i) 35° j) 145° k) 52° 30' l) 172° 30' m) 67° 30' n) 157° 30' **15** a) $\frac{\pi}{5}$ rad
b) 36° e 36° c) 8π cm d) 90π cm² e) 160π cm² **16** $2(5\pi + 8)$ cm **17** a) 360°
b) 90° c) 180° d) 270° **18** a) 2π b) π c) $\frac{\pi}{2}$ d) $\frac{3\pi}{2}$

24 $M_1 M_2 M_3 M_4$ é o "**retângulo deitado**" (lado vertical $M_2 M_3$ = Raio da circunferência). Determine as medidas, em radianos, dos arcos:

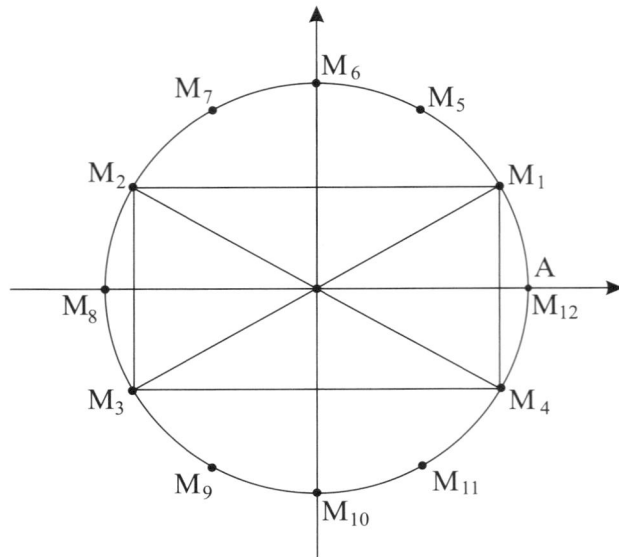

a) $\widehat{AM}_8 =$

b) $\widehat{AM}_5 = \frac{1}{3} \widehat{AM}_8 =$

c) $\widehat{AM}_1 = \frac{1}{2} \widehat{AM}_5 =$

d) $\widehat{AM}_6 = 3 \widehat{AM}_1 =$

e) $\widehat{AM}_7 = 4 \widehat{AM}_1 =$

f) $\widehat{AM}_2 = 5 \widehat{AM}_1 =$

g) $\widehat{AM}_8 = 6 \widehat{AM}_1 =$

h) $\widehat{AM}_3 = 7 \widehat{AM}_1 =$

i) $\widehat{AM}_9 = 8 \widehat{AM}_1 =$

j) $\widehat{AM}_{10} = 9 \widehat{AM}_1 =$

k) $\widehat{AM}_{11} = 10 \widehat{AM}_1 =$

l) $\widehat{AM}_4 = 11 \widehat{AM}_1 =$

m) $\widehat{AM}_{12} = 12 \widehat{AM}_1 =$

25 $M_5 M_6 M_7 M_8$ é quadrado com lados perpendiculares aos eixos, $M_9 M_{10} M_{11} M_{12}$ é o "**retângulo em pé**" e $M_{13} M_{14} M_{15} M_{16}$ é o "**retângulo deitado**". Complete, em radianos:

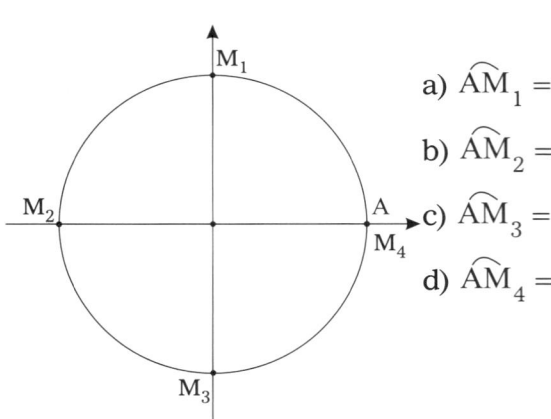

a) $\widehat{AM}_1 =$

b) $\widehat{AM}_2 =$

c) $\widehat{AM}_3 =$

d) $\widehat{AM}_4 =$

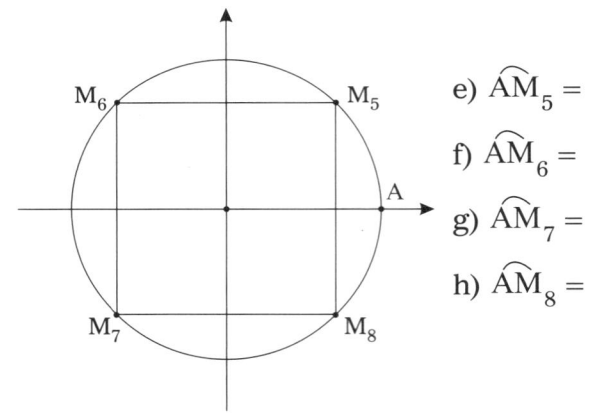

e) $\widehat{AM}_5 =$

f) $\widehat{AM}_6 =$

g) $\widehat{AM}_7 =$

h) $\widehat{AM}_8 =$

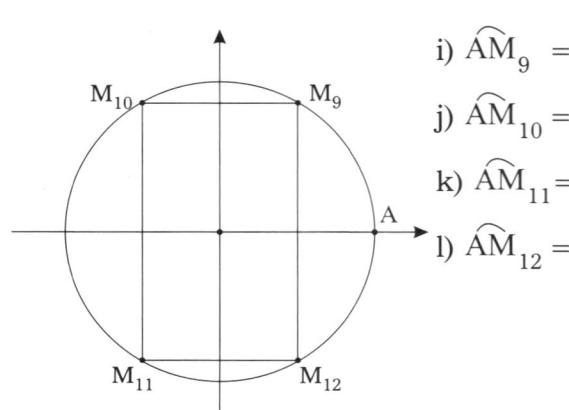

i) $\widehat{AM}_9 =$

j) $\widehat{AM}_{10} =$

k) $\widehat{AM}_{11} =$

l) $\widehat{AM}_{12} =$

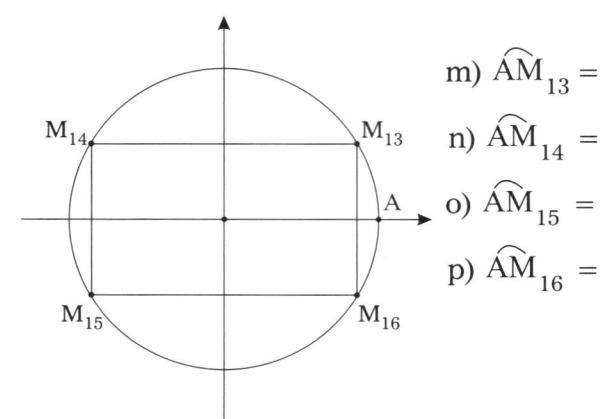

m) $\widehat{AM}_{13} =$

n) $\widehat{AM}_{14} =$

o) $\widehat{AM}_{15} =$

p) $\widehat{AM}_{16} =$

EXTRA Observe a figura abaixo e complete-a de acordo com o roteiro dado:

1º) Desenhe a circunferência λ com centro em **O** e raio OA.

2º) Sobre essa circunferência marque as extremidades $M_1, M_2, ..., M_{12}$ dos arcos $\widehat{AM}_1 = 30°$, $\widehat{AM}_2 = 60°$, $\widehat{AM}_3 = 90°$ até $\widehat{AM}_{12} = 360°$ (Lembre-se da construção do arco de 60° em desenho geométrico).

3º) Marque agora as extemidades $M_I, M_{II}, M_{III}, M_{IV}$ dos arcos $\widehat{AM}_I = 45°$, $\widehat{AM}_{II} = 135°$, $\widehat{AM}_{III} = 225°$ e $\widehat{AM}_{IV} = 315°$ (lembre-se da construção da bissetriz de ângulo em D. G.)

4º) Desenhe nessa figura o "**quadrado**", o "**retângulo em pé**" e o "**retângulo deitado**".

Dê as medidas em radianos dos seguintes arcos:

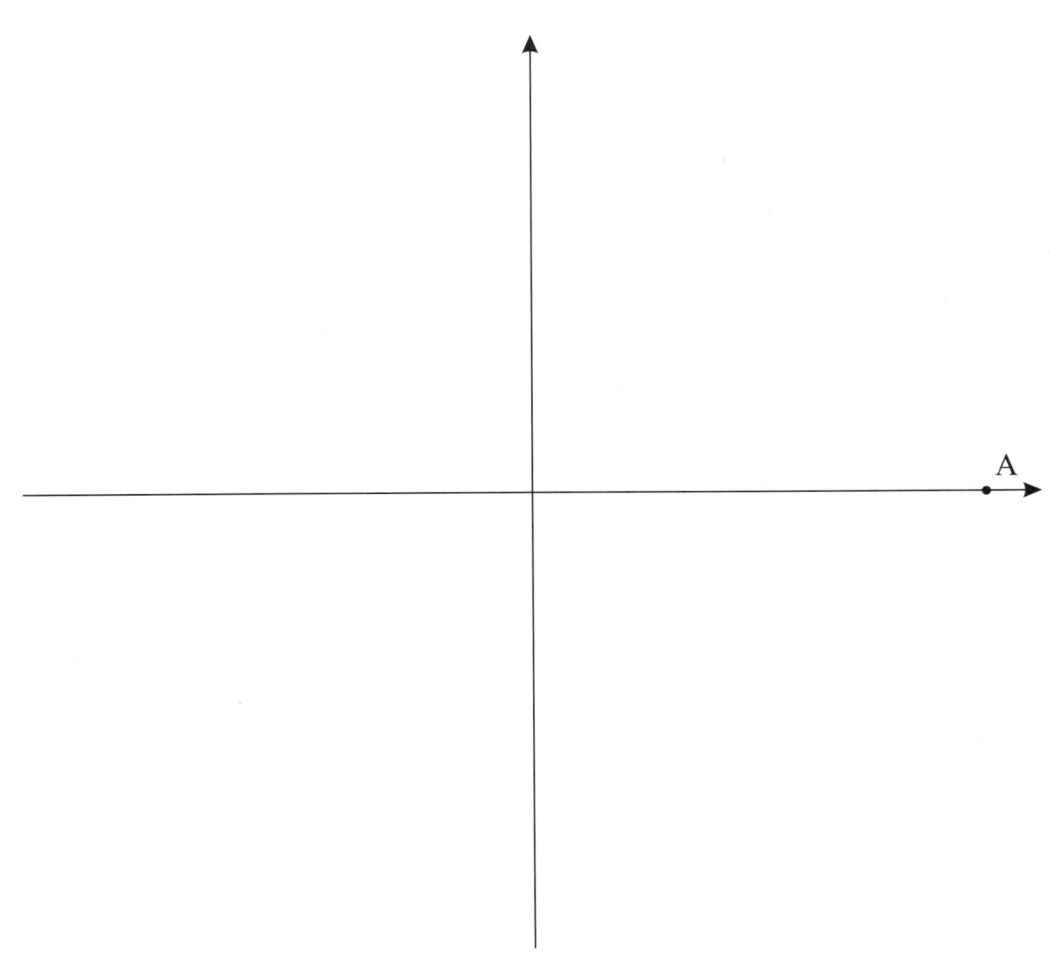

a) $\widehat{AM}_6 =$ b) $\widehat{AM}_1 =$ c) $\widehat{AM}_5 =$ d) $\widehat{AM}_7 =$

e) $\widehat{AM}_{11} =$ f) $\widehat{AM}_3 =$ g) $\widehat{AM}_I =$ h) $\widehat{AM}_{II} =$

i) $\widehat{AM}_{III} =$ j) $\widehat{AM}_{IV} =$ k) $\widehat{AM}_6 =$ l) $\widehat{AM}_2 =$

m) $\widehat{AM}_4 =$ n) $\widehat{AM}_8 =$ o) $\widehat{AM}_{10} =$ p) $\widehat{AM}_6 =$

q) $\widehat{AM}_3 =$ r) $\widehat{AM}_9 =$ s) $\widehat{AM}_{12} =$

Resp: **19** a) 45° b) 135° c) 225° d) 315°   **20** a) 2π b) π c) $\frac{\pi}{2}$ d) $\frac{\pi}{4}$ e) $\frac{3\pi}{4}$ f) $\frac{5\pi}{4}$ g) $\frac{6\pi}{4} = \frac{3\pi}{2}$ h) $\frac{7\pi}{4}$ **21** a) 60° b) 120° c) 180° d) 240° e) 300° f) 360°

22 a) 2π b) π c) $\frac{\pi}{3}$ d) $\frac{2\pi}{3}$ e) $\frac{4\pi}{3}$ f) $\frac{5\pi}{3}$ g) $\frac{6\pi}{3} = 2\pi$

23 a) 180° b) 30° c) 60° d) 90° e) 120° f) 150° g) 180° h) 210° i) 240° j) 270° k) 300° l) 330° m) 360°

7) Ciclo trigonométrica

Vamos definir uma circunferência λ com centro em O (origem do plano cartesiano ortogonal O x y) e raio igual a uma unidade desse sistema (R = 1). Seja **A** o ponto de interseção dessa circunferência com a parte positiva do eixo das abscissas (Ox) : **A** será a origem de todos os arcos medidos sobre essa circunferência (ver figura abaixo), seja em graus, seja em radianos.

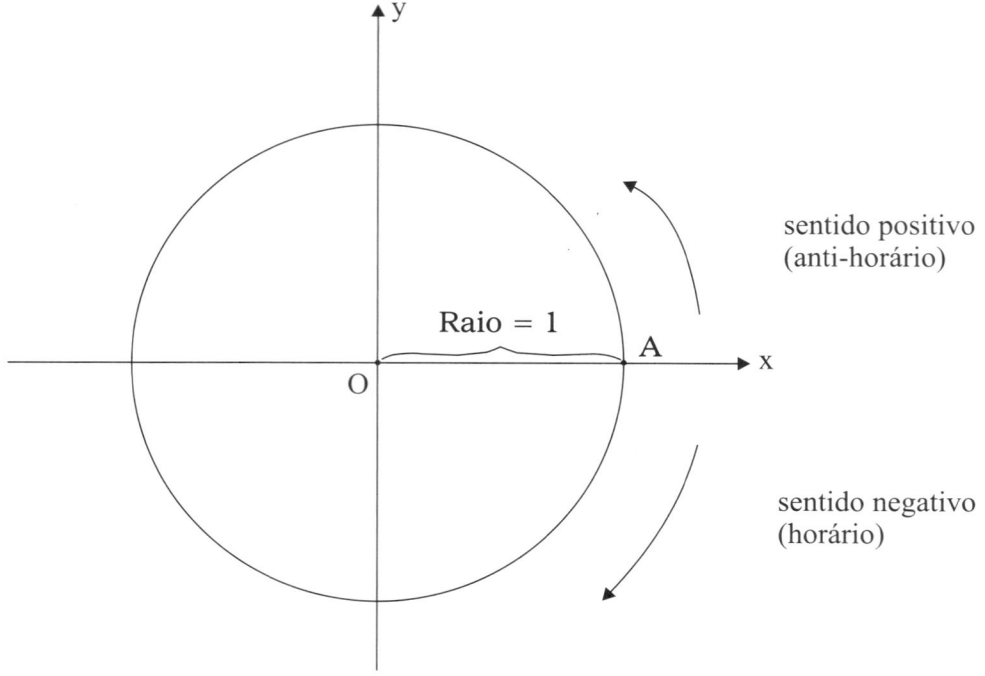

Para cada número real **a** dado, teremos em correspondência um único ponto M dessa circunferência que é a extremidade do arco $\widehat{AM}$ cuja medida é **a** (**med ($\widehat{AM}$) = a, em graus ou radianos** . Esse ponto M será chamado de **imagem trigonométrica de a** ($a \in R$) e será localizado de acordo com a seguinte convenção:

(I) $a \in R \mid a > 0$ (arco positivo) $\longrightarrow$ o arco $\widehat{AM}$ será percorrido no sentido **anti-horário**.(na unidade adotada).

(II) $a \in R \mid a < 0$ (arco negativo) $\longrightarrow$ o arco $\widehat{AM}$ será percorrido no sentido **horário**.(na unidade adotada).

(III) **a = 0** (arco nulo) $\longrightarrow$ o ponto M (imagem de a) coincide com A (origem de todos os arcos).

A essa circunferência assim definida, daremos o nome de **ciclo trigonométrico**.(ou circunferência trigonométrica).

Observações:

1ª) O comprimento dessa circunferência é 2π pois R = 1 (C = $2\pi R = 2\pi \cdot 1 = 2\pi$).

2ª) O ponto A tem coordenadas (1, 0).

3ª) As extremidades dos arcos $\widehat{AM}_1 \mid \widehat{AM}_1 = 90°$, $\widehat{AM}_2 \mid \widehat{AM}_2 = 180°$ e $\widehat{AM}_3 \mid \widehat{AM}_3 = 270°$ são os pontos de coordenadas: $M_1 = (0, 1)$, $M_2 = (-1, 0)$ e $M_3 = (0, -1)$.

4ª) É muito importante notar-se que a aplicação de R (números reais) em λ (circunferência) **não é injetora** pois se para **cada** $a \in R$ **dado existe uma única imagem** $M \in \lambda$, para **cada** $M \in \lambda$ **dado existem infinitos números reais a** em correspondência: o ponto $M_1 = (0, 1)$, por exemplo, é imagem dos números reais 90°, 450° = 90° + 360°, 810° = 90° + 2 · 360°, etc.

5º) Fica convencionado neste livro que quando não vier expressamente definida a unidade de medida do arco $\widehat{AM}$, essa unidade será o radiano.

6ª)   1ª volta positiva $\leftrightarrow$ $0° \leq x < 360°$ ou $0 \leq x < 2\pi$
             2ª volta positiva $\leftrightarrow$ $360° \leq x < 720°$ ou $2\pi \leq x < 4\pi$
             3ª volta positiva $\leftrightarrow$ $720° \leq x < 1080°$ ou $4\pi \leq x < 6\pi$
             1ª volta negativa $\leftrightarrow$ $-360° \leq x < 0°$ ou $-2\pi \leq x < 0$, etc.

7ª) Lembre-se: $2\pi = \dfrac{6\pi}{5} = \dfrac{8\pi}{4} = \dfrac{4\pi}{2} = \dfrac{12\pi}{6} = \ldots$ (1 volta)   (1 volta)

$4\pi = \dfrac{8\pi}{2} = \dfrac{12\pi}{3} = \dfrac{16\pi}{4} = \dfrac{24\pi}{6} = \ldots$ (2 voltas), etc.

26 No ciclo trigonométrico desenhado abaixo, temos:
$\widehat{AM}_1 = 30°$, $\widehat{AM}_2 = 60°$, $\widehat{AM}_3 = 90°$, ..., $\widehat{AM}_{12} = 360°$. Nessas condições, diga em cada caso qual é o ponto correspondente (imagem) dos seguintes números reais a:

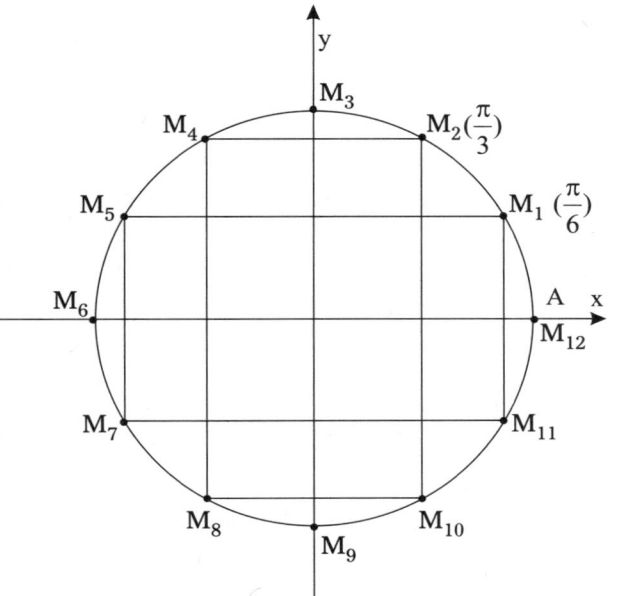

a) $a_1 = 60°$ ( )   b) $a_2 = -30°$ ( )
c) $a_3 = 120°$ ( )   d) $a_4 = -240°$ ( )
e) $a_5 = -150°$ ( )   f) $a_6 = 210°$ ( )
g) $a_7 = -270°$ ( )   h) $a_8 = \dfrac{\pi}{6}$ ( )

i) $a_9 = \dfrac{5\pi}{6}$ ( )   j) $a_{10} = -\dfrac{7\pi}{6}$ ( )

k) $a_{11} = -\dfrac{11\pi}{6}$ ( )   l) $a_{12} = -\pi$ ( )

m) $a_{13} = \dfrac{\pi}{2}$ ( )   n) $a_{14} = \dfrac{\pi}{3}$ ( )

o) $a_{15} = -\dfrac{\pi}{3}$ ( )   p) $a_{16} = \dfrac{4\pi}{3}$ ( )

q) $a_{17} = -\dfrac{5\pi}{3}$ ( )   r) $a_{18} = \dfrac{2\pi}{3}$ ( )

s) $a_{19} = -\dfrac{2\pi}{3}$ ( )   t) $a_{20} = 450°$ ( )   u) $a_{21} = -390°$ ( )   v) $a_{22} = 660°$ ( )

w) $a_{23} = 840°$ ( )   x) $a_{24} = -570°$ ( )   y) $a_{25} = -690°$ ( )   z) $a_{26} = -930°$ ( )

Propriedade importante (um modo mais simples para localizar a imagem de um arco com medida negativa)

Dados dois números reais simétricos a e −a de imagens M_1 e M_2, respectivamente, no ciclo trigonométrico, os pontos M_1 e M_2 serão, sempre, simétricos em relação ao eixo das abscissas (observe a figura) e, assim sendo, para simplificar podemos adotar o seguinte procedimento ao procurar a imagem do número real a = −930°, por exemplo:

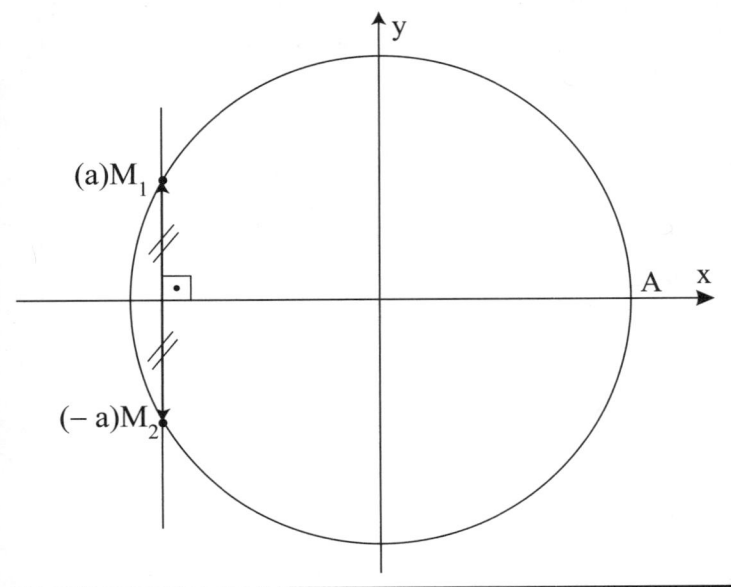

1°) "Esquecemos" o sinal, de "menos".

2°) Localizamos a imagem de 930°
930° = 360° + 360° + 210° que é o ponto M_7 na figura acima.

3°) A imagem procurada é o ponto M_5 simétrico de M_7 em relação ao eixo das abscissas (horizontal).

4°) a = −930° $\xleftrightarrow{\text{imagem}}$ M_5.

Resp: **24** a) π b) $\dfrac{\pi}{3}$ c) $\dfrac{\pi}{6}$ d) $\dfrac{\pi}{2}$ e) $\dfrac{2\pi}{3}$ f) $\dfrac{5\pi}{6}$ g) π h) $\dfrac{7\pi}{6}$ i) $\dfrac{4\pi}{3}$ j) $\dfrac{3\pi}{2}$ k) $\dfrac{5\pi}{3}$ l) $\dfrac{11\pi}{6}$ m) 2π

25 a) $\dfrac{\pi}{2}$ b) π c) $\dfrac{3\pi}{2}$ d) 2π e) $\dfrac{\pi}{4}$ f) $\dfrac{3\pi}{4}$ g) $\dfrac{5\pi}{4}$ h) $\dfrac{7\pi}{4}$ i) $\dfrac{\pi}{3}$ j) $\dfrac{2\pi}{3}$ k) $\dfrac{4\pi}{3}$ l) $\dfrac{5\pi}{3}$ m) $\dfrac{\pi}{6}$

n) $\dfrac{5\pi}{6}$ o) $\dfrac{7\pi}{6}$ p) $\dfrac{11\pi}{6}$

27 No ciclo trigonométrico desenhado abaixo, determine as imagens trigonométricas de cada número real dado sabendo que $\widehat{AM}_1 = 45°$, $\widehat{AM}_2 = 90°$, $\widehat{AM}_3 = 135°$, ... , $\widehat{AM}_8 = 360°$. (Se julgar interessante, utilize a propriedade da página anterior para "arcos negativos").

Lembre-se

$\frac{\pi}{2} \longleftrightarrow 90°$

$\frac{\pi}{4} \longleftrightarrow 45°$

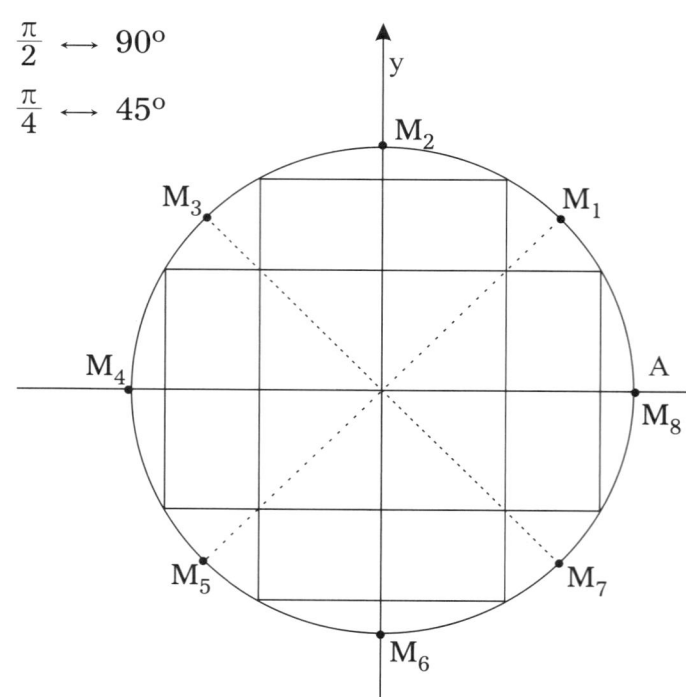

a) $a_1 = 45°$ ( ) b) $a_2 = -45°$ ( )

c) $a_3 = -135°$ ( ) d) $a_4 = -315°$ ( )

e) $a_5 = -225$ ( ) f) $a_6 = \frac{\pi}{4}$ ( )

g) $a_7 = \frac{2\pi}{4}$ ( ) h) $a_8 = \frac{3\pi}{4}$ ( )

i) $a_9 = \frac{4\pi}{4}$ ( ) j) $a_{10} = \frac{5\pi}{4}$ ( )

k) $a_{11} = \frac{6\pi}{4}$ ( ) l) $a_{12} = -\frac{7\pi}{4}$ ( )

m) $a_{13} = -405°$ ( ) n) $a_{14} = \frac{11\pi}{4}$ ( )

o) $a_{15} = -\frac{15\pi}{4}$ ( ) p) $a_{16} = -\frac{17\pi}{4}$ ( )

q) $a_{17} = -\frac{21\pi}{4}$ ( ) r) $a_{18} = -585°$ ( ) s) $a_{19} = 855°$ ( ) t) $a_{20} = -1395°$ ( )

Observação: note que as medidas dos arcos $\widehat{AM}_1$, $\widehat{AM}_2$, etc. formam a progressão aritmética PA = (45°, 90°, 135°, ..., 360°) de razão r = 45°.

---

28 Assinale no ciclo trigonométrico abaixo (com a ajuda de um compasso) as imagens de todos os arcos cujas medidas em graus são dadas pela expressão: $a_k = 30° + k \cdot 60°$, $k \in \mathbb{Z}$.

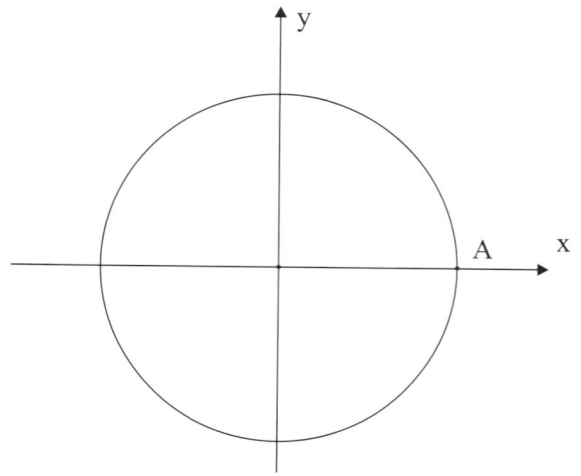

$k = 0 \rightarrow a_0 = 30° + 0 \cdot 60° = 30°$

$k = 1 \rightarrow a_1 = 30° + 1 \cdot 60° = 90°$

$k = 2 \rightarrow a_2 =$

$k = 3 \rightarrow a_3 =$

$k = 4 \rightarrow a_4 =$

$k = 5 \rightarrow a_5 =$

$k = 6 \rightarrow a_6 =$

$k = -1 \rightarrow a_{-1} = 30° + (-1) \cdot 60° = -30°$

29 Represente, em cada caso, as imagens dos números reais dados em cada expressão (utilize um compasso para localizar essas imagens).

a) $a_k = \dfrac{3\pi}{4} + k \cdot \dfrac{\pi}{2} \ (k \in \mathbb{Z})$

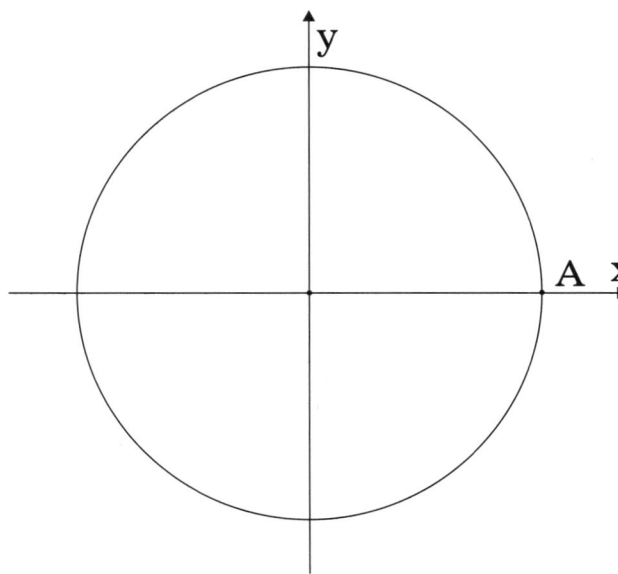

$k = 0 \rightarrow a_0 = \dfrac{3\pi}{2} + 0 \cdot \dfrac{\pi}{2} = \dfrac{3\pi}{2}$

$k = 1 \rightarrow a_1 =$

$k = -1 \rightarrow a_{-1} =$

$k = -2 \rightarrow a_{-2} =$

$k = -3 \rightarrow a_{-3} =$

$k = -4 \rightarrow a_{-4} =$

Observação: não usamos $k = 2$ pois o valor obtido seria $a_2 = \dfrac{3\pi}{2} + \pi = \dfrac{5\pi}{2}$, maior que uma volta e portanto menos conveniente.

b) $b_k = \dfrac{\pi}{2} + k \cdot \dfrac{\pi}{4} \ (k \in \mathbb{Z})$

$k = 0 \rightarrow b_0 = \dfrac{\pi}{2} + 0 \cdot \dfrac{\pi}{4} = \dfrac{\pi}{2}$
$k = 1 \rightarrow$

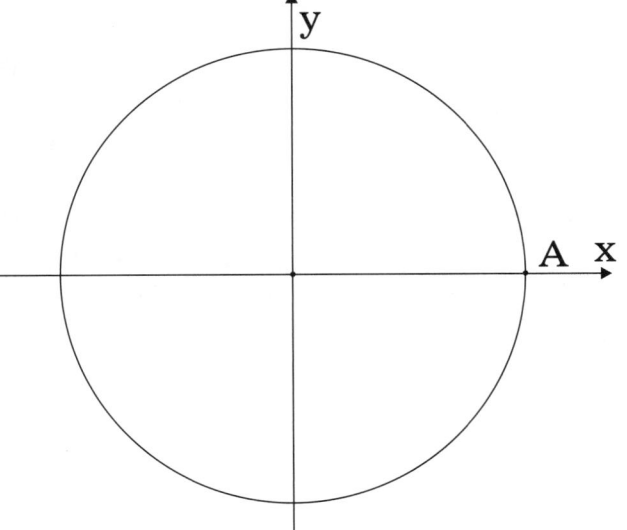

Complete, atribuindo valores convenientes para k ($k \in \mathbb{Z}$) de modo que $0 \leqslant a_k < 2\pi$ (1ª volta).

Resp: **26** a) M_2 b) M_{11} c) M_4 d) M_4 e) M_7 f) M_7 g) M_3 h) M_1 i) M_5 j) M_5 k) M_1
l) M_6 m) M_3 n) M_2 o) M_{10} p) M_8 q) M_2 r) M_4 s) M_8 t) M_3 u) M_{11} v) M_{10}
w) M_4 x) M_5 y) M_1 z) M_5

30 Represente graficamente as imagens trigonométricas dos arcos dados pelas expressões:

a) $a_k = \pi + k \cdot \frac{2\pi}{3}$ $(k \in \mathbb{Z})$

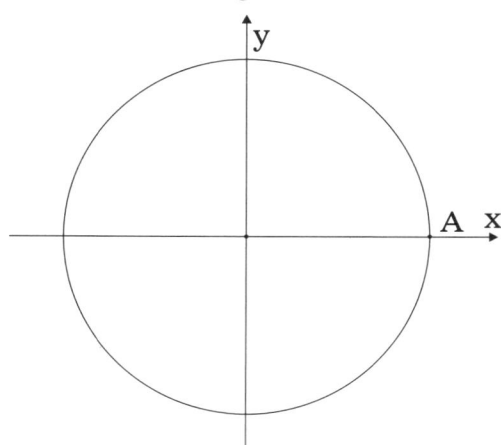

b) $b_k = \frac{5\pi}{6} + k \cdot \pi$ $(k \in \mathbb{Z})$

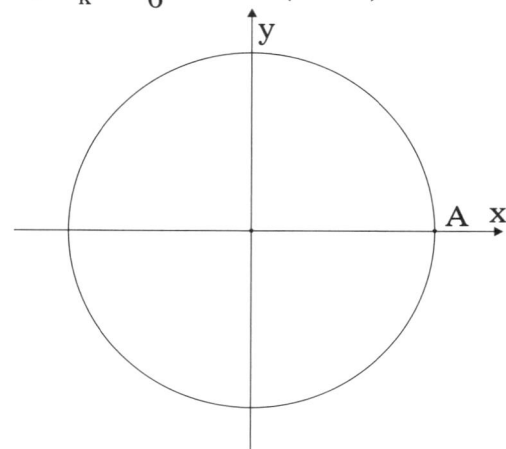

31 Na figura abaixo estão representados 4 pontos B, C, D, E formando um quadrado e que, portanto, dividem o ciclo trigonométrico em 4 partes iguais. Crie uma expressão que determina as medidas em graus de todos os arcos cujas imagens são os vértices desse polígono regular.

Observação: embora, como já vimos, existam infinitos arcos com imagens em B ($\widehat{AB} = 60°$, $\widehat{AB} = 420°$, $\widehat{AB} = -300°$, etc.) procuraremos trabalhar sempre com arcos da 1ª volta, isto é, $0° \leq \alpha < 360°$ ($0 \leq \alpha < 2\pi$), a não ser que o enunciado diga alguma coisa em contrário.

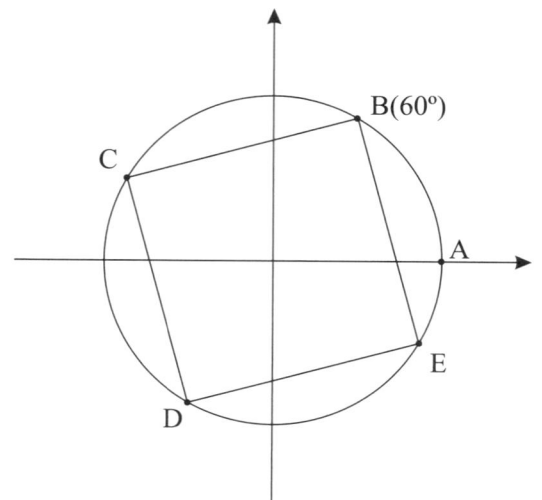

$\widehat{AB} = 60°$

$\widehat{BC} =$

$\widehat{AC} =$

$\widehat{AC} =$

$\widehat{AD} =$

$\widehat{AE} =$

$a_k =$

$(k \in \mathbb{Z})$

32 Mesmo enunciado do exercício anterior, com as medidas dos arcos em radianos e sabendo que BCDEFG é um hexágono regular.

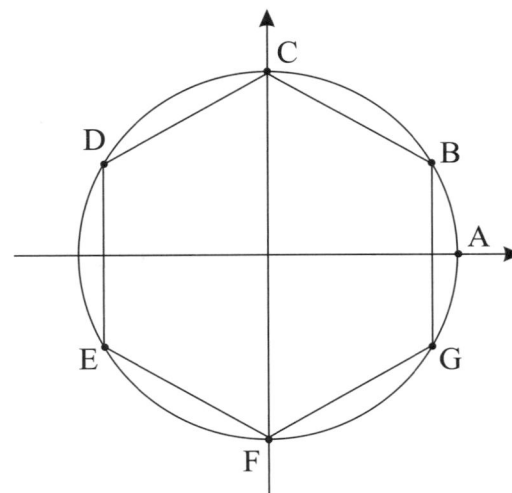

$\widehat{AB} = \dfrac{\pi}{6}$

$\widehat{BC} = \widehat{CD} = \widehat{DE} = \widehat{EF} = \widehat{FG} = \widehat{GB} =$

$\widehat{AC} =$

$\widehat{AD} =$

$\widehat{AE} =$

$\widehat{AF} =$

$\widehat{AG} =$

$a_k =$

---

33 Responda às perguntas do exercício 31 mas com as medidas dos arcos em radianos:

$\widehat{AB} =$ $\widehat{BC} =$ $\widehat{AC} =$ $\widehat{AD} =$ $\widehat{AE} =$ $a_k =$

---

34 Dê as respostas do exercício 32 em graus:

$\widehat{AB} =$ $\widehat{BC} =$ $\widehat{AC} =$ $\widehat{AD} =$ $\widehat{AE} =$ $\widehat{AF} =$ $\widehat{AG} =$

$a_k =$

Resp: **27** a) M_1 b) M_7 c) M_5 d) M_1 e) M_3 f) M_1 g) M_2 h) M_3
i) M_4 j) M_5 k) M_6 l) M_1 m) M_7 n) M_3 o) M_1 p) M_7
q) M_3 r) M_3 s) M_3 t) M_1

28 $a_0 = 30°\ (M_1)$ $a_4 = 270°\ (M_5)$

$a_1 = 90°\ (M_2)$ $a_5 = 330°\ (M_6)$

$a_2 = 150°\ (M_3)$ $a_6 = 390°\ (M_1)$

$a_3 = 210°\ (M_4)$ $a_{-1} = -30°\ (M_6)$

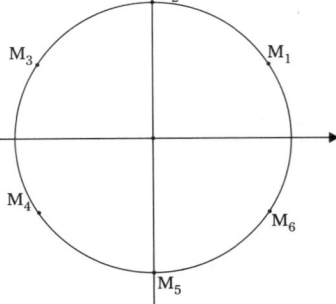

29 a) $a_0 = \dfrac{3\pi}{2}\ (M_1)$ $a_{-3} = 0\ (M_2)$

$a_1 = 2\pi\ (M_2)$ $a_{-4} = -\dfrac{\pi}{2}\ (M_1)$

$a_{-1} = \pi\ (M_3)$

$a_{-2} = \dfrac{\pi}{2}\ (M_4)$

b) $b_0 = \dfrac{\pi}{2}\ (M_1)$ $b_4 = \dfrac{3\pi}{2}\ (M_5)$

$b_1 = \dfrac{3\pi}{4}\ (M_2)$ $b_5 = \dfrac{7\pi}{4}\ (M_6)$

$b_2 = \pi\ (M_3)$ $b_6 = 2\pi\ (M_7)$

$b_3 = \dfrac{5\pi}{4}\ (M_4)$ $b_{-1} = \dfrac{\pi}{4}\ (M_8)$

$b_{-2} = 0\ (M_7)$

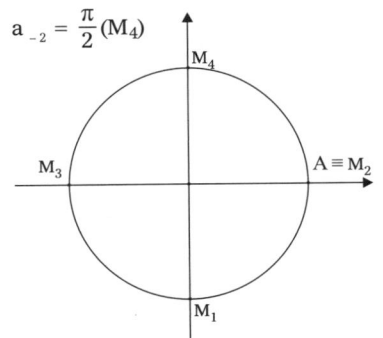
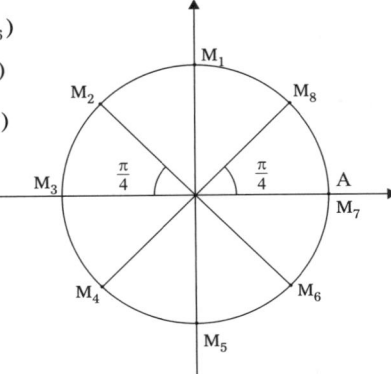

35 Na figura abaixo $\widehat{AM_1} = \frac{\pi}{5}$ e M_1, M_2, M_3, M_4, M_5 dividem o ciclo em 5 partes iguais (pentágono regular). Determine em radianos e depois em graus as medidas dos arcos pedidos e a expressão geral a_k ($k \in \mathbb{Z}$) de todos os arcos que têm esses pontos como imagens trigonométricas:

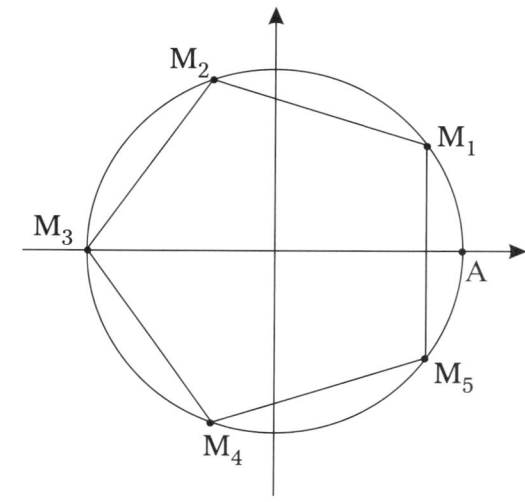

Em radianos:

$\widehat{AM_1} =$ $\widehat{M_1M_2} =$ $\widehat{AM_2} =$

$\widehat{AM_3} =$ $\widehat{AM_4} =$ $\widehat{AM_5} =$

$a_k =$
($k \in \mathbb{Z}$)

Em graus:

$\widehat{AM_1} =$ $\widehat{M_1M_2} =$ $\widehat{AM_2} =$

$\widehat{AM_3} =$ $\widehat{AM_4} =$ $\widehat{AM_5} =$

$a_k =$
($k \in \mathbb{Z}$)

36 Sabe-se que $M_1, M_2, ..., M_8$ dividem o ciclo trigonométrico em 8 partes iguais (octógono regular) e que $\widehat{AM_1} = \frac{\pi}{6}$. Escreva uma expressão geral que determine as medidas (em radianos) de todos os arcos cujas imagens são $M_1, M_2, ..., M_8$. Dê, também, as medidas de arcos pedidas abaixo ($0 \leq \alpha < 2\pi$):

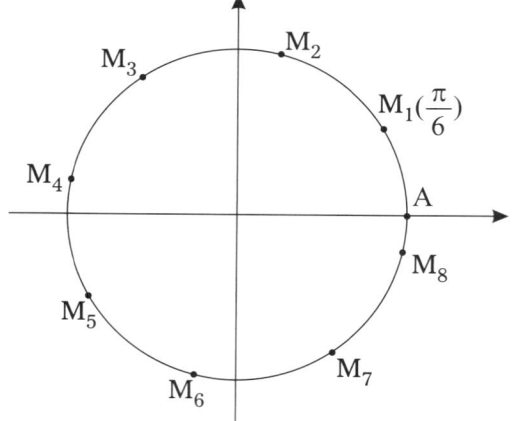

$a_k =$

($k \in \mathbb{Z}$)

$\widehat{AM_1} =$ $\widehat{AM_2} =$ $\widehat{AM_3} =$ $\widehat{AM_4} =$

$\widehat{AM_5} =$ $\widehat{AM_6} =$ $\widehat{AM_7} =$ $\widehat{AM_8} =$

37 O ponto M_1 do ciclo é imagem do arco $\widehat{AM_1} = \dfrac{5\pi}{4}$ e $M_1, M_2, \ldots, M_7$ determinam um heptágono regular nesse mesmo ciclo. Calcule as medidas α dos arcos da 1ª volta ($0 \leq \alpha < 2\pi$) que têm $M_2, M_3, \ldots, M_7$ como imagens trigonométricas:

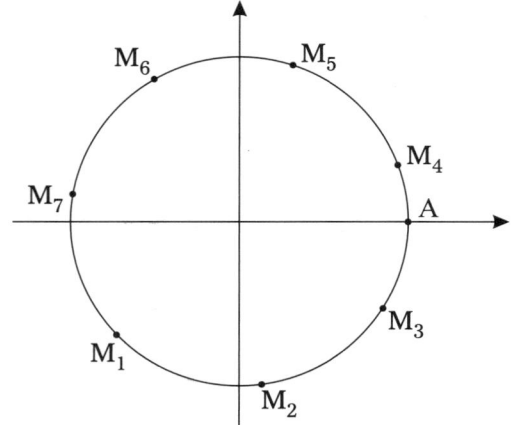

$\widehat{AM_1} = $ $\widehat{AM_2} = $

$\widehat{AM_3} = $ $\widehat{AM_4} = $

$\widehat{AM_5} = $ $\widehat{AM_6} = $

$\widehat{AM_7} = $

Resp: **30** a)

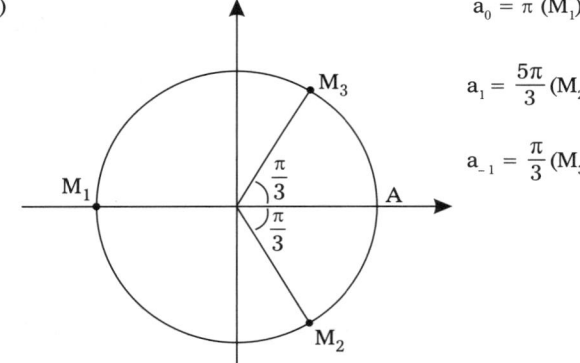

$a_0 = \pi \, (M_1)$ b) $\quad b_0 = \dfrac{5\pi}{6} (M_1)$

$a_1 = \dfrac{5\pi}{3} (M_2) \quad\quad b_1 = \dfrac{11\pi}{6} (M_2)$

$a_{-1} = \dfrac{\pi}{3} (M_3)$

31 $\widehat{AB} = 60°\quad \widehat{BC} = 90°\quad \widehat{AC} = 150°\quad \widehat{AD} = 240°\quad \widehat{AE} = 330°\quad a_k = 60° + k \cdot 90° \, (k \in \mathbb{Z})$

32 $\widehat{AB} = \dfrac{\pi}{6}\quad \widehat{BC} = \dfrac{\pi}{3}\quad \widehat{AC} = \dfrac{\pi}{2}\quad \widehat{AD} = \dfrac{5\pi}{6}\quad \widehat{AE} = \dfrac{7\pi}{6}\quad \widehat{AF} = \dfrac{3\pi}{2}\quad \widehat{AG} = \dfrac{11\pi}{6}\quad a_k = \dfrac{\pi}{6} + k \cdot \dfrac{\pi}{3} \, (k \in \mathbb{Z})$

33 $\widehat{AB} = \dfrac{\pi}{3},\quad \widehat{BC} = \dfrac{\pi}{2},\quad \widehat{AC} = \dfrac{5\pi}{6},\quad \widehat{AD} = \dfrac{4\pi}{3},\quad \widehat{AE} = \dfrac{11\pi}{6},\quad a_k = \dfrac{\pi}{3} + k \cdot \dfrac{\pi}{2} \, (k \in \mathbb{Z})$

34 $\widehat{AB} = 30°, \widehat{BC} = 60°, \widehat{AC} = 90°, \widehat{AD} = 150°, \widehat{AE} = 210°, \widehat{AF} = 270°, \widehat{AG} = 330°, a_k = 30° + k \cdot 60° \, (k \in \mathbb{Z})$

35 $\widehat{AM_1} = \dfrac{\pi}{5}, \widehat{M_1 M_2} = \dfrac{2\pi}{5}, \widehat{AM_2} = \dfrac{3\pi}{5}, \widehat{AM_3} = \pi, \widehat{AM_4} = \dfrac{7\pi}{5}, \widehat{AM_5} = \dfrac{9\pi}{5}, a_k = \dfrac{\pi}{5} + k \cdot \dfrac{2\pi}{5} \, (k \in \mathbb{Z})$

$\widehat{AM_1} = 36°, \widehat{M_1 M_2} = 72°, \widehat{AM_2} = 108°, \widehat{AM_3} = 180°, \widehat{AM_4} = 252°, \widehat{AM_5} = 324°, a_k = 36° + k \cdot 72° \, (k \in \mathbb{Z})$

36 $a_k = \dfrac{\pi}{6} + k \cdot \dfrac{\pi}{4} (k \in \mathbb{Z}), \widehat{AM_1} = \dfrac{\pi}{6}, \widehat{AM_2} = \dfrac{5\pi}{12}, \widehat{AM_3} = \dfrac{2\pi}{3}, \widehat{AM_4} = \dfrac{11\pi}{12}, \widehat{AM_5} = \dfrac{7\pi}{6},$

$\widehat{AM_6} = \dfrac{17\pi}{12}, \widehat{AM_7} = \dfrac{5\pi}{3}, \widehat{AM_8} = \dfrac{23\pi}{12}$

37 $a_k = \dfrac{5\pi}{4} + k \cdot \dfrac{2\pi}{7} (k \in \mathbb{Z}), \widehat{AM_1} = \dfrac{5\pi}{4}, \widehat{AM_2} = \dfrac{43\pi}{28}, \widehat{AM_3} = \dfrac{51\pi}{28}, \widehat{AM_4} = \dfrac{3\pi}{28}, \widehat{AM_5} = \dfrac{11\pi}{28}, \widehat{AM_6} = \dfrac{19\pi}{28}, \widehat{AM_7} = \dfrac{27\pi}{28}$

8) Arcos côngruos (Arcos com mesma imagem)

Como já vimos, existem infinitos arcos $\overparen{AM}$ com mesma imagem no ciclo trigonométrico. Os arcos com medidas

→ $30°$, $30° + 360° = 390°$, $30° + 2 \cdot 360° = 750°$, ...

→ $30° - 360° = -330°$, $30° - 2 \cdot 360° = -690°$, ...

→ $\dfrac{\pi}{6}$, $\dfrac{\pi}{6} + 2\pi = \dfrac{13\pi}{6}$, $\dfrac{\pi}{6} + 2 \cdot 2\pi = \dfrac{25\pi}{6}$, ...

→ $\dfrac{\pi}{6} - 2\pi = -\dfrac{11\pi}{6}$, $\dfrac{\pi}{6} - 2 \cdot 2\pi = -\dfrac{25\pi}{6}$, ...

são, todos eles, arcos com imagem (extremidade) em M (ver figura abaixo):

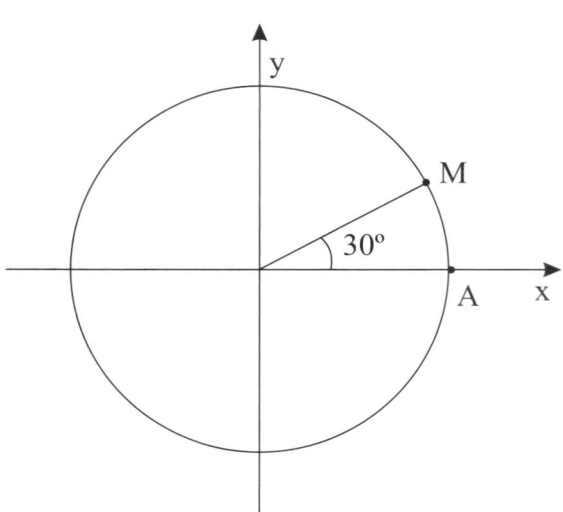

Eles podem ser representados genericamente pela expressão:

$$a_k = \dfrac{\pi}{6} + k \cdot 2\pi \, , \, k \in \mathbb{Z}$$

ou, em graus, por:

$$a_k = 30° + k \cdot 360° \, , \, k \in \mathbb{Z}$$

Os arcos $30°$, $390°$, $750°$, ... , são chamados de arcos côngruos (todos têm mesma extremidades M ou **arcos côngruos módulo** 2π pois a diferença entre dois elementos quaisquer desse conjunto é sempre igual a um número inteiro ($k \in \mathbb{Z}$) multiplicada por 2π

$$a_i - a_j = k \cdot 2\pi \quad (k \in \mathbb{Z})$$

Ao conjunto formado por todos os números reais da expressão $a_k = \dfrac{\pi}{6} + k \cdot 2\pi$, $(k \in \mathbb{Z})$ daremos o nome de **arco trigonométrico** a_k

De uma maneira geral, teremos

$a_k = \alpha + k \cdot 2\pi$, com $k \in \mathbb{Z}$ e $0 \leqslant \alpha < 2\pi$ (arco da 1ª volta)

se $k = 0 \Rightarrow a_0 = \alpha$ (1ª determinação positiva do arco)
se $k = 1 \Rightarrow a_1 = \alpha + 2\pi$ (2ª determinação positiva do arco)
se $k = 2 \Rightarrow a_2 = \alpha + 2 \cdot 2\pi$ (3ª determinação positiva do arco)
se $k = -1 \Rightarrow a_{-1} = \alpha - 2\pi$ (1ª determinação negativa do arco)
se $k = -2 \Rightarrow a_{-2} = \alpha - 2 \cdot 2\pi$ (2ª determinação negativa do arco)
e assim por diante

Observações:

1ª) Obviamente, de todos os arcos do conjunto $a_k = \alpha + k \cdot 2\pi$, o simples e portanto, o mais importante é o arco da 1ª volta $a_0 = \alpha$, $0 \leqslant \alpha < 2\pi$ ($0 \leqslant \alpha < 360°$) , chamado de 1ª determinação positiva do arco.

2ª) Quando A e M coincidem (arco nulo) o arco trigonométrico é dado pela expressão $a_k = 0 + k \cdot 2\pi = k \cdot 2\pi$ ($k \in \mathbb{Z}$). Neste caso $a_0 = 0$ será chamado de **1ª determinação positiva do arco trigonométrico** a_k embora o número 0 (Zero) seja não positivo e não negativo.

38 Escreva as 3 primeiras determinações positivas e as 3 primeiras determinações negativas dos seguintes arcos trigonométricos a_k (responda na mesma unidade em que for dado a_k):

a) $a_k = 50° + k \cdot 360°$ ($k \in \mathbb{Z}$)

$a_0 = 50°$ $a_{-1} = -310°$

$a_1 = 410°$ $a_{-2} = -670°$

$a_2 = 770°$ $a_{-3} = -1030°$

b) $a_k = \dfrac{2\pi}{3} + k \cdot 2\pi$ ($k \in \mathbb{Z}$)

$a_0 = \dfrac{2\pi}{3}$ $a_{-1} = -\dfrac{4\pi}{3}$

$a_1 = \dfrac{8\pi}{3}$ $a_{-2} = -\dfrac{10\pi}{3}$

$a_2 = \dfrac{14\pi}{3}$ $a_{-3} = -\dfrac{16\pi}{3}$

c) $a_k = k \cdot 360°$ ($k \in \mathbb{Z}$)

$a_0 = 0°$ $a_{-1} = -360°$

$a_1 = 360°$ $a_{-2} = -720°$

$a_2 = 720°$ $a_{-3} = -1080°$

d) $a_k = \pi + k \cdot 2\pi$ ($k \in \mathbb{Z}$)

$a_0 = \pi$ $a_{-1} = -\pi$

$a_1 = 3\pi$ $a_{-2} = -3\pi$

$a_2 = 5\pi$ $a_{-3} = -5\pi$

e) $a_k = \dfrac{\pi}{6} + k \cdot 2\pi$ ($k \in \mathbb{Z}$)

$a_0 = \dfrac{\pi}{6}$ $a_{-1} = -\dfrac{11\pi}{6}$

$a_1 = \dfrac{13\pi}{6}$ $a_{-2} = -\dfrac{23\pi}{6}$

$a_2 = \dfrac{25\pi}{6}$ $a_{-3} = -\dfrac{35\pi}{6}$

39 Neste exercício, em cada caso, é dada a primeira determinação negativa de um arco ($-2\pi \leq \alpha < 0$ ou $-360° \leq \alpha < 0°$). Ache a_0 (1ª determinação positiva do arco) em cada item (na mesma unidade dada):

a)
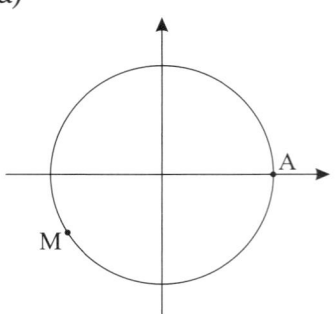
$a_{-1} = -150° \Rightarrow a_0 =$

b)
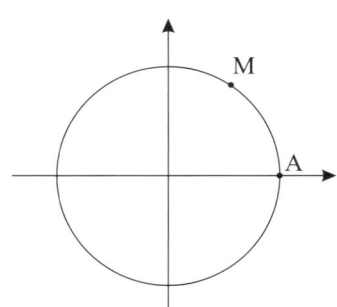
$a_{-1} = -\dfrac{5\pi}{3} \Rightarrow a_0 =$

c)
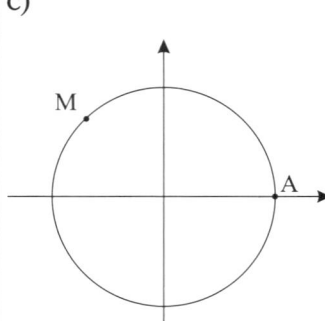
$a_{-1} = -225° \Rightarrow a_0 =$

d)
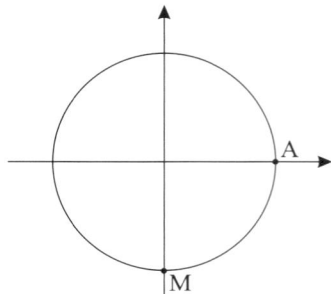
$a_{-1} = \dfrac{-\pi}{2} \Rightarrow a_0 =$

e)
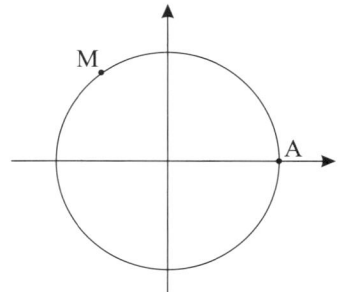
$a_{-1} = -227° \Rightarrow a_0 =$

f)
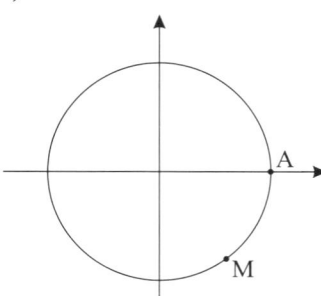
$a_{-1} = -49° \Rightarrow a_0 =$

g)
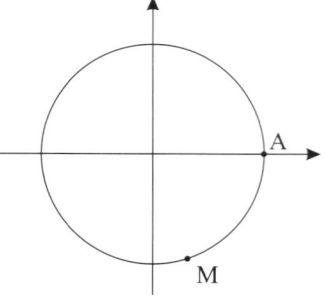
$a_{-1} = \dfrac{-2\pi}{5} \Rightarrow a_0 =$

h)
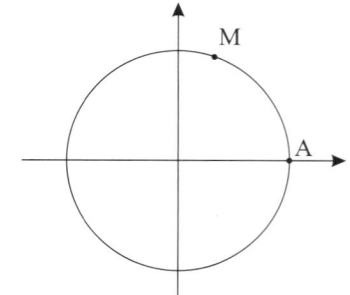
$a_{-1} = \dfrac{-19\pi}{12} \Rightarrow a_0 =$

i)
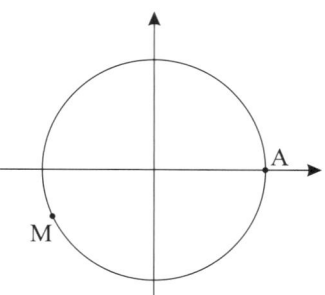
$a_{-1} = -\alpha \Rightarrow a_0 =$
$(\dfrac{\pi}{2} < \alpha < \pi)$

40 Observando a figura, determine a imagem trigonométrica dos seguintes arcos:

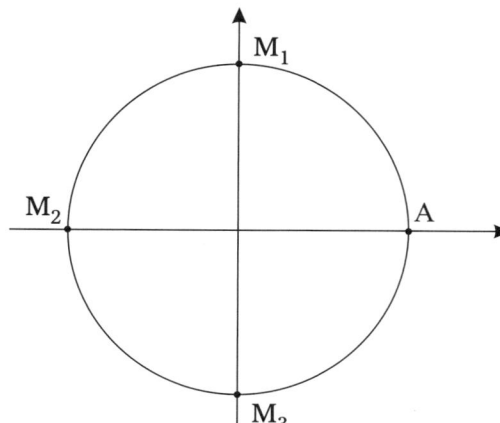

a) $\alpha_1 = \pi$ ( )   b) $\alpha_2 = 2\pi$ ( )

c) $\alpha_3 = 3\pi$ ( )   d) $\alpha_4 = 4\pi$ ( )

e) $\alpha_5 = 0$ ( )   f) $\alpha_6 = -\pi$ ( )

g) $\alpha_7 = -2\pi$ ( ) h) $\alpha_8 = -3\pi$ ( )

i) $\alpha_9 = -4\pi$ ( ) j) $\alpha_{10} = -5\pi$ ( )

k) $\alpha_{11} = 32\pi$ ( )   l) $\alpha_{12} = -46\pi$ ( )

m) $\alpha_{13} = 17\pi$ ( )   n) $\alpha_{14} = -35\pi$ ( )

o) $\alpha_{15} (2k) \cdot \pi$, $k \in Z$ ( )   par $\cdot \pi$

p) $\alpha_{16} = (2k + 1) \cdot \pi$, $k \in z$ ( ) ímpar $\cdot \pi$

Observação: após conferir as respostas deste exercício é possível concluir uma propriedade para as imagens de arcos da forma $a_k =$ (número inteiro) $\cdot \pi$

---

41 Usando a mesma figura do exercício anterior, determine as imagens dos arcos:

a) $\alpha_1 = \dfrac{\pi}{2}$ ( )   b) $\alpha_2 = 2 \cdot \dfrac{\pi}{2}$ ( )   c) $\alpha_3 = 3 \cdot \dfrac{\pi}{2}$ ( )

d) $\alpha_4 = 4 \cdot \dfrac{\pi}{2}$ ( )   e) $\alpha_5 = \dfrac{\pi}{2}$ ( )   f) $\alpha_6 = \dfrac{\pi}{2}$ ( )

g) $\alpha_7 = -18 \cdot \dfrac{\pi}{2}$ ( )   h) $\alpha_8 = 35 \cdot \dfrac{\pi}{2}$ ( )   i) $\alpha_9 = -81 \cdot \dfrac{\pi}{2}$ ( )

j) $\alpha_{10} = (4k) \cdot \dfrac{\pi}{2}$, $(k \in Z)$ ( )   k) $\alpha_{11} = (4k + 1) \cdot \dfrac{\pi}{2}$, $(k \in Z)$ ( )

l) $\alpha_{12} = (4k + 2) \cdot \dfrac{\pi}{2}$, $(k \in Z)$ ( )   m) $\alpha_{13} = (4k + 3) \dfrac{\pi}{2}$, $(k \in Z)$ ( )

Resp: **38**

a) $a_0 = 50°$ $a_{-1} = -310°$

$a_1 = 410°$ $a_{-2} = -670$

$a_2 = 770°$ $a_{-3} = -1030°$

b) $a_0 = \dfrac{2\pi}{3}$ $a_{-1} = -\dfrac{4\pi}{3}$

$a_1 = \dfrac{8\pi}{3}$ $a_{-2} = -\dfrac{10\pi}{3}$

$a_2 = \dfrac{14\pi}{3}$ $a_{-3} = -\dfrac{16\pi}{3}$

c) $a_0 = 0°$ $a_{-1} = -360°$

$a_1 = 360°$ $a_{-2} = -720°$

$a_2 = 720°$ $a_{-3} = -1080°$

d) $a_0 = \pi$ $a_{-1} = -\pi$

$a_1 = 3\pi$ $a_{-2} = -3\pi$

$a_2 = 5\pi$ $a_{-3} = -5\pi$

e) $a_0 = \dfrac{\pi}{2}$ $a_{-1} = -\dfrac{3\pi}{2}$

$a_1 = \dfrac{5\pi}{2}$ $a_{-2} = -\dfrac{7\pi}{2}$

$a_2 = \dfrac{9\pi}{2}$ $a_{-3} = -\dfrac{11\pi}{2}$

42 Calcule a primeira determinação positiva ($0° \leq a_0 < 360°$) dos seguintes arcos com medidas dadas em graus (Observe as resoluções dos itens (a) e (b)):

a) **a = 1600°** $\quad$ $\begin{array}{r|l} 1600 & \underline{360} \\ \boxed{160} & 4 \end{array}$ nesta "divisão euclidiana"

temos, por definição: $1600° = \underbrace{4 \cdot 360°}_{} + 160°$

$\qquad\qquad\qquad\qquad$ 4 voltas positivas são desprezadas

$\Rightarrow$ **$a_0 = 160°$**   é a 1ª determinação positiva de **a**

Note que não "cortar os zeros" na divisão acima pois isto dividiria o resto por 10 , alterando-o.

b) a = – 965°

"Equecemos" o sinal de menos e começamos achando α_0 do arco $\alpha = 965°$

$\begin{array}{r|l} 965 & \underline{360} \\ \boxed{245} & 2 \end{array}$ $\Rightarrow$ $965° = 2 \cdot 360° + 245° \Rightarrow \alpha_0 = 245°$

A primeira determinação negativa de a é $a_{-1} = -245°$
Como foi feito no exercício 39, teremos:

$$a_0 = 360° - 245° = 115°$$

c) a = 1152° $\Rightarrow$ $a_0 =$

d) a = – 400° $\Rightarrow$ $a_0 =$

e) a = 2160° $\Rightarrow$ $a_0 =$

f) a = – 1560° $\Rightarrow$ $a_0 =$

g) a = 2655° $\Rightarrow$ $a_0 =$

h) a = – 2017° $\Rightarrow$ $a_0 =$

---

43 Após observar a resolução do item (a), calcule (em radianos) a primeira determinação positiva ($0 \leqslant a_0 < 2\pi$) dos seguintes arcos:

a) $a = \dfrac{41\pi}{6}$

Inicialmente transformamos $\dfrac{41}{6}$ em número misto, isto é, extraímos os inteiros da fração $\dfrac{41}{6}$:

$\dfrac{41 \mid \underline{6}}{5 \quad 6}$ inteiros $\Rightarrow \dfrac{41}{6} = 6 + \dfrac{5}{6}$

Portanto $\dfrac{41}{6} = \dfrac{41}{6} \cdot \pi = (6 + \dfrac{5}{6})\pi = 6\pi + \dfrac{5}{6}\pi = \underbrace{3 \cdot 2\pi}_{\text{(3 voltas positivas desprezadas)}} + \dfrac{5\pi}{6} \Rightarrow$

$\Rightarrow a_0 = \dfrac{5\pi}{6}$ (Lembre-se: (número par) $\cdot \pi$ = número inteiro de voltas)

Resp: **39** a) $a_0 = 210°$ b) $a_0 = \dfrac{\pi}{3}$ c) $a_0 = 135°$ d) $a_0 = \dfrac{3\pi}{2}$ e) $a_0 = 133°$ f) $a_0 = 311°$ g) $a_0 = \dfrac{8\pi}{5}$

h) $a_0 = \dfrac{5\pi}{12}$ i) $a_0 = 2\pi - \alpha$ **40** a) M_2 b) A c) M_2 d) A e) A

f) M_2 g) A h) M_2 i) A j) M_2 k) A l) A

m) M_2 n) M_2 o) A p) M_2

propriedade: arcos da forma $a_k = k \cdot \pi$ ($k \in Z$) têm sempre extremidades (imagens) em

A (origem dos arcos) ou M_2 (π)

41 a) M_1 b) M_2 c) M_3 d) A e) M_3 f) M_3 g) M_2 h) M_3

i) M_3 j) A k) M_1 l) M_2 m) M_3

43 b) $a = \dfrac{31\pi}{3}$

c) $a = \dfrac{35\pi}{4}$

d) $a = \dfrac{22\pi}{5}$

e) $a = \dfrac{40\pi}{3}$ (observe com atenção)

$\begin{array}{r|l} 40 & \underline{3} \\ 10 & 13 \text{ (quociente ímpar)} \\ 1 & \end{array}$ $\Rightarrow \dfrac{40}{3} = 13 + \dfrac{1}{3}$

$\dfrac{40\pi}{3} = \dfrac{40}{3} \cdot \pi = \left(13 + \dfrac{1}{3}\right) \cdot \pi = \underset{\text{(ímpar }\pi\text{)}}{13\,\pi} + \dfrac{1}{3}\pi =$

$= \underset{\underset{\text{6 voltas inteiras deprezadas}}{\underbrace{12\pi + \pi + \dfrac{\pi}{3}}}}{\overbrace{13\pi}} \; \mathbf{6 \cdot 2\pi} \quad + \left(\pi + \dfrac{\pi}{3}\right) =$

$\Rightarrow \mathbf{a_0 = \pi + \dfrac{\pi}{3} = \dfrac{4\pi}{3}}$

44 Calcule, em radianos, a primeira determinação positiva ($0 \leqslant a_0 < 2\pi$) dos seguintes arcos:

a) $a = \dfrac{23\pi}{2}$

b) $a = \dfrac{107\pi}{6}$

c) $a = \dfrac{34\pi}{7}$

d) $a = \dfrac{31\pi}{4}$

44 e) $a = -\dfrac{17\pi}{2}$ (veja a estratégia do exercício 42(b))

$$\alpha = \dfrac{17\pi}{2} \qquad \begin{array}{r|l} 17 & \underline{2} \\ 1 & 8 \end{array} \Rightarrow \dfrac{17}{2} = 8 + \dfrac{1}{2}$$

$$\alpha = \dfrac{17\pi}{2} = \dfrac{17}{2} \cdot \pi \, (8 + \dfrac{1}{2}) \cdot \pi = 8\pi + \dfrac{1}{2} \cdot \pi \Rightarrow \alpha_0 = \dfrac{\pi}{2}$$

$$\Rightarrow a_{-1} = -\dfrac{\pi}{2} \Rightarrow a_0 = 2\pi - \dfrac{\pi}{2} \Rightarrow \mathbf{a_0 = \dfrac{3\pi}{2}}$$

---

f) $a = -\dfrac{55\pi}{6}$

g) $a = -\dfrac{35\pi}{3}$

---

h) $a = -\dfrac{64\pi}{5}$

i) $a = -\dfrac{7\pi}{2}$

---

j) $a = -\dfrac{61\pi}{4}$

k) $a = \dfrac{58\pi}{9}$

Resp: **42** a) $a_0 = 160°$ b) $a_0 = 115°$ c) $a_0 = 72°$ d) $a_0 = 320°$ e) $a_0 = 0°$ f) $a_0 = 240°$

g) $a_0 = 135°$ h) $a_0 = 143°$ **43** b) $a_0 = \dfrac{\pi}{3}$ c) $a_0 = \dfrac{3\pi}{4}$ d) $a_0 = \dfrac{2\pi}{5}$ e) $a_0 = \dfrac{4\pi}{3}$

44 a) $a_0 = \dfrac{3\pi}{2}$ b) $a_0 = \dfrac{11\pi}{6}$ c) $a_0 = \dfrac{6\pi}{7}$ d) $a_0 = \dfrac{7\pi}{4}$ e) $a_0 = \dfrac{3\pi}{2}$

2 – Funções Circulares

1) Funções Seno e Cosseno

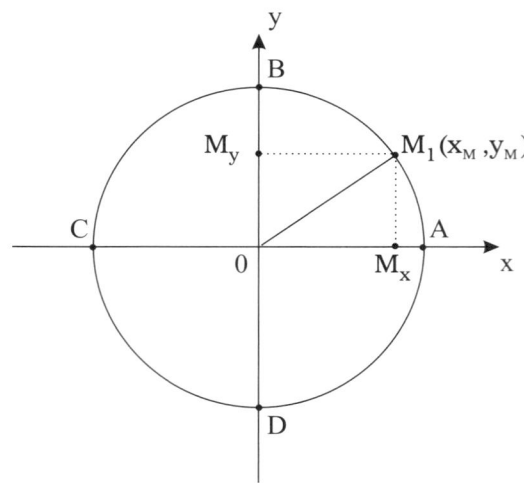

No ciclo trigonométrico que definimos anteriormente adotaremos o eixo das ordenadas (Oy) como **eixo dos senos** e o eixo das abscissas (Ox) como **eixo dos cossenos**.

Como $\overline{OA}$ = raio = 1, temos **O = (0, 0)**, **A = (1, 0)**, **B = (0, 1)**, **C = (–1, 0)**, **D = (0, –1)** e $M = (X_M, Y_M)$.

Seja **M** a imagem trigonométrica do arco $\overparen{AM} \mid \overparen{AM} = a$, $a \in R$, medida essa dada em graus ou radianos.

Sejam M_x e M_y as projeções ortogonais de M sobre os eixos horizontal (Ox) e vertical (Oy), respectivamente.

Isto posto, podemos definir:

1º) Seno do arco a (sen a)

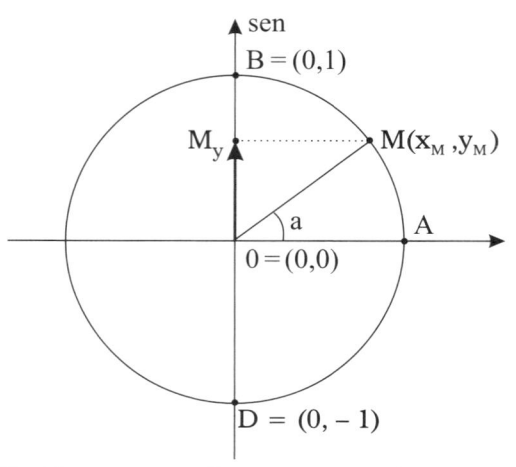

$$\text{sen } a = \overline{OM_y}$$

onde $\overline{OM_y}$ é a medida algébrica do segmento orientado $\overrightarrow{OM_y}$

ou

$$\text{sen } a = \text{ordenada do ponto } M = y_M$$

2º) Cosseno do arco a (cos a)

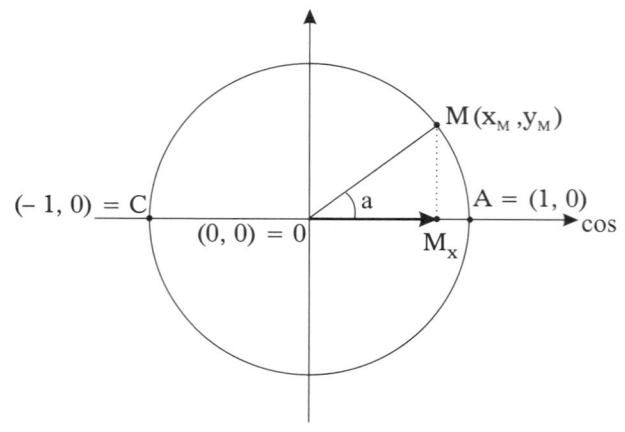

$$\cos a = \overline{OM_x}$$

onde $\overline{OM_x}$ é a medida algébrica do segmento orientado $\overrightarrow{OM_x}$

ou

$$\cos a = \text{abscissa do ponto } M = x_M$$

Observações:

1ª) É fácil perceber que quando M percorre a circunferência, $-1 \leqslant x_M \leqslant 1$ e $-1 \leqslant y_M \leqslant 1$ e, por consequência, $-1 \leqslant \cos a \leqslant 1$ e $-1 \leqslant \text{sen } a \leqslant 1$.

2ª) Como já vimos, os arcos $a, a + 2\pi, a + 2 \cdot 2\pi, a + k \cdot 2\pi$ ($k \in Z$) têm mesma imagem M no ciclo trigonométrico e, portanto, **sen a = sen (a + 2π) = ... = sen (a + k·2π)** o mesmo ocorrendo com **cosseno de a** o que faz com que as funções f (a) = sen a e f (a) = cos a sejam classificadas como periódicas (como veremos mais adiante neste caderno).

2) Variação de f(x) = sen x nos quadrantes

I) Positivo e crescente no 1º quadrante.

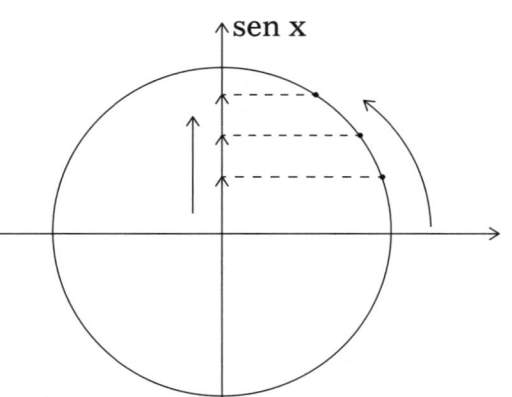

II) Positivo e decrescente no 2º quadrante.

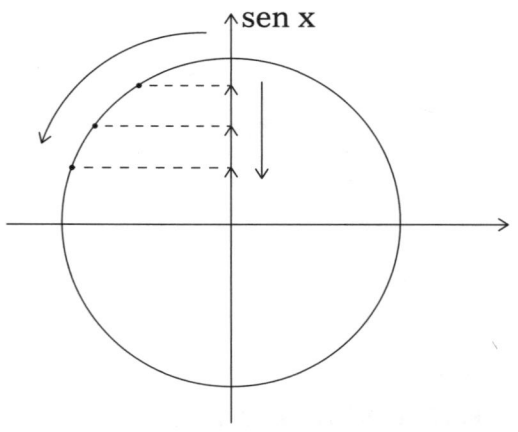

III) Negativo e decrescente no 3º quadrante.

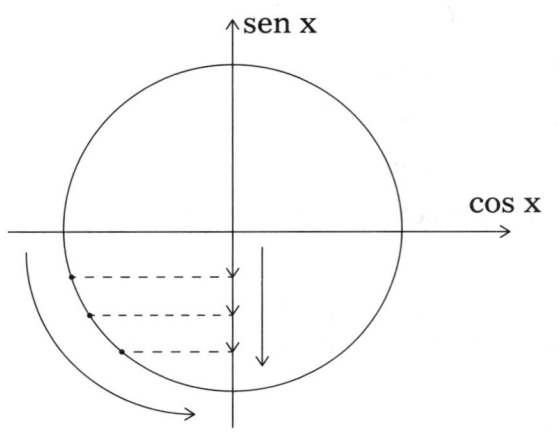

IV) Negativo e crescente no 4º quadrante.

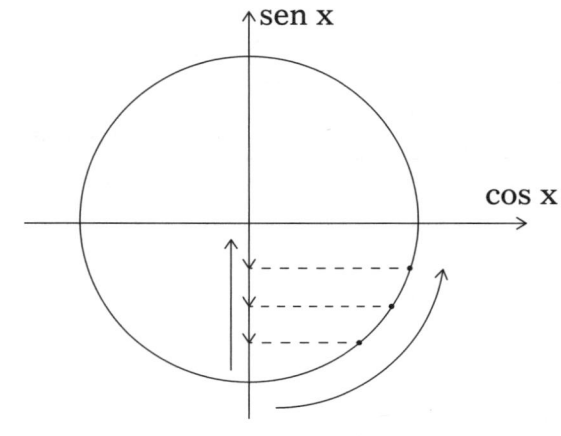

3) Variação de f(x) = cos x nos quadrantes

I) Positivo e decrescente no 1º quadrante.

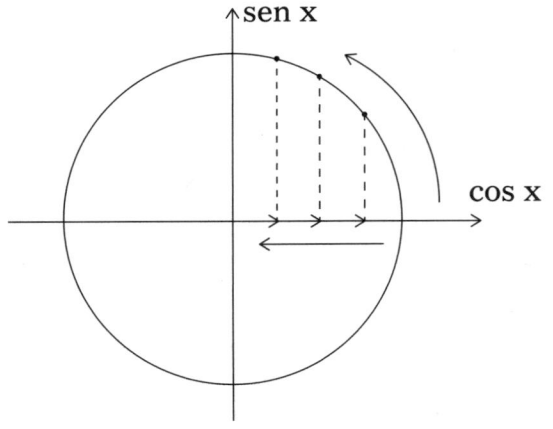

II) Negativo e decrescente no 2º quadrante.

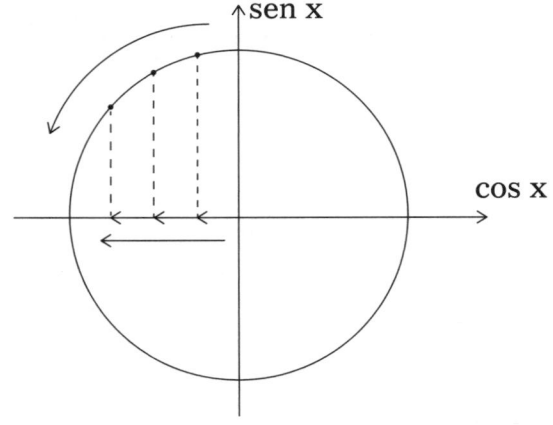

III) Negativo e crescente no 3º quadrante.

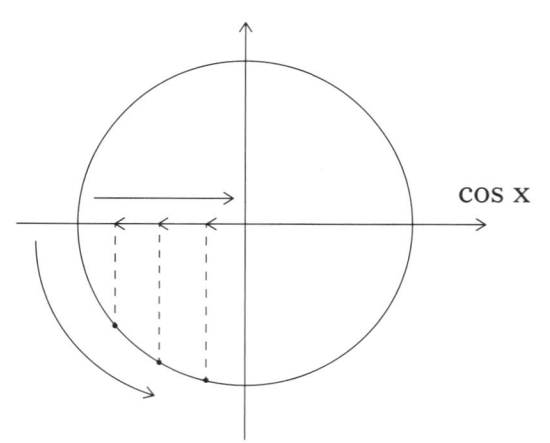

IV) Positivo e crescente no 4º quadrante.

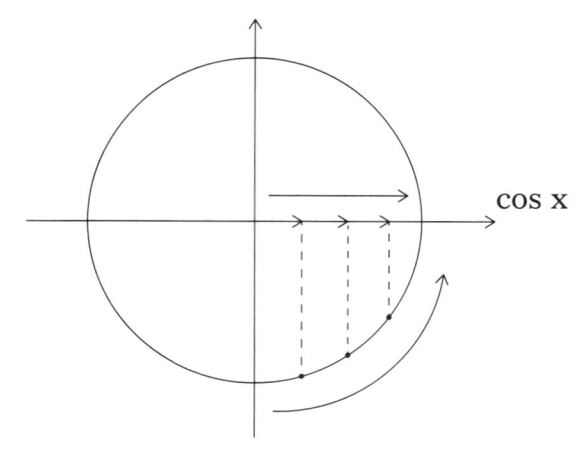

4) Redução a sen α e cos α

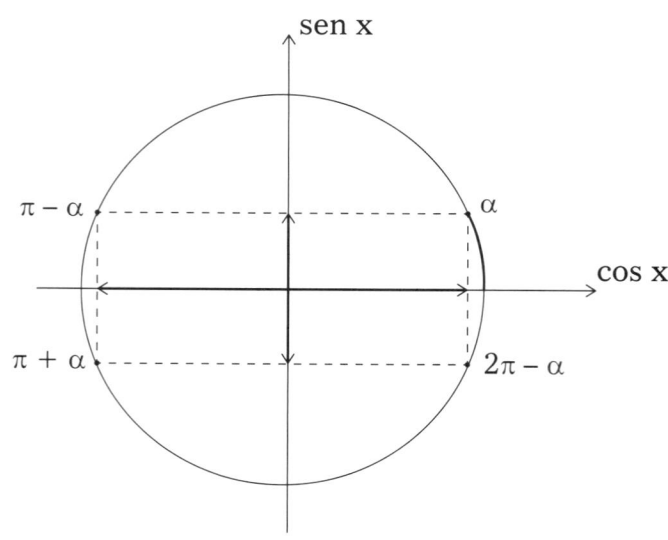

$\cos(2\pi - \alpha) = \cos\alpha$

$\cos(\pi - \alpha) = \cos(\pi + \alpha) = -\cos\alpha$

$\sen(\pi - \alpha) = \sen\alpha$

$\sen(\pi + \alpha) = \sen(2\pi - \alpha) = -\sen\alpha$

Não decorar estas relações.
Pensar no ciclo trigonométrico

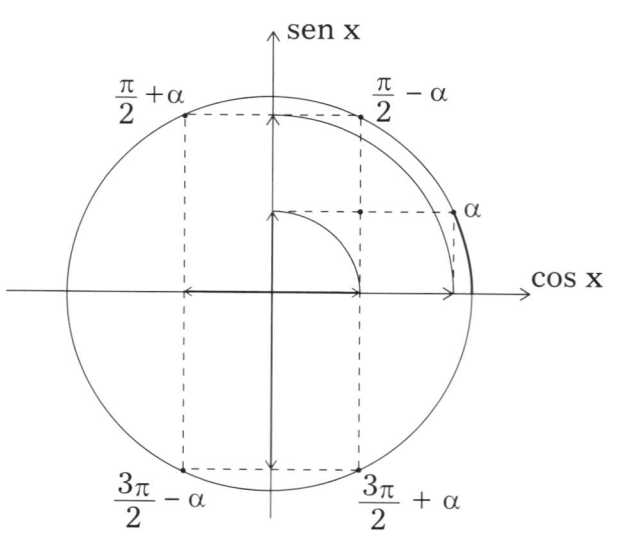

$\sen\left(\dfrac{\pi}{2} - \alpha\right) = \sen\left(\dfrac{\pi}{2} + \alpha\right) = \cos\alpha$

$\sen\left(\dfrac{3\pi}{2} - \alpha\right) = \sen\left(\dfrac{3\pi}{2} + \alpha\right) = -\cos\alpha$

$\cos\left(\dfrac{\pi}{2} - \alpha\right) = \cos\left(\dfrac{3\pi}{2} + \alpha\right) = \sen\alpha$

$\cos\left(\dfrac{\pi}{2} + \alpha\right) = \cos\left(\dfrac{3\pi}{2} - \alpha\right) = -\sen\alpha$

sinais de cos x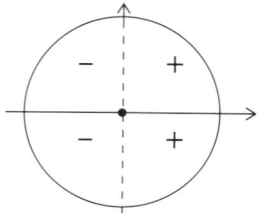

sinais de sen x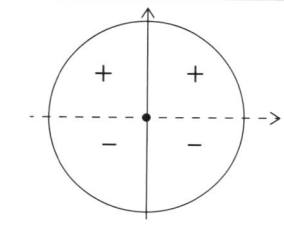

45 Após observar atentamente as figuras abaixo que se referem ao que foi estudado anteriomente, calcule os senos e cossenos pedidos:

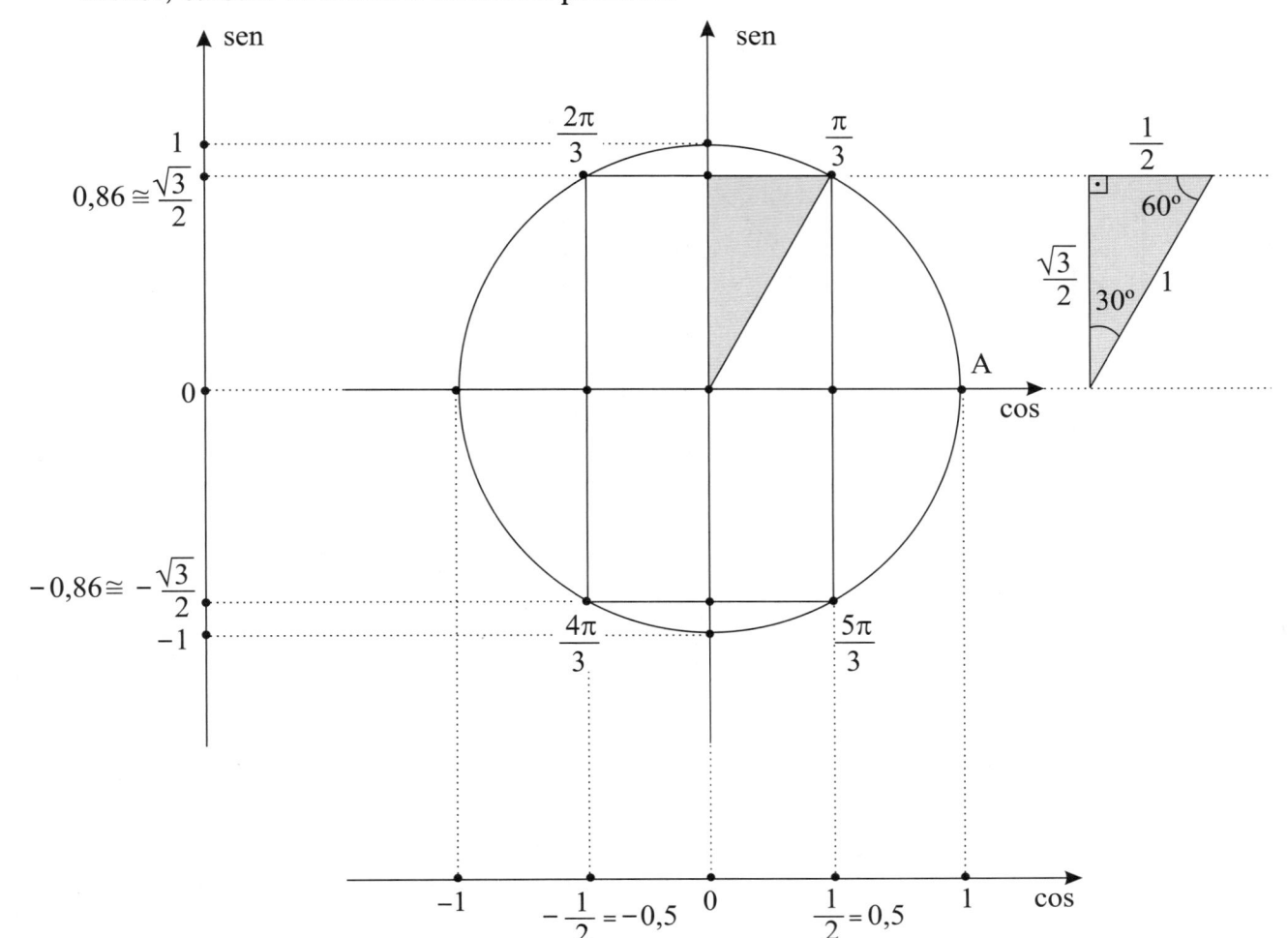

a) $\operatorname{sen} \frac{\pi}{3} =$

b) $\operatorname{sen} \frac{\pi}{2} =$

c) $\operatorname{sen} \pi =$

d) $\cos \frac{\pi}{3} =$

e) $\cos \frac{5\pi}{3} =$

f) $\cos 2\pi =$

g) $\cos \frac{3\pi}{2} =$

h) $\operatorname{sen} \frac{2\pi}{3} =$

i) $\operatorname{sen} \frac{3\pi}{2} =$

j) $\operatorname{sen} 0 =$

k) $\cos \pi =$

l) $\cos \frac{2\pi}{3} =$

m) $\operatorname{sen} \frac{5\pi}{3} =$

n) $\cos \frac{\pi}{2} =$

o) $\operatorname{sen} 4\pi =$

p) $\cos 0 =$

q) $\operatorname{sen} \frac{4\pi}{3} =$

r) $\operatorname{sen} \frac{4\pi}{3} =$

46 Observando a figura abaixo

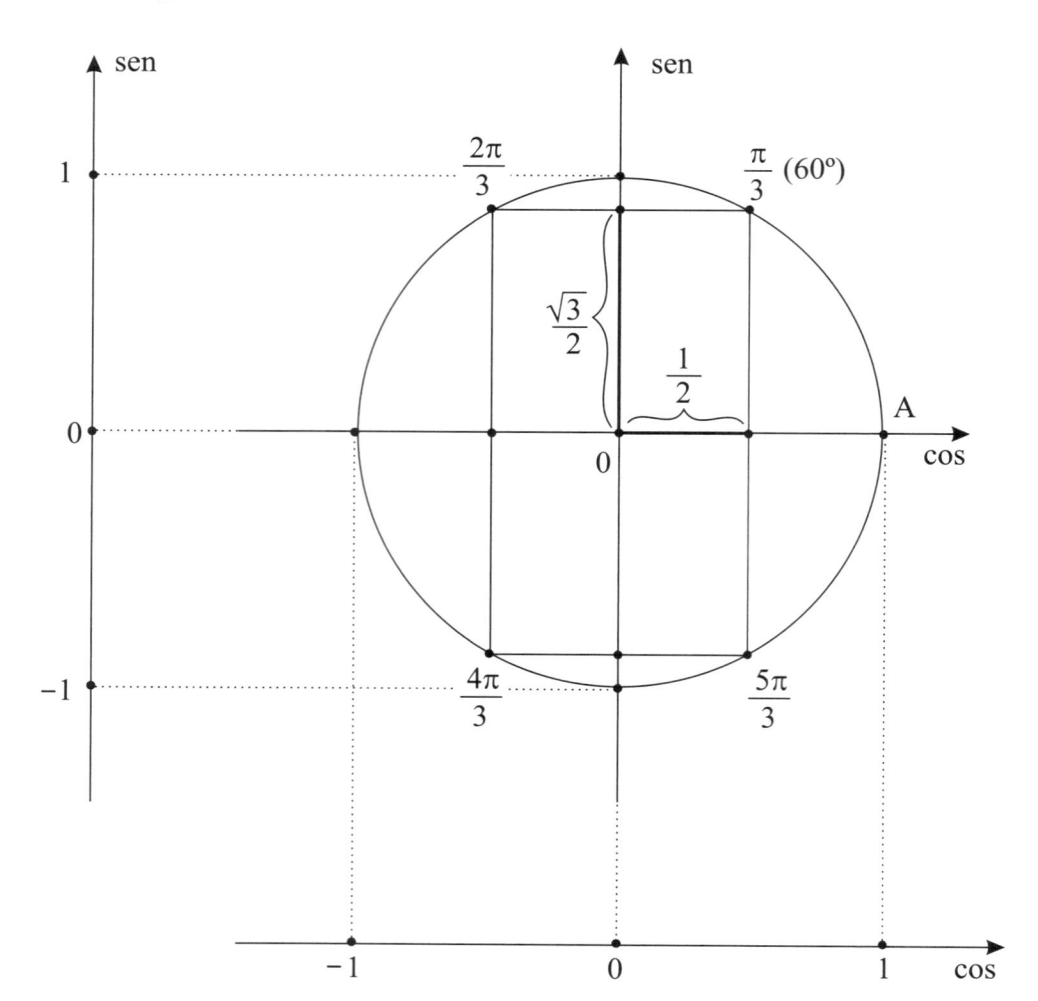

determine:

a) cos 60° =

b) sen 60° =

c) cos 240° =

d) sen 120° =

e) cos 90° =

f) sen 270° =

g) sen 300° =

h) cos 300° =

i) sen 0° =

j) sen 90° =

k) $\cos \frac{20\pi}{3}$ =

l) $\text{sen}\left(-\frac{19\pi}{2}\right)$ =

m) cos (– 2520°) =

n) sen (– 1860°) =

o) $\cos \frac{21\pi}{2}$ =

p) $\text{sen}\left(-\frac{28\pi}{3}\right)$ =

q) cos 2340° =

r) sen (– 1020°) =

47 Na figura abaixo sabe-se que **med (ÂM)** = α , $0 < α < \frac{π}{4}$, **sen** α = **m** e **cos** α = **n**.
Nessas condições, determine:

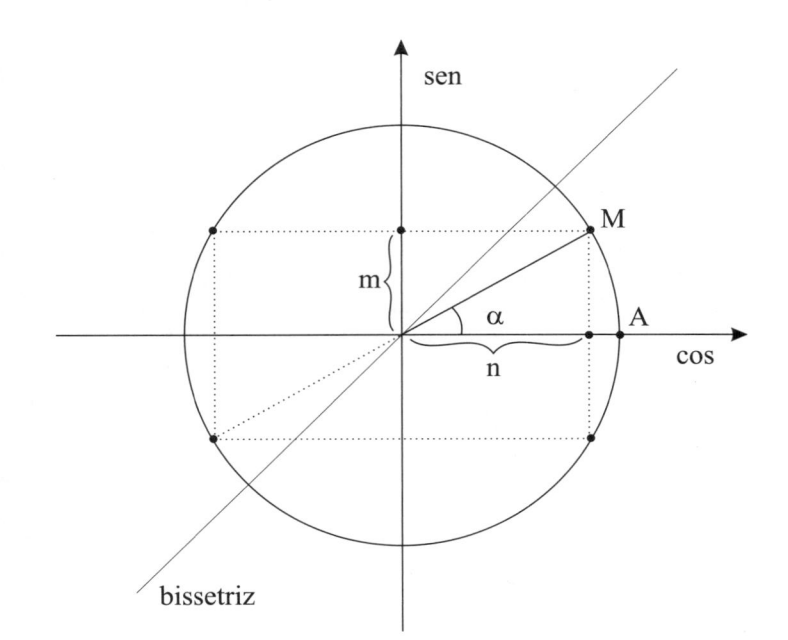

a) sen (π − α) =

b) sen (π + α) =

c) sen (2π − α) = sen (− α) =

d) cos (π − α) =

e) cos (π + α) =

f) cos (2π − α) = cos (− α) =

---

48 Sendo med (ÂM) = α , sen α = m e cos α = n , determine:
(Observe que os dois triângulos hachurados são congruentes)

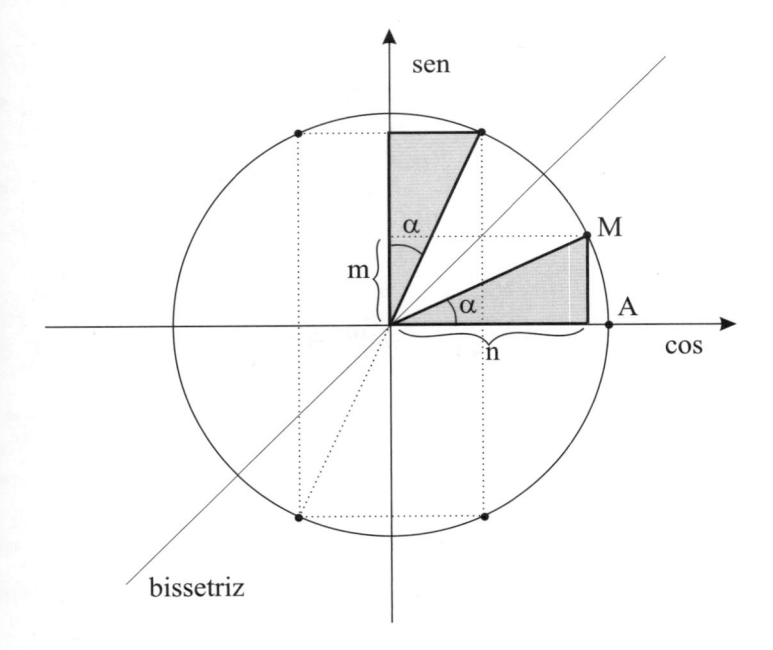

a) sen $(\frac{π}{2} - α)$ =

b) cos $(\frac{π}{2} - α)$ =

c) sen $(\frac{π}{2} + α)$ =

d) cos $(\frac{π}{2} + α)$ =

e) sen $(\frac{3π}{2} - α)$ =

f) cos $(\frac{3π}{2} - α)$ =

g) sen $(\frac{3π}{2} + α)$ =

h) cos $(\frac{3π}{2} + α)$ =

Resp: **45** a) $\frac{\sqrt{3}}{2}$ b) 1 c) 0 d) $\frac{1}{2}$ e) $\frac{1}{2}$ f) 1 g) 0 h) $\frac{\sqrt{3}}{2}$ i) −1 j) 0

k) −1 l) −$\frac{1}{2}$ m) −$\frac{\sqrt{3}}{2}$ n) 0 o) 0 p) 1 q) −$\frac{\sqrt{3}}{2}$ r) −$\frac{\sqrt{3}}{2}$

49 Observando atentamente a figura abaixo

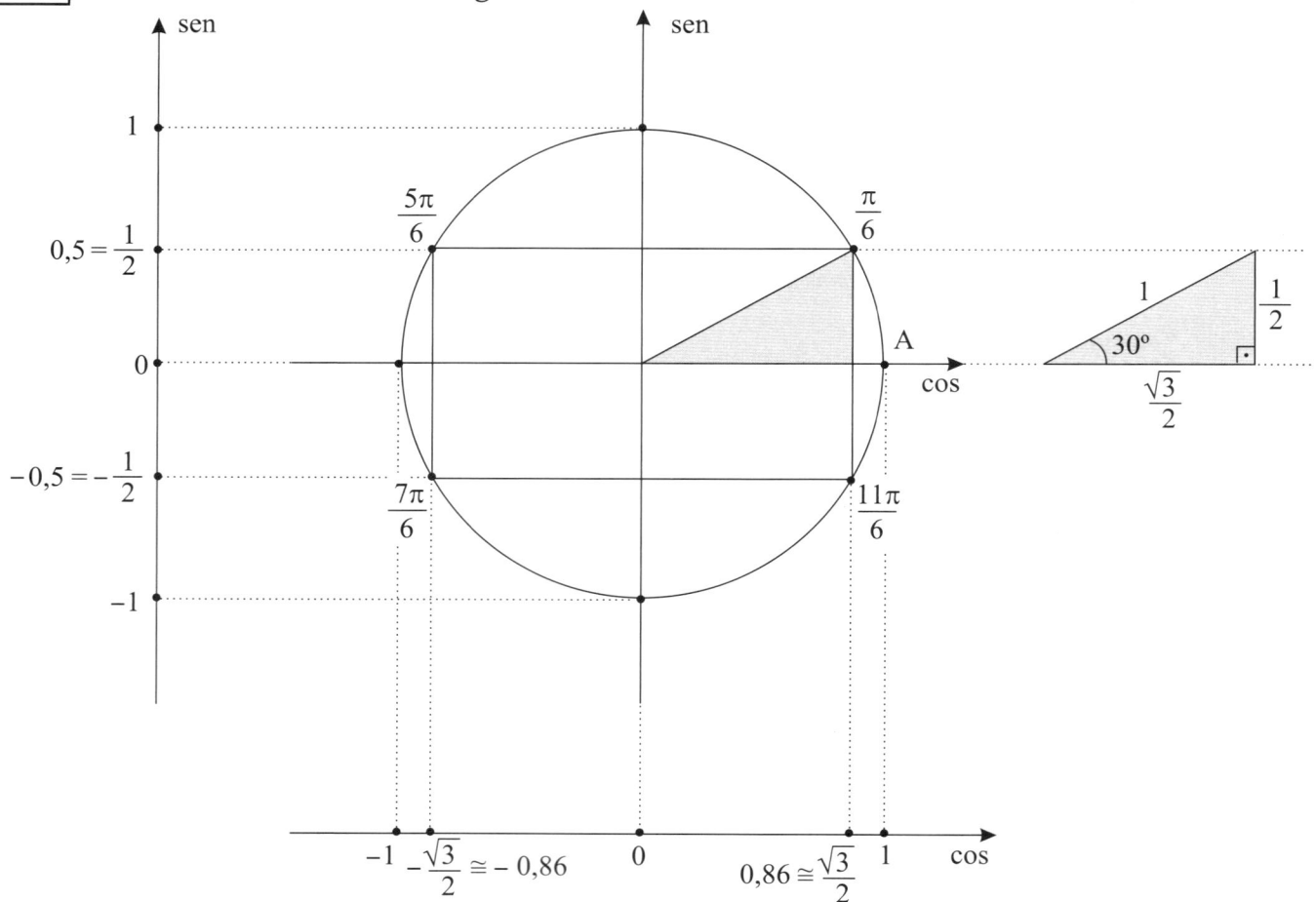

determine:

a) $\operatorname{sen} \frac{\pi}{6} =$

b) $\cos \frac{\pi}{6} =$

c) $\operatorname{sen} \frac{3\pi}{2} =$

d) $\cos \frac{3\pi}{2} =$

e) $\operatorname{sen} \frac{11\pi}{6} =$

f) $\cos \frac{11\pi}{6} =$

g) $\operatorname{sen} 2\pi =$

h) $\cos 0 =$

i) $\operatorname{sen} \frac{5\pi}{6} =$

j) $\cos \frac{7\pi}{6} =$

k) $\operatorname{sen} \frac{\pi}{2} =$

l) $\cos \frac{\pi}{2} =$

m) $\operatorname{sen} \pi =$

n) $\cos 1290º =$

o) $\operatorname{sen} \frac{35\pi}{6} =$

p) $\cos (-1470º) =$

q) $\operatorname{sen} \left(-\frac{67\pi}{6}\right) =$

r) $\cos (-19\pi) =$

50

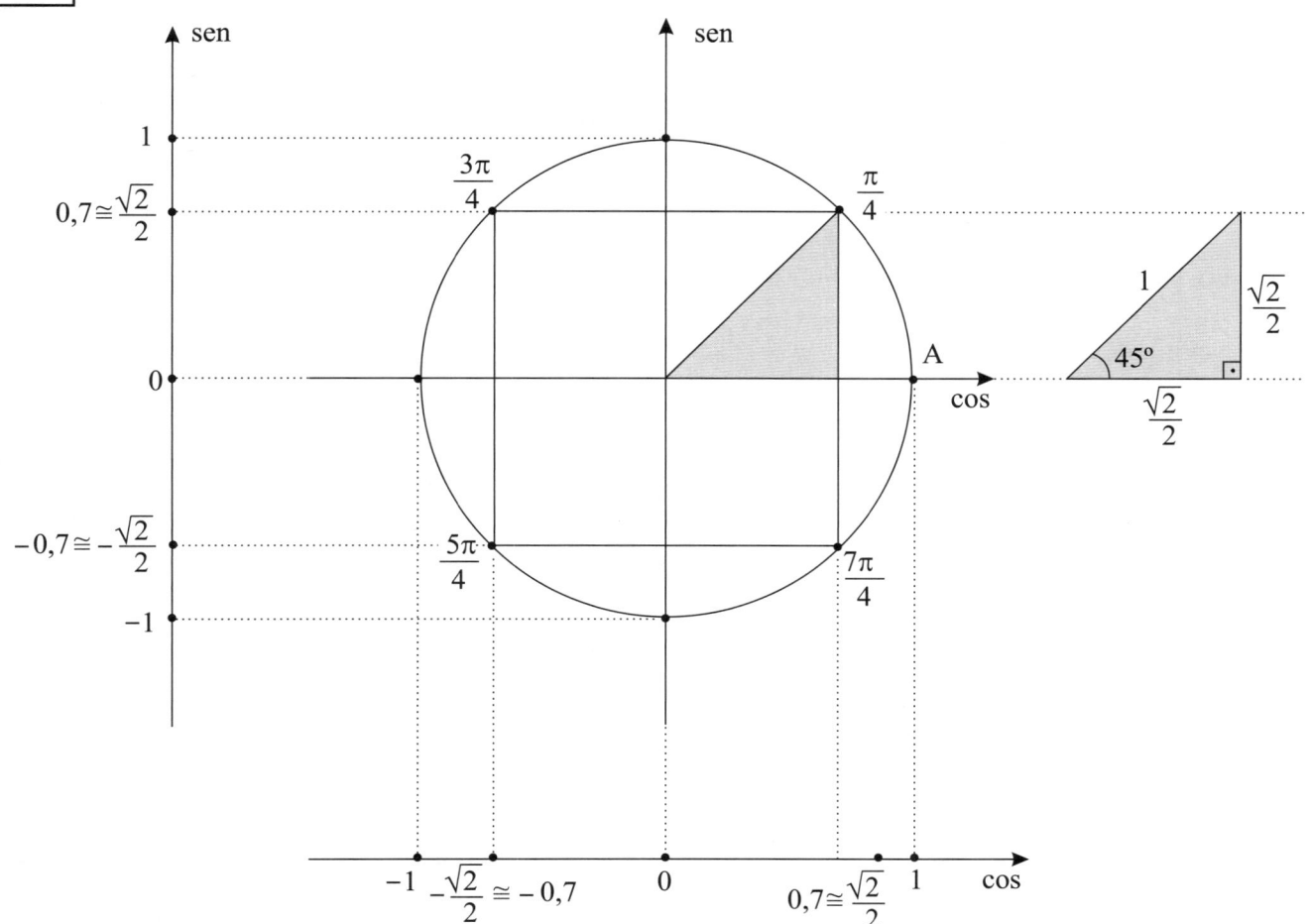

determine:

a) sen $\frac{\pi}{4}$ =

b) cos $\frac{\pi}{4}$ =

c) sen π =

d) cos π =

e) sen $\frac{5\pi}{4}$ =

f) cos $\frac{5\pi}{4}$ =

g) sen $\frac{\pi}{2}$ =

h) cos $\frac{\pi}{2}$ =

i) sen $\frac{3\pi}{4}$ =

j) cos $\frac{7\pi}{4}$ =

k) sen 0 =

l) cos 0 =

m) sen $\frac{3\pi}{2}$ =

n) cos $\frac{15\pi}{2}$ =

o) sen 855° =

p) cos $\left(-\frac{35\pi}{4}\right)$ =

q) sen (– 1980°) =

r) cos $\left(-\frac{9\pi}{4}\right)$ =

Resp: **46** a) $\frac{1}{2}$ b) $\frac{\sqrt{3}}{2}$ c) $-\frac{1}{2}$ d) $\frac{\sqrt{3}}{2}$ e) 0 f) – 1 g) $-\frac{\sqrt{3}}{2}$ h) $\frac{1}{2}$ i) 0

j) 1 k) $-\frac{1}{2}$ l) 1 m) 1 n) $-\frac{\sqrt{3}}{2}$ o) 0 p) $\frac{\sqrt{3}}{2}$ q) – 1 r) $\frac{\sqrt{3}}{2}$

47 a) m b) – m c) – m d) – n e) – n f) n **48** a) n b) m c) n

d) – m e) – n f) – m g) – n h) m

51

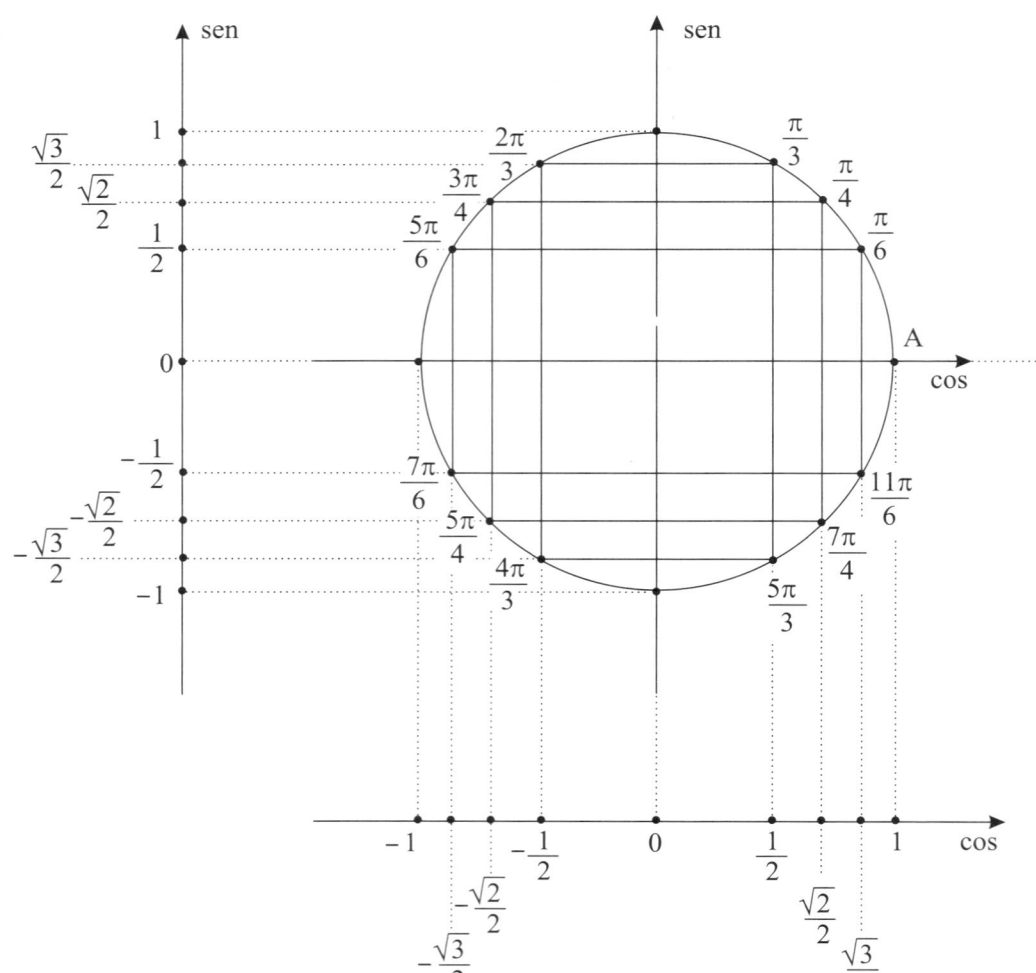

Determine:

a) $\cos \frac{5\pi}{6} =$

b) $\text{sen } \frac{\pi}{4} =$

c) $\cos \frac{5\pi}{3} =$

d) $\text{sen } \frac{5\pi}{4} =$

e) $\cos \frac{7\pi}{6} =$

f) $\text{sen } \frac{\pi}{3} =$

g) $\cos \frac{4\pi}{3} =$

h) $\text{sen } \frac{7\pi}{6} =$

i) $\cos 330° =$

j) $\text{sen } 120° =$

k) $\cos 135° =$

l) $\text{sen } \frac{37\pi}{6} =$

m) $\cos\left(-\frac{46\pi}{3}\right) =$

n) $\text{sen }\left(-\frac{31\pi}{6}\right) =$

o) $\cos\left(-\frac{75\pi}{2}\right) =$

p) $\text{sen } \frac{31\pi}{2} =$

q) $\cos 31\pi =$

r) $\text{sen }(-18\pi) =$

s) $\cos 510° =$

t) $\text{sen } 960° =$

u) $\text{sen }(-1410°) =$

w) $\cos(-3720°) =$

x) $\text{sen}\left(\frac{64\pi}{3}\right) =$

y) $\cos\left(-\frac{125\pi}{4}\right) =$

52 Observando a figura abaixo, determine (em radianos) os arcos da 1ª volta $(0 \leq \alpha < 2\pi)$ tais que:

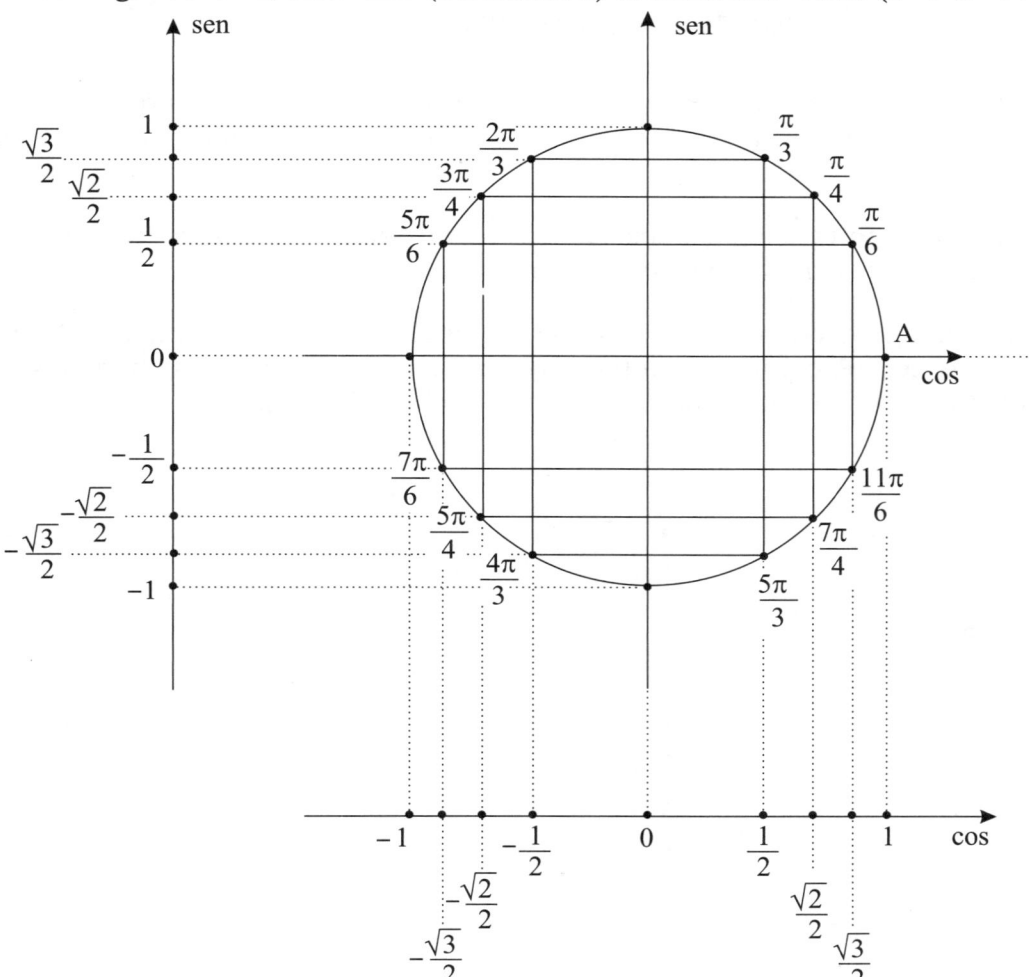

a) $\operatorname{sen} \alpha = \dfrac{1}{2} \Rightarrow \alpha =$

b) $\operatorname{sen} \alpha = -\dfrac{\sqrt{3}}{2} \Rightarrow \alpha =$

c) $\cos \alpha = -\dfrac{\sqrt{2}}{2} \Rightarrow \alpha =$

d) $\cos \alpha = 0 \Rightarrow \alpha =$

e) $\cos \alpha = -1 \Rightarrow \alpha =$

f) $\cos \alpha = \dfrac{\sqrt{3}}{2} \Rightarrow \alpha =$

g) $\operatorname{sen} \alpha = 1 \Rightarrow \alpha =$

h) $\operatorname{sen} \alpha = 0 \Rightarrow \alpha =$

Resp: **49** a) $\dfrac{1}{2}$ b) $\dfrac{\sqrt{3}}{2}$ c) -1 d) 0 e) $-\dfrac{1}{2}$ f) $\dfrac{\sqrt{3}}{2}$ g) 0 h) 1 i) $\dfrac{1}{2}$ j) $-\dfrac{\sqrt{3}}{2}$ k) 1 l) 0 m) 0 n) $-\dfrac{\sqrt{3}}{2}$ o) $-\dfrac{1}{2}$ p) $\dfrac{\sqrt{3}}{2}$ q) $\dfrac{1}{2}$ r) -1 **50** a) $\dfrac{\sqrt{2}}{2}$ b) $\dfrac{\sqrt{2}}{2}$ c) 0 d) -1 e) $-\dfrac{\sqrt{2}}{2}$ f) $-\dfrac{\sqrt{2}}{2}$ g) 1 h) 0 i) $\dfrac{\sqrt{2}}{2}$ j) $\dfrac{\sqrt{2}}{2}$ k) 0 l) 11 m) -1 n) 0 o) $\dfrac{\sqrt{2}}{2}$ p) $-\dfrac{\sqrt{2}}{2}$ q) 0 r) $\dfrac{\sqrt{2}}{2}$ **51** a) $-\dfrac{\sqrt{3}}{2}$ b) $\dfrac{\sqrt{2}}{2}$ c) $\dfrac{1}{2}$ d) $-\dfrac{\sqrt{2}}{2}$ e) $-\dfrac{\sqrt{3}}{2}$ f) $\dfrac{\sqrt{3}}{2}$ g) $-\dfrac{1}{2}$ h) $-\dfrac{\sqrt{2}}{2}$ i) $\dfrac{\sqrt{3}}{2}$ j) $\dfrac{\sqrt{3}}{2}$ k) $-\dfrac{\sqrt{2}}{2}$ l) $\dfrac{1}{2}$ m) $-\dfrac{1}{2}$ n) $\dfrac{1}{2}$ o) 0 p) -1 q) -1 r) 0 s) $-\dfrac{\sqrt{3}}{2}$ t) $-\dfrac{\sqrt{3}}{2}$ u) $\dfrac{1}{2}$ w) $-\dfrac{1}{2}$ x) $-\dfrac{\sqrt{3}}{2}$ y) $-\dfrac{\sqrt{2}}{2}$ **52** a) $\alpha = \dfrac{\pi}{6}$ ou $\alpha = \dfrac{5\pi}{6}$ b) $\alpha = \dfrac{4\pi}{3}$ ou $\alpha = \dfrac{5\pi}{3}$ c) $\alpha = \dfrac{3\pi}{4}$ ou $\alpha = \dfrac{5\pi}{4}$ d) $\alpha = \dfrac{\pi}{2}$ ou $\alpha = \dfrac{3\pi}{2}$

4) Funções Tangente e Cotangente

No ciclo trigonométrico definimos o **eixo das tangentes** na reta paralela ao eixo dos senos (Oy), passando por A (origem dos arcos), com origem em A, uma unidade igual a um raio e orientado de baixo para cima.

O **eixo das cotangentes** será paralelo ao eixo dos cossenos (Ox), passando por $M_1 \mid \overset{\frown}{AM_1} = \frac{\pi}{2}$, unidade igual ao raio e orientado da esquerda para a direita.

Seja a M a imagem do arco $\overset{\frown}{AM} \mid \overset{\frown}{AM} = a$ (medido em graus ou radianos), **r** a reta determinada por O e M, **P** o ponto de interseção de r com o eixo das tangentes e **Q** o ponto de interseção de r com o eixo das cotangentes. (observe as figuras):

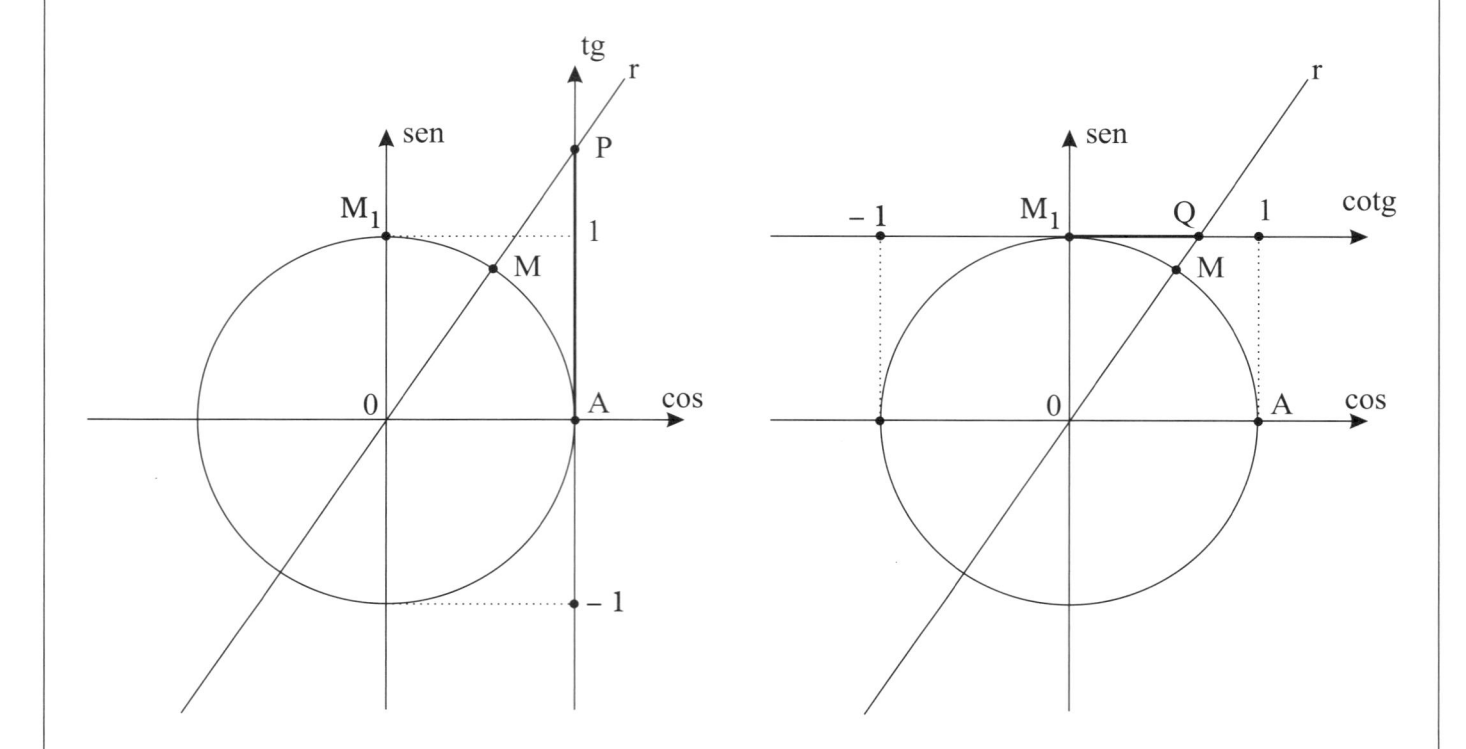

Assim sendo definimos:

$$\text{tangente do arco } a = \text{tg } a = \overline{AP}$$

onde $\overline{AP}$ é a medida algébrica do segmento $\vec{AP}$.

$$\text{cotangente do arco } a = \text{cotg } a = \overline{M_1Q}$$

onde $\overline{M_1Q}$ é a medida algébrica do segmento $\vec{M_1Q}$.

5) Variação de f(x) = tg x nos quadrantes

I) Positivo e crescente no 1º e 3º quadrantes.

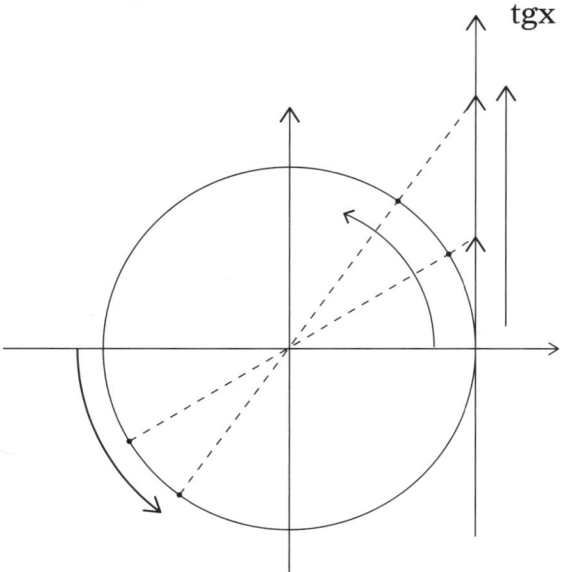

II) Negativo e crescente no 2º e 4º quadrantes.

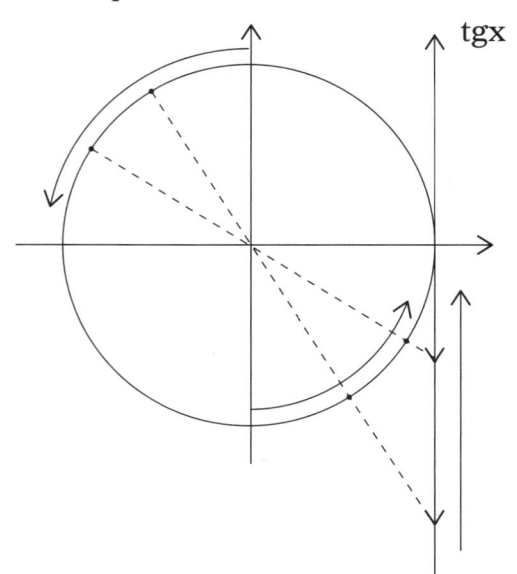

Lembre-se de que não existe $\operatorname{tg} \dfrac{\pi}{2}$ e $\operatorname{tg} \dfrac{3\pi}{2}$

6) Variação de f(x) = cotg x nos quadrantes

I) Positivo e decrescente no 1º e 3º quadrantes.

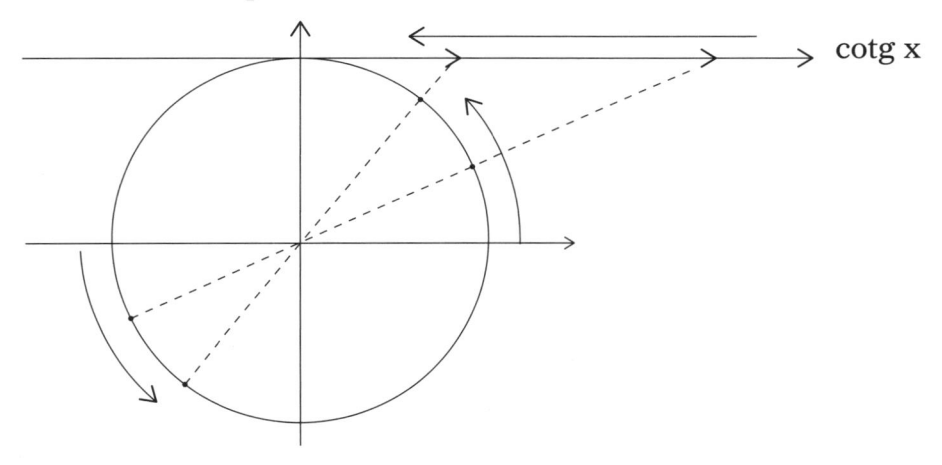

II) Negativa e decrescente no 2º e 4º quadrantes.

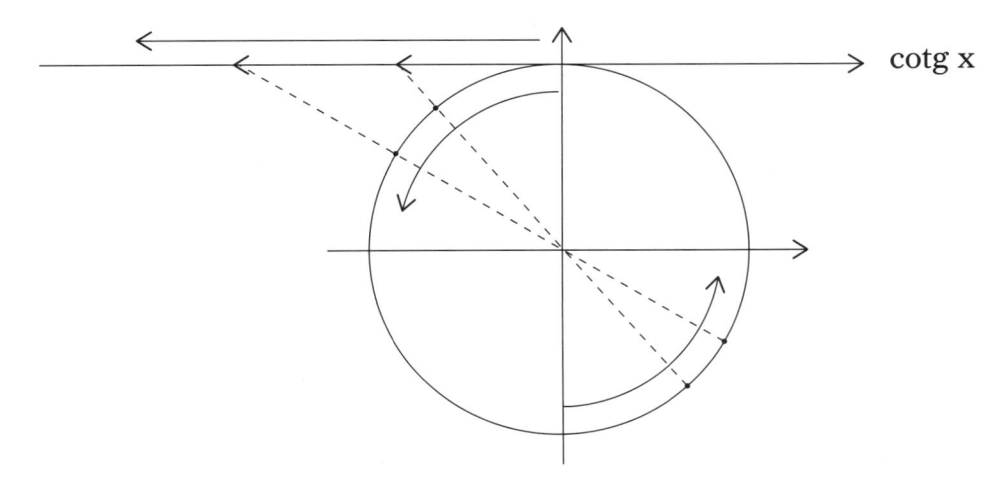

Lembre-se de que não existe cotg 0 e cotg π

7) Redução a tg α e cotg α

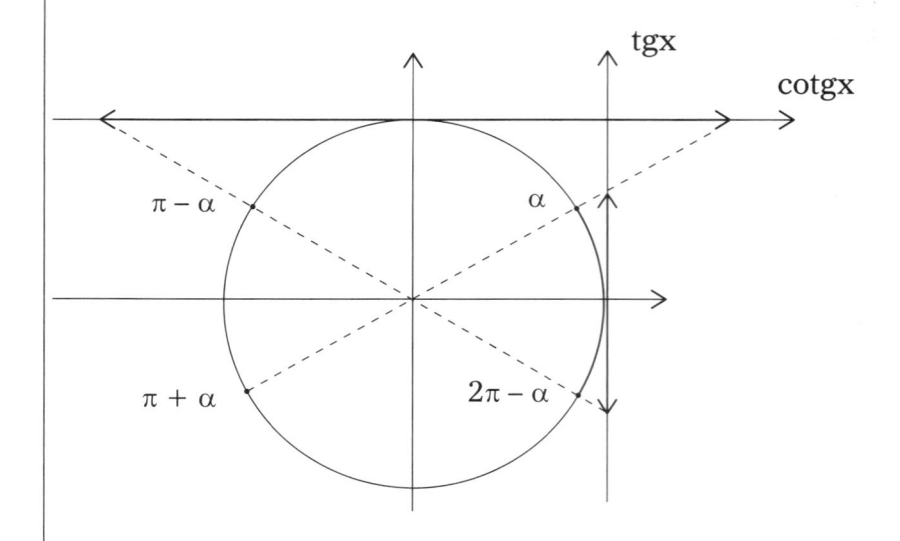

$tg(\pi + \alpha) = tg\alpha$

$tg(2\pi - \alpha) = tg(\pi - \alpha) = -tg\alpha$

$cotg(\pi + \alpha) = cotg\,\alpha$

$cotg(2\pi - \alpha) = cotg(\pi - \alpha) = -cotg\,\alpha$

Não decorar essas relações.
Pensar no ciclo trigonométrico.

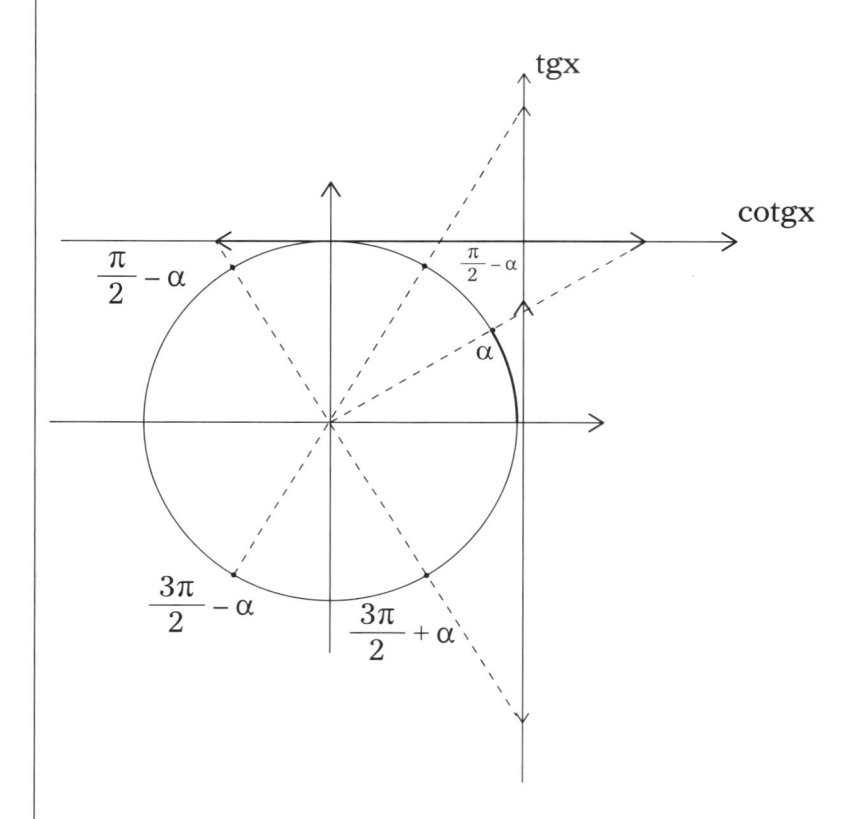

$tg\left(\dfrac{\pi}{2} - \alpha\right) = tg\left(\dfrac{3\pi}{2} - \alpha\right) = cotg\,\alpha$

$tg\left(\dfrac{\pi}{2} + \alpha\right) = tg\left(\dfrac{3\pi}{2} + \alpha\right) = -cotg\,\alpha$

$cotg\left(\dfrac{\pi}{2} - \alpha\right) = cotg\left(\dfrac{3\pi}{2} - \alpha\right) = tg\,\alpha$

$cotg\left(\dfrac{\pi}{2} + \alpha\right) = cotg\left(\dfrac{3\pi}{2} + \alpha\right) = -tg\,\alpha$

Sinais de tg x e cotg x

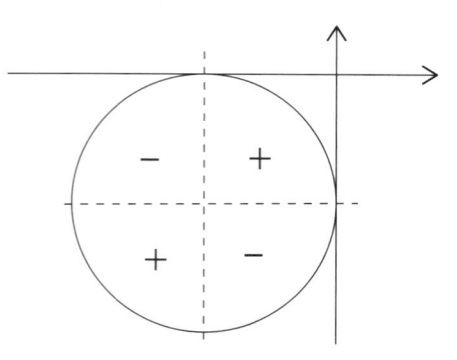

Obs.: Os gráficos cartesianos das funções senx, cosx, tgx e cotgx serão estudados posteriormente.

53 Após observar a figura abaixo, determine as tangentes e cotangentes pedidas:

Lembre-se: $\sqrt{3} \cong 1,73$

$\dfrac{\sqrt{3}}{3} \cong 0,58$

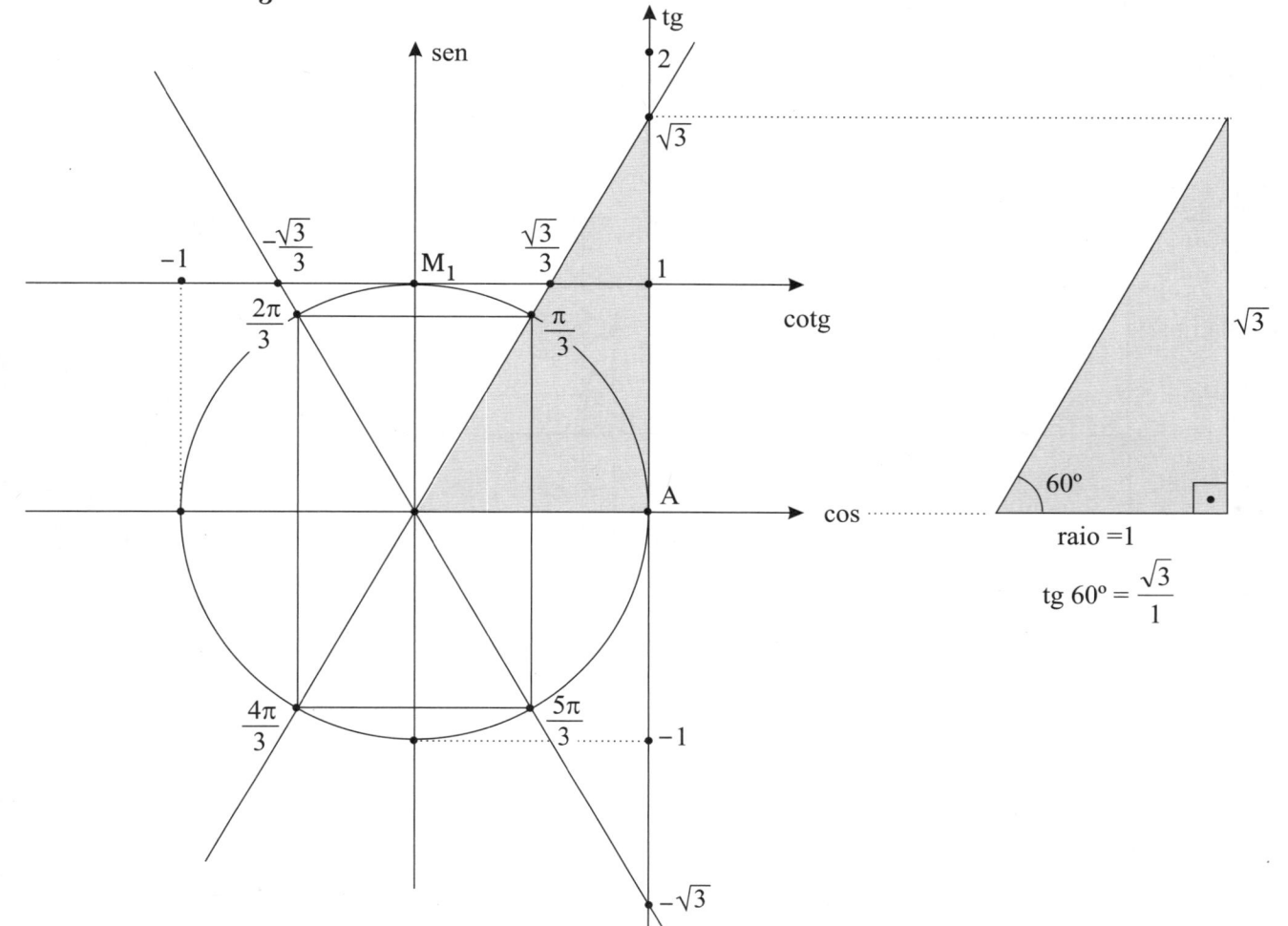

a) $\operatorname{tg}\dfrac{\pi}{3} =$

b) $\operatorname{tg}\dfrac{\pi}{2} =$

c) $\operatorname{tg}\dfrac{2\pi}{3} =$

d) $\operatorname{tg} \pi =$

e) $\operatorname{tg}\dfrac{4\pi}{3} =$

f) $\operatorname{tg}\dfrac{3\pi}{2} =$

g) $\operatorname{tg}\dfrac{5\pi}{3} =$

h) $\operatorname{tg} 2\pi =$

i) $\operatorname{cotg} 0 =$

j) $\operatorname{cotg}\dfrac{\pi}{3} =$

k) $\operatorname{cotg}\dfrac{\pi}{2} =$

l) $\operatorname{cotg}\dfrac{2\pi}{3} =$

m) $\operatorname{cotg} \pi =$

n) $\operatorname{cotg}\dfrac{4\pi}{3} =$

o) $\operatorname{cotg}\dfrac{3\pi}{2} =$

p) $\operatorname{cotg}\dfrac{5\pi}{3} =$

q) $\operatorname{tg}(-1200°) =$

r) $\operatorname{cotg}\left(-\dfrac{16\pi}{3}\right) =$

Observação importante: A função tangente **y = tg x** está definida no domínio
$D = \{x \in R \mid x \neq \frac{\pi}{2} + k \cdot \pi, k \in Z\}$ com conjunto - imagem $Im = R$.
A função cotangente **y = cotg x** por sua vez está definida no domínio.
$D = \{x \in R \mid x \neq k \cdot \pi, k \in Z\}$ com conjunto - imagem $Im = R$.

54 Determine as tangentes e cotangentes pedidas abaixo:

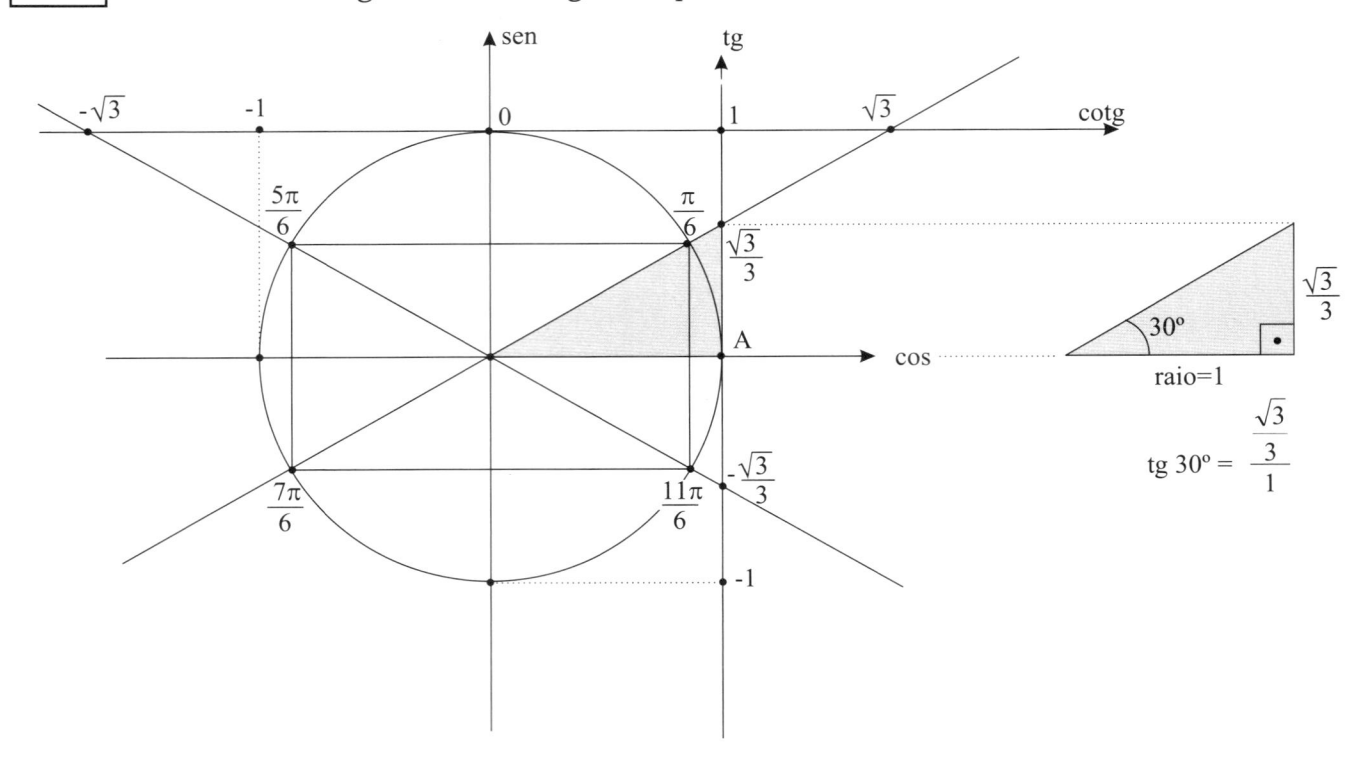

a) $tg\, 0 =$

b) $tg\frac{\pi}{6} =$

c) $tg\frac{5\pi}{6} =$

d) $tg\, \pi =$

e) $tg\frac{7\pi}{6} =$

f) $tg\frac{11\pi}{6} =$

g) $cotg\, 0 =$

h) $tg\frac{\pi}{2} =$

i) $tg\frac{\pi}{2} =$

j) $cotg\frac{5\pi}{6} =$

k) $cotg\frac{7\pi}{6} =$

l) $cotg\frac{11\pi}{6} =$

m) $tg\, 810° =$

n) $cotg\frac{55\pi}{6} =$

o) $tg\left(-\frac{41\pi}{6}\right) =$

p) $cotg\,(-7\pi) =$

q) $tg\left(-\frac{71\pi}{6}\right) =$

r) $cotg\frac{29\pi}{6} =$

s) $tg(-2010°) =$

t) $cotg\frac{107\pi}{6} =$

u) $tg\left(-\frac{83\pi}{6}\right) =$

w) $cot(-1590°) =$

x) $tg(-1230°) =$

y) $cotg\left(-\frac{67\pi}{6}\right) =$

55. Após observar a figura, determine:

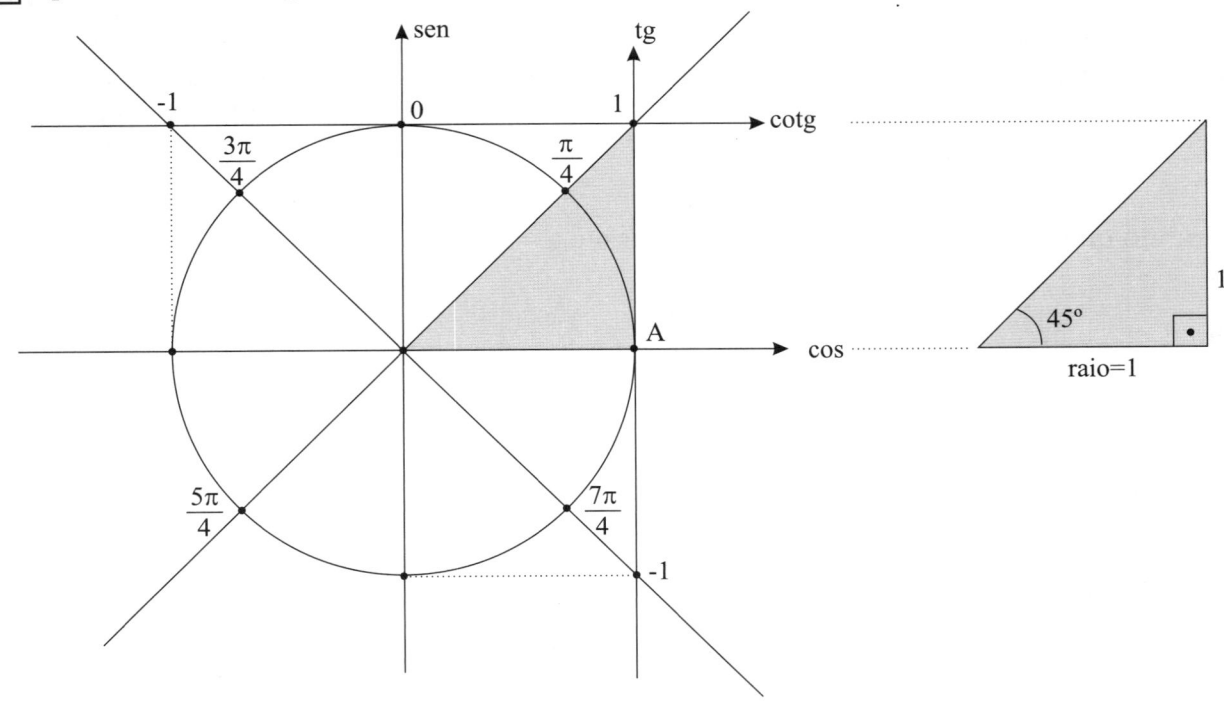

a) $\operatorname{tg} 0 =$

b) $\operatorname{tg} \frac{\pi}{4} =$

c) $\operatorname{tg} \frac{\pi}{2} =$

d) $\operatorname{tg} \frac{3\pi}{4} =$

e) $\operatorname{tg} \pi =$

f) $\operatorname{tg} \frac{5\pi}{4} =$

g) $\operatorname{tg} \frac{3\pi}{2} =$

h) $\operatorname{tg} \frac{7\pi}{4} =$

i) $\operatorname{tg} 2\pi =$

j) $\operatorname{cotg} \frac{27\pi}{4} =$

k) $\operatorname{cotg} \frac{39\pi}{2} =$

l) $\operatorname{cotg}\left(-\frac{31\pi}{4}\right) =$

m) $\operatorname{cotg} 33\pi =$

n) $\operatorname{cotg}\left(-\frac{51\pi}{2}\right) =$

o) $\operatorname{cotg}(-42\pi) =$

p) $\operatorname{cotg} \frac{47\pi}{4} =$

q) $\operatorname{cotg} \frac{37\pi}{4} =$

r) $\operatorname{cotg}\left(-\frac{25\pi}{4}\right) =$

Resp:

53 a) $\sqrt{3}$ b) $\nexists$ c) $-\sqrt{3}$ d) 0 e) $\sqrt{3}$ f) $\nexists$ g) $-\sqrt{3}$ h) 0 i) $\nexists$
j) $\frac{\sqrt{3}}{2}$ k) 0 l) $-\frac{\sqrt{3}}{3}$ m) $\nexists$ n) $\frac{\sqrt{3}}{3}$ o) 0 p) $-\frac{\sqrt{3}}{3}$ q) $\sqrt{3}$ r) $-\frac{\sqrt{3}}{3}$

54 a) 0 b) $\frac{\sqrt{3}}{3}$ c) $-\frac{\sqrt{3}}{3}$ d) 0 e) $\frac{\sqrt{3}}{3}$ f) $-\frac{\sqrt{3}}{3}$ g) $\nexists$ h) $\sqrt{3}$ i) 0
j) $-\sqrt{3}$ k) $\sqrt{3}$ l) $-\sqrt{3}$ m) $\nexists$ n) $\sqrt{3}$ o) $\frac{\sqrt{3}}{3}$ p) $\nexists$ q) $\frac{\sqrt{3}}{3}$ r) $-\sqrt{3}$
s) $\frac{-\sqrt{3}}{3}$ t) $-\sqrt{3}$ u) $\frac{\sqrt{3}}{3}$ w) $\sqrt{3}$ x) $\frac{\sqrt{3}}{3}$ y) $-\sqrt{3}$

55 a) 0 b) 1 c) $\nexists$
d) -1 e) 0 f) 1 g) $\nexists$ h) -1 i) 0 j) -1 k) 0 l) 1
m) $\nexists$ n) 0 o) $\nexists$ p) -1 q) 1 r) -1

8) Funções secante e cossecante

Como veremos a seguir a **função secante** (y = sec x) será definida no **eixo dos cossenos** (Ox) e a **função cossecante** (y = cossec x) no **eixo dos senos** (Oy). Antes, entretanto, vamos relembrar as secantes e cossecantes de arcos notáveis do 1º quadrante, relações que serão provadas em seguida.

Lembrando que $\quad \sec x = \dfrac{1}{\cos x} \quad$ e que $\quad \text{cossec } x = \dfrac{1}{\text{sen} x} =$

podemos calcular: $\quad \sec 0 = \dfrac{1}{\cos 0} = \dfrac{1}{1} = 1$

$$\sec \dfrac{\pi}{6} = \dfrac{1}{\cos \dfrac{\pi}{6}} = \dfrac{1}{\dfrac{\sqrt{3}}{2}} = \dfrac{2}{\sqrt{3}} = \dfrac{2\sqrt{3}}{3}$$

Complete, agora, os seguintes valores:

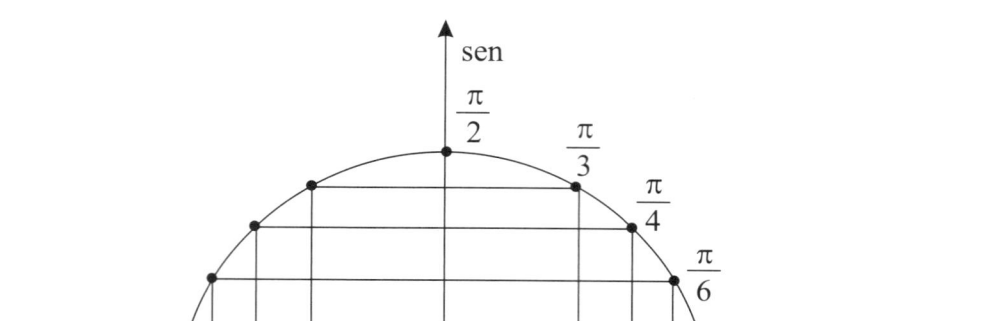

a) $\sec \dfrac{\pi}{4} =$

b) $\sec \dfrac{\pi}{3} =$

c) $\sec \dfrac{\pi}{2} =$

d) $\text{cossec } 0 =$

e) $\text{cossec } \dfrac{\pi}{6} =$

f) $\text{cossec } \dfrac{\pi}{4} =$

g) $\text{cossec } \dfrac{\pi}{3} =$

h) $\text{cossec } \dfrac{\pi}{2} =$

Seja M a imagem do arco $\overset{\frown}{AM}$ = a (medido em graus ou radianos) e seja **r** a reta tangente ao ciclo trigomométrico no ponto M e, conseqüentemente, perpendicular ao raio OM. Chamando de **P** e **Q**, respectivamente, as interseções da **reta r** com o eixo horizontal (cossenos) e vertical (senos) podemos, então, definir:

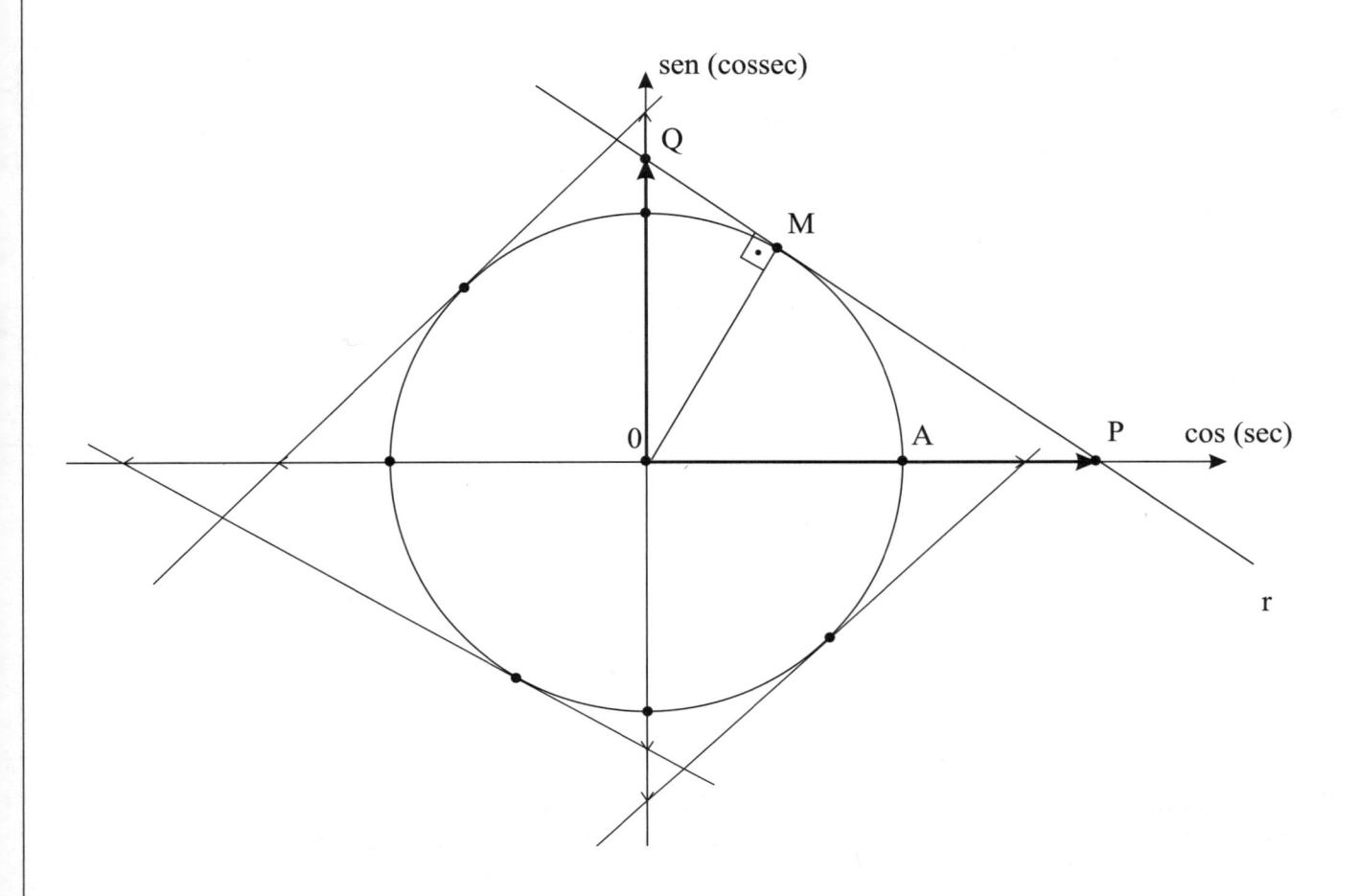

---

secante do arco a = sec a = $\overline{OP}$

cossecante do arco a = cossec a = $\overline{OQ}$

onde $\overline{OP}$ é a medida algébrica do segmento $\overrightarrow{OP}$

onde $\overline{OQ}$ é a medida algébrica do segmento $\overrightarrow{OQ}$

Obs.: 1) Não existem sec 90°, sec 270°, sec $\dfrac{\pi}{2}$, sec $\dfrac{3\pi}{2}$

2) Não existem cossec 0°, cossec 180°, cossec 0, cossec π

3) sec x ⩽ -1 ou sec x ⩾ 1 (sec 0° = 1, sec 180° = - 1)

4) cossec x ⩽ -1 ou cossec x ⩾ 1 (cossec 90° = 1, cossec 270° = - 1)

5) f(x) = sec x ⇒ x ≠ $\dfrac{\pi}{2}$ + kπ

6) f(x) = cossec x ⇒ x ≠ kπ

9) Variação de f(x) = sec x e g(x) = cossec x

I) No 1º quadrante:
sec x é positiva e crescente.
cossec x é positiva e decrescente.

II) No 2º quadrante:
sec x é negativa e crescente.
cossec x é positiva e crescente.

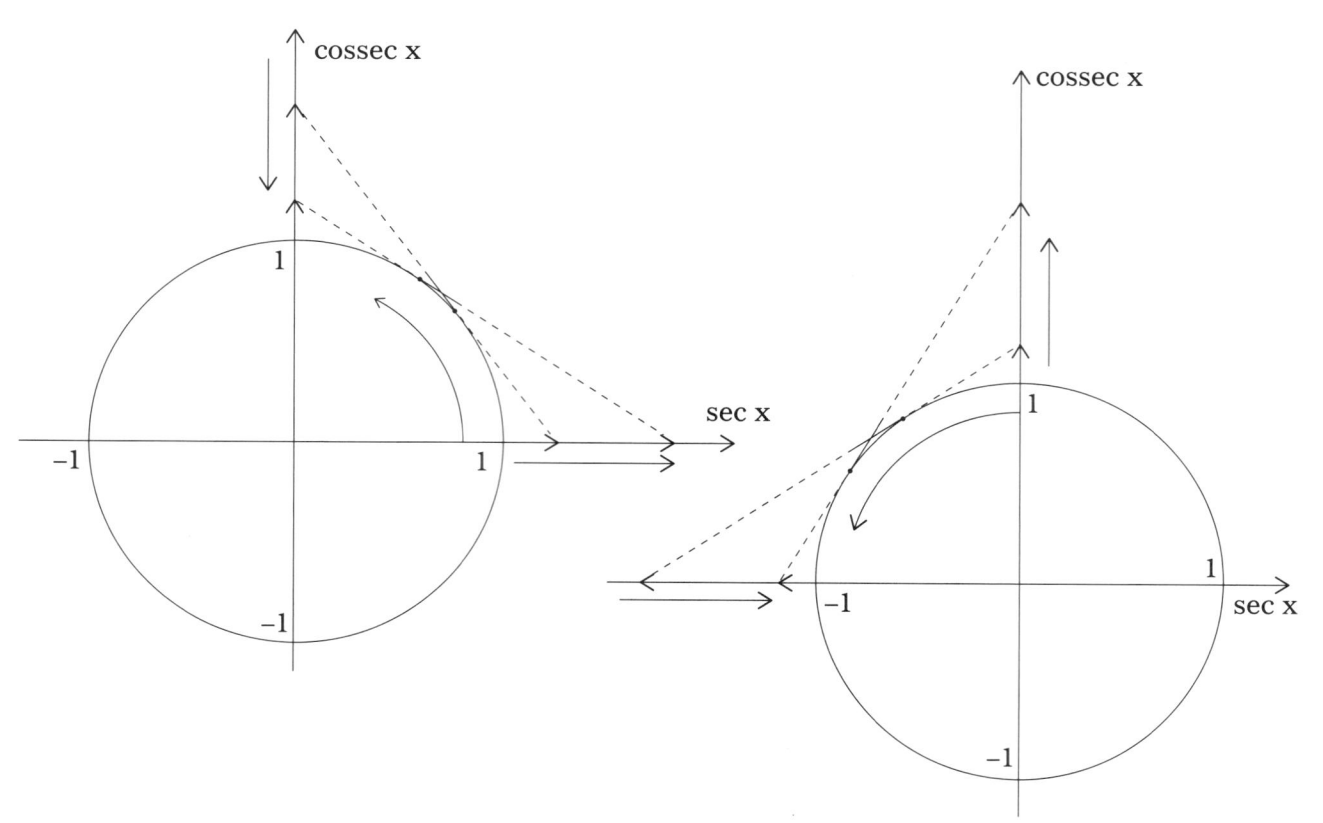

III) No 4º quadrante:
sec x é positiva e decrescente.
cossec x é negativa e decrescente.

IV) No 3º quadrante:
sec x é negativa e decrescente.
cossec x é negativa e crescente.

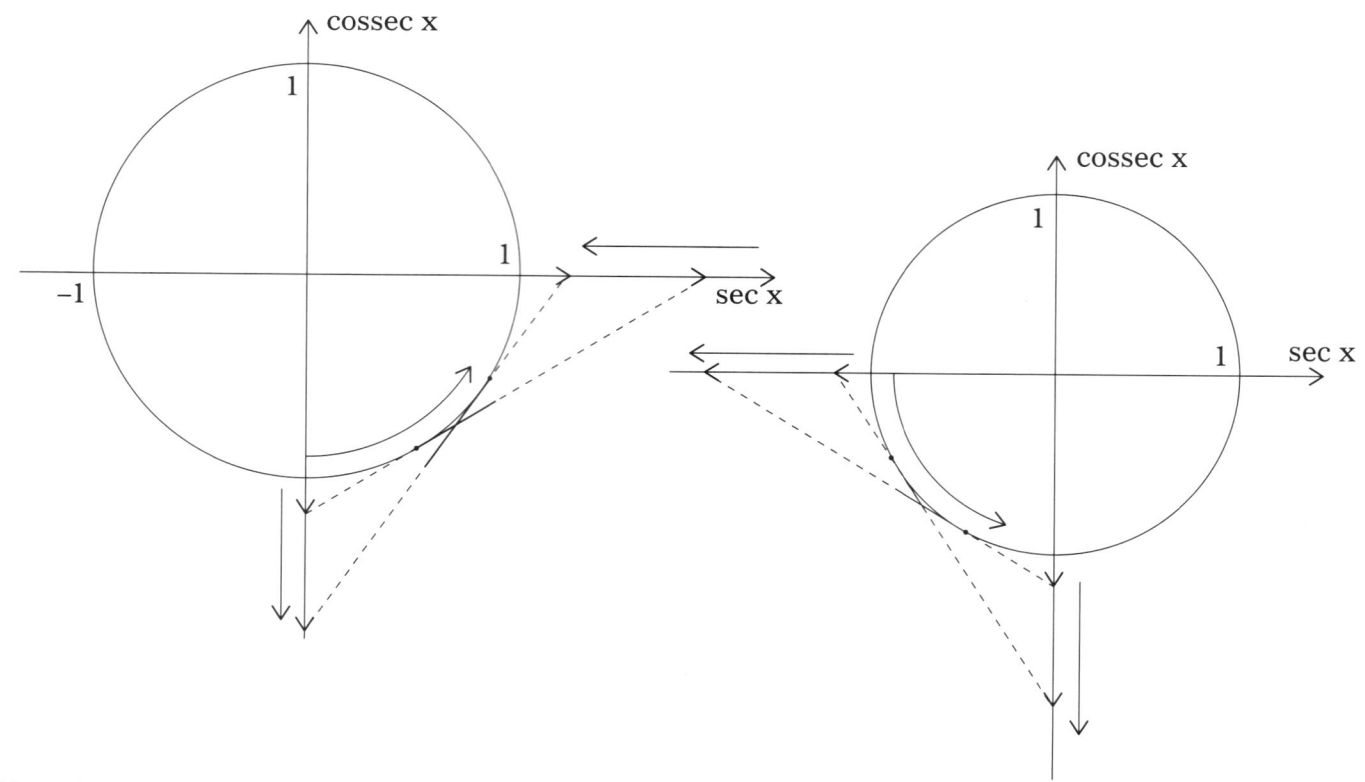

Obs.: Os gráficos cartesianos das funções **sec x** e **cossec x** serão estudos posteriormente.

56

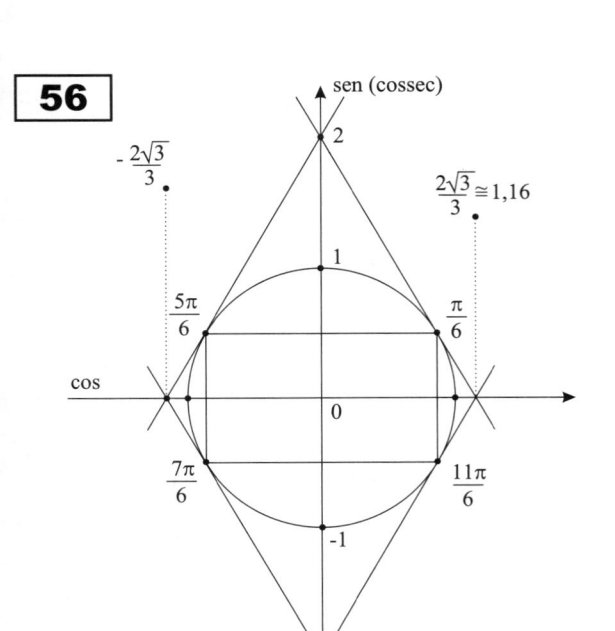

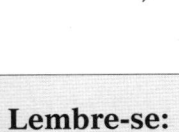

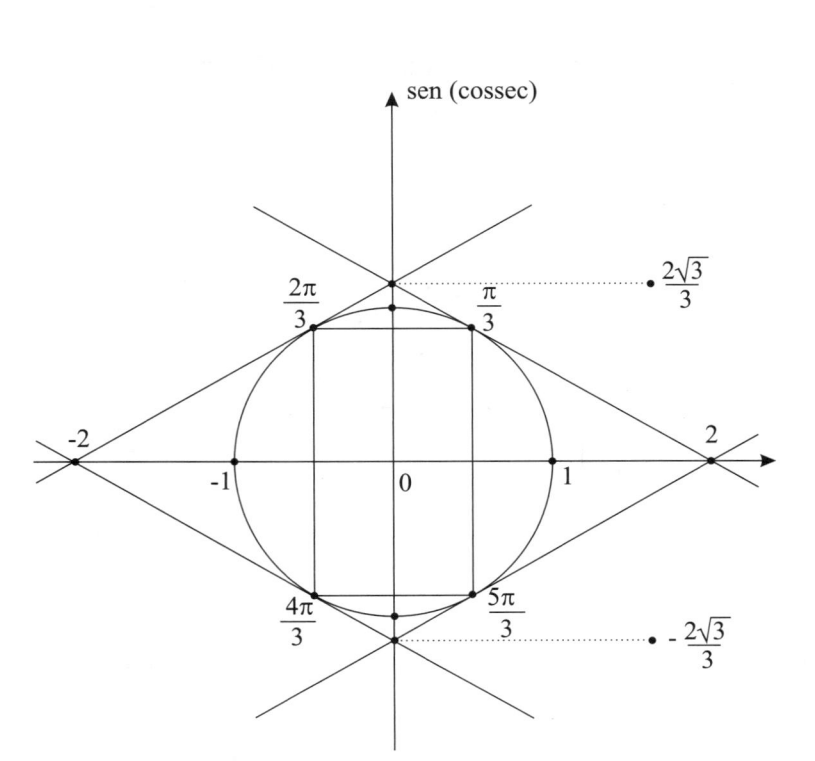

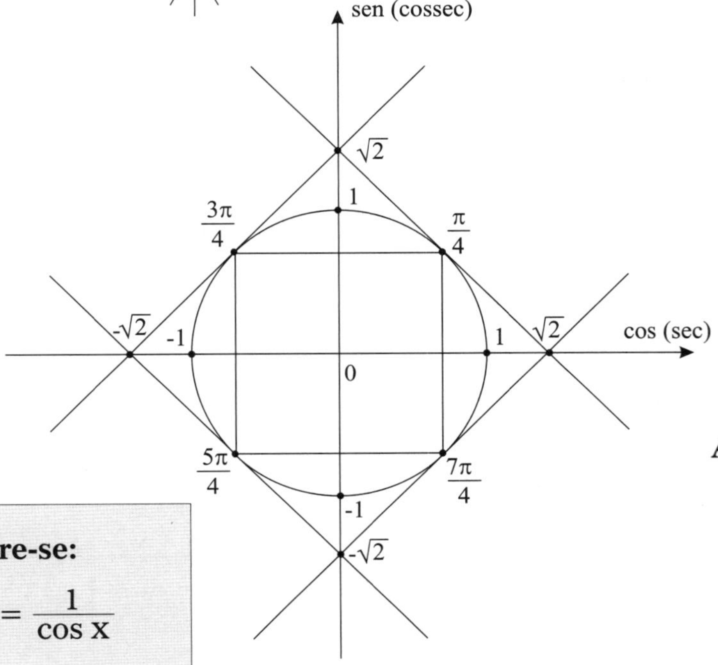

Após observar as figuras acima, determine:

Lembre-se:

$\sec x = \dfrac{1}{\cos x}$

$\operatorname{cossec} x = \dfrac{1}{\operatorname{sen} x}$

a) $\sec 0 =$

b) $\sec \dfrac{\pi}{6} =$

c) $\sec \dfrac{\pi}{4} =$

d) $\sec \dfrac{\pi}{3} =$

e) $\sec \dfrac{\pi}{2} =$

f) $\sec \dfrac{2\pi}{3} =$

g) $\sec \dfrac{3\pi}{4} =$

h) $\sec \dfrac{5\pi}{6} =$

i) $\sec \pi =$

j) $\sec \dfrac{7\pi}{6} =$

k) $\sec \dfrac{5\pi}{4} =$

l) $\sec \dfrac{4\pi}{3} =$

m) $\sec \dfrac{3\pi}{2} =$

n) $\sec \dfrac{5\pi}{3} =$

o) $\sec \dfrac{7\pi}{4} =$

p) $\sec \dfrac{11\pi}{6} =$

q) $\sec 2\pi =$

r) $\operatorname{cossec} \dfrac{4\pi}{3} =$

s) $\operatorname{cossec} \dfrac{4\pi}{3} =$

t) $\operatorname{cossec} \pi =$

u) $\operatorname{cossec} \dfrac{3\pi}{2} =$

v) $\operatorname{cossec} \dfrac{5\pi}{6} =$

w) $\operatorname{cossec} \dfrac{11\pi}{6} =$

x) $\operatorname{cossec} \dfrac{\pi}{3} =$

y) $\operatorname{cossec} 0$

z) $\operatorname{cossec} \dfrac{\pi}{2} =$

Resp: $\sec \dfrac{\pi}{4} = \sqrt{2}$ $\sec \dfrac{\pi}{3} = 2$ $\sec \dfrac{\pi}{2} = \nexists$ $\operatorname{cossec} 0 = \nexists$ $\operatorname{cossec} \dfrac{\pi}{6} = 2$ $\operatorname{cossec} \dfrac{\pi}{4} = \sqrt{2}$ $\operatorname{cossec} \dfrac{\pi}{3} = \dfrac{2\sqrt{3}}{3}$ $\operatorname{cossec} \dfrac{\pi}{2} = 1$

57 Como $\sec x = \dfrac{1}{\cos x}$ e $\text{cossec } x = \dfrac{1}{\text{sen } x}$, observar o ciclo dado e determinar os valores de:

Observe a sequência: (360, 720, 1080, 1440, 1800, 2160, ...)

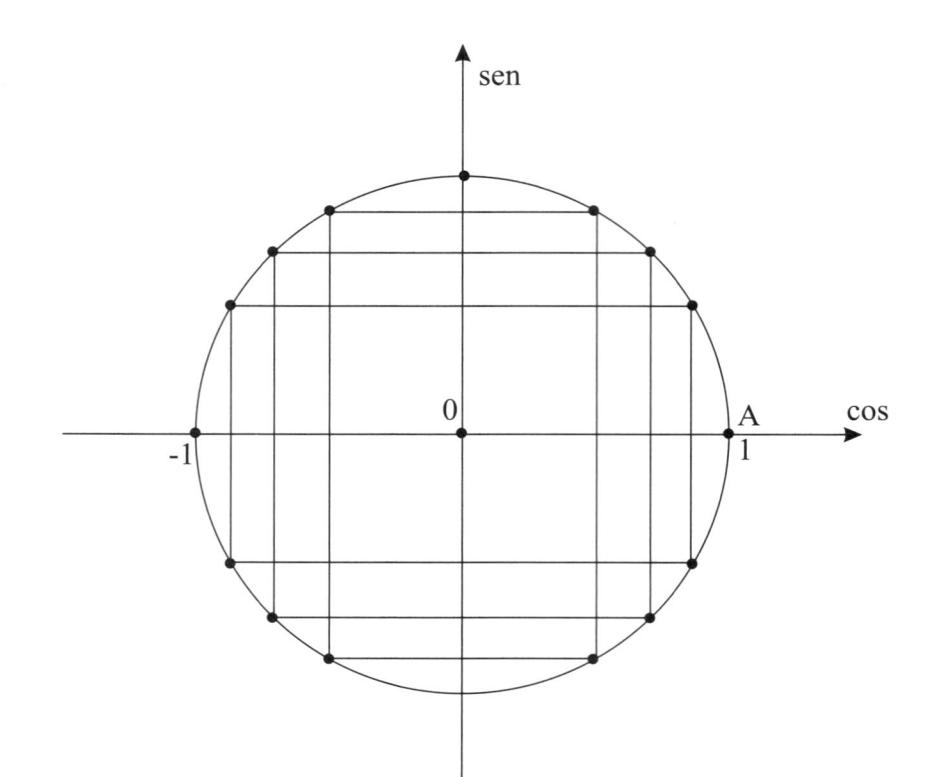

a) $\sec 420° =$

b) $\text{cossec } 510° =$

c) $\sec 600° =$

d) $\text{cossec } 660° =$

e) $\text{cossec } 930° =$

f) $\sec 1020° =$

g) $\text{cossec } 765° =$

h) $\sec 855° =$

i) $\text{cossec } 1230° =$

j) $\sec 1665° =$

58 Determinar:

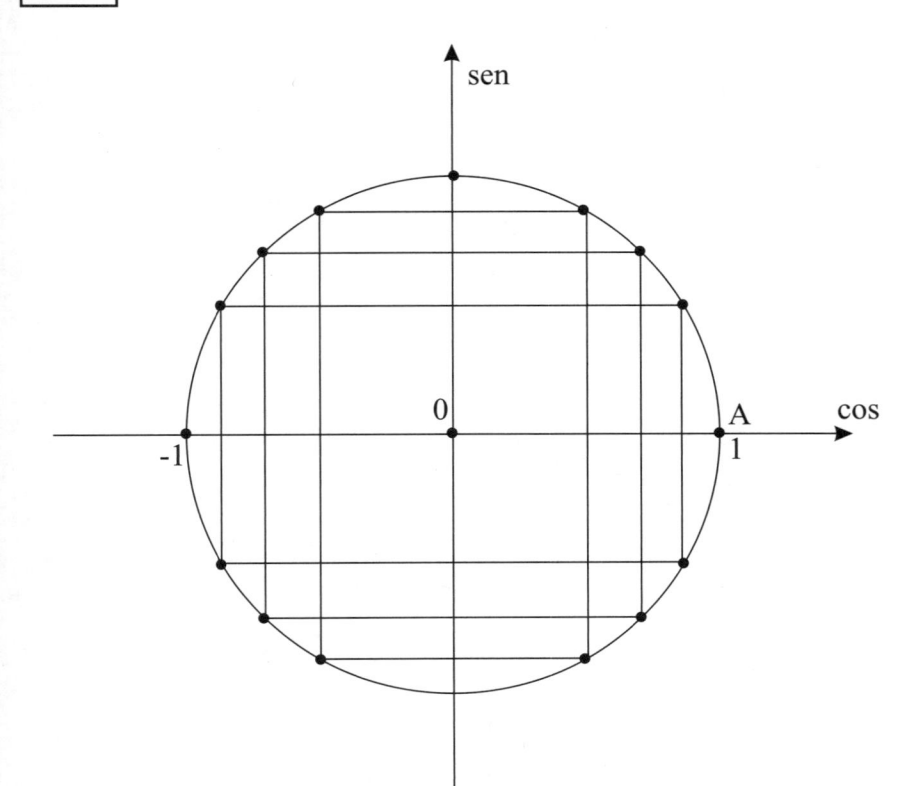

a) $\sec \dfrac{26\pi}{3} =$

b) $\operatorname{cossec}\left(\dfrac{43\pi}{4}\right) =$

c) $\sec\left(\dfrac{41\pi}{6}\right) =$

d) $\operatorname{cossec}\left(\dfrac{79\pi}{6}\right) =$

e) $\sec\left(\dfrac{37\pi}{4}\right) =$

f) $\operatorname{cossec}\left(\dfrac{46\pi}{3}\right) =$

g) $\operatorname{cossec}\left(-\dfrac{83\pi}{6}\right) =$

h) $\operatorname{cossec}\left(-\dfrac{55\pi}{4}\right) =$

i) $\sec\left(-\dfrac{52\pi}{3}\right) =$

j) $\operatorname{cossec}\left(-\dfrac{115\pi}{6}\right) =$

Resp: **56** a) 1 b) $\dfrac{2\sqrt{3}}{3}$ c) $\sqrt{2}$ d) 2 e) ∄ f) −2 g) $\sqrt{2}$ h) $-\dfrac{2\sqrt{3}}{3}$ i) −1 j) $-\dfrac{2\sqrt{3}}{3}$ k) $-\sqrt{2}$

l) −2 m) ∄ n) 2 o) $\sqrt{2}$ p) $\dfrac{2\sqrt{3}}{3}$ q) 1 r) $\sqrt{2}$ s) $-\dfrac{2\sqrt{3}}{3}$ t) ∄

u) −1 v) 2 w) −2 x) $\dfrac{2\sqrt{3}}{3}$ y) ∄ z) 1

59 Observar o ciclo dado e escrever em função de sen x, cos x, tgx ou cotg x, conforme for o caso, as seguintes expressões:

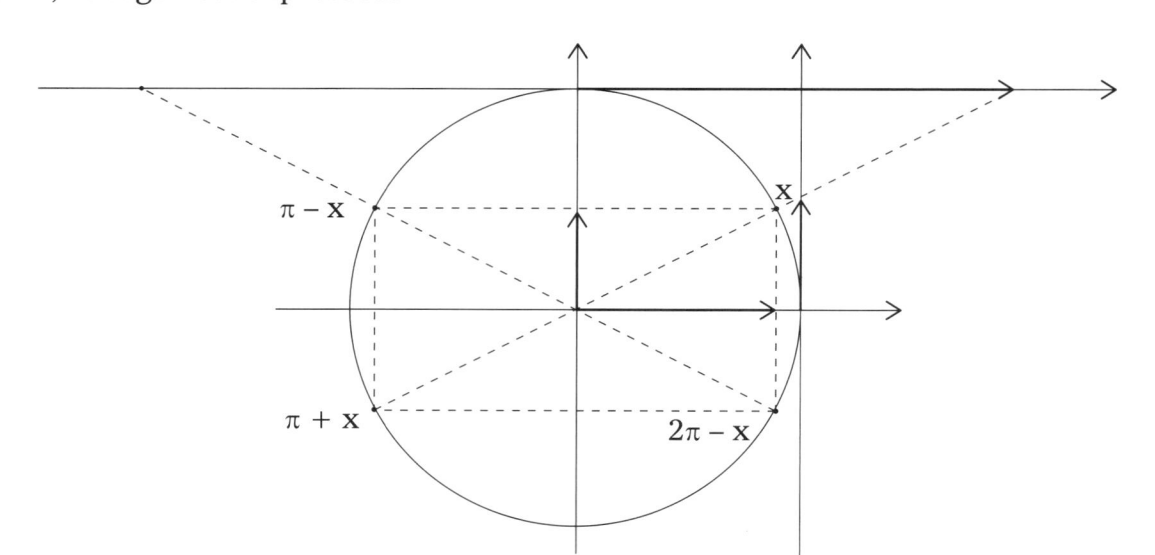

a) sen $(\pi - x)$ =	b) cos $(\pi - x)$ =	c) sen $(\pi + x)$ =
d) cos $(\pi + x)$ =	e) sen $(2\pi - x)$ =	f) cos $(2\pi - x)$ =
g) tg $(\pi + x)$ =	h) tg $(\pi - x)$ =	i) tg $(2\pi - x)$ =
j) cotg $(\pi + x)$ =	k) cotg $(\pi - x)$ =	l) cotg $(2\pi - x)$ =
m) sen $(-x)$ =	n) cos $(-x)$ =	o) tg $(-x)$ =

60 Escrever em função de sen x, cos x, tg x ou cotg x.

a) sen $(20\pi - x)$ =	b) cos $(30\pi + x)$ =	c) cotg $(40\pi - x)$ =
d) sen $(21\pi + x)$ =	e) cos $(13\pi + x)$ =	f) cos $(13\pi - x)$ =
g) tg $(21\pi + x)$ =	h) cotg $(33\pi - x)$ =	i) tg $(31\pi - x)$ =
j) sen $(x - 41\pi)$ =	k) cos $(x - 37\pi)$ =	i) tg $(x - 12\pi)$ =
m) cotg $(x - 13\pi)$ =	n) tg $(-x - 41\pi)$ =	o) sen $(-x - 31\pi)$ =
p) cos $(-x - 20\pi)$ =	q) sen $(-x - 47\pi)$ =	r) cotg $(-x - 19\pi)$ =

61 Observar o ciclodado e escrever em função de sen x, cos x, tg x ou cotg x, conforme for o caso, as seguintes expressões:

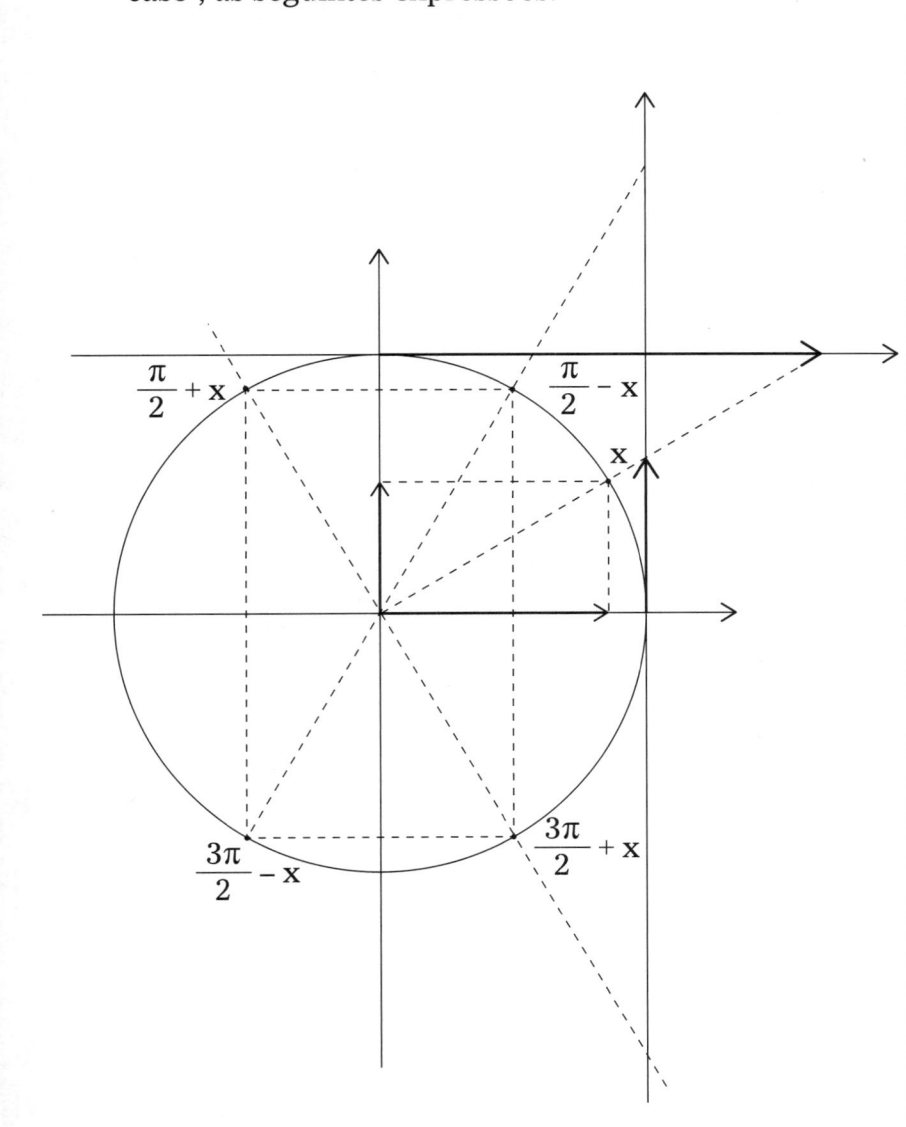

a) $\operatorname{sen}\left(\dfrac{\pi}{2} - x\right) =$	
b) $\operatorname{sen}\left(\dfrac{\pi}{2} + x\right) =$	
c) $\cos\left(\dfrac{\pi}{2} - x\right) =$	
d) $\cos\left(\dfrac{\pi}{2} + x\right) =$	
e) $\operatorname{tg}\left(\dfrac{\pi}{2} + x\right) =$	
f) $\operatorname{tg}\left(\dfrac{\pi}{2} - x\right) =$	
g) $\operatorname{cotg}\left(\dfrac{\pi}{2} - x\right) =$	
h) $\operatorname{cotg}\left(\dfrac{\pi}{2} + x\right) =$	
i) $\operatorname{sen}\left(\dfrac{3\pi}{2} + x\right) =$	
j) $\operatorname{sen}\left(\dfrac{3\pi}{2} - x\right) =$	
k) $\cos\left(\dfrac{3\pi}{2} + x\right) =$	
l) $\cos\left(\dfrac{3\pi}{2} - x\right) =$	

m) $\operatorname{tg}\left(\dfrac{3\pi}{2} - x\right) =$	n) $\operatorname{tg}\left(\dfrac{3\pi}{2} + x\right) =$	o) $\operatorname{cotg}\left(\dfrac{3\pi}{2} - x\right) =$
p) $\operatorname{cotg}\left(\dfrac{3\pi}{2} + x\right) =$	q) $\cos\left(x - \dfrac{\pi}{2}\right) =$	r) $\operatorname{sen}\left(x - \dfrac{\pi}{2}\right) =$
s) $\cos\left(x - \dfrac{3\pi}{2}\right) =$	t) $\operatorname{sen}\left(x - \dfrac{3\pi}{2}\right) =$	u) $\operatorname{tg}\left(x - \dfrac{\pi}{2}\right) =$
v) $\operatorname{cotg}\left(x - \dfrac{3\pi}{2}\right) =$	w) $\operatorname{tg}\left(x - \dfrac{3\pi}{2}\right) =$	x) $\operatorname{sen}\left(\dfrac{13\pi}{2} - x\right) =$
y) $\operatorname{sen}\left(\dfrac{27\pi}{2} - x\right) =$	z) $\cos\left(\dfrac{19\pi}{2} + x\right) =$	

Resp: **57** a) -2 b) 2 c) -2 d) $-\dfrac{2\sqrt{3}}{3}$ e) -2 f) 2 g) $\sqrt{2}$ h) $-\sqrt{2}$ i) 2 j) $-\sqrt{2}$

58 a) -2 b) $\sqrt{2}$ c) $-\dfrac{2\sqrt{3}}{3}$ d) -2 e) $-\sqrt{2}$ f) $-\dfrac{2\sqrt{3}}{3}$ g) $\dfrac{2\sqrt{3}}{3}$ h) $\sqrt{2}$ i) -2 j) 2

62 Apoiando-se no ciclo trigonométrico dado, simplificar as seguintes expressões:

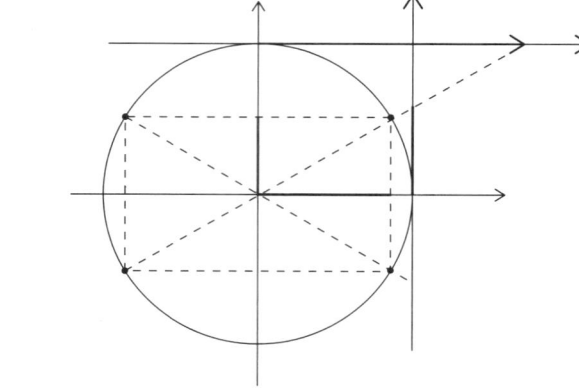

a) $y = \dfrac{\operatorname{sen}(\pi - x) \cdot \cos(\pi + x) \cdot \operatorname{sen}(-x)}{\operatorname{sen}(2\pi - x) \, \cos(2\pi - x)}$

b) $y = \dfrac{\operatorname{sen}(3\pi + x) \cdot \operatorname{sen}(12\pi + x) \cdot \cos(31\pi + x) \cdot \cos(17\pi - x)}{\operatorname{sen}(13\pi - x) \cdot \operatorname{sen}(-15\pi + x) \cdot \cos(-81\pi - x)}$

c) $y = \dfrac{\operatorname{tg}(\pi + x) \cdot \operatorname{cotg}(\pi - x) \cdot \operatorname{tg}(2\pi - x)}{\operatorname{cotg}(\pi + x) \cdot \operatorname{tg}(\pi - x) \cdot \operatorname{tg}(5\pi + x)}$

d) $y = \dfrac{\operatorname{cotg}(7\pi - x) \cdot \operatorname{tg}(12\pi - x) \cdot \operatorname{tg}(21\pi + x)}{\operatorname{cotg}(-13\pi - x) \cdot \operatorname{tg}(-35\pi - x)}$

63 Apoiando-se no ciclo trigonométrico dado, simplificar as seguintes expressões:

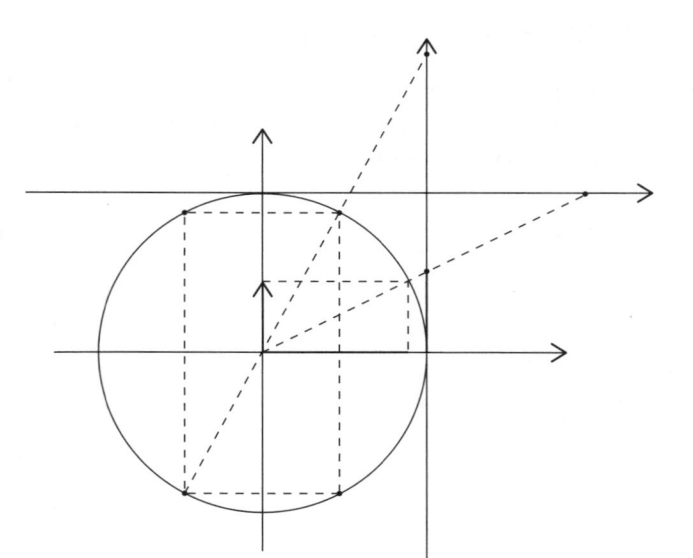

a) $y = \dfrac{\operatorname{sen}\left(\dfrac{\pi}{2}-x\right)\cdot \cos\left(\dfrac{\pi}{2}+x\right)\cdot \operatorname{sen}\left(\dfrac{3\pi}{2}-x\right)}{\cos\left(\dfrac{3\pi}{2}-x\right)\cdot \operatorname{sen}\left(\dfrac{3\pi}{2}+x\right)}$

b) $y = \dfrac{\operatorname{sen}\left(\dfrac{\pi}{2}+x\right)\cdot \cos\left(\dfrac{\pi}{2}-x\right)\cdot \cos\left(\dfrac{3\pi}{2}+x\right)}{\operatorname{sen}\left(\dfrac{11\pi}{2}-x\right)\cdot \cos\left(\dfrac{17\pi}{2}+x\right)\cdot \cos\left(\dfrac{21\pi}{2}-x\right)}$

c) $y = \dfrac{\operatorname{tg}\left(\dfrac{\pi}{2}-x\right)\cdot \operatorname{cotg}\left(\dfrac{3\pi}{2}-x\right)\operatorname{tg}\left(\dfrac{\pi}{2}+x\right)}{\operatorname{cotg}\left(\dfrac{\pi}{2}+x\right)\cdot \operatorname{tg}\left(\dfrac{3\pi}{2}-x\right)}$

d) $y = \dfrac{\operatorname{cotg}\left(\dfrac{3\pi}{2}+x\right)\cdot \operatorname{tg}\left(\dfrac{3\pi}{2}+x\right)\cdot \operatorname{cotg}\left(\dfrac{39\pi}{2}-x\right)}{\operatorname{tg}\left(\dfrac{27\pi}{2}-x\right)\cdot \operatorname{cotg}\left(\dfrac{33\pi}{2}+x\right)}$

Resp: **59** a) senx b) − cosx c) − senx d) − cosx e) − senx f) cosx g) tgx h) − tgx
i) − tgx j) cotgx k) − cotgx l) − cotgx m) − senx n) cosx o) − tgx
60 a) − senx b) cosx c) − cotgx d) − senx e) − cosx f) − cosx g) tgx h) − cotgx
i) − tgx j) − senx k) − cosx l) tgx m) cotgx n) − tgx o) senx p) cosx
q) senx r) − cotgx **61** a) cosx b) cosx c) senx d) − senx e) − cotgx f) cotgx
g) tgx h) − tgx i) − cosx j) − cosx k) senx l) − senx m) cotgx n) − cotgx
o) tgx p) −tgx q) senx r) − cosx s) − senx t) cosx u) − cotgx v) − tgx
w) − cotgx x) cosx y) − cosx z) senx

55

3 – Relações fundamentais

1) Identidades pitagóricas

Vamos mostrar que elas são válidas para as extremidades de arco em dois gradrantes, mas elas são válidas paro o arco em qualquer quadrante.

I) $\text{sen}^2 x + \cos^2 x = 1$

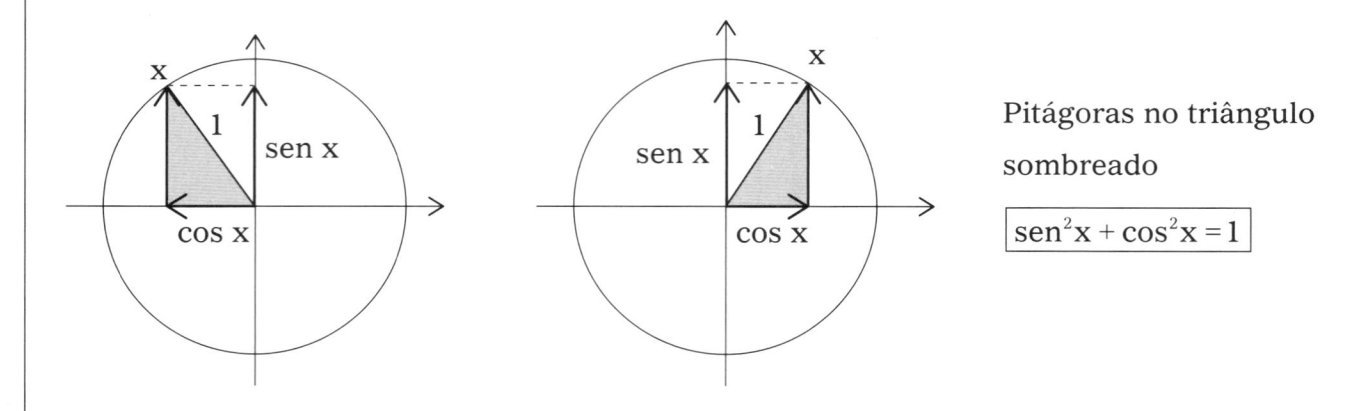

Pitágoras no triângulo sombreado

$$\boxed{\text{sen}^2 x + \cos^2 x = 1}$$

II) $\sec^2 x = 1 + \text{tg}^2 x$

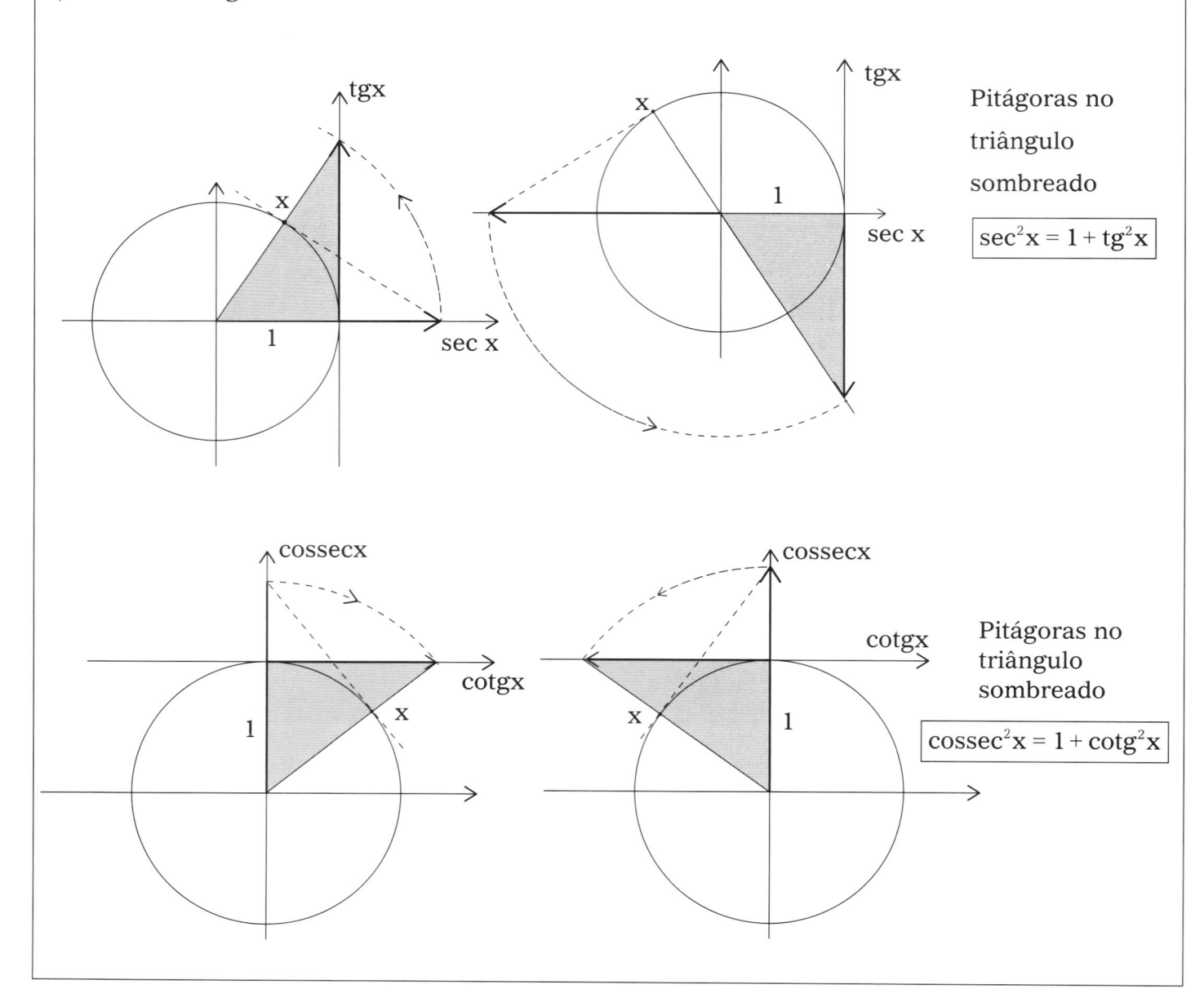

Pitágoras no triângulo sombreado

$$\boxed{\sec^2 x = 1 + \text{tg}^2 x}$$

Pitágoras no triângulo sombreado

$$\boxed{\text{cossec}^2 x = 1 + \text{cotg}^2 x}$$

2) Identidades que são proporções

I) $tgx = \dfrac{senx}{cosx}$

II) $cotgx = \dfrac{cosx}{senx}$

Note que os triângulos sombreados são semelhantes ao triângulo OAP

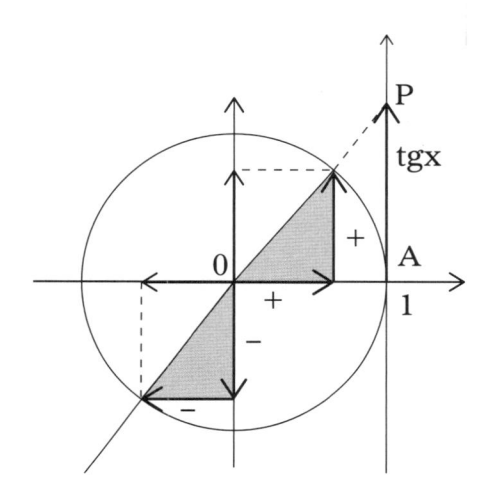

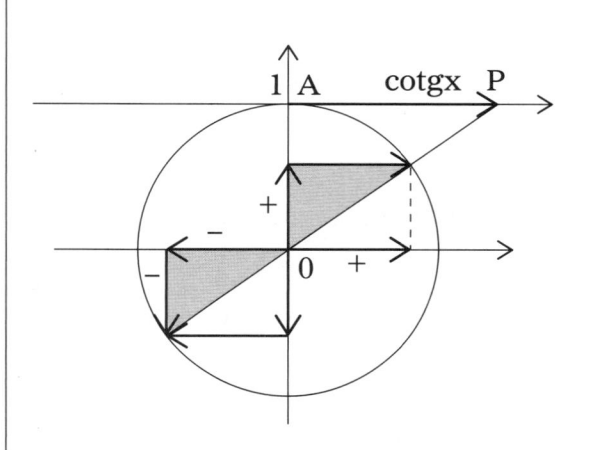

Então: $\dfrac{tgx}{1} = \dfrac{senx}{cosx}$

$$\boxed{tgx = \dfrac{senx}{cosx}}$$

Então: $\dfrac{cotgx}{1} = \dfrac{cosx}{senx}$

$$\boxed{cotgx = \dfrac{cosx}{senx}}$$

III) $secx = \dfrac{1}{cosx}$

IV) $cossecx = \dfrac{1}{senx}$

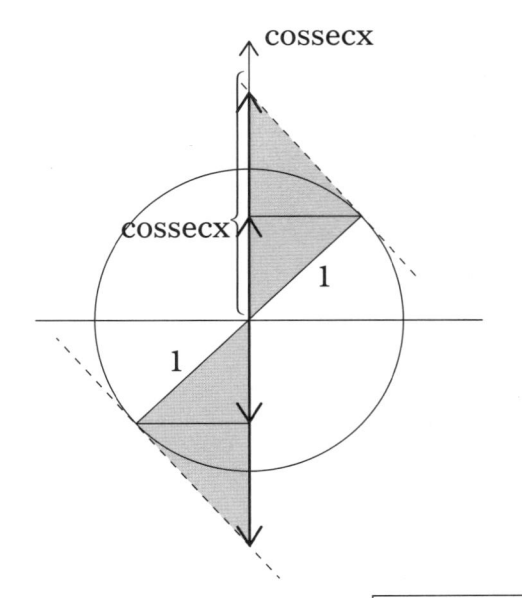

Relação métrica nos triângulos sombreados: $\boxed{b^2 = am}$

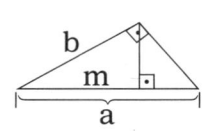

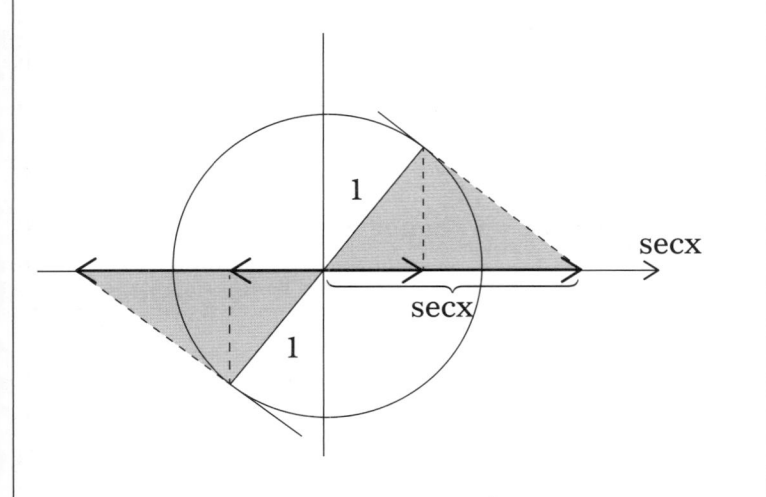

Então: $1^2 = secx \cdot cosx \Rightarrow \boxed{secx = \dfrac{1}{cosx}}$

Então: $1^2 = cossecx \cdot senx \Rightarrow \boxed{cossecx = \dfrac{1}{senx}}$

Resp: | **62** | a) $-senx$ | b) $-cosx$ | c) -1 | d) tgx | **63** | a) $cosx$ | b) 1 | c) $cotgx$ | d) $-tgx$

57

3) Outro modo de obter $\sec^2\alpha = 1 + \text{tg}^2\alpha$ **e** $\text{cossec}^2\alpha = 1 + \text{cotg}^2\alpha$

i) Já sabemos que $\boxed{\text{sen}^2\alpha + \cos^2\alpha = 1}$

ii) Dividindo a identidade acima por $\cos^2\alpha$ obtemos:

$$\frac{\text{sen}^2\alpha}{\cos^2\alpha} + \frac{\cos^2\alpha}{\cos^2\alpha} = \frac{1}{\cos^2\alpha} \Rightarrow \text{tg}^2\alpha + 1 = \sec^2\alpha \Rightarrow \boxed{\sec^2\alpha = \text{tg}^2\alpha + 1}$$

iii) Dividido a identidade do item **i** por $\text{sen}^2\alpha$ obtemos:

$$\frac{\text{sen}^2\alpha}{\text{sen}^2\alpha} + \frac{\cos^2\alpha}{\text{sen}^2\alpha} = \frac{1}{\text{sen}^2\alpha} \Rightarrow 1 + \text{cotg}^2\alpha = \text{cossec}^2\alpha \Rightarrow \boxed{\text{cossec}^2\alpha = \text{cotg}^2\alpha + 1}$$

4) Conseqüências imediatas

i) De $\sec^2\alpha = \text{tg}^2\alpha + 1$ e $\sec\alpha = \frac{1}{\cos\alpha} =$ obtemos:

$$\cos\alpha = \frac{1}{\sec\alpha} \Rightarrow \cos^2\alpha = \frac{1}{\sec^2\alpha} \Rightarrow \boxed{\cos^2\alpha = \frac{1}{\text{tg}^2\alpha + 1}}$$

ii) De $\text{tg}\,\alpha = \frac{\text{sen}\,\alpha}{\cos\alpha}$ e do item acima obtemos:

$$\text{sen}\,\alpha = \text{tg}\,\alpha \cdot \cos\alpha \Rightarrow \text{sen}^2\alpha = \text{tg}^2\alpha \cdot \cos^2\alpha = \text{tg}^2\alpha \cdot \frac{1}{\text{tg}^2\alpha + 1} \Rightarrow \boxed{\text{sen}^2\alpha = \frac{\text{tg}^2\alpha}{\text{tg}^2\alpha + 1}}$$

Note também: $\text{tg}\alpha = \frac{\text{sen}\alpha}{\cos\alpha}$ e $\text{cotg}\alpha = \frac{\cos\alpha}{\text{sen}\alpha} \Rightarrow \text{tg}\alpha = \frac{1}{\text{cotg}\alpha}$ e $\text{cotg}\alpha = \frac{1}{\text{tg}\alpha}$

Resumindo:

1) $\text{sen}^2\alpha + \cos^2\alpha = 1$, $\sec^2\alpha = 1 + \text{tg}^2\alpha$, $\text{cossec}^2\alpha = 1 + \text{cotg}^2\alpha$

2) $\text{tg}\alpha = \frac{\text{sen}\alpha}{\cos\alpha}$, $\text{cotg}\alpha = \frac{\cos\alpha}{\text{sen}\alpha}$, $\text{tg}\alpha = \frac{1}{\text{cotg}\alpha}$, $\text{cotg}\alpha = \frac{1}{\text{tg}\alpha}$

3) $\sec\alpha = \frac{1}{\cos\alpha}$, $\text{cossec}\,\alpha = \frac{1}{\text{sen}\alpha}$, $\cos\alpha = \frac{1}{\sec\alpha}$, $\text{sen}\alpha = \frac{1}{\text{cossec}\,\alpha}$

4) Consequências: $\cos^2\alpha = \frac{1}{1 + \text{tg}^2\alpha}$, $\text{sen}^2\alpha = \frac{\text{tg}^2\alpha}{1 + \text{tg}^2\alpha}$

Exemplo 1: Sendo α um ângulo agudo e $\operatorname{sen}\alpha = \dfrac{1}{3}$, determine as outras razões trigonométricas.

1º) $\operatorname{sen}^2\alpha + \cos^2\alpha = 1 \Rightarrow \dfrac{1}{9} + \cos^2\alpha = 1 \Rightarrow \cos^2\alpha = \dfrac{8}{9} \Rightarrow \cos\alpha = \pm\dfrac{2\sqrt{2}}{3} \Rightarrow \boxed{\cos\alpha = \dfrac{2\sqrt{2}}{3}}$

2º) $\sec\alpha = \dfrac{1}{\cos\alpha} \Rightarrow \sec\alpha = \dfrac{3}{2\sqrt{2}} \Rightarrow \boxed{\sec\alpha = \dfrac{3\sqrt{2}}{4}}$

$\operatorname{cossec}\alpha = \dfrac{1}{\operatorname{sen}\alpha} \Rightarrow \boxed{\operatorname{cossec}\alpha = 3}$

3º) $\operatorname{tg}\alpha = \dfrac{\operatorname{sen}\alpha}{\cos\alpha} = \dfrac{\frac{1}{3}}{\frac{2\sqrt{2}}{3}} = \dfrac{1}{2\sqrt{2}} \Rightarrow \boxed{\operatorname{tg}\alpha = \dfrac{\sqrt{2}}{4}}$

$\operatorname{cotg}\alpha = \dfrac{1}{\operatorname{tg}\alpha} \Rightarrow \boxed{\operatorname{cotg}\alpha = 2\sqrt{2}}$

Exemplo 2: Se α é um ângulo agudo e $\operatorname{tg}\alpha = 4$, determine as outras razões trigonométricas de α

1º) $\cos^2\alpha = \dfrac{1}{1+\operatorname{tg}^2\alpha} = \dfrac{1}{1+4^2} \Rightarrow \cos\alpha = \dfrac{1}{\sqrt{17}} \Rightarrow \boxed{\cos\alpha = \dfrac{\sqrt{17}}{17}} \Rightarrow \boxed{\sec\alpha = \sqrt{17}}$

2º) $\operatorname{sen}^2\alpha = \dfrac{\operatorname{tg}^2\alpha}{1+\operatorname{tg}^2\alpha} \Rightarrow \operatorname{sen}^2\alpha = \dfrac{4^2}{1+4^2} \Rightarrow \operatorname{sen}\alpha = \dfrac{4}{\sqrt{17}} \Rightarrow \boxed{\operatorname{sen}\alpha = \dfrac{4\sqrt{17}}{17}} \Rightarrow \boxed{\operatorname{cossec}\alpha = \dfrac{\sqrt{17}}{4}}$

3º) $\operatorname{tg}\alpha = 4 \Rightarrow \boxed{\operatorname{cotg}\alpha = \dfrac{1}{4}}$

Podemos resolver do seguinte modo:

1º) $\sec^2\alpha = 1 + \operatorname{tg}^2\alpha \Rightarrow \sec^2\alpha = 1 + 4^2 = 17 \Rightarrow \sec\alpha\sqrt{17} \Rightarrow \boxed{\cos\alpha = \dfrac{1}{\sqrt{17}}} \Rightarrow \boxed{\cos\alpha = \dfrac{\sqrt{17}}{17}}$

2º) $\operatorname{cotg}\alpha = \dfrac{1}{\operatorname{tg}\alpha} \Rightarrow \boxed{\operatorname{cotg}\alpha = \dfrac{1}{4}}$

3º) $\operatorname{cossec}^2\alpha = 1 + \operatorname{cotg}^2\alpha = 1 + \dfrac{1}{16} = \dfrac{17}{16} \Rightarrow \boxed{\operatorname{cossec}\alpha = \dfrac{\sqrt{17}}{4}} \Rightarrow \operatorname{sen}\alpha = \dfrac{4}{\sqrt{17}} \Rightarrow \boxed{\operatorname{sen}\alpha = \dfrac{4\sqrt{17}}{17}}$

Exemplo 3: Se $\frac{\pi}{2} < x < \pi$ e $\text{sen } x = \frac{1}{4}$, determine os valores da demais funções trigonométricas de x.

1º) $\text{sen}^2 x + \cos^2 x = 1 \Rightarrow \frac{1}{16} + \cos^2 = 1 \Rightarrow \cos^2 x = \frac{15}{16} \Rightarrow$

$\cos x = \pm \frac{\sqrt{15}}{4}$. Como x é do segundo quadrante, obtemos: $\cos x = -\frac{\sqrt{15}}{4}$

2º) $\text{tg } x = \frac{\text{sen } x}{\cos x} \Rightarrow \text{tg } x = \frac{\frac{1}{4}}{-\frac{\sqrt{15}}{4}} \Rightarrow \text{tg } x = -\frac{1}{\sqrt{15}} \Rightarrow \text{tg } x = -\frac{\sqrt{15}}{15}$ e $\text{cotg } x = -\sqrt{15}$

3º) $\sec x = \frac{1}{\cos x} \Rightarrow \sec x = \frac{1}{-\frac{\sqrt{15}}{4}} = -\frac{4}{\sqrt{15}} \Rightarrow \sec x = -\frac{4\sqrt{15}}{15}$

4º) $\text{cossec } x = \frac{1}{\text{sen } x} \Rightarrow \text{cossec } x \frac{1}{\frac{1}{4}} \Rightarrow \text{cossec} = 4$

Exemplo 4: Se $\frac{3\pi}{2} < x < 2\pi$ e $\text{tg } x = -2\sqrt{6}$, determine as demais funções trigonométricas de x

1º) $\text{tg } x = -2\sqrt{6} \Rightarrow \text{cotg } x = -\frac{1}{2\sqrt{6}} \Rightarrow \text{cotg } x = -\frac{\sqrt{6}}{12}$

2º) $\sec^2 x = 1 + \text{tg}^2 x \Rightarrow \sec^2 x = 1 + (-2\sqrt{6})^2 = 25 \Rightarrow \sec x = \pm 5$. Como x está no

4º quadrante obtemos: $\sec x = 5$

3º) $\sec x = \frac{1}{\cos x} \Rightarrow 5 = \frac{1}{\cos x} \Rightarrow \cos x = \frac{1}{5}$

4º) $\sec^2 x + \cos^2 x = 1 \Rightarrow \text{sen}^2 x + \frac{1}{25} = 1 \Rightarrow \text{sen}^2 x = \frac{24}{25} \Rightarrow \text{sen } x = \pm \frac{2\sqrt{6}}{5}$

Como x é do 4º quadrante obtemos: $\text{sen } x = -\frac{2\sqrt{6}}{5}$

5º) $\text{cossec } x = \frac{1}{\text{sen } x} \Rightarrow \text{cossec } x = \frac{1}{-\frac{2\sqrt{6}}{5}} = -\frac{5}{2\sqrt{6}} \Rightarrow \text{cossec } x = -\frac{5\sqrt{6}}{12}$

64 Escreva seis igualdades relacionado as razões trigonométricas recíprocas.

65 A partir de $\text{sen}^2\alpha + \cos^2\alpha = 1$, mostre que $\sec^2\alpha = 1 + \text{tg}^2\alpha$ e que $\text{cossec}^2\alpha = 1 + \text{cotg}^2\alpha$.

66 Determine $\cos^2\alpha$ e $\text{sen}^2\alpha$ em função de $\text{tg}^2\alpha$

67 Complete:

a) $\text{sen }\alpha = \dfrac{1}{7} \Rightarrow \text{cossec }\alpha =$

b) $\cos \alpha = \dfrac{5}{9} \Rightarrow \sec \alpha =$

c) $\text{tg }\alpha = \dfrac{7}{3} \Rightarrow \text{cotg }\alpha =$

d) $\text{sen }\alpha = \dfrac{11}{5} \Rightarrow \cos \alpha =$

e) $\text{cotg }\alpha = \dfrac{8}{3} \Rightarrow \text{tg }\alpha =$

f) $\text{cossec }\alpha = \dfrac{4}{3} \Rightarrow \text{sen }\alpha =$

g) $\text{sen }\alpha = \dfrac{\sqrt{3}}{5} \Rightarrow \text{cossec }\alpha =$

h) $\cos \alpha = \dfrac{3\sqrt{2}}{8} \Rightarrow \sec \alpha =$

i) $\text{tg }\alpha = \dfrac{\sqrt{6}}{2} \Rightarrow \text{cotg }\alpha =$

68 Determine **cos x** nos casos, sendo **x** a medida de um ângulo agudo.

a) sen x = $\frac{1}{5}$

b) sen x = $\frac{\sqrt{3}}{4}$

c) sec x = $\frac{5}{2}$

69 Determine **sen x** nos casos: ($0° < x < 90°$)

a) cos x = $\frac{3}{7}$

b) cos x = $\frac{\sqrt{5}}{10}$

c) cossec x = $\frac{7}{3}$

70 Complete: ($0° < x < 90°$)

a) sen x = $\frac{3}{5}$ ⇒ cos x =

b) cos x = $\frac{5}{13}$ ⇒ sen x =

c) sen x = $\frac{11}{21}$ ⇒ cossec x =

d) cos x = $\frac{9}{16}$ ⇒ sec x =

71 Determine **sec x** nos casos: ($0° < y < 90°$)

a) tg x = 7

b) tg x = $\frac{\sqrt{3}}{2}$

c) cos x = $\frac{1}{10}$

72 Determine **cossec y** nos casos: ($0° < x < 90°$)

a) cotg y = 5

b) cotg y = $3\sqrt{7}$

c) sen y = $\frac{2}{9}$

73 Determine **tg y** nos casos: $(0° < y < 90°)$

a) $\sec y = 11$

b) $\sec y = \sqrt{37}$

c) $\cotg y = \dfrac{3}{11}$

---

74 Determine **cotg x** nos casos: $(0° < x < 90°)$

a) $\cossec x = \sqrt{5}$

b) $\cossec x = 19$

c) $\tg x = \dfrac{6\sqrt{5}}{5}$

---

75 Determine **tg x** nos casos: $(0° < x < 90°)$

a) $\sen x = \dfrac{\sqrt{3}}{3}$

b) $\cos x = \dfrac{1}{4}$

c) $\cossec x = \dfrac{5}{2}$

d) $\sec x = \sqrt{17}$

e) $\cotg x = \dfrac{7}{19}$

---

76 Determine **cotg x** nos casos: $(0° < x < 90°)$

a) $\sen x = \dfrac{5}{6}$

b) $\cos x = \dfrac{\sqrt{5}}{7}$

c) $\sec x = \dfrac{7}{2}$

d) $\cossec x = 15$

e) $\tg x = \dfrac{9}{25}$

Resp: **64** a) $\sec x = \dfrac{1}{\cos x}$, $\cossec x = \dfrac{1}{\sen x}$, $\cos x = \dfrac{1}{\sec x}$, $\sen x = \dfrac{1}{\cossec x}$, $\tg x = \dfrac{1}{\cotg x}$, $\cotg x = \dfrac{1}{\tg x}$

66 Partir das relações $\cos x = \dfrac{1}{\sec x}$ e $\sen x = \cos x \cdot \tg x$ **67** a) 7   b) $\dfrac{9}{5}$ c) $\dfrac{3}{7}$ d) $\dfrac{5}{11}$

e) $\dfrac{3}{8}$ f) $\dfrac{3}{4}$ g) $\dfrac{5\sqrt{3}}{3}$ h) $\dfrac{4\sqrt{2}}{3}$ i) $\dfrac{\sqrt{6}}{3}$

77 Determine **sec x** nos casos: ($0° < x < 90°$)

a) $\text{sen } x = \dfrac{5}{11}$

b) $\text{cossec } x = 8$

c) $\text{cotg } x = \dfrac{\sqrt{10}}{2}$

d) $\text{tg } x = 5\sqrt{3}$

e) $\cos x = \dfrac{6}{13}$

78 Determine **cossec x** nos casos: ($0° < x < 90°$)

a) $\cos x = \dfrac{2\sqrt{2}}{5}$

b) $\sec x = 6$

c) $\text{tg } x = 6\sqrt{2}$

d) $\text{cotg } x = 4\sqrt{5}$

e) $\text{sen } x = \dfrac{3}{8}$

79 Determine **sen x** nos casos: ($0° < x < 90°$)

a) $\cos x = \dfrac{7}{25}$

b) $\sec x = 10$

c) $\text{tg } x = 2\sqrt{6}$

d) $\text{cotg } x = \dfrac{2\sqrt{5}}{5}$

e) $\text{cossec } x = \dfrac{17}{2}$

80 Determine **cos x** nos casos: $\left(0 < x < \dfrac{\pi}{2}\right)$

a) sen x = $\dfrac{\sqrt{6}}{3}$

b) cossec x = $\dfrac{4\sqrt{10}}{5}$

c) cotg x = $\dfrac{\sqrt{3}}{21}$

d) tg x = $\sqrt{15}$

e) sec x = $\dfrac{\sqrt{21}}{3}$

81 Mostre que $\cos^2 x = \dfrac{1}{1 + \text{tg}^2 x}$ e dado tg x = $4\sqrt{3}$, determine cos x. $\left(0 < x < \dfrac{\pi}{2}\right)$

82 Mostre que $\text{sen}^2 x = \dfrac{\text{tg}^2 x}{1 + \text{tg}^2 x}$ e dado tg x = $3\sqrt{3}$, determine sen x. $\left(0 < x < \dfrac{\pi}{2}\right)$

83 Determine:

a) cotg 30°

b) cotg 45°

c) cotg 60°

84 Determine:

a) sec 30°

b) sec 45°

c) sec 60°

Resp: **68** a) $\dfrac{2\sqrt{6}}{5}$ b) $\dfrac{\sqrt{13}}{4}$ c) $\dfrac{2}{5}$ **69** a) $\dfrac{2\sqrt{10}}{7}$ b) $\dfrac{\sqrt{95}}{10}$ c) $\dfrac{3}{7}$ **70** a) $\dfrac{4}{5}$ b) $\dfrac{12}{13}$ c) $\dfrac{21}{11}$ d) $\dfrac{16}{9}$

71 a) $5\sqrt{2}$ b) $\dfrac{\sqrt{7}}{2}$ c) 10   **72** a) $\sqrt{26}$ b) 8 c) $\dfrac{9}{2}$ **73** a) $2\sqrt{30}$ b) 6 c) $\dfrac{11}{3}$

74 a) 2 b) $6\sqrt{10}$ c) $\dfrac{\sqrt{5}}{6}$ **75** a) $\dfrac{\sqrt{2}}{2}$ b) $\sqrt{15}$ c) $\dfrac{2\sqrt{21}}{21}$ d) 4 e) $\dfrac{19}{7}$ **76** a) $\dfrac{\sqrt{11}}{5}$

b) $\dfrac{\sqrt{55}}{22}$ c) $\dfrac{2\sqrt{5}}{15}$ d) $4\sqrt{14}$ e) $\dfrac{25}{9}$

85 Determine:

a) cossec 30°

b) cossec 45°

c) cossec 60°

86 Dado sen x = $\frac{\sqrt{5}}{3}$, determine as outras razões trigonométricas de x. (0° < x < 90°)

87 Dado cos x = $\frac{5}{13}$, determine as outras razões. (0° < x < 90°)

88 Dado sec x = $\frac{17}{8}$, determine as outras razões. (0° < x < 90°)

89 Dado cossec x = $\frac{4}{3}$, determine as outras razões. (0° < x < 90°)

90 Dado tg x = $\frac{4}{3}$, determine as outras razões. (0° < x < 90°)

91 Dado cotg x = $\frac{\sqrt{2}}{4}$, determine as outras razões (0° < x < 90°)

Resp: **77** a) $\frac{11\sqrt{6}}{24}$ b) $\frac{8\sqrt{7}}{21}$ c) $\frac{\sqrt{35}}{5}$ d) $2\sqrt{19}$ e) $\frac{13}{6}$ **78** a) $\frac{5\sqrt{17}}{17}$ b) $\frac{6\sqrt{35}}{35}$ c) $\frac{\sqrt{146}}{12}$ d) 9 e) $\frac{8}{3}$

79 a) $\frac{24}{25}$ b) $\frac{3\sqrt{11}}{10}$ c) $\frac{2\sqrt{6}}{5}$ d) $\frac{\sqrt{5}}{3}$ e) $\frac{2}{17}$ **80** a) $\frac{\sqrt{3}}{3}$ b) $\frac{3\sqrt{6}}{8}$ c) $\frac{\sqrt{37}}{74}$ d) $\frac{1}{4}$ e) $\frac{\sqrt{21}}{7}$

81 Partir de cos x = $\frac{1}{\sec x}$, cos x = $\frac{1}{7}$ **82** Partir de tg x = $\frac{\operatorname{sen} x}{\cos x}$ ⇒ sen x = tg x · cos x, sen x = $\frac{3\sqrt{21}}{14}$

83 a) $\sqrt{3}$ b) 1 c) $\frac{\sqrt{3}}{3}$ **84** a) $\frac{2\sqrt{3}}{3}$ b) $\sqrt{2}$ c) 2

92 Se $\cos x = -\dfrac{1}{3}$ e $\dfrac{\pi}{2} < x < \pi$, determinar as demais funções trigonométricas de x.

93 Se $\operatorname{sen} x = \dfrac{-\sqrt{2}}{3}$ e $\pi < x < \dfrac{3\pi}{2}$, determinar as demais funções trigonométricas de x.

94 Se $\sec x = \dfrac{5}{4}$ e $\dfrac{3\pi}{2} < x < 2\pi$, determinar as demais funções trigonométricas de x.

95 Se $\operatorname{cossec} x = \dfrac{\sqrt{5}}{2}$ e $\dfrac{\pi}{2} < x < \pi$, determinar as demais funções trigonométricas de x.

96 Se tg x = $-4\sqrt{3}$ e $\dfrac{3\pi}{2} < x < 2\pi$, determinar as demais funções trigonométricas de x.

97 Se cotg x = $\sqrt{2}$ e $\pi < x < \dfrac{3\pi}{2}$, determinar as demais funções trigonométricas de x.

98 Se $\pi < x < \dfrac{3\pi}{2}$ e sen x = $-\dfrac{3}{5}$, determine cos x, tg x, cotg x, sec x e cossec x.

Resp: **85** a) 2 b) $\sqrt{2}$ c) $\dfrac{2\sqrt{3}}{3}$ **86** cossec x = $\dfrac{3\sqrt{5}}{5}$, cos x = $\dfrac{2}{3}$, sec x = $\dfrac{3}{2}$, tg x = $\dfrac{\sqrt{5}}{2}$, cotg x = $\dfrac{2\sqrt{5}}{5}$

87 sec x = $\dfrac{13}{5}$, sen x = $\dfrac{12}{13}$, cossec x = $\dfrac{13}{12}$, tg x = $\dfrac{12}{5}$, cotg x = $\dfrac{5}{12}$

88 cos x = $\dfrac{8}{17}$, sen x = $\dfrac{15}{17}$, cossec x = $\dfrac{17}{15}$, tg x = $\dfrac{15}{8}$, cotg x = $\dfrac{8}{15}$

89 sen x = $\dfrac{3}{4}$, cos x = $\dfrac{\sqrt{7}}{4}$, sec x = $\dfrac{4\sqrt{7}}{7}$, tg x = $\dfrac{3\sqrt{7}}{7}$, cotg x = $\dfrac{\sqrt{7}}{3}$

90 cotg x = $\dfrac{3}{4}$, sec x = $\dfrac{5}{3}$, cos x = $\dfrac{3}{5}$, sen x = $\dfrac{4}{5}$, cossec x = $\dfrac{5}{4}$

91 tg x = $2\sqrt{2}$, sec x = 3, cos x = $\dfrac{1}{3}$, sen x = $\dfrac{2\sqrt{2}}{3}$, cossec x = $\dfrac{3\sqrt{2}}{4}$

99 Se $\sec x = -3$ e $\frac{\pi}{2} < x < \pi$, determine as demais funções trigonométricas de x.

100 Se $\operatorname{tg} x = 5$ e $\pi < x < \frac{3\pi}{2}$, determinar $\cos x$.

101 Se $\operatorname{cotg} x = -\sqrt{15}$ e $\frac{3\pi}{2} < x < 2\pi$, determinar $\operatorname{sen} x$.

102 Se $\operatorname{tg} x = 4\sqrt{3}$, determinar $\cos x$.

103 Se $\operatorname{cotg} x = \frac{\sqrt{2}}{4}$, determinar $\cos x$.

104 Se $\tg x = -\dfrac{5\sqrt{6}}{12}$ e $\dfrac{\pi}{2} < x < \pi$, determinar sen x.

105 Se $\cos x + \sec x = \dfrac{10}{3}$, determinar cos x.

106 Se $\tg x + \cotg x = \dfrac{5}{2}$, determinar tg x.

107 Se $\sen x + \cossec x = \dfrac{14\sqrt{5}}{15}$, determinar sen x.

Resp:

92 $\sen x = \dfrac{2\sqrt{2}}{3}$, $\sec x = -3$, $\cossec x = \dfrac{3\sqrt{2}}{4}$, $\tg x = -2\sqrt{2}$, $\cotg x = -\dfrac{\sqrt{2}}{4}$

93 $\cos x = \dfrac{-\sqrt{7}}{3}$, $\cossec x = \dfrac{-3\sqrt{2}}{2}$, $\sec x = \dfrac{-3\sqrt{7}}{7}$, $\tg x = \dfrac{\sqrt{14}}{7}$, $\cotg x = \dfrac{\sqrt{14}}{2}$

94 $\cos x = \dfrac{4}{5}$, $\sen x = -\dfrac{3}{5}$, $\cosse x = -\dfrac{5}{3}$, $\tg x = -\dfrac{3}{4}$, $\cotg x = -\dfrac{4}{3}$

95 $\sen x = \dfrac{2\sqrt{5}}{5}$, $\cos x = -\dfrac{\sqrt{5}}{5}$, $\sec x = -\sqrt{5}$, $\tg x = -2$, $\cotg x = -\dfrac{1}{2}$

96 $\cotg x = \dfrac{-\sqrt{3}}{12}$, $\sec x = 7$, $\cos x = \dfrac{1}{7}$, $\sen x = \dfrac{-4\sqrt{3}}{7}$, $\cossec x = \dfrac{-7\sqrt{3}}{12}$

97 $\tg x = \dfrac{\sqrt{2}}{2}$, $\cossec x = -\sqrt{3}$, $\sen x = \dfrac{-\sqrt{3}}{3}$, $\cos x = \dfrac{-\sqrt{6}}{3}$, $\sec x = \dfrac{-\sqrt{6}}{2}$

98 $\cos x = -\dfrac{4}{5}$, $\sec x = -\dfrac{5}{4}$, $\cossec x = -\dfrac{5}{3}$, $\tg x = \dfrac{3}{4}$, $\cotg x = \dfrac{4}{3}$

108 Dado que $\operatorname{sen} x + \cos x = \dfrac{7}{5}$, determinar $5 \operatorname{sen} x \cdot \cos x$.

109 Dado que $\cos x - \operatorname{sen} x = \dfrac{7}{13}$, determinar $\cos x \cdot \operatorname{sen} x$.

110 Se $\operatorname{tg} x + \operatorname{cotg} x = \dfrac{13}{6}$ e $\operatorname{tg} x$ é maior que $\operatorname{cotg} x$, determinar $\cos x$.

111 Se $\operatorname{cotg} x + \operatorname{tg} x = \dfrac{26}{5}$ e $\operatorname{cotg} x$ é maior que $\operatorname{tg} x$, determinar $\operatorname{sen} x$.

112 Se $\operatorname{sen} x = \dfrac{m-1}{m}$ e $\cos x = \dfrac{m-2}{m}$, determine $\operatorname{tg} x$.

113 Se $\operatorname{tg} x + \operatorname{cotg} x = m$, determine $\operatorname{tg}^3 x + \operatorname{cotg}^3 x$.

114 Se $\operatorname{tg} \alpha = \dfrac{4}{3}$, determine o valor de $y = \dfrac{6 \operatorname{sen} \alpha - 4 \cos \alpha}{\cos \alpha - 3 \operatorname{sen} \alpha}$.

115 Se $\operatorname{tg} x = \dfrac{\sqrt{7}}{3}$, determine $y = \dfrac{\sqrt{7} \operatorname{sen} x + 2 \cos x}{4\sqrt{7} \operatorname{sen} x - 4 \cos x}$.

Resp: **99** $\cos x = -\dfrac{1}{3}$, $\operatorname{sen} x = \dfrac{2\sqrt{2}}{3}$, $\operatorname{cossec} x = \dfrac{3\sqrt{2}}{4}$, $\operatorname{tg} x = -2\sqrt{2}$, $\operatorname{cotg} x = -\dfrac{\sqrt{2}}{4}$ **100** $\dfrac{-\sqrt{26}}{26}$ **101** $\dfrac{-1}{4}$ **102** $\pm \dfrac{1}{7}$ **103** $\cos x = \pm \dfrac{1}{3}$ **104** $\dfrac{7}{5}$ **105** $\dfrac{1}{3}$ **106** 2 ou $\dfrac{1}{2}$ **107** $\dfrac{\sqrt{5}}{3}$

116 Determine tg x sabendo que $5\,\text{sen}\,x - 5\cos x = \sqrt{5}$.

117 Se $3\,\text{sen}\,x + \sqrt{5}\,\cos x = \dfrac{11}{3}$, determinar cotg x.

118 Determinar tg x, sabendo que sen x + cos x = $\dfrac{17}{13}$

5 – Identidades Trigonométricas

Se f(x) e g(x) são expressões definidas por relações entre razões trigonométricas de um mesmo ângulo x e f(x) = g(x) para cada ângulo x para os quais f e g estão definidas, dizemos que f(x) = g(x) é uma identidade trigonométrica.

Para provarmos que uma igualdade f(x) = g(x) é uma identidade, podemos fazer de um dos seguintes modos:

1º) Partimos de **f** e simplificando-a obtemos **g**. Ou vice-versa.

2º) Mostramos que **f** e **g** são iguais a uma terceira expressão **h**.

3º) Mostramos que f − g = 0

4º) Mostramos que $\dfrac{f}{g} = 1$

Para simplificarmos as expressões, usamos as relações fundamentais e outras identidades pré estabelecidas.

Exemplo: Mostre que a igualdade é uma identidade, nos casos:

1º) $\text{sen}^4 x - \cos^4 x = \text{sen}^2 x - \cos^2 x$

(1º membro) = $\text{sen}^4 x - \cos^4 x = (\text{sen}^2 x + \cos^2 x)(\text{sen}^2 x - \cos^2 x) = 1(\text{sen}^2 x - \cos^2 x)$

$= \text{sen}^2 x - \cos^2 x$

2º) $\cos x = \dfrac{\cos x + \cotg x}{1 + \cossec x}$

(2º Membro) = $\dfrac{\cos x + \dfrac{\cos x}{\text{sen} x}}{1 + \dfrac{1}{\text{sen} x}} = \dfrac{\dfrac{\text{sen} x \cos x + \cos x}{\text{sen} x}}{\dfrac{\text{sen} x + 1}{\text{sen} x}} = \dfrac{\cos x (\text{sen} x + 1)}{(\text{sen} x + 1)} = \cos x$

Resp: **108** $\dfrac{12}{5}$ **109** $\dfrac{60}{169}$ **110** $\pm \dfrac{2\sqrt{13}}{13}$ **111** $\pm \dfrac{\sqrt{26}}{26}$ **112** 0 ou $\dfrac{4}{3}$ **113** $m^3 - 3m$

114 $-\dfrac{4}{3}$ **115** $\dfrac{13}{16}$

3º) $2(\text{sen}^6 x + \cos^6 x) = 3(\text{sen}^4 x + \cos^4 x) - 1$

(1º Membro) = f(x), (2º Membro) = g(x)

$f(x) - g(x) = 2(\text{sen}^6 x + \cos^6 x) - 3(\text{sen}^4 x + \cos^4 x) + 1$

$= 2(\text{sen}^2 x + \cos^2 x)(\text{sen}^4 x - \text{sen}^2 x \cdot \cos^2 x + \cos^4 x) - 3\text{sen}^4 x - 3\cos^4 x + 1 =$

$= 2\text{sen}^4 x - 2\text{sen}^2 x \cos^2 x + 2\cos^4 x - 3\text{sen}^4 x - 3\cos^4 x + 1 =$

$= -\text{sen}^4 x - 2\text{sen}^2 \cos^2 x - \cos^4 + 1 = -(\text{sen}^2 x + \cos^2 x)^2 + 1 = -1 + 1 = 0$

$f(x) - g(x) = 0 \Rightarrow f(x) = g(x)$

4º) $\dfrac{1 - 2\cos^2 x}{\text{sen } x \cdot \cos x} = \text{tg } x - \text{cotg } x$

(1º Membro) = $f(x) = \dfrac{1 - 2\cos^2 x}{\text{sen } x \cos x} = \dfrac{\text{sen}^2 + \cos^2 x - 2\cos^2 x}{\text{sen } x \cos x} = \dfrac{\text{sen}^2 x - \cos^2 x}{\text{sen } x \cos x} = h(x)$

(2º Membro) = $g(x) = \text{tg } x - \text{cotg } x = \dfrac{\text{sen } x}{\cos x} - \dfrac{\cos x}{\text{sen } x} = \dfrac{\text{sen}^2 x - \cos^2 x}{\text{sen } x \cos x} = h(x)$

$f(x) = h(x)$ e $g(x) = h(x) \Rightarrow f(x) = g(x)$

5º) $\dfrac{1 - \text{sen } x}{\cos x} + \dfrac{\cos x}{1 - \text{sen } x} = 2\sec x$

(1º Membro) = $f(x) = \dfrac{1 - \text{sen } x}{\cos x} + \dfrac{\cos x}{1 - \text{sen } x} = \dfrac{(1 - \text{sen } x)^2 + \cos^2 x}{\cos(1 - \text{sen } x)} =$

$= \dfrac{1 - 2\text{sen } x + 1}{\cos x(1 - \text{sen } x)} = \dfrac{2(1 - \text{sen } x)}{\cos x(1 - \text{sen } x)} = \dfrac{2}{\cos x} = 2 \cdot \dfrac{1}{\cos x} = \boxed{2\sec x}$

6º) $\dfrac{\text{tg}^3 x}{\text{sen}^2 x} - \dfrac{1}{\text{sen } x \cos x} + \dfrac{\text{cotg}^3 x}{\cos^2 x} = \text{tg}^3 x + \text{cotg}^3 x$

1º Modo: (1º Membro) = $\dfrac{\frac{\text{sen}^3 x}{\cos^3 x}}{\text{sen}^2 x} - \dfrac{1}{\text{sen } x \cos x} + \dfrac{\frac{\cos^3 x}{\text{sen}^3 x}}{\cos^2 x} = \dfrac{\text{sen } x}{\cos^3 x} - \dfrac{1}{\text{sen } x \cos x} + \dfrac{\cos x}{\text{sen}^3 x} =$

$= \dfrac{\text{sen}^4 x - \text{sen}^2 x \cos^2 x + \cos^4 x}{\text{sen}^3 x \cos^3 x} = \dfrac{(\text{sen}^2 x + \cos^2 x)(\text{sen}^4 x - \text{sen}^2 x \cos^2 x + \cos^4 x)}{(\text{sen}^2 x + \cos^2 x)(\text{sen}^3 x \cdot \cos^3 x)} = \dfrac{\text{sen}^6 x + \cos^6 x}{\text{sen}^3 x \cos^3 x} =$

$= \dfrac{\text{sen}^6 x}{\text{sen}^3 x \cos^3 x} + \dfrac{\cos^6 x}{\text{sen}^3 x \cos^3 x} = \dfrac{\text{sen}^3 x}{\cos^3 x} + \dfrac{\cos^3 x}{\text{sen}^3 x} = \boxed{\text{tg}^3 x + \text{cotg}^3 x}$

2º Modo: (1º Membro) = $\text{tg}^3 x \cdot \dfrac{1}{\text{sen}^2 x} + \text{cotg}^3 x \cdot \dfrac{1}{\cos^2 x} - \dfrac{1}{\text{sen } x \cos x}$

$= \text{tg}^3 x (\text{cossec}^2 x) - \dfrac{1}{\text{sen } x \cos x} + \text{cotg}^3 x (\sec^2 x) = \text{tg}^3 (1 + \text{cotg}^2 x) - \dfrac{1}{\text{sen } x \cos x} + \text{cotg}^3 x (1 + \text{tg}^2 x) =$

$= \text{tg}^3 x + \text{tg } x - \dfrac{1}{\text{sen } x \cos x} + \text{cotg}^3 x + \text{cotg } x = \text{tg}^3 x + \text{cotg}^3 x + \dfrac{\text{sen } x}{\cos x} + \dfrac{\cos x}{\text{sen } x} - \dfrac{1}{\text{sen } x \cos x} =$

$= \text{tg}^3 x + \text{cotg}^3 x + \dfrac{\text{sen}^2 x + \cos^2 x - 1}{\text{sen } x \cos x} = \text{tg}^3 x + \text{cotg}^3 x + \dfrac{1 - 1}{\text{sen } x \cos x} = \boxed{\text{tg}^3 x + \text{cotg}^3 x}$

119 Simplifique as seguintes expressões: (x é a medida de um ângulo agudo).

a) $y = \dfrac{1}{1 + tg^2 x}$

b) $y = \dfrac{tg^2 x}{1 + tg^2 x}$

c) $y = tg\, x \cdot (cossec\, x + 1)(cossec\, x - 1)$

d) $y = \dfrac{cossec\, x}{cos\, x} - \dfrac{sen\, x}{cos\, x}$

e) $y = \dfrac{1}{sec\, x - tg\, x} + \dfrac{1}{sec\, x + tg\, x}$

f) $y = \dfrac{tg\, x\,(1 + cotg^2 x)}{1 + tg^2 x}$

120 Mostre que a igualdade é uma identidade nos casos:

a) $1 - cos^2 x - sen^2 x\, cos^2 x = sen^4 x$

b) $\dfrac{1}{sen\, x + 1} - \dfrac{1}{sen\, x - 1} = 2\, sec^2 x$

c) $\dfrac{cos^2 x}{cos\, x - sen\, x} + \dfrac{sen\, x + cos\, x}{1 - cotg^2 x} = sen\, x + cos\, x$

Resp: **116** $\dfrac{1}{2}$ a 2   **117** $\dfrac{\sqrt{5}}{2}$ ou $\dfrac{4\sqrt{5}}{19}$ **118** $\dfrac{5}{12}$ ou $\dfrac{12}{5}$

121 Demonstre as seguintes identidades:

a) $\dfrac{\cos x}{1 - \text{tg } x} + \dfrac{\text{sen } x}{1 - \text{cotg } x} = \cos x + \text{sen } x$

b) $\dfrac{\cos x}{1 + \text{cossec } x} - \dfrac{\cos x}{1 - \text{cossec } x} = 2 \text{ tg } x$

c) $\dfrac{1 - \cos x}{\text{sen } x} + \dfrac{\text{sen } x}{1 - \cos x} = 2 \text{ cossec } x$

d) $(\text{sen } x - \text{cotg } x)(\text{sen } x + \text{cotg } x) = 1 - \dfrac{\cos^2 x\,(\text{sen}^2 x + 1)}{\text{sen}^2 x}$

e) $\dfrac{1 - \text{sen } x}{\sec x} = \dfrac{\cos^3 x}{1 + \text{sen } x}$

122 Demonstre as seguintes identidades:

a) $\cos x - \operatorname{sen} x = \dfrac{\operatorname{cossec} x - \sec x}{\operatorname{cossec} x \sec x}$

b) $\dfrac{\operatorname{cossec} x + \operatorname{cotg} x}{\operatorname{cossec} x + \operatorname{cotg} x - \operatorname{sen} x} = \sec x$

c) $\sec^2 x + \operatorname{cossec}^2 x = \sec^2 x \cdot \operatorname{cossec}^2 x$

d) $\operatorname{tg}^2 x - \operatorname{sen}^2 x = \operatorname{tg}^2 x \cdot \operatorname{sen}^2 x$

e) $\dfrac{\operatorname{cotg} x - \operatorname{tg} x}{\operatorname{sen} x \cos x} = \operatorname{cossec}^2 x - \sec^2 x$

f) $\dfrac{\operatorname{sen} x}{1 - \cos x} = \dfrac{1 + \cos x}{\operatorname{sen} x}$

g) $\dfrac{\operatorname{sen} x + \operatorname{tg} x}{\operatorname{cotg} x + \operatorname{cossec} x} = \operatorname{sen} x \operatorname{tg} x$

Resp: **119** a) $\cos^2 x$ b) $\operatorname{sen}^2 x$ c) $\operatorname{cotg} x$ d) $\operatorname{cotg} x$ e) $2 \sec x$ f) $\operatorname{cotg} x$

123 Dada uma razão trigonométrica determine as outras razões nos casos:

Obs: No exercícios 123 ao 127, considerar $0° < x < 90°$.

a) $\operatorname{sen} x = \dfrac{\sqrt{3}}{6}$ | b) $\cos x = \dfrac{\sqrt{5}}{5}$ | c) $\operatorname{tg} x = \dfrac{\sqrt{6}}{6}$ | d) $\operatorname{cotg} x = \dfrac{\sqrt{2}}{2}$ | e) $\sec x = \dfrac{4}{3}$ | f) $\operatorname{cossec} = 4$

124 Dado $\operatorname{tg} x = \dfrac{2\sqrt{3}}{3}$, determine $\cos x$ e dado $\operatorname{cotg} y = \dfrac{\sqrt{2}}{8}$, determine $\operatorname{sen} y$.

125 Sabendo que:

a) $\operatorname{tg} x = 4$, determine $\dfrac{5\operatorname{sen}^2 x - 8\cos^2 x}{3\operatorname{sen}^2 x + 6\cos^2 x}$

b) $\operatorname{tg} x = \dfrac{2}{3}$, determine $\dfrac{9\operatorname{sen}^2 x - 6\operatorname{sen} x \cos x - 4}{3\cos^2 x + 2\operatorname{sen} x \cos x + 2}$

126 Simplificar as seguintes expressões:

a) $y = \operatorname{sen}^2 x + \operatorname{tg}^2 x + \cos^2 x$ | b) $y = \operatorname{sen}^4 x - \cos^4 x + \cos^2 x$

c) $\dfrac{\operatorname{tg} x}{1 - \operatorname{tg}^2 x} + \dfrac{\operatorname{cotg} x}{1 - \operatorname{cotg}^2 x}$ | d) $y = \dfrac{\operatorname{sen} x}{1 + \cos x} + \dfrac{\operatorname{sen} x}{1 - \cos x}$

e) $y = \operatorname{tg}^2 x \cos^2 x + \operatorname{cotg}^2 x \operatorname{sen}^2 x$ | f) $y = \cos^4 x + \operatorname{sen}^2 x \cos^2 x + \operatorname{sen}^2 x$

g) $y = \operatorname{cotg}^2 x - \cos^2 x \cdot \operatorname{cotg}^2 x - \cos^2 x$ | h) $\sqrt{\dfrac{1 + \cos x}{1 - \cos x}} - \sqrt{\dfrac{1 - \cos x}{1 + \cos x}}$

127 Se $\operatorname{tg} x = 2$, determine

a) $\operatorname{sen}^4 x + \cos^4 x$ | b) $\operatorname{sen}^6 x + \cos^6 x$ | c) $\dfrac{\operatorname{sen}^4 x - \cos^4 x}{\operatorname{sen}^6 - \cos^6 x}$ | d) $\dfrac{\operatorname{sen}^3 x - 2\cos^3 x + 3\cos x}{3\operatorname{sen} x + 2\cos x}$

128 Prove as seguintes identidades:

a) $\dfrac{\operatorname{sen}^2 x}{\operatorname{sen} x - \cos x} + \dfrac{\operatorname{sen} x + \cos x}{1 - \operatorname{tg}^2 x} = \operatorname{sen} x + \cos x$ | b) $\operatorname{tg}^2 x - \operatorname{sen}^2 x = \operatorname{sen}^2 x \cdot \operatorname{tg}^2 x$

c) $\operatorname{sen}^3 x (1 + \operatorname{cotg} x) + \cos^3 x (1 + \operatorname{tg} x) = \operatorname{sen} x + \cos x$

d) $\dfrac{1}{1 + \operatorname{tg}^2 x} + \dfrac{1}{1 + \operatorname{cotg}^2 x} = 1$ | e) $\dfrac{\operatorname{tg} x + \operatorname{tg} y}{\operatorname{cotg} x + \operatorname{cotg} x} = \operatorname{tg} x \cdot \operatorname{tg} y$

f) $\dfrac{\operatorname{sen} x}{1 + \operatorname{cotg} x} + \dfrac{\cos x}{1 + \operatorname{tg} x} = \dfrac{1}{\operatorname{sen} x + \cos x}$ | g) $\dfrac{\operatorname{tg}^2 x}{1 + \operatorname{tg}^2 x} \cdot \dfrac{1 + \operatorname{cotg}^2 x}{\operatorname{cotg}^2 x} = \operatorname{tg}^2 x$

h) $\dfrac{1 - (\operatorname{sen} x + \cos x)^2}{\operatorname{sen} x \cos x - \operatorname{cotg} x} = 2\operatorname{tg}^2 x$ | i) $1 - \operatorname{sen}^6 y - \cos^6 y = 3\operatorname{sen}^2 y \cdot \cos^2 y$

j) $\cos^2 x (1 - \operatorname{tg} x)(1 + \operatorname{tg} x) = \cos^4 x - \operatorname{sen}^4 x$

129 Prove as identidades:

a) $\dfrac{\cos x}{\operatorname{tg} x} + \dfrac{\operatorname{sen} x}{\operatorname{cotg} x} = (\operatorname{sen} x + \cos x)(\operatorname{tg} x + \operatorname{cotg} x - 1)$

b) $2\operatorname{sen}^2 y - \cos^2 y\,(\operatorname{tg}^2 y + \operatorname{cotg}^2 y) + (\operatorname{tg} y - \operatorname{cotg} y)^2 + 1 = \operatorname{tg}^2 y$

c) $(1 + 2\operatorname{sen} y \cos y)(\operatorname{tg} y - 1) = (\operatorname{sen}^2 y - \cos^2 y)(\operatorname{tg} y + 1)$

d) $(\operatorname{tg} x + \operatorname{cotg} x)(1 + \cos x)(1 - \cos x) = \operatorname{tg} x$

e) $2(\cos^6 y + \operatorname{sen}^6 y) - 3(\cos^4 y + \operatorname{sen}^4 y) = -1$

f) $\dfrac{\cos^2 x - \cos^2 x \operatorname{sen}^2 y}{\operatorname{sen}^2 x \cdot \operatorname{sen}^2 y} = \operatorname{cotg}^2 x \cdot \operatorname{cotg}^2 y$

g) $\operatorname{sen}^2 x\,\operatorname{sen}^2 y + \operatorname{sen}^2 x \cos^2 y + \cos^2 x = 1$

h) $\dfrac{1+\cos x}{1-\cos x} - \dfrac{\operatorname{cossec} x - \operatorname{cotg} x}{\operatorname{cossec} x + \operatorname{cotg} x} = \dfrac{4\sec x}{\sec^2 x - 1}$

i) $\dfrac{\operatorname{tg}^3 x + \operatorname{sen} x \sec x - \operatorname{sen} x \cos x}{\sec x - \cos x} = \operatorname{sen} x + \sec x\,\operatorname{tg} x$

130 Mostre que as seguintes igualdades são identidades

a) $\dfrac{\operatorname{tg} y\,(\operatorname{sen} x - \cos y) + \operatorname{sen} y\,(1 + \cos x \cdot \sec y)}{\operatorname{sen} x + \cos x} = \operatorname{tg} y$

b) $\dfrac{(\operatorname{sen} x + \cos y)^2 + (\cos y - \operatorname{sen} x)(\cos y \cdot \operatorname{sen} x)}{\cos y + \operatorname{sen} x} = 2\cos y$

c) $\dfrac{\cos x - \operatorname{sen} x + 1}{\cos x + \operatorname{sen} x - 1} = \dfrac{\operatorname{sen} x}{1 - \cos x}$

d) $(x\operatorname{sen}\alpha - y\cos\alpha)^2 + (x\cos\alpha + y\operatorname{sen}\alpha)^2 = x^2 + y^2$

e) $\dfrac{\cos x \cdot \operatorname{cotg} x - \operatorname{sen} x \cdot \operatorname{tg} x}{\operatorname{cossec} x - \sec x} = 1 + \operatorname{sen} x \cos x =$

Resp: **123** a) $\operatorname{cossec} x = 2\sqrt{3}$, $\cos x = \dfrac{\sqrt{33}}{6}$, $\sec x = \dfrac{2\sqrt{33}}{11}$, $\operatorname{tg} x = \dfrac{\sqrt{11}}{11}$, $\operatorname{cotg} x = \sqrt{11}$ **124** $\cos x = \dfrac{\sqrt{21}}{7}$, $\operatorname{sen} y = \dfrac{4\sqrt{66}}{33}$

b) $\operatorname{sen} = \dfrac{2\sqrt{5}}{5}$, $\sec x = \sqrt{5}$, $\operatorname{cossec} x = \dfrac{\sqrt{5}}{2}$, $\operatorname{tg} x = 2$, $\operatorname{cotg} x = \dfrac{1}{2}$ **125** a) $\dfrac{4}{3}$ b) $-\dfrac{4}{5}$

c) $\operatorname{cotg} x = \sqrt{6}$, $\sec x = \dfrac{\sqrt{42}}{6}$, $\cos x = \dfrac{\sqrt{42}}{7}$, $\operatorname{sen} x = \dfrac{\sqrt{7}}{7}$, $\operatorname{cossec} x = \sqrt{7}$ **126** a) $\sec^2 x$ b) $\operatorname{sen}^2 x$ c) 0

d) $\operatorname{tg} x = \sqrt{2}$, $\sec x = \sqrt{3}$, $\cos x = \dfrac{\sqrt{3}}{3}$, $\operatorname{sen} x = \dfrac{\sqrt{6}}{3}$, $\operatorname{cossec} x = \dfrac{\sqrt{6}}{2}$ d) $2\operatorname{cossec} x$ e) 1   f) 1   g) 0   h) $2\operatorname{cotg} x$

e) $\cos x = \dfrac{3}{4}$, $\operatorname{sen} x = \dfrac{\sqrt{7}}{4}$, $\operatorname{cossec} x = \dfrac{4\sqrt{7}}{7}$, $\operatorname{tg} x = \dfrac{\sqrt{7}}{3}$, $\operatorname{cotg} x = \dfrac{3\sqrt{7}}{7}$ **127** a) $\dfrac{17}{25}$ b) $\dfrac{13}{25}$ c) $\dfrac{25}{21}$ d) $\dfrac{21}{40}$

f) $\operatorname{sen} x = \dfrac{1}{4}$, $\cos x = \dfrac{\sqrt{15}}{4}$, $\operatorname{cotg} x = \sqrt{15}$, $\operatorname{tg} x = \dfrac{\sqrt{15}}{15}$, $\sec x = \dfrac{4\sqrt{15}}{15}$

6 – Adição de Arcos

1) Introdução

Neste capítulo vamos deduzir as fórmulas para os cálculos de senos, cossenos e tangentes de arcos compostos $\alpha + \beta$, $\alpha - \beta$, 2α e $\frac{\alpha}{2}$ em função dos senos, cossenos e tangentes dos arcos simples α e β.

Em primeiro lugar vamos considerar que α e β sejam ângulos agudos de um triângulo retângulo.

(1º) sen ($\alpha + \beta$) = sen α . cos β + sen β . cos α

Vamos considerar um triângulo onde um ângulo mede $\alpha + \beta$ e a altura relativa ao vértice deste ângulo o divida em ângulos de medidas α e β.

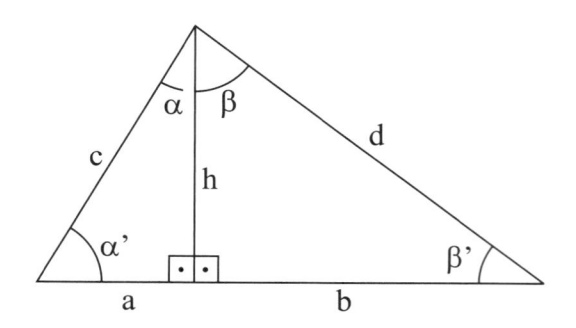

1º Modo: (Por áreas)

Levando em conta as medidas indicadas na figura, como a área de um triângulo é a metade do produto de dois lados multiplicado pelo seno do ângulo formado por eles, temos:

$$\frac{1}{2} c \cdot d \operatorname{sen}(\alpha + \beta) = \frac{1}{2} ch \operatorname{sen} \alpha + \frac{1}{2} d h \operatorname{sen} \beta$$

$$\operatorname{sen}(\alpha + \beta) = \frac{h}{d} \operatorname{sen} \alpha + \frac{h}{c} \operatorname{sen} \beta$$

E como $\frac{h}{d} = \cos \beta$ e $\frac{h}{c} = \cos \alpha$, obtemos:

$$\boxed{\operatorname{sen}(\alpha + \beta) = \operatorname{sen} \alpha \cdot \cos \beta + \operatorname{sen} \beta \cdot \cos \alpha}$$

2º Modo: (Por lei dos senos)

$$\frac{a+b}{\operatorname{sen}(\alpha + \beta)} = \frac{d}{\operatorname{sen} \alpha'} = \frac{c}{\operatorname{sen} \beta'} \Rightarrow \frac{a+b}{\operatorname{sen}(\alpha + \beta)} = \frac{d}{\cos \alpha} = \frac{c}{\cos \beta} = k \Rightarrow$$

$a + b = k \operatorname{sen}(\alpha + \beta)$, $c = k \cos \beta$ e $d = k \cos \alpha$.

Por outro lado:

$$\begin{cases} \operatorname{sen} \alpha = \frac{a}{c} \Rightarrow a = c \cdot \operatorname{sen} \alpha \Rightarrow a = k \cos \beta \cdot \operatorname{sen} \alpha \\ \operatorname{sen} \beta = \frac{b}{d} \Rightarrow b = d \cdot \operatorname{sen} \beta \Rightarrow b = k \cos \alpha \cdot \operatorname{sen} \beta \end{cases}$$

E como $a + b = k \operatorname{sen}(\alpha + \beta)$, temos:

$k \cos \beta \cdot \operatorname{sen} \alpha + k \cos \alpha \cdot \operatorname{sen} \beta = k \operatorname{sen}(\alpha + \beta) \Rightarrow$

$$\boxed{\operatorname{sen}(\alpha + \beta) = \operatorname{sen} \alpha \cdot \cos \beta + \operatorname{sen} \beta \cdot \cos \alpha}$$

(2º) **sen (α − β) = sen α · cos β − sen β · cos α**

Sendo α maior que β, vamos considerar dois triângulos retângulos, um contido no outro, com um cateto comum e ângulos adjacentes a ele iguais a α e β.

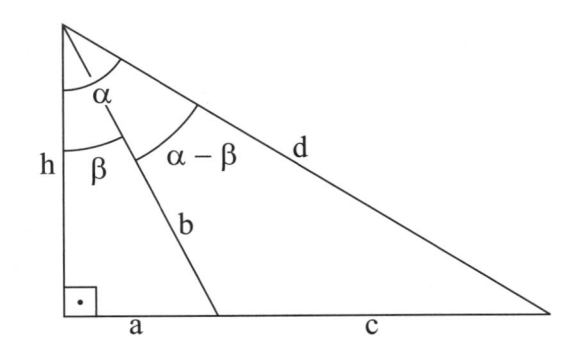

Levando em conta as medidas indicadas na figura, como a área do triângulo não retângulo é igual à diferença entre as áreas dos triângulos retângulos, temos:

$$\frac{1}{2}bd\,sen(\alpha-\beta) = \frac{1}{2}hd\,sen\,\alpha - \frac{1}{2}hb\,sen\,\beta$$

$$sen(\alpha-\beta) = \frac{h}{d}sen\,\alpha - \frac{h}{d}sen\,\beta$$

E como $\frac{h}{d} = \cos\alpha$ e $\frac{h}{b} = \cos\beta$, obtemos:

$$\boxed{sen(\alpha-\beta) = sen\,\alpha\cdot\cos\beta - sen\,\beta\cdot\cos\alpha}$$

(3º) **cos (α + β) = cos α · cos β − sen α · sen β**

Vamos considerar um triângulo onde um ângulo mede α + β e a altura relativa ao vértice deste ângulo o divida em ângulos de medidas α e β.

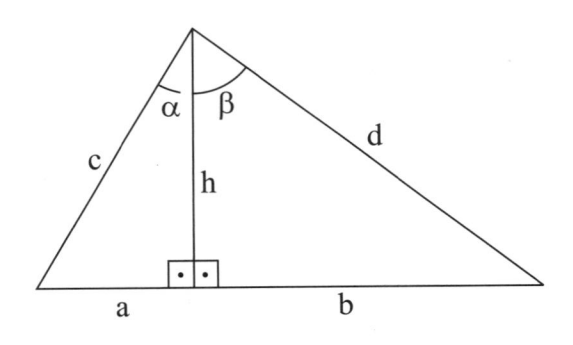

Levando em conta as medidas indicadas na figura e aplicando a lei dos cossenos, temos:

$$(a+b)^2 = c^2 + d^2 - 2cd\cdot\cos(\alpha+\beta)$$

$$a^2 + 2ab + b^2 = c^2 + d^2 - 2cd\cos(\alpha+\beta)$$

$$2cd\cos(\alpha+\beta) = (c^2-a^2) + (d^2-b^2) - 2ab$$

Como $c^2 - a^2 = h^2$ e $d^2 - b^2 = h^2$, obtemos:

$$2cd\cos(\alpha+\beta) = 2h^2 - 2ab \Rightarrow$$

$$\cos(\alpha+\beta) = \frac{h}{c}\cdot\frac{h}{d} - \frac{a}{c}\cdot\frac{b}{d} \Rightarrow$$

$$\boxed{\cos(\alpha+\beta) = \cos\alpha\cdot\cos\beta - sen\,\alpha\cdot sen\,\beta}$$

(4º) **cos (α − β) = cos α · cos β + sen α · sen β**

Sendo α maior que β, vamos considerar dois triângulos retângulos, um contido no outro, com um cateto comum e ângulos adjacentes a ele iguais a α e β.

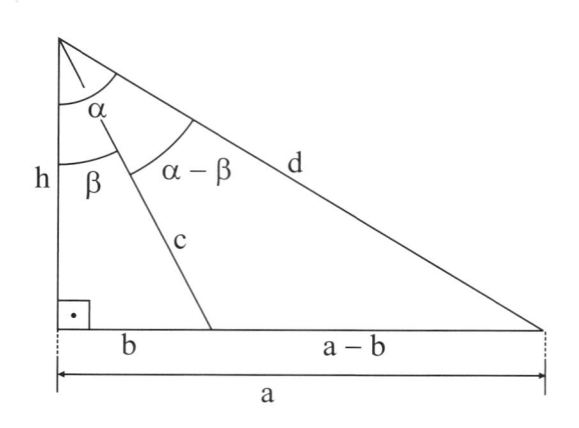

Levando em conta as medidas indicadas na figura e aplicando a lei dos cossenos no triângulo não retângulo da figura, obtemos:

$$(a - b)^2 = c^2 + d^2 - 2cd \cos(\alpha - \beta)$$

$$2cd \cos(\alpha - \beta) = c^2 + d^2 - a^2 + 2ab - b^2$$

Como $d^2 = a^2 + h^2$, obtemos:

$$2cd \cos(\alpha - \beta) = c^2 + a^2 + h^2 - a^2 + 2ab - b^2 \Rightarrow$$

$$2cd \cos(\alpha - \beta) = h^2 + (c^2 - b^2) + 2ab$$

$c^2 - b^2 = h^2 \Rightarrow 2cd \cos(\alpha - \beta) = 2h^2 + 2ab \Rightarrow$

$$\Rightarrow \cos(\alpha - \beta) = \frac{h}{d} \cdot \frac{h}{c} + \frac{a}{d} \cdot \frac{b}{c} \Rightarrow$$

$$\boxed{\cos(\alpha - \beta) = \cos \alpha \cdot \cos \beta + \sen \alpha \cdot \sen \beta}$$

(5º) **sen 2α = 2 sen α · cos α**

Basta fazermos β = α na fórmula de sen (α + β). Vejamos:

sen (α + β) = sen α · cos β + sen β · cos α

sen (α + α) = sen α · cos α + sen α · cos α

$$\boxed{\sen 2\alpha = 2 \sen \alpha \cdot \cos \alpha}$$

(6º) **cos 2α = cos² α − sen² α**

Basta fazermos β = α na fórmula de cos (α + β). Vejamos:

cos (α + β) = cos α · cos β − sen α · sen β

cos (α + α) = cos α · cos α − sen α · sen α

$$\boxed{\cos 2\alpha = \cos^2 \alpha - \sen^2 \alpha}$$

(7º) $\text{tg}(\alpha + \beta) = \dfrac{\text{tg}\alpha + \text{tg}\beta}{1 - \text{tg}\alpha \cdot \text{tg}\beta}$

$\text{tg}(\alpha + \beta) = \dfrac{\text{sen}(\alpha + \beta)}{\cos(\alpha + \beta)} = \dfrac{\text{sen}\alpha \cdot \cos\beta + \text{sen}\beta \cos\alpha}{\cos\alpha \cdot \cos\beta - \text{sen}\alpha \cdot \text{sen}\beta}$

Dividindo o numerador e o denominador por $\cos\alpha \cdot \cos\beta$, obtemos:

$$\text{tg}(\alpha + \beta) = \dfrac{\dfrac{\text{sen}\alpha \cdot \cos\beta}{\cos\alpha \cdot \cos\beta} + \dfrac{\text{sen}\beta \cdot \cos\alpha}{\cos\alpha \cdot \cos\beta}}{\dfrac{\cos\alpha \cdot \cos\beta}{\cos\alpha \cdot \cos\beta} - \dfrac{\text{sen}\alpha \cdot \text{sen}\beta}{\cos\alpha \cdot \cos\beta}} = \dfrac{\text{tg}\alpha + \text{tg}\beta}{1 - \text{tg}\alpha \cdot \text{tg}\beta}$$

$$\boxed{\text{tg}(\alpha + \beta) = \dfrac{\text{tg}\alpha + \text{tg}\beta}{1 - \text{tg}\alpha\,\text{tg}\beta}}$$

(8º) $\text{tg}(\alpha - \beta) = \dfrac{\text{tg}\alpha + \text{tg}\beta}{1 - \text{tg}\alpha \cdot \text{tg}\beta}$

$\text{tg}(\alpha - \beta) = \dfrac{\text{sen}(\alpha - \beta)}{\cos(\alpha - \beta)} = \dfrac{\text{sen}\alpha \cdot \cos\beta - \text{sen}\beta \cos\alpha}{\cos\alpha \cdot \cos\beta + \text{sen}\alpha \cdot \text{sen}\beta}$

Dividindo o numerador e o denominador por $\cos\alpha \cdot \cos\beta$, obtemos:

$$\boxed{\text{tg}(\alpha - \beta) = \dfrac{\text{tg}\alpha - \text{tg}\beta}{1 + \text{tg}\alpha\,\text{tg}\beta}}$$

(9º) $\text{tg}\,2\alpha = \dfrac{2\,\text{tg}\alpha}{1 - \text{tg}^2\alpha}$

Basta fazermos $\beta = \alpha$ na fórmula de $\text{tg}(\alpha + \beta)$. Vejamos:

$\text{tg}(\alpha + \beta) = \dfrac{\text{tg}\alpha + \text{tg}\beta}{1 - \text{tg}\alpha\,\text{tg}\beta} \Rightarrow \text{tg}(\alpha + \alpha) = \dfrac{\text{tg}\alpha - \text{tg}\alpha}{1 + \text{tg}\alpha\,\text{tg}\alpha}$. Então:

$$\boxed{\text{tg}\,2\alpha = \dfrac{2\,\text{tg}\alpha}{1 - \text{tg}^2\alpha}}$$

(10º) $\operatorname{sen}\frac{\alpha}{2} = \sqrt{\frac{1-\cos\alpha}{2}}$, $\cos\frac{\alpha}{2} = \sqrt{\frac{1+\cos\alpha}{2}}$ e $\operatorname{tg}\frac{\alpha}{2} = \sqrt{\frac{1-\cos\alpha}{1+\cos\alpha}}$

De $\cos 2x = \cos^2 x - \operatorname{sen}^2 x$ e $\operatorname{sen}^2 x + \cos^2 x = 1$ obtemos:

que $\cos 2x = 1 - 2\operatorname{sen}^2 x$ e $\cos 2x = 2\cos^2 x - 1$.

Para acharmos $\operatorname{sen}\frac{\alpha}{2}$, $\cos\frac{\alpha}{2}$ e $\operatorname{tg}\frac{\alpha}{2}$, quando $\frac{\alpha}{2}$ for agudo basta fazermos $2x = \alpha$ e $x = \frac{\alpha}{2}$ em $\cos 2x = 1 - \operatorname{sen}^2 x$, $\cos 2x = 2\cos^2 x - 1$ e $\operatorname{tg} x = \frac{\operatorname{sen} x}{\cos x}$, para obtermos:

$$\operatorname{sen}\frac{\alpha}{2} = \sqrt{\frac{1-\cos\alpha}{2}}, \quad \cos\frac{\alpha}{2} = \sqrt{\frac{1+\cos\alpha}{2}} \quad \text{e} \quad \operatorname{tg}\frac{\alpha}{2} = \sqrt{\frac{1-\cos\alpha}{1+\cos\alpha}}$$

Obs: Não colocamos $\pm$ antes dos radicais porque $\frac{\alpha}{2}$ é agudo.

2) Corda de um ciclo trigonométrico

Para determinarmos o comprimento de uma corda de um ciclo trigonométrico, em função do seno e cosseno dos arcos cujas extremidades são as extremidades da corda, observe as figuras, onde α e β são os arcos com extremidades, respectivamente, em A e B.

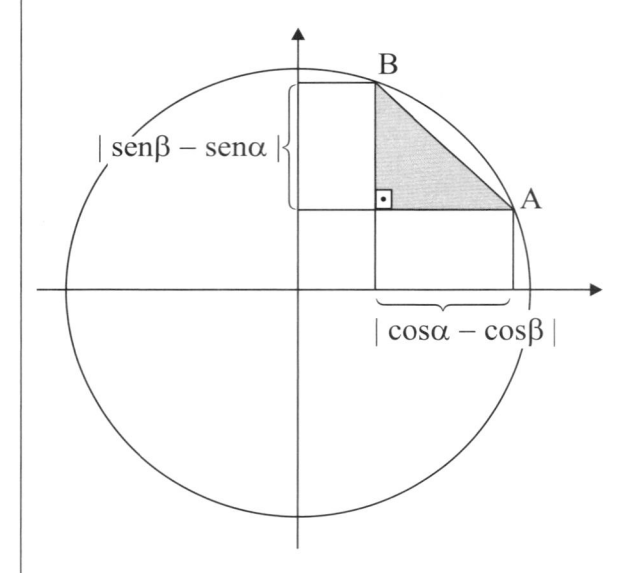

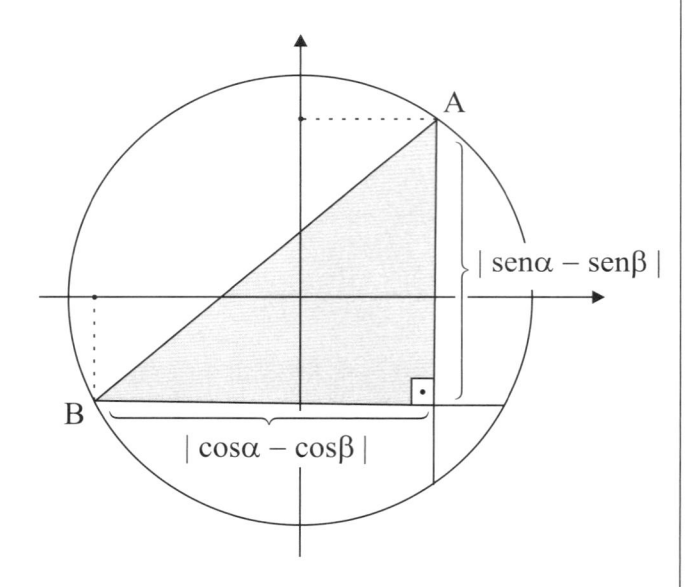

Note que $\overline{AB}$ é a hipotenusa de um triângulo retângulo cujos catetos são os módulos de $\operatorname{sen}\alpha - \operatorname{sen}\beta$ e $\cos\alpha - \cos\beta$. Então AB será dada por

$AB^2 = |\operatorname{sen}\alpha - \operatorname{sen}\beta|^2 + |\cos\alpha - \cos\beta|^2$
$\Rightarrow AB^2 = (\operatorname{sen}\alpha - \operatorname{sen}\beta)^2 + (\cos\alpha - \cos\beta)^2$

$$AB = \sqrt{(\operatorname{sen}\alpha - \operatorname{sen}\beta)^2 + (\cos\alpha - \cos\beta)^2}$$

Então:

O quadrado da medida de uma corda do ciclo trigonométrico é igual à soma dos quadrados das diferenças dos senos e dos cossenos dos arcos cujas extremidades são as extremidades da corda.

3) Cosseno da diferença

Seja **A** a origem dos arcos de um ciclo trigonométrico, **B** a extremidade de um arco de medida β, **D** a extremidade de um arco de medida α e **C** a extremidade de um arco de medida $\alpha - \beta$, todos com origem **A**. Note que as cordas **AC** e **BD** têm medidas iguais, quaisquer que sejam os arcos α e β pois os arcos AC e BD medem $|\alpha - \beta|$.

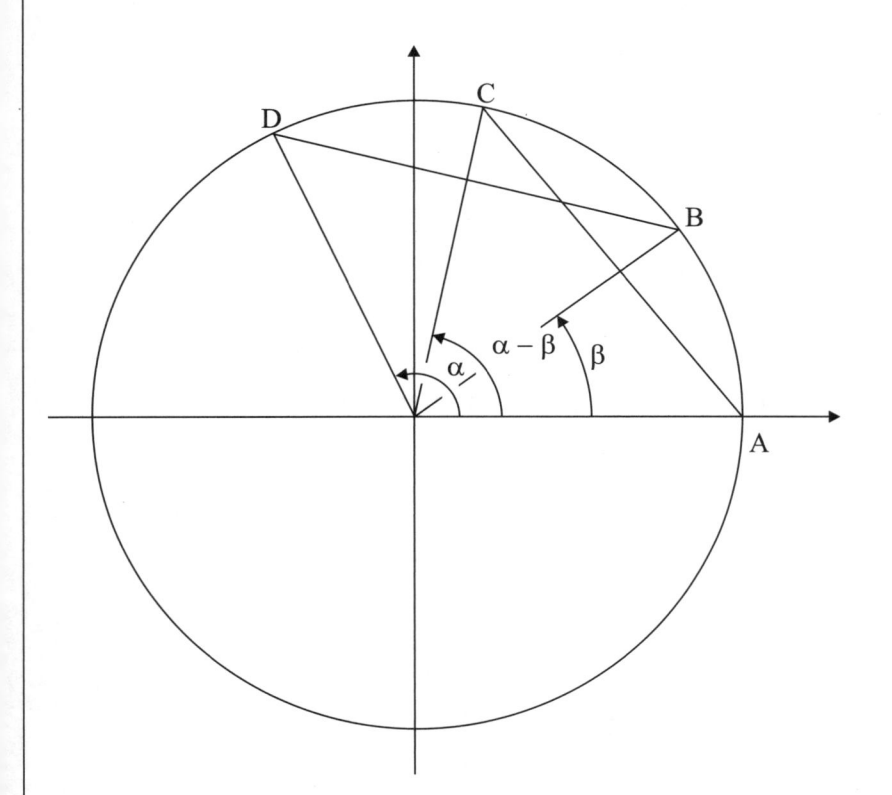

Como $\overset{\frown}{AB} = \beta$,

$\overset{\frown}{AD} = \alpha$,

$\overset{\frown}{AC} = \alpha - \beta$,

A é origem
e o quadrado da medida de uma corda é igual à soma dos quadrados das diferenças dos senos e dos cossenos dos arcos cujas extremidades são as extremidades das cordas, temos:

$\begin{cases} AC^2 = [\operatorname{sen}(\alpha-\beta) - \operatorname{sen}0]^2 + [\cos(\alpha-\beta) - \cos 0]^2 \\ BD^2 = [\operatorname{sen}\alpha - \operatorname{sen}\beta]^2 + [\cos\alpha - \cos\beta]^2 \end{cases}$

$\begin{cases} AC^2 = [\operatorname{sen}^2(\alpha-\beta) + \cos^2(\alpha-\beta) - 2\cos(\alpha-\beta) + 1 = 2 - 2\cos(\alpha-\beta) \\ BD^2 = \operatorname{sen}^2\alpha - 2\operatorname{sen}\alpha\operatorname{sen}^2\beta + 2\operatorname{sen}^2\beta + \cos^2\alpha - 2\cos\alpha\cos\beta + \cos^2 B = 2 - 2\operatorname{sen}\alpha\operatorname{sen}\beta - 2\cos\alpha\cos\beta \end{cases}$

Então, com AC = BD, temos:

$2 - 2\cos(\alpha - \beta) = 2 - 2\operatorname{sen}\alpha \operatorname{sen}\beta - 2\cos\alpha\cos\beta \Rightarrow$

$$\boxed{\cos(\alpha - \beta) = \cos\alpha \cdot \cos\beta + \operatorname{sen}\alpha \cdot \operatorname{sen}\beta}$$

4) **Cos $\left(\frac{\pi}{2} - \alpha\right)$ = sen** α e   **Sen$\left(\frac{\pi}{2} - \alpha\right)$ = cos** α

1º) Fazendo x = $\frac{\pi}{2}$ e y = α em cos (x – y) = cos x · cos y + sen x · sen y obtemos:

$\cos\left(\frac{\pi}{2} - \alpha\right) = \cos\frac{\pi}{2} \cdot \cos\alpha + \sen\frac{\pi}{2} \cdot \sen\alpha = 0 \cdot \cos\alpha + 1 \cdot \sen\alpha = \sen\alpha$

Então: $$\cos\left(\frac{\pi}{2} - \alpha\right) = \sen\alpha$$

2º) Podemos escrever então que: $\cos\left(\frac{\pi}{2} - x\right) = \sen x$ subtituindo   x   por $\left(\frac{\pi}{2} - \alpha\right)$ nesta relação, obtemos:

$\cos\left[\frac{\pi}{2} - \left(\frac{\pi}{2} - \alpha\right)\right] = \sen\left(\frac{\pi}{2} - \alpha\right) \Rightarrow \cos\left[\frac{\pi}{2} - \frac{\pi}{2} + \alpha\right] = \sen\left(\frac{\pi}{2} - \alpha\right)$

Então: $$\sen\left(\frac{\pi}{2} - \alpha\right) = \cos\alpha$$

Veja uma ilustração de $\cos\left(\frac{\pi}{2} - \alpha\right) = \sen\alpha$ para α em cada quadrante.

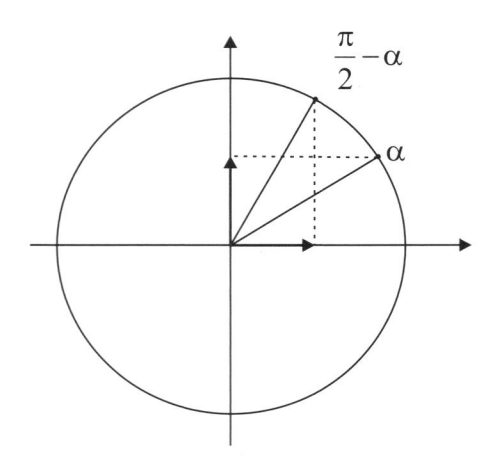

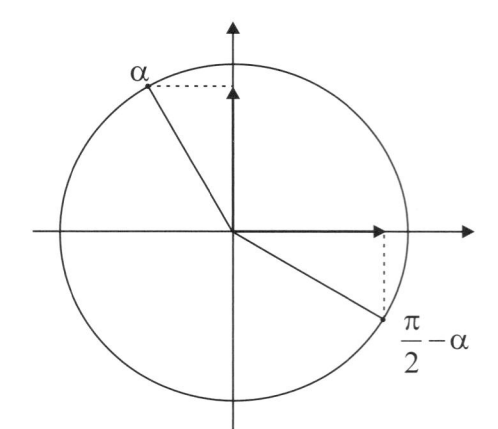

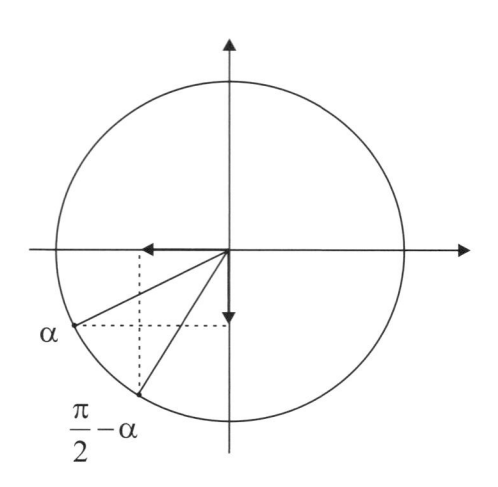

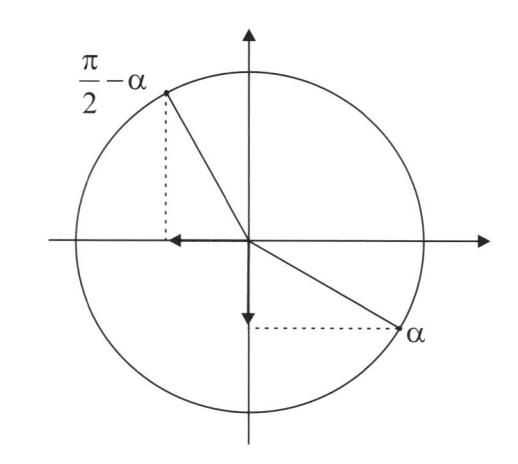

5) **cos (− x) = cos x**   e   **sen (− x) = − sen x**

1º) $\cos(-x) = \cos(0-x) =$
$= \cos 0 \cdot \cos x + \sen 0 \cdot \sen x = 1 \cdot \cos x + 0 \cdot \sen x = \cos x$

Então: $\boxed{\cos(-x) = \cos x}$

2º) $\sen(-x) = \cos\left[\frac{\pi}{2} - (-x)\right] = \cos\left[x + \frac{\pi}{2}\right] = \cos\left[x - \left(-\frac{\pi}{2}\right)\right]$

$= \cos x \cdot \cos\left(-\frac{\pi}{2}\right) + \sen x \cdot \sen\left(-\frac{\pi}{2}\right) = \cos x \cdot 0 + \sen x (-1) = -\sen x$

Então: $\boxed{\sen(-x) = -\sen x}$

De $\sen(-x) = -\sen x$ e $\cos(-x) = \cos x$ obtemos:

• $\tg(-x) = \dfrac{\sen(-x)}{\cos(-x)} = \dfrac{-\sen x}{\cos x} = -\tg x \;\Rightarrow\; \tg(-x) = -\tg x$

• $\cotg(-x) = \dfrac{\cos(-x)}{\sen(-x)} = \dfrac{\cos x}{-\sen x} = -\dfrac{\cos x}{\sen x} = -\cotg x \;\Rightarrow\; \cotg(-x) = -\cotg x$

• $\sec(-x) = \dfrac{1}{\cos(-x)} = \dfrac{1}{\cos x} = \sec x \;\Rightarrow\; \sec(-x) = \sec x$

• $\cossec(-x) = \dfrac{1}{\sen(-x)} = \dfrac{1}{-\sen x} = -\dfrac{1}{\sen x} = -\cossec x \;\Rightarrow\; \cossec(-x) = -\cossec x$

Da mesma forma, de $\cos\left(\frac{\pi}{2} - x\right) = \sen x$ e $\sen\left(\frac{\pi}{2} - x\right) = \cos x$ obtemos:

• $\tg\left(\frac{\pi}{2} - x\right) = \cotg x$ e $\cotg\left(\frac{\pi}{2} - x\right) = \tg x$

• $\sec\left(\frac{\pi}{2} - x\right) = \cossec x$ e $\cossec\left(\frac{\pi}{2} - x\right) = \sec x$

6) Cosseno da soma

Da mesma forma que fizemos para deduzir a fórmula para o cálculo de cosseno da diferença, usando cordas de comprimentos iguais, podemos fazer para deduzir o cosseno da soma. Mas há um modo mais simples:

Como $\quad \alpha + \beta = \alpha - (-\beta)$, temos:

$$\cos(\alpha + \beta) = \cos[\alpha - (-\beta)]$$
$$= \cos\alpha \cdot \cos(-\beta) + \sen\alpha \cdot \sen(-\beta)$$

E como $\cos(-\beta) = \cos\beta$ e $\sen(-\beta) = -\sen\beta$, obtemos:

$$\boxed{\cos(\alpha + \beta) = \cos\alpha \cdot \cos\beta - \sen\alpha \cdot \sen\beta}$$

7) Seno da soma e seno da diferença

1º) Como $\sen x = \cos\left(\frac{\pi}{2} - x\right)$, fazendo $x = \alpha + \beta$, obtemos:

$$\sen(\alpha + \beta) = \cos\left[\frac{\pi}{2} - (\alpha + \beta)\right] = \cos\left[\left(\frac{\pi}{2} - \alpha\right) - \beta\right]$$

$$\sen(\alpha + \beta) = \cos\left(\frac{\pi}{2} - \alpha\right) \cdot \cos\beta + \sen\left(\frac{\pi}{2} - \alpha\right) \cdot \sen\beta$$

E como $\cos\left(\frac{\pi}{2} - \alpha\right) = \sen\alpha$ e $\sen\left(\frac{\pi}{2} - \alpha\right) = \cos\alpha$, temos:

$$\boxed{\sen(\alpha + \beta) = \sen\alpha \cdot \cos\beta + \sen\beta \cdot \cos\alpha}$$

2º) Como $\alpha - \beta = \alpha + (-\beta)$, temos:

$$\sen(\alpha - \beta) = \sen[\alpha + (-\beta)] = \sen\alpha \cdot \cos(-\beta) + \sen(-\beta) \cdot \cos\alpha$$

E como $\cos(-\beta) = \cos\beta$ e $\sen(-\beta) = -\sen\beta$, obtemos:

$$\boxed{\sen(\alpha - \beta) = \sen\alpha \cdot \cos\beta - \sen\beta \cdot \cos\alpha}$$

8) Tangente da soma e tangente da diferença

1º) $\tg(\alpha + \beta) = \dfrac{\sen(\alpha + \beta)}{\cos(\alpha + \beta)} = \dfrac{\sen\alpha \cdot \cos\beta + \sen\beta \cdot \cos\alpha}{\cos\alpha \cdot \cos\beta - \sen\alpha \cdot \sen\beta}$

Dividindo o numerador e o denominador por $\cos\alpha \cdot \cos\beta$, obtemos:

$$\tg(\alpha + \beta) = \dfrac{\dfrac{\sen\alpha \cdot \cos\beta}{\cos\alpha \cdot \cos\beta} + \dfrac{\sen\beta \cdot \cos\alpha}{\cos\alpha \cdot \cos\beta}}{\dfrac{\cos\alpha \cdot \cos\beta}{\cos\beta \cdot \cos\beta} - \dfrac{\sen\alpha \cdot \sen\beta}{\cos\alpha \cdot \cos\beta}} + \dfrac{\dfrac{\sen\alpha}{\cos\alpha} + \dfrac{\sen\beta}{\cos\beta}}{1 - \dfrac{\sen\alpha}{\cos\alpha} \cdot \dfrac{\sen\beta}{\cos\beta}} = \dfrac{\tg\alpha + \tg\beta}{1 - \tg\alpha \cdot \tg\beta}$$

Então: $\boxed{\tg(\alpha + \beta) = \dfrac{\tg\alpha + \tg\beta}{1 - \tg\alpha \, \tg\beta}}$

2º) Como $\alpha - \beta = \alpha + (-\beta)$ e $\text{tg}(-\beta) = -\text{tg }\beta$, obtemos:

$$\text{tg}(\alpha - \beta) = \text{tg}[\alpha + (-\beta)] = \frac{\text{tg }\alpha + \text{tg}(-\beta)}{1 - \text{tg }\alpha \cdot \text{tg}(-\beta)} = \frac{\text{tg }\alpha - \text{tg }\beta}{1 + \text{tg }\alpha \cdot \text{tg }\beta}$$

Então: $\boxed{\text{tg}(\alpha - \beta) = \dfrac{\text{tg }\alpha - \text{tg }\beta}{1 + \text{tg }\alpha \cdot \text{tg }\beta}}$

9) Cotangente da soma e cotangente da diferença

1º) $\cotg(\alpha + \beta) = \dfrac{\cos(\alpha + \beta)}{\text{sen}(\alpha + \beta)} = \dfrac{\cos\alpha \cdot \cos\beta - \text{sen }\alpha \cdot \text{sen }\beta}{\text{sen }\alpha \cdot \cos\beta + \text{sen }\beta \cdot \cos\alpha}$

Dividindo o numerador e o denominador por $\text{sen }\alpha \cdot \text{sen }\beta$, obtemos:

$$\cotg(\alpha + \beta) = \frac{\dfrac{\cos\alpha \cdot \cos\beta}{\text{sen }\alpha \cdot \text{sen }\beta} - \dfrac{\text{sen }\alpha \cdot \text{sen }\beta}{\text{sen }\alpha \cdot \text{sen }\beta}}{\dfrac{\text{sen }\alpha \cdot \cos\beta}{\text{sen }\alpha \cdot \text{sen }\beta} + \dfrac{\text{sen }\beta \cdot \cos\alpha}{\text{sen }\alpha \cdot \text{sen }\beta}} = \frac{\dfrac{\cos\alpha}{\text{sen }\alpha} \cdot \dfrac{\cos\beta}{\text{sen }\beta} - 1}{\dfrac{\cos\beta}{\text{sen }\beta} + \dfrac{\cos\alpha}{\text{sen }\alpha}} = \frac{\cotg\alpha \cdot \cotg\beta - 1}{\cotg\alpha + \cotg\beta}$$

Então: $\boxed{\cotg(\alpha + \beta) = \dfrac{\cotg\alpha \cdot \cotg\beta - 1}{\cotg\alpha + \cotg\beta}}$

2º) Como $\alpha - \beta = \alpha + (-\beta)$ e $\cotg(-\beta) = -\cotg\beta$, obtemos:

$$\cotg(\alpha - \beta) = \cotg[\alpha + (-\beta)] = \frac{\cotg\alpha \cdot \cotg(-\beta) - 1}{\cotg\alpha + \cotg(-\beta)} = \frac{-\cotg\alpha \cdot \cotg\beta - 1}{\cotg\alpha - \cotg\beta} = \frac{\cotg\alpha \cdot \cotg\beta + 1}{\cotg\beta - \cotg\alpha}$$

Então: $\boxed{\cotg(\alpha - \beta) = \dfrac{\cotg\alpha \cdot \cotg\beta + 1}{\cotg\beta - \cotg\alpha}}$

10) Seno e cosseno do arco duplo

1º) Como $\text{sen }2\alpha = \text{sen}(\alpha + \alpha)$, aplicando a fórmula do seno da soma, temos:
$\text{sen}(2\alpha) = \text{sen}(\alpha + \alpha) = \text{sen }\alpha \cdot \cos\alpha + \text{sen }\alpha \cdot \cos\alpha \Rightarrow$ **sen $2\alpha = 2$ sen $\alpha \cdot \cos \alpha$**

2º) Como $\cos 2\alpha = \cos(\alpha + \alpha)$, aplicando a fórmula do cosseno da soma, temos:
$\cos 2\alpha = \cos(\alpha + \alpha) = \cos\alpha \cdot \cos\alpha - \text{sen }\alpha \cdot \text{sen }\alpha \Rightarrow$ **cos $2\alpha = \cos^2\alpha - \text{sen}^2\alpha$**

De $\text{sen}^2\alpha + \cos^2\alpha = 1$, obtemos: $\text{sen}^2\alpha = 1 - \cos^2\alpha$ e $\cos^2\alpha = 1 - \text{sen}^2\alpha$

Então:
- $\cos 2\alpha = \cos^2\alpha - \text{sen}^2\alpha = \cos^2\alpha - (1 - \cos^2\alpha) \Rightarrow$ **cos $2\alpha = 2\cos^2\alpha - 1$**
- $\cos 2\alpha = \cos^2\alpha - \text{sen}^2\alpha = (1 - \text{sen}^2\alpha) - \text{sen}^2\alpha \Rightarrow$ **cos $2\alpha = 1 - 2\text{sen}^2\alpha$**

Então:

$$\text{sen } 2\alpha = 2 \text{ sen } \alpha \cdot \cos \alpha \quad \text{e} \quad \cos 2\alpha = \begin{cases} \cos^2 \alpha - \text{sen}^2 \alpha \\ 2\cos^2 \alpha - 1 \\ 1 - 2\text{sen}^2 \alpha \end{cases}$$

11) Seno e cosseno do arco triplo

1º) Como $\text{sen } 3\alpha = \text{sen }(2\alpha + \alpha)$, aplicando a fórmula da soma e do arco duplo, temos:

$\text{sen } 3\alpha = \text{sen }(2\alpha + \alpha) = \text{sen } 2\alpha \cdot \cos \alpha + \text{sen } \alpha \cdot \cos 2\alpha = (2 \text{ sen } \alpha \cdot \cos \alpha) \cdot \cos \alpha + \text{sen } \alpha (1 - 2 \text{ sen}^2 \alpha)$

$\text{sen } 3\alpha = 2 \text{ sen } \alpha \cdot \cos^2 \alpha + \text{sen} \alpha - 2 \text{ sen}^3 \alpha = 2 \text{ sen } \alpha (1 - \text{sen}^2 \alpha) + \text{sen } \alpha - 2 \text{ sen}^3 \alpha = 3 \text{ sen } \alpha - 4 \text{ sen}^3 \alpha$

$$\text{sen } 3\alpha = 3 \text{ sen } \alpha - 4 \text{ sen}^3 \alpha$$

2º) Como $\cos 3\alpha = \cos(2\alpha + \alpha)$, aplicando a fórmula da soma e do arco duplo, temos:

$\cos 3\alpha = \cos(2\alpha + \alpha) = \cos 2\alpha \cdot \cos \alpha - \text{sen } 2\alpha \cdot \text{sen } \alpha = (2 \cos^2 \alpha - 1) \cdot \cos \alpha - (2 \text{ sen } \alpha \cdot \cos \alpha) \cdot \text{sen } \alpha$

$\cos 3\alpha = 2 \cos^3 \alpha - \cos \alpha - 2 \text{ sen}^2 \alpha \cdot \cos \alpha = 2 \cos^3 \alpha - \cos \alpha - 2(1 - \cos^2 \alpha) \cdot \cos \alpha = 4 \cos^3 \alpha - 3 \cos \alpha$

$$\cos 3\alpha = 4 \cos^3 \alpha - 3 \cos \alpha$$

Então: $\quad \text{sen } 3\alpha = 3 \text{ sen } \alpha - 4 \text{ sen}^3 \alpha \quad \text{e} \quad \cos 3\alpha = 4 \cos^3 \alpha - 3 \cos \alpha$

12) Tangente e cotangente do arco duplo

1º) $\text{tg } 2\alpha = \text{tg }(\alpha + \alpha) = \dfrac{\text{tg}\alpha + \text{tg}\alpha}{1 - \text{tg}\alpha \cdot \text{tg}\alpha} \implies \text{tg } 2\alpha = \dfrac{2 \text{ tg}\alpha}{1 - \text{tg}^2 \alpha}$

2º) $\text{cotg } 2\alpha = \text{cotg }(\alpha + \alpha) = \dfrac{\text{cotg } \alpha \cdot \text{cotg } \alpha - 1}{\text{cotg}\alpha + \text{cotg}\alpha} \implies \text{cotg } 2\alpha = \dfrac{\text{cotg}^2 \alpha - 1}{2 \text{ cotg } \alpha}$

Então: $\quad \text{tg } 2\alpha = \dfrac{2\text{tg } \alpha}{1 - \text{tg}^2 \alpha} \quad \text{e} \quad \text{cotg } 2\alpha = \dfrac{\text{cotg}^2 \alpha - 1}{2 \text{ cotg } \alpha}$

13) Seno, cosseno e tangente do arco metade

1º) $\cos 2x = 1 - 2\operatorname{sen}^2 x \Rightarrow 2\operatorname{sen}^2 x = 1 - \cos 2x \Rightarrow \operatorname{sen}^2 x = \dfrac{1-\cos 2x}{2}$

2º) $\cos 2x = 2\cos^2 x - 1 \Rightarrow 2\cos^2 x = 1 + \cos 2x \Rightarrow \cos^2 x = \dfrac{1+\cos 2x}{2}$

Fazendo $2x = \alpha$ e $x = \dfrac{\alpha}{2}$, obtemos:

$\operatorname{sen}^2 \dfrac{\alpha}{2} = \dfrac{1-\cos\alpha}{2}$ e $\cos^2 \dfrac{\alpha}{2} = \dfrac{1+\cos\alpha}{2}$

Como $\operatorname{sen}\dfrac{\alpha}{2}$ ou $\cos\dfrac{\alpha}{2}$ podem ser negativos ou positivos (ou nulos), obtemos:

$\operatorname{\mathbf{sen}}\dfrac{\boldsymbol{\alpha}}{\mathbf{2}} = \pm\sqrt{\dfrac{\mathbf{1-\cos\alpha}}{\mathbf{2}}}$ e $\cos\dfrac{\boldsymbol{\alpha}}{\mathbf{2}} = \pm\sqrt{\dfrac{\mathbf{1+\cos\alpha}}{\mathbf{2}}}$

onde o sinal + ou – deve ser escolhido conforme o quadrante de $\dfrac{\alpha}{2}$

3º) Como $\operatorname{tg} x = \dfrac{\operatorname{sen} x}{\cos x}$, obtemos: $\operatorname{tg}\dfrac{\alpha}{2} = \dfrac{\operatorname{sen}\dfrac{\alpha}{2}}{\cos\dfrac{\alpha}{2}} = \dfrac{\pm\sqrt{\dfrac{1-\cos\alpha}{2}}}{\pm\sqrt{\dfrac{1+\cos\alpha}{2}}} \Rightarrow \operatorname{\mathbf{tg}}\dfrac{\boldsymbol{\alpha}}{\mathbf{2}} = \pm\sqrt{\dfrac{\mathbf{1-\cos\alpha}}{\mathbf{1+\cos\alpha}}}$

Então: $\boxed{\operatorname{sen}\dfrac{\alpha}{2} = \pm\sqrt{\dfrac{1-\cos\alpha}{2}}\ ,\ \cos\dfrac{\alpha}{2} = \pm\sqrt{\dfrac{1+\cos\alpha}{2}}\ \text{e}\ \operatorname{tg}\dfrac{\alpha}{2} = \pm\sqrt{\dfrac{1-\cos\alpha}{1+\cos\alpha}}}$

14) Co-função na identidade

Dada uma identidade trigonométrica em $\operatorname{sen}\alpha$, $\cos\alpha$, etc, como $\operatorname{sen}\alpha = \cos\left(\dfrac{\pi}{2}-\alpha\right)$, $\cos\alpha = \operatorname{sen}\left(\dfrac{\pi}{2}-\alpha\right)$, $\operatorname{tg}\alpha = \operatorname{cotg}\left(\dfrac{\pi}{2}-\alpha\right)$, $\operatorname{cotg}\alpha = \operatorname{tg}\left(\dfrac{\pi}{2}-\alpha\right)$, $\sec\alpha = \operatorname{cossec}\left(\dfrac{\pi}{2}-\alpha\right)$ e $\operatorname{cossec}\alpha = \sec\left(\dfrac{\pi}{2}-\alpha\right)$, podemos obter uma nova identidade substituindo cada função pela correspondente co-função. Veja um exemplo:

$\dfrac{\operatorname{tg}\alpha}{1+\cos\alpha} + \dfrac{\operatorname{sen}\alpha}{1-\cos\alpha} = \operatorname{cotg}\alpha + \sec\alpha \cdot \operatorname{cossec}\alpha \Rightarrow$

$\dfrac{\operatorname{cotg}\left(\dfrac{\pi}{2}-\alpha\right)}{1+\operatorname{sen}\left(\dfrac{\pi}{2}-\alpha\right)} + \dfrac{\cos\left(\dfrac{\pi}{2}-\alpha\right)}{1-\operatorname{sen}\left(\dfrac{\pi}{2}-\alpha\right)} = \operatorname{tg}\left(\dfrac{\pi}{2}-\alpha\right) + \operatorname{cossec}\left(\dfrac{\pi}{2}-\alpha\right)\sec\left(\dfrac{\pi}{2}-\alpha\right)$

substituindo $\dfrac{\pi}{2}-\alpha$ por x obtemos: $\dfrac{\operatorname{cotg} x}{1+\operatorname{sen} x} + \dfrac{\cos x}{1-\operatorname{sen} x} = \operatorname{tg} x + \operatorname{cossec} x \cdot \sec x$,

que é também uma identidade

Exemplo 1: Determine cos 15º

1º Modo: Fazendo 15º = 45º – 30º e usando cos $(\alpha - \beta) = \cos\alpha \cdot \cos\beta + \text{sen}\,\alpha \cdot \text{sen}\,\beta$

cos 15º = cos (45º – 30º) = cos 45º · cos 30º + sen 45º · sen 30º =

$$= \frac{\sqrt{2}}{2} \cdot \frac{\sqrt{3}}{2} + \frac{\sqrt{2}}{2} \cdot \frac{1}{2} \Rightarrow \boxed{\cos 15º = \frac{\sqrt{6} + \sqrt{2}}{4}}$$

2º Modo: Fazendo 15º = 60º – 45º e usando cos $(\alpha - \beta) = \cos\alpha \cdot \cos\beta + \text{sen}\,\alpha \cdot \text{sen}\,\beta$

cos 15º = cos (60º – 45º) = cos 60º · cos 45º + sen 60º · sen 45º =

$$= \frac{1}{2} \cdot \frac{\sqrt{2}}{2} + \frac{\sqrt{3}}{2} \cdot \frac{\sqrt{2}}{2} \Rightarrow \boxed{\cos 15º = \frac{\sqrt{6} + \sqrt{2}}{4}}$$

3º Modo: Fazendo $15º = \frac{30º}{2}$ e usando $\cos\frac{\alpha}{2} = \pm\sqrt{\frac{1 + \cos\alpha}{2}}$

Como cos 15º é positivo, temos:

$$\cos 15º = \sqrt{\frac{1 + \cos 30º}{2}} \Rightarrow \cos 15º = \frac{\sqrt{1 + \frac{\sqrt{3}}{2}}}{2} = \sqrt{\frac{2 + \sqrt{3}}{4}} = \sqrt{\frac{8 + 4\sqrt{3}}{16}} = \sqrt{\frac{8 + 2\cdot 2\sqrt{3}}{16}}$$

$$\cos 15º = \sqrt{\frac{8 + 2\sqrt{12}}{16}} = \sqrt{\frac{6 + 2\sqrt{6\cdot 2} + 2}{16}} = \sqrt{\frac{(\sqrt{6} + \sqrt{2})^2}{16}} \Rightarrow \boxed{\cos 15º = \frac{\sqrt{6} + \sqrt{2}}{4}}$$

Exemplo 2: Determine tg 75º

1º Modo: Fazendo 75º = 45º + 30º e usando tg $(\alpha + \beta) = \frac{\text{tg}\,\alpha + \text{tg}\,\beta}{1 - \text{tg}\,\alpha \cdot \text{tg}\,\beta}$

$$\text{tg } 75º = \text{tg } (45º + 30º) = \frac{\text{tg}\,45º + \text{tg}\,30º}{1 - \text{tg} \cdot \text{tg}\,30º} = \frac{1 + \frac{\sqrt{3}}{3}}{1 - 1 \cdot \frac{\sqrt{3}}{3}} = \frac{3 + \sqrt{3}}{3 - \sqrt{3}} = \frac{(3 + \sqrt{3})(3 + \sqrt{3})}{(3 - \sqrt{3})(3 + \sqrt{3})} \Rightarrow$$

$$\text{tg } 75º = \frac{9 + 6\sqrt{3} + 3}{9 - 3} = \frac{12 + 6\sqrt{3}}{6} \Rightarrow \boxed{\text{tg } 75º = \sqrt{3} + 2}$$

2º Modo: Fazendo 75º = 120º – 45º e usando tg $(\alpha - \beta) = \frac{\text{tg}\,\alpha - \text{tg}\,\beta}{1 + \text{tg}\,\alpha \cdot \text{tg}\,\beta}$

$$\text{tg } 75º \text{ tg } (120º - 45º) = \frac{\text{tg }120º - \text{tg }45º}{1 + \text{tg }120º \cdot \text{tg }45º} = \frac{-\sqrt{3} - 1}{1 + (-\sqrt{3}) \cdot 1} = \frac{\sqrt{3} + 1}{\sqrt{3} - 1} = \frac{(\sqrt{3} + 1)(\sqrt{3} + 1)}{(\sqrt{3} - 1)(\sqrt{3} + 1)} \Rightarrow$$

$$\text{tg}\,45º = \frac{3 + 2\sqrt{3} + 1}{3 - 1} = \frac{2\sqrt{3} + 4}{2} \Rightarrow \boxed{\text{tg}\,75º = \sqrt{3} + 2}$$

3º Modo: Fazendo $75° = \dfrac{150°}{2}$ e usando $\tg \dfrac{\alpha}{2} = \pm\sqrt{\dfrac{1-\cos\alpha}{1+\cos\alpha}}$

como tg 75° é positivo temos:

$$\tg 75° = \sqrt{\dfrac{1-\cos 150°}{1+\cos 150°}} = \sqrt{\dfrac{1-\left(-\dfrac{\sqrt{3}}{2}\right)}{1+\left(-\dfrac{\sqrt{3}}{2}\right)}} = \sqrt{\dfrac{2+\sqrt{3}}{2-\sqrt{3}}} = \sqrt{\dfrac{(2+\sqrt{3})(2+\sqrt{3})}{(2-\sqrt{3})(2+\sqrt{3})}} \Rightarrow$$

$$\tg 75° = \sqrt{\dfrac{(2+\sqrt{3})^2}{4-3}} \Rightarrow \boxed{\tg 75° = \sqrt{3}+2}$$

Exemplo 3: Determine $\sen \dfrac{\pi}{12}$

1º Modo: Fazendo $\dfrac{\pi}{12} = \dfrac{\pi}{3} - \dfrac{\pi}{4}$ e usando $\sen(\alpha - \beta) = \sen\alpha \cdot \cos\beta - \sen\beta \cdot \cos\alpha$

$$\sen \dfrac{\pi}{12} = \sen\left(\dfrac{\pi}{3} - \dfrac{\pi}{4}\right) = \sen\dfrac{\pi}{3} \cdot \cos\dfrac{\pi}{4} - \sen\dfrac{\pi}{4} \cdot \cos\dfrac{\pi}{3} = \dfrac{\sqrt{3}}{2} \cdot \dfrac{\sqrt{2}}{2} - \dfrac{\sqrt{2}}{2} \cdot \dfrac{1}{2} \Rightarrow \boxed{\sen\dfrac{\pi}{12} = \dfrac{\sqrt{6}-\sqrt{2}}{4}}$$

2º Modo: Fazendo $\dfrac{\pi}{12} = \dfrac{\dfrac{\pi}{6}}{2}$ e usando $\sen\dfrac{\alpha}{2} = \pm\sqrt{\dfrac{1-\cos\alpha}{2}}$

Como $\sen \dfrac{\pi}{12}$ é positivo temos:

$$\sen\dfrac{\pi}{12} = \sqrt{\dfrac{1-\cos\dfrac{\pi}{6}}{2}} = \sqrt{\dfrac{1-\dfrac{\sqrt{3}}{2}}{2}} = \sqrt{\dfrac{2-\sqrt{3}}{4}} = \sqrt{\dfrac{4-2\sqrt{3}}{8}} = \sqrt{\dfrac{3-2\sqrt{3}+1}{8}} \Rightarrow$$

$$\sen\dfrac{\pi}{12} = \sqrt{\dfrac{(\sqrt{3}-1)^2}{4 \cdot 2}} = \dfrac{\sqrt{3}-1}{2\sqrt{2}} = \dfrac{\sqrt{6}-\sqrt{2}}{4} \Rightarrow \boxed{\sen\dfrac{\pi}{12} = \dfrac{\sqrt{6}-\sqrt{2}}{4}}$$

Exemplo 4: Se $\pi < \alpha < \dfrac{3\pi}{2}$, $\dfrac{\pi}{2} < \beta < \pi$, $\sen\alpha = -\dfrac{1}{3}$ e $\cos\beta = -\dfrac{2}{3}$, determine $\sen(\alpha+\beta)$ e $\cos(\beta-\alpha)$

1º) $\sen^2\alpha + \cos^2\alpha = 1 \Rightarrow \dfrac{1}{9} + \cos^2\alpha = 1 \Rightarrow \cos^2\alpha = \dfrac{8}{9} \Rightarrow \cos\alpha = -\dfrac{2\sqrt{2}}{3}$ ($\alpha \in 3º \cdot Q$)

2º) $\sen^2\beta + \cos^2\beta = 1 \Rightarrow \sen^2\beta + \dfrac{4}{9} = 1 \Rightarrow \sen^2\beta = \dfrac{5}{9} \Rightarrow \sen\beta = \dfrac{\sqrt{5}}{3}$ ($\beta \in 2º \cdot Q$)

3º) $\sen(\alpha+\beta) = \sen\alpha \cdot \cos\beta + \sen\beta \cdot \cos\alpha = \left(-\dfrac{1}{3}\right)\left(-\dfrac{2}{3}\right) + \left(\dfrac{\sqrt{5}}{3}\right)\left(-\dfrac{2\sqrt{2}}{3}\right) \Rightarrow \sen(\alpha+\beta) = \dfrac{2-2\sqrt{10}}{9}$

4º) $\cos(\beta-\alpha) = \cos\beta \cdot \cos\alpha + \sen\beta \cdot \sen\alpha = \left(-\dfrac{2}{3}\right)\left(-\dfrac{2\sqrt{2}}{3}\right) + \left(-\dfrac{1}{3}\right)\left(\dfrac{\sqrt{5}}{3}\right) \Rightarrow \cos(\beta-\alpha) = \dfrac{4\sqrt{2}-\sqrt{5}}{9}$

Exemplo 5: Se $\frac{3\pi}{2} < \alpha < 2\pi$ e $\operatorname{sen}\alpha = \frac{-3}{4}$, determine $\cos\frac{\alpha}{2}$

1º) $\operatorname{sen}^2\alpha + \cos^2\alpha = 1 \Rightarrow \frac{9}{16} + \cos^2\alpha = 1 \Rightarrow \cos^2\alpha = \frac{7}{16} \Rightarrow \cos\alpha = \frac{\sqrt{7}}{4}$ ($\alpha \in 4º \cdot Q$)

2º) $\frac{3\pi}{2} < \alpha < 2\pi \Rightarrow \frac{3\pi}{4} < \frac{\alpha}{2} < \pi \Rightarrow \cos\frac{\alpha}{2} < 0 \left(\frac{\alpha}{2} \in 2º \cdot Q\right)$

3º) $\cos\frac{\alpha}{2} = \pm\sqrt{\frac{1+\cos\alpha}{2}} \Rightarrow \cos\frac{\alpha}{2} = -\sqrt{\frac{1+\frac{\sqrt{7}}{4}}{2}} = -\sqrt{\frac{4+\sqrt{7}}{8}} \Rightarrow$

$\cos\frac{\alpha}{2} = -\sqrt{\frac{8+2\sqrt{7}}{16}} = -\sqrt{\frac{7+2\sqrt{7}+1}{16}} = -\sqrt{\frac{(\sqrt{7}+1)^2}{16}} \Rightarrow \boxed{\cos\frac{\alpha}{2} = -\frac{(\sqrt{7}+1)}{4}}$

Exemplo 6: Demonstre a identidade $\frac{\operatorname{tg}^2 2\alpha - \operatorname{tg}^2\alpha}{1 - \operatorname{tg}^2 2\alpha \cdot \operatorname{tg}^2\alpha} = \operatorname{tg}3\alpha \cdot \operatorname{tg}\alpha$

1º Membro $= \frac{(\operatorname{tg}2\alpha + \operatorname{tg}\alpha)\cdot(\operatorname{tg}2\alpha - \operatorname{tg}\alpha)}{(1 - \operatorname{tg}2\alpha \cdot \operatorname{tg}\alpha)\cdot(1 + \operatorname{tg}2\alpha \cdot \operatorname{tg}\alpha)} = \frac{\operatorname{tg}2\alpha + \operatorname{tg}\alpha}{1 - \operatorname{tg}2\alpha \cdot \operatorname{tg}\alpha} \cdot \frac{\operatorname{tg}2\alpha - \operatorname{tg}\alpha}{1 + \operatorname{tg}2\alpha \cdot \operatorname{tg}\alpha}$

$= \operatorname{tg}(2\alpha + \alpha) \cdot \operatorname{tg}(2\alpha - \alpha) = \operatorname{tg}3\alpha \cdot \operatorname{tg}\alpha = $ **2º Membro**

Exemplo 7: Mostre que se $\alpha > 0$, $\beta > 0$, $\gamma > 0$ e $\alpha + \beta + \gamma = \frac{\pi}{2}$, então

$$\operatorname{tg}\alpha + \operatorname{tg}\beta + \operatorname{tg}\alpha \cdot \operatorname{tg}\gamma + \operatorname{tg}\beta \cdot \operatorname{tg}\gamma = 1$$

Resolução: Como $\alpha + \beta + \gamma = \frac{\pi}{2}$, temos: $\gamma = \frac{\pi}{2} - (\alpha + \beta)$

1º Membro $= \operatorname{tg}\alpha \cdot \operatorname{tg}\beta + \operatorname{tg}\gamma (\operatorname{tg}\alpha + \operatorname{tg}\beta) = \operatorname{tg}\alpha \cdot \operatorname{tg}\beta + \operatorname{tg}\left[\frac{\pi}{2} - (\alpha+\beta)\right](\operatorname{tg}\alpha + \operatorname{tg}\beta) =$

$= \operatorname{tg}\alpha \cdot \operatorname{tg}\beta + \operatorname{cotg}(\alpha+\beta)(\operatorname{tg}\alpha + \operatorname{tg}\beta) = \operatorname{tg}\alpha \cdot \operatorname{tg}\beta + \frac{1}{\operatorname{tg}(\alpha+\beta)}(\operatorname{tg}\alpha + \operatorname{tg}\beta) =$

$= \operatorname{tg}\alpha \cdot \operatorname{tg}\beta + \frac{1}{\frac{\operatorname{tg}\alpha + \operatorname{tg}\beta}{1 - \operatorname{tg}\alpha \cdot \operatorname{tg}\beta}}(\operatorname{tg}\alpha + \operatorname{tg}\beta) =$

$= \operatorname{tg}\alpha \cdot \operatorname{tg}\beta + 1 - \operatorname{tg}\alpha \cdot \operatorname{tg}\beta = 1 = $ **2º Membro**

131 Escreva as expressões das seguintes fórmulas:

a) $\cos(a+b) =$

b) $\cos(a-b) =$

c) $\operatorname{sen}(a+b) =$

d) $\operatorname{sen}(a-b) =$

e) $\operatorname{tg}(a+b) =$

f) $\operatorname{tg}(a-b) =$

132 Se $\operatorname{sen} x = \dfrac{2}{5}$, $\cos x = \dfrac{\sqrt{21}}{5}$, $\operatorname{sen} y = \dfrac{1}{5}$ e $\cos y = \dfrac{2\sqrt{6}}{5}$, determine:

a) $\operatorname{sen}(x+y) =$

b) $\cos(x+y) =$

c) $\operatorname{sen}(x-y) =$

d) $\cos(x-y) =$

133 Se $\operatorname{tg} a = \dfrac{3}{4}$ e $\operatorname{tg} b = \dfrac{5}{6}$ determine:

a) $\operatorname{tg}(a+b)$

b) $\operatorname{tg}(a-b)$

134 Se sen a = $-\frac{1}{4}$, cos a = $\frac{\sqrt{15}}{4}$, sen b = $\frac{1}{3}$ e cos b = $\frac{-2\sqrt{2}}{3}$, determine:

a) sen (a + b)

b) cos (a − b)

135 Dados $\pi < a < \frac{3\pi}{2}$, sen a = $-\frac{5}{6}$, $\frac{3\pi}{2} < b < 2\pi$ e cos b = $\frac{2}{3}$, determine:

a) sen (a − b)

b) cos (a + b)

136 Dados sen x = $-\frac{3}{5}$, cos x = $\frac{4}{5}$, sen y = $\frac{3}{4}$ e cos y = $\frac{\sqrt{7}}{4}$, determine tg (x + y).

137 Dados $\frac{3\pi}{2} < x < 2\pi$, sen x = $-\frac{3}{5}$, $\pi < y < \frac{3\pi}{2}$ e cos y = $-\frac{2}{5}$, determine tg (x − y).

138 Se $\operatorname{sen} x = \dfrac{2}{3}$, $\dfrac{\pi}{2} < x < \pi$, $\cos y = \dfrac{3}{5}$, determine $\operatorname{sen}(x - y)$.

139 Dados $\operatorname{sen} a = \dfrac{1}{4}$ e $\operatorname{sen} b = \dfrac{3}{4}$, determine $\cos(a - b)$ e $\operatorname{sen}(a + b)$.

140 Escreva as expressões das seguintes fórmulas

a) $\operatorname{cotg}(x + y)$

b) $\operatorname{cotg}(x - y)$

141 Para determinarmos a $\operatorname{cotg}(a + b)$ podemos determinar $\operatorname{tg}(a + b)$ e depois calcular o inverso deste valor. Neste exercício, entretanto, use a fórmula de $\operatorname{cotg}(a + b)$. Dados $\operatorname{cotg} a = -\dfrac{1}{3}$ e $\operatorname{cotg} b = \dfrac{1}{2}$, determine $\operatorname{cotg}(a + b)$.

Resp: **131** a) $\cos(a+b) = \cos a \cdot \cos b - \operatorname{sen} a \cdot \operatorname{sen} b$ b) $\cos(a-b) = \cos a \cdot \cos b + \operatorname{sen} a \cdot \operatorname{sen} b$ c) $\operatorname{sen}(a+b) = \operatorname{sen} a \cdot \cos b + \operatorname{sen} b \cdot \cos a$

d) $\operatorname{sen}(a-b) = \operatorname{sen} a \cdot \cos b - \operatorname{sen} b \cdot \cos a$ e) $\operatorname{tg}(a+b) = \dfrac{\operatorname{tg} a + \operatorname{tg} b}{1 - \operatorname{tg} a \cdot \operatorname{tg} b}$ f) $\operatorname{tg}(a-b) = \dfrac{\operatorname{tg} a - \operatorname{tg} b}{1 + \operatorname{tg} a \cdot \operatorname{tg} b}$

132 a) $\dfrac{4\sqrt{6} + \sqrt{21}}{25}$ b) $\dfrac{6\sqrt{14} - 2}{25}$ c) $\dfrac{4\sqrt{6} - \sqrt{21}}{25}$ d) $\dfrac{6\sqrt{14} + 2}{25}$ **133** a) $\dfrac{38}{9}$ b) $-\dfrac{2}{39}$

142 Dados sen a = $\frac{2\sqrt{6}}{5}$, sen b = $\frac{\sqrt{21}}{5}$, cos a = $\frac{1}{5}$ e cos b = $\frac{2}{5}$, determine cotg (a – b).

143 Determine o valor das seguintes expressões:

a) sen 35° · cos 25° + sen 25° · cos 35°

b) sen 110° · cos 80° – sen 80° · cos 110°

c) cos 70° · cos 25° + sen 70° · sen 25°

d) cos 40° · cos 20° – sen 40° · sen 20°

e) $\dfrac{\text{tg } 33° + \text{tg } 27°}{1 - \text{tg } 33° \cdot \text{tg } 27°}$

f) $\dfrac{\text{tg } 50° - \text{tg } 5°}{1 + \text{tg } 50° \cdot \text{tg } 5°}$

g) $\dfrac{\text{cotg } 35° \cdot \text{cotg } 25° - 1}{\text{cotg } 35° + \text{cotg } 25°}$

h) $\dfrac{\text{cotg } 50° \cdot \text{cotg } 20° + 1}{\text{cotg } 20° - \text{cotg } 50°}$

144 Determine o valor das seguintes expressões:

a) sen 100° · cos 50° + sen 50° · cos 100°

b) cos 165° · cos 30° + sen 165° · sen 30°

c) sen 200° · cos 80° – sen 80° · cos 200°

d) cos 110° · cos 40° – sen 110° · sen 40°

145 Mostre que $\operatorname{sen} 2x = 2 \operatorname{sen} x \cdot \cos x$

146 Determine $\operatorname{sen} 2a$ nos casos:

a) Dados $\operatorname{sen} a = \dfrac{3}{5}$ e $\cos a = \dfrac{4}{5}$

b) Dados $\operatorname{sen} a = -\dfrac{5}{13}$ e $\pi < a < \dfrac{3\pi}{2}$

147 Dado $\operatorname{sen} x = -\dfrac{2\sqrt{6}}{7}$, determine $\operatorname{sen} 2x$.

148 Mostre que

a) $\cos 2x = \cos^2 x - \operatorname{sen}^2 x$

b) $\cos 2x = 2\cos^2 x - 1$

c) $\cos 2x = 1 - 2\operatorname{sen}^2 x$

Resp: **134** a) $\dfrac{2\sqrt{2}+\sqrt{15}}{12}$ b) $\dfrac{-2\sqrt{30}-1}{12}$ **135** a) $\dfrac{-10-\sqrt{55}}{18}$ b) $\dfrac{-2\sqrt{11}-5\sqrt{5}}{18}$ **136** $\dfrac{12\sqrt{7}-21}{9\sqrt{7}+28}$

137 $\dfrac{4\sqrt{21}+6}{3\sqrt{21}-8} = \dfrac{2\sqrt{21}+12}{5}$ **138** $\dfrac{6\pm 4\sqrt{5}}{15}$ **139** $\cos(a-b) = \dfrac{\pm\sqrt{105}+3}{16}$ (2 valores) $\operatorname{sen}(a+b) = \dfrac{(\pm\sqrt{7}\pm 3\sqrt{15})}{16}$ (4 valores)

140 a) $\cot g(x+y) = \dfrac{\cot g\, x \cdot \cot g\, y - 1}{\cot g\, x + \cot g\, y}$ b) $\cot g(x-y) = \dfrac{\cot g\, x \cdot \cot g\, y + 1}{\cot g\, y - \cot g\, x}$ **141** -7

101

149 Determine cos 2x nos casos:

a) $\cos x = -\dfrac{5}{6}$

b) $\operatorname{sen} x = \dfrac{2}{3}$

150 Determine cos 2x nos casos:

a) $\sec x = \dfrac{5}{2}$

b) $\operatorname{cossec} x = 3$

c) $\operatorname{tg} x = \dfrac{2}{3}$

d) $\operatorname{cotg} x = -\dfrac{3}{4}$

151 Mostre que $\operatorname{tg} 2a = \dfrac{2\operatorname{tg} a}{1-\operatorname{tg}^2 a}$

152 Determine tg 2a nos casos:

a) $\operatorname{tg} a = \dfrac{3}{5}$

b) $\operatorname{cotg} a = \dfrac{8}{3}$

152

c) sen a = $\frac{3}{4}$, $\frac{\pi}{2} < a < \pi$

d) cos a = $-\frac{1}{3}$

e) sec a = 5

f) cossec a = 3

153
Determine em função de **cos x** as expressões de sen $\frac{x}{2}$, cos $\frac{x}{2}$ e tg $\frac{x}{2}$.

Resp: **142** a) $\frac{2(\sqrt{14}+1)}{\sqrt{21}-4\sqrt{6}} = \frac{-2(9\sqrt{21}+11\sqrt{6})}{75}$ **143** a) $\frac{\sqrt{3}}{2}$ b) $\frac{1}{2}$ c) $\frac{\sqrt{2}}{2}$ d) $\frac{1}{2}$ e) $\sqrt{3}$ f) 1 g) $\frac{\sqrt{3}}{3}$ h) $\sqrt{3}$

144 a) $\frac{1}{2}$ b) $-\frac{\sqrt{2}}{2}$ c) $\frac{\sqrt{3}}{2}$ d) $-\frac{\sqrt{3}}{2}$ **145** Faça sen 2x = sen(x + x) **146** a) $\frac{24}{25}$ b) $\frac{120}{169}$

147 $\pm\frac{20\sqrt{6}}{48}$ **148** a) Fazer cos 2x = cos(x + x) e aplicar a fórmula de cosseno da soma

b) Fazer sen²x = 1 – cos²x na fórmula do item **a**   c) Fazer cos²x = 1 – sen²x na fórmula do item **a**

154 Se $\cos x = -\dfrac{3}{4}$ e $\pi < x < \dfrac{3\pi}{2}$, determine $\operatorname{sen} \dfrac{x}{2}$, $\cos \dfrac{x}{2}$ e $\operatorname{tg} \dfrac{x}{2}$.

---

155 Usando $\cos 2x = 2\cos^2 x - 1$ e $\cos 2x = 1 - 2\operatorname{sen}^2 x$, determinar o que se pede:

a) $\cos a = \dfrac{2}{3}$ e $0 < a < \dfrac{\pi}{2}$, determinar $\cos \dfrac{a}{2}$.

---

b) $\cos a = -\dfrac{1}{3}$ e $\pi < a < \dfrac{3\pi}{2}$, determinar $\operatorname{sen} \dfrac{a}{2}$.

---

c) $\operatorname{sen} a = -\dfrac{3}{5}$ e $\dfrac{3\pi}{2} < a < 2\pi$, determinar $\cos \dfrac{a}{2}$

156 Usando $tg\, 2x = \dfrac{2tg\, x}{1 - tg^2 x}$, determinar $tg\, \dfrac{a}{2}$, dado $tg\, a = 3$ e $\pi < a < \dfrac{3\pi}{2}$.

157 Determinar $\cos(22°\, 30')$.

158 Determinar $\sen(22°\, 30')$.

Resp: **149** a) $\dfrac{7}{18}$ b) $\dfrac{1}{9}$ **150** a) $-\dfrac{17}{25}$ b) $\dfrac{7}{9}$ c) $\dfrac{5}{13}$ d) $-\dfrac{7}{25}$

151 Fazer $tg\, 2a = tg\,(a + a)$ e aplicar a fórmula da tg da soma

152 a) $\dfrac{15}{8}$ b) $\dfrac{48}{55}$ c) $3\sqrt{7}$ d) $\pm\dfrac{4\sqrt{2}}{7}$ e) $\pm\dfrac{4\sqrt{6}}{23}$ f) $\pm\dfrac{4\sqrt{2}}{7}$

153 $\sen \dfrac{x}{2} = \pm \dfrac{\sqrt{1-\cos x}}{2}$, $\cos \dfrac{x}{2} = \pm \sqrt{\dfrac{1+\cos x}{2}}$, $tg \dfrac{x}{2} = \pm \sqrt{\dfrac{1-\cos x}{1+\cos x}}$

159 Determinar tg (22° 30')

---

160 Determine sen 75° dos seguintes modos

a) Fazendo 75° = 45° + 30° e usando sen (a + b)

---

b) Fazendo 75° = 120° − 45° e usando sen (a − b)

---

c) Fazendo $75° = \dfrac{150°}{2}$ e usando $\operatorname{sen} \dfrac{x}{2} = \pm\sqrt{\dfrac{1-\cos x}{2}}$.

---

161 Determine cos 105° dos seguintes modos

a) Usando cosseno da soma

---

b) Usando cosseno da diferença

---

c) Usando cosseno do arco metade

162 Determine

a) sen 15°

b) cos 165°

163 Mostre que

a) sen 3x = 3 sen x − 4 sen³ x

b) cos 3x = 4 cos³ x − 3 cos x

c) tg 3 x = $\dfrac{3 \operatorname{tg} x - \operatorname{tg}^3 x}{1 - 3 \operatorname{tg}^2 x}$

164 Dados sen a = $-\dfrac{1}{3}$, cos b = $\dfrac{3}{4}$ e tg c = $\sqrt{6}$, determine:

a) sen 3a

b) cos 3b

c) tg 3c

Resp: **154** $\dfrac{\sqrt{14}}{4}$, $-\dfrac{\sqrt{2}}{4}$, $-\sqrt{7}$ **155** a) $\dfrac{\sqrt{30}}{6}$ b) $\dfrac{\sqrt{6}}{3}$ c) $-\dfrac{3\sqrt{10}}{10}$ **156** $\dfrac{-1-\sqrt{10}}{3}$ **157** $\dfrac{\sqrt{2+\sqrt{2}}}{2}$ **158** $\dfrac{\sqrt{2-\sqrt{2}}}{2}$

165 Transformar cada expressão em uma expressão em função de **sen x ou cos x ou tg x**.

a) sen 5x · cos 3x − sen 3x · cos 5x

b) cos 7x · cos 5x + sen 7x · sen 5x

c) sen 6x · cos 3x − sen 3x · cos 6x

d) cos 5x · cos 2x + sen 5x · sen 2x

e) $\dfrac{\text{tg } 6x - \text{tg } 4x}{1 + \text{tg } 6x \cdot \text{tg } 4x}$

f) $\dfrac{\text{tg } 7x - \text{tg } 4x}{1 + \text{tg } 7x \cdot \text{tg } 4x}$

166 Simplificar as seguintes expressões

a) sen (a + b) + sen (a − b)

b) cos (a + b) + cos (a − b)

c) sen (a + b) − sen (a − b)

d) cos (a + b) − cos (a − b)

e) $\dfrac{\cos(a-b) - \cos(a+b)}{\cos(a-b) + \cos(a+b)}$

167 Determinar $\cos \dfrac{45°}{2}$, $\cos \dfrac{45°}{4}$, $\cos \dfrac{45°}{8}$.

168 Simplificar as expressões:

a) $y = \text{cotg}(-x) - \text{cotg}(\pi + x) - \text{cotg}(\pi - x) + \text{cotg}(2\pi - x) + \text{tg}\left(\frac{\pi}{2} - x\right) + \text{tg}\left(\frac{3\pi}{2} - x\right) - \text{tg}\left(\frac{\pi}{2} + x\right) + \text{tg}\left(\frac{3\pi}{2} + x\right)$

b) $y = \sec(-x) + \text{cossec}\left(\frac{\pi}{2} - x\right) + \sec(\pi - x) + \sec(\pi + x) + \text{cossec}\left(\frac{\pi}{2} + x\right) + \text{cossec}\left(\frac{3\pi}{2} - x\right) - \text{cossec}\left(\frac{3\pi}{2} + x\right)$

c) $y = \text{cossec}(-x) + \text{cossec}(\pi - x) - \text{cossec}(\pi + x) - \sec\left(\frac{\pi}{2} + x\right) - \sec\left(\frac{3\pi}{2} - x\right) - \sec\left(\frac{3\pi}{2} + x\right) - \sec\left(\frac{\pi}{2} - x\right)$

169 Simplificar as expressões:

a) $y = \dfrac{\text{sen } x \cdot \cos\left(\frac{\pi}{2} - x\right) + \text{sen}(\pi - x) \cdot \text{sen}\left(\frac{\pi}{2} + x\right)}{\cos\left(\frac{3\pi}{2} + x\right) \cdot \cos x + \cos(\pi + x) \cdot \text{sen}\left(\frac{3\pi}{2} + x\right)}$

b) $y = \dfrac{\text{tg}x \cdot \text{cotg}\left(\frac{\pi}{2} - x\right) + 2\text{cotg } x \cdot \text{cotg}\left(\frac{3\pi}{2} + x\right) + \text{tg}\left(\frac{\pi}{2} - x\right)\text{cotg } x}{\text{tg}(\pi + x) \cdot \text{cotg}\left(\frac{3\pi}{2} - x\right) + \text{tg}\left(\frac{\pi}{2} + x\right) \cdot \text{cotg}(\pi + x)}$

Resp: **159** $\sqrt{2} - 1$ **160** $\dfrac{\sqrt{6} + \sqrt{2}}{4}$ **161** $\dfrac{\sqrt{2} - \sqrt{6}}{4}$ **162** a) $\dfrac{\sqrt{6} - \sqrt{2}}{4}$ b) $\dfrac{-\sqrt{6} - \sqrt{2}}{4}$

163 Desenvolva a) sen(2x + x) b) cos(2x + x) c) tg(2x + x) **164** a) $-\dfrac{23}{27}$ b) $-\dfrac{9}{16}$ c) $\dfrac{3\sqrt{6}}{17}$

170 Determine o valor de:

a) sen 50° · cos 10° + sen 10° · sen 40°

b) cos 75° · cos 15° + sen 75° · cos 75°

c) sen 50° · cos 5° − sen 40° · cos 85°

d) cos 20° · cos 10° − cos 70° · cos 80°

e) $\dfrac{\text{tg}\,100° - \text{cotg}\,50°}{1 - \text{cotg}\,10° \cdot \text{tg}\,40°}$

f) $\dfrac{\text{cotg}\,80° \cdot \text{tg}\,50° - 1}{\text{tg}\,10° + \text{cotg}\,40°}$

171 Determine y nos casos:

a) y = 24 · cos 20° · cos 40° · cos 80°

b) y = sen 10° · sen 30° · sen 50° · sen 70°

c) $y = \dfrac{\sqrt{3}}{\text{sen}\,20°} - \dfrac{1}{\cos 20°}$

172 Simplificar a expressão y nos casos:

a) $y = \dfrac{\cotg \dfrac{a}{2} + \tg \dfrac{a}{2}}{\cotg \dfrac{a}{2} - \tg \dfrac{a}{2}}$

b) $y = \dfrac{2}{\sen 4x} - \cotg 2x$

173 Simplificar:

a) $y = \dfrac{\tg^2\left(\dfrac{\pi}{4} + x\right) - 1}{\tg^2\left(\dfrac{\pi}{4} + x\right) + 1}$

Resp: **165** a) $2 \sen x \cdot \cos x$ b) $2 \cos^2 x - 1$ c) $\sen 3x = 3 \sen x - 4 \sen^3 x$ d) $\cos 3x = 4 \cos^3 x - 3 \cos x$ e) $\tg 2x = \dfrac{2 \tg x}{1 - \tg^2 x}$

f) $\tg 3x = \dfrac{3 \tg x - \tg^3 x}{1 - 3 \tg^2 x}$ **166** a) $2 \sen \cdot \cos b$ b) $2 \cos a \cdot \cos b$ c) $2 \sen b \cdot \cos a$ d) $-2 \sen a \cdot \sen b$ e) $\tg a \cdot \tg b$

167 $\dfrac{\sqrt{2 + \sqrt{2}}}{2}$, $\dfrac{\sqrt{2 + \sqrt{2 + \sqrt{2}}}}{2}$, $\dfrac{\sqrt{2 + \sqrt{2 + \sqrt{2 + \sqrt{2}}}}}{2}$ **168** a) 0   b) $-\sec x$ c) $\cossec x$ **169** a) $\tg x$ b) $-\cos 2x$

173 b) $y = \cotg\left(\dfrac{\pi}{4} - \dfrac{x}{2}\right) \dfrac{1 + \cos\left(x - \dfrac{3\pi}{2}\right)}{\sen\left(x - \dfrac{3\pi}{2}\right)}$

c) $y = \dfrac{2\cos^2 - 1}{2\tg\left(\dfrac{\pi}{4} - x\right) \cdot \sen^2\left(\dfrac{\pi}{4} + x\right)}$

174 a) Mostre que $\tg x \cdot \tg\left(\dfrac{\pi}{3} - x\right) \cdot \tg\left(\dfrac{\pi}{3} + x\right) = \tg 3x$

b) Mostre que $\tg 20° \cdot \tg 40° \cdot \tg 80° = \sqrt{3}$

175 Simplifique a expressão $\cos 4x + 4\cos 2x + 3$

176 Se $\alpha + \beta + \gamma = \pi$, mostre que
a) $\operatorname{sen} \gamma = \operatorname{sen} \alpha \cdot \cos \beta + \operatorname{sen} \beta \cdot \cos \alpha$

b) $\operatorname{tg} \alpha + \operatorname{tg} \beta + \operatorname{tg} \gamma = \operatorname{tg} \alpha \cdot \operatorname{tg} \beta \cdot \operatorname{tg} \gamma$

177 Mostre que $\operatorname{sen} 18° \cdot \cos 36° = \dfrac{1}{4}$ e em seguida que $\operatorname{sen} 18° = \dfrac{\sqrt{5}-1}{4}$.

Resp: **170** b) $\dfrac{\sqrt{3}}{2}$ b) $\dfrac{1}{2}$ c) $\dfrac{\sqrt{2}}{2}$ d) $\dfrac{\sqrt{3}}{2}$ e) $\sqrt{3}$ f) $-\dfrac{\sqrt{3}}{3}$ **171** a) 3 b) $\dfrac{1}{16}$ c) 4

172 a) $\sec a$ b) $\operatorname{tg} 2x$ **173** a) $\operatorname{sen} 2x$

178 Determine sen 15°, cos 75°, cos 105°, sen 165°, sen 195°, cos 255°, cos 285° e sen 345°.

179 Determine:

a) cossec 75° b) tg 105° c) cotg 75°

180 Determine sen (α − β) nos caos:

a) sen α = $\frac{4}{5}$, cos β = $\frac{3}{5}$, $0 < α < \frac{π}{2}$ e $\frac{3π}{2} < β < 2π$

b) $\cos\left(\frac{π}{2} - α\right) = \frac{5}{13}$, $\text{sen}\left(\frac{π}{2} - β\right) = \frac{3}{5}$, $\frac{π}{2} < α < π$ e $0 < β < \frac{π}{2}$

181 Determine cos (x + y) nos casos:

a) sen x = $\frac{3}{5}$, sen y = $\frac{8}{17}$, $0 < x < \frac{π}{2}$ e $\frac{π}{2} < y < π$

b) sen (90° − x) = $\frac{4}{5}$, sen (90 − y) = $\frac{15}{17}$, $0 < x < \frac{π}{2}$ e $\frac{3π}{2} < y < 2π$

182 Determine tg (x − y) nos casos:

a) cotg x = $\frac{1}{4}$ e cotg y = $\frac{5}{6}$

b) $\cos\left(\frac{π}{2} - x\right) = -\frac{12}{13}$, $\text{sen}\left(\frac{π}{2} - y\right) = \frac{5}{13}$, $\frac{3π}{2} < x < 2π$ e $0 < y < \frac{π}{2}$

183 Determine:

a) sen (30° − α) sabendo que tg α = $\frac{3}{4}$ e 180° < α < 270°

b) cos (30° − α) sabendo que cotg α = $\frac{\sqrt{7}}{3}$ e 180° < α < 270°

c) tg (45° + α) sabendo que cos α = $\frac{3}{5}$ e $\frac{3π}{2} < α < 2π$

184 Determine:

a) cos β sabendo que cos α = $\frac{3}{5}$, cos (α + β) = 0, 0° < α < 90° e 180° < β < 270°

b) sen β sabendo que sen α = $-\frac{7}{25}$, tg (α − β) = $\frac{1}{2}$, 180° < α < 270° e 90° < β < 180°

185 Resolver:

a) Dois ângulos de um triângulo têm cossenos $\frac{21}{29}$ e $\frac{4}{5}$. Determine o seno do ângulo externo adjacente ao terceiro ângulo interno.

b) Dois ângulos de um triângulo têm senos $\frac{5}{13}$ e $\frac{99}{101}$. Determine o cosseno do terceiro ângulo desse triângulo.

186 Determine:

a) $\dfrac{\cotg 78° - \cotg 303°}{1 - \tg 192° \cdot \cotg 237°}$

b) $\dfrac{\tg 225° - \cotg 81° \cdot \cotg 69°}{\cotg 261° + \tg 201°}$

187 Determine $\dfrac{\sen \dfrac{7\pi}{30} \cos \dfrac{4\pi}{15} + \cos \dfrac{7\pi}{30} \sen \dfrac{4\pi}{15}}{\sen \dfrac{7\pi}{12} \cos \dfrac{5\pi}{12} - \cos \dfrac{7\pi}{12} \sen \dfrac{5\pi}{12}}$

188 Determine:

a) $\dfrac{\left(\sen \dfrac{4\pi}{9} \cos \dfrac{\pi}{9} - \sen \dfrac{\pi}{18} \cos \dfrac{7\pi}{18}\right)\left(1 + \tg \dfrac{5\pi}{12} \tg \dfrac{\pi}{12}\right)}{\tg \dfrac{5\pi}{12} - \tg \dfrac{\pi}{12}}$

b) $\dfrac{\left(\cotg \dfrac{\pi}{8} - \tg \dfrac{\pi}{8}\right)\left(\cotg \dfrac{5\pi}{18} + \tg \dfrac{\pi}{9}\right)\left(1 - \tg \dfrac{\pi}{12}\right)}{\left(1 + \tg \dfrac{3\pi}{8} \tg \dfrac{\pi}{8}\right)\left(1 - \tg \dfrac{2\pi}{9} \tg \dfrac{\pi}{9}\right)\left(1 + \tg \dfrac{\pi}{12}\right)}$

189 Mostre que:

a) $\sen(\alpha + \beta + \gamma) = \sen\alpha \cdot \cos\beta \cdot \cos\gamma + \cos\alpha \cdot \sen\beta \cdot \cos\gamma + \cos\alpha \cdot \cos\beta \cdot \sen\gamma - \sen\alpha \cdot \sen\beta \cdot \sen\gamma$

b) $\cos(\alpha + \beta + \gamma) = \cos\alpha \cdot \cos\beta \cdot \cos\gamma - \sen\alpha \cdot \sen\beta \cdot \cos\gamma - \sen\alpha \cdot \cos\beta \cdot \sen\gamma - \cos\alpha \cdot \sen\beta \cdot \sen\gamma$

c) $\tg(\alpha + \beta + \gamma) = \dfrac{\tg\alpha + \tg\beta + \tg\gamma - \tg\alpha \cdot \tg\beta \cdot \tg\gamma}{1 - \tg\alpha \cdot \tg\beta - \tg\beta \cdot \tg\gamma - \tg\alpha \cdot \tg\gamma}$

190 Simplifique as expressões nos casos:

a) $\sen^2(30° - \alpha) + \sen^2(30° + \alpha) - \sen^2\alpha$

b) $\cos^2(30° - \alpha) + \cos^2(\alpha + 30°) + \sen^2\alpha$

c) $\cos^2(60° + \alpha) + \cos^2(\alpha - 60°) + \cos^2\alpha$

d) $\sen^2\alpha + \sen^2(120° + \alpha) + \sen^2(\alpha - 120°)$

e) $\tg\alpha \cdot \tg\beta + (\tg\alpha + \tg\beta)\cotg(\alpha + \beta)$

f) $\tg(45° + \alpha) - \dfrac{1 + \tg\alpha}{1 - \tg\alpha}$

g) $(\tg\alpha - \tg\beta)\cotg(\alpha - \beta) - \tg\alpha \cdot \tg\beta$

191 Mostre que:

a) $\sen 15° + \tg 30° \cdot \cos 15° = \dfrac{\sqrt{6}}{3}$

b) $\cos\alpha + \sqrt{3}\,\sen\alpha = 2\sen(30° + \alpha)$

c) $\sen x - \sqrt{3}\cos x = 2\sen(x - 60°)$

d) $\cos x - \sen x = \sqrt{2}\cos(x + 45°)$

Resp: **173** b) 1   c) 1   **174** a) Desenvolver as tangentes da soma e diferença b) Faça $x = 20°$ na identidade do item a.

175 $8\cos^4 x$

192 Mostre que:

a) $\text{sen}(a+b)\,\text{sen}(a-b) = \text{sen}^2 a - \text{sen}^2 b$

b) $\cos(a+b)\cos(a-b) = \cos^2 a - \text{sen}^2 b$

c) $\text{sen}\,2a + \cos 2a \cdot \text{cotg}\,a = \text{cotg}\,a$

d) $\text{sen}\,2a - \cos 2a \cdot \text{tg}\,a = \text{tg}\,a$

e) $\dfrac{\text{sen}(a+b)}{\cos a \cdot \cos b} = \text{tg}\,a + \text{tg}\,b$

f) $\dfrac{\text{sen}(a-b)}{\cos a \cdot \cos b} = \text{tg}\,a - \text{tg}\,b$

g) $\dfrac{\text{tg}\,a + \text{cotg}\,b}{\text{cotg} - \text{tg}\,a} = \dfrac{\cos(a-b)}{\cos(a+b)}$

h) $\dfrac{\cos(a+b)}{\cos a \cdot \cos b} = 1 = 1 - \text{tg}\,a \cdot \text{tg}\,b$

193 Deduzir as fórmulas de $\text{sen}\,x$, $\cos x$ e $\text{tg}\,x$ em função de $\text{tg}\,\dfrac{x}{2}$

194 Dado $\cos a = \dfrac{3}{5}$ e $0° < a < 90°$, determine:

a) $\text{sen}\,2a$

b) $\cos 2a$

c) $\text{tg}\,2a$

195 Dado $\text{tg}\,a = 1 - \sqrt{2}$, determine

a) $\text{sen}\,2a$

b) $\cos 2a$

c) $\text{tg}\,2a$

196 Se $\cos\dfrac{\alpha}{2} = -\dfrac{15}{17}$ e $\text{sen}\dfrac{\alpha}{2} > 0$, determine

a) $\text{sen}\,\alpha$

b) $\cos\alpha$

c) $\text{tg}\,\alpha$

197 Se $\text{tg}\,\dfrac{\alpha}{2} = -\dfrac{5}{12}$ determine $\text{sen}\,\alpha$ e $\cos\alpha$

198 Determine:

a) $\dfrac{\text{sen}\,a}{3 - 2\cos a}$ sabendo que $\text{tg}\,\dfrac{a}{2} = 2$

b) $\dfrac{\text{tg}\,a + \text{sen}\,a}{\text{tg}\,a - \text{sen}\,a}$ sabendo que $\text{tg}\,\dfrac{a}{2} = \dfrac{2}{15}$

c) $\text{sen}\,4a$ sabendo que $\text{tg}\,a = 3$

d) $\cos 4a$ sabendo que $\text{cotg}\,a = \dfrac{1}{2}$

199 Mostre que $\text{sen}\,10° \cdot \text{sen}\,50° \cdot \text{sen}\,70° = \dfrac{1}{8}$

200 Determine o valor de y nos casos:

a) $y = \text{tg}\,1° \cdot \text{tg}\,2° \cdot \text{tg}\,3° \ldots \text{tg}\,88° \cdot \text{tg}\,89°$

b) $y = \text{cotg}\,15° \cdot \text{cotg}\,16° \ldots \text{cotg}\,74° \cdot \text{cotg}\,75°$

c) $y = \text{sen}\,5° + \text{sen}\,10° + \text{sen}\,15° + \ldots + \text{sen}\,345° + \text{sen}\,350° + \text{sen}\,355°$

d) $y = \cos 20° + \cos 40° + \cos 60° + \ldots + \cos 160° + \cos 180°$

e) $y = \text{tg}\,20° + \text{tg}\,40° + \text{tg}\,60° + \ldots + \text{tg}\,160° + \text{tg}\,180°$

f) $y = \text{cotg}\,195° + \text{cotg}\,210° + \text{cotg}\,225° + \ldots + \text{cotg}\,330° + \text{cotg}\,345°$

g) $y = \cos 1° \cdot \cos 2° \cdot \cos 3° \ldots \cos 178° \cdot \cos 179°$

h) $y = \text{sen}\,90° \cdot \text{sen}\,91° \cdot \text{sen}\,92° \ldots \text{sen}\,269° \cdot \text{sen}\,270°$

201 Simplifique a expressão nos casos:

a) $\dfrac{2\cos\left(\frac{\pi}{2}-\alpha\right)\operatorname{sen}\left(\frac{\pi}{2}+\alpha\right)\operatorname{tg}(\pi-\alpha)}{\operatorname{cotg}\left(\frac{\pi}{2}+\alpha\right)\operatorname{sen}(\pi-\alpha)}$

b) $\dfrac{\operatorname{sen}\left(\frac{3\pi}{2}+\alpha\right)\operatorname{tg}\left(\frac{\pi}{2}+\beta\right)}{\cos(\pi-\alpha)\operatorname{cotg}\left(\frac{3\pi}{2}-\beta\right)} - \dfrac{\operatorname{sen}\left(\frac{3\pi}{2}-\beta\right)\operatorname{cotg}\left(\frac{\pi}{2}+\alpha\right)}{\cos(2\pi-\beta)\cdot\operatorname{tg}(\pi-\alpha)}$

c) $\cos^2(a+b) + \cos^2(a-b) - \cos 2a \cdot \cos 2b$

202 Simplifique as expressões:

a) $\dfrac{\operatorname{sen} 4a}{1+\cos 4a} \cdot \dfrac{\cos 2a}{1+\cos 2a}$

b) $\dfrac{\operatorname{sen}^2 2a - 4\operatorname{sen}^2 a}{\operatorname{sen}^2 2a + 4\operatorname{sen}^2 a - 4}$

c) $\dfrac{\operatorname{sen}(60° + a)}{4\operatorname{sen}\left(15° + \frac{a}{4}\right)\operatorname{sen}\left(75° - \frac{a}{4}\right)}$

203 Determine $\cos\dfrac{\pi}{65} \cdot \cos\dfrac{2\pi}{65} \cdot \cos\dfrac{4\pi}{65} \cdot \cos\dfrac{8\pi}{65} \cdot \cos\dfrac{16\pi}{65} \cdot \cos\dfrac{32\pi}{65}$

204 Determine $\operatorname{tg}\dfrac{a}{4}$ sabendo que $\cos a = -0{,}6$ e $\pi < a < \dfrac{3\pi}{2}$

205 Mostre as seguintes identidades:

a) $\operatorname{sen}^6 x + \cos^6 x = 1 - \dfrac{3}{4}\operatorname{sen}^2 2x$

b) $\cos^2 \alpha + \cos^2(\alpha+\beta) - 2\cos\alpha \cdot \cos\beta\cos(\alpha+\beta) = \operatorname{sen}^2 \beta$

c) $\operatorname{tg} x + \operatorname{tg} 2x - \operatorname{tg} 3x = -\operatorname{tg} x \cdot \operatorname{tg} 2x \cdot \operatorname{tg} 3x$

Resp: **178** $\operatorname{sen} 15° = \cos 75° = \operatorname{sen} 165° = \cos 285° = \dfrac{\sqrt{6}-\sqrt{2}}{4}$, $\cos 105° = \operatorname{sen} 195° = \cos 255° = \operatorname{sen} 345° = \dfrac{\sqrt{2}-\sqrt{6}}{4}$

179 a) $\sqrt{6}-\sqrt{2}$ b) $-\sqrt{3}-2$ c) $2-\sqrt{3}$ **180** a) $\dfrac{24}{25}$ b) $\dfrac{63}{65}$ **181** a) $-\dfrac{84}{85}$ b) $\dfrac{84}{85}$ **182** a) $\dfrac{14}{29}$ b) $\dfrac{120}{119}$ **183** a) $\dfrac{3\sqrt{3}-4}{10}$ b) $\dfrac{\sqrt{21}-3}{8}$ c) $-\dfrac{1}{7}$ **184** a) $-\dfrac{4}{5}$ b) $\dfrac{2\sqrt{5}}{25}$ **185** a) $\dfrac{143}{145}$ b) $\dfrac{255}{1313}$ c) $\dfrac{735}{1313}$ **186** a) 1 b) $\sqrt{3}$ **187** 2 **188** a) $\dfrac{1}{2}$ b) 1 **190** a) $\dfrac{1}{2}$ b) $\dfrac{3}{2}$ c) $\dfrac{3}{2}$ d) $\dfrac{3}{2}$ e) 1 f) 0 g) 1

206 Demonstrar que se $3\,\text{sen}\,\beta = \text{sen}\,(2\alpha + \beta)$, então $\text{tg}\,(\alpha + \beta) = 2\,\text{tg}\,\alpha$

207 Demonstrar que se $\text{sen}\,\alpha = A \cdot \text{sen}\,(\alpha + \beta)$, então $\text{tg}\,(\alpha + \beta) = \dfrac{\text{sen}\,\beta}{\cos\beta - A}$

208 Demonstrar que se $\cos x \cdot \cos y \cdot \cos z \neq 0$, então

$$\cos(x + y + z) = \cos x \cdot \cos y \cdot \cos z\,(1 - \text{tg}\,x \cdot \text{tg}\,y - \text{tg}\,y \cdot \text{tg}\,z - \text{tg}\,x \cdot \text{tg}\,z)$$

209 Demonstrar que se α, β e γ são ângulos de um triângulo,

então $\text{tg}\,\dfrac{\alpha}{2} \cdot \text{tg}\,\dfrac{\beta}{2} + \text{tg}\,\dfrac{\alpha}{2}\,\text{tg}\,\dfrac{\gamma}{2} + \text{tg}\,\dfrac{\beta}{2}\,\text{tg}\,\dfrac{\gamma}{2} = 1$

210 Sabendo que $x + y + z = \dfrac{k\pi}{2}$, para quais valores inteiros de k a soma $\text{tg}\,x \cdot \text{tg}\,y + \text{tg}\,x \cdot \text{tg}\,z + \text{tg}\,y \cdot \text{tg}\,z$ não depende de x, y e z?

211 Determine $\text{sen}^4\,\dfrac{\pi}{16} + \text{sen}^4\,\dfrac{3\pi}{16} + \text{sen}^4\,\dfrac{5\pi}{16} + \text{sen}^4\,\dfrac{7\pi}{16}$

212 Prove que se $\text{tg}\,\alpha = \dfrac{1}{7}$ e $\text{sen}\,\beta = \dfrac{\sqrt{10}}{10}$, $0 < \alpha < \dfrac{\pi}{2}$ e $0 < \beta < \dfrac{\pi}{2}$, então $\alpha + 2\beta = \dfrac{\pi}{4}$

Resp: **193** $\text{sen}\,x = \dfrac{2\,\text{tg}\,\dfrac{x}{2}}{1 + \text{tg}^2\,\dfrac{x}{2}}$, $\cos x = \dfrac{1 - \text{tg}^2\,\dfrac{x}{2}}{1 + \text{tg}^2\,\dfrac{x}{2}}$, $\text{tg}\,x = \dfrac{2\,\text{tg}\,\dfrac{x}{2}}{1 - \text{tg}^2\,\dfrac{x}{2}}$

194 a) $\dfrac{24}{25}$ b) $-\dfrac{7}{25}$ c) $-\dfrac{24}{7}$ **195** a) $-\dfrac{\sqrt{2}}{2}$ b) $\dfrac{\sqrt{2}}{2}$ c) -1 **196** a) $-\dfrac{240}{289}$ b) $\dfrac{161}{289}$ c) $-\dfrac{240}{161}$

197 $-\dfrac{120}{169}$, $\dfrac{119}{169}$ **198** a) $\dfrac{4}{21}$ b) $\dfrac{225}{4}$ c) $-\dfrac{24}{25}$ d) $-\dfrac{7}{25}$ **200** a) 1 b) 1 c) 0 d) -1 e) 0 f) 0

g) 0 h) 0 **201** a) $2\cos\alpha$ b) $1 - \cot g^2\beta$ c) 1 **202** a) $\text{tg}\,a$ b) $\text{tg}^4 a$ c) $\cos\left(30° + \dfrac{a}{2}\right)$

203 $\dfrac{1}{64}$ **204** $\dfrac{\sqrt{5} + 1}{2}$

206 Faça $\beta = (\alpha + \beta) - \alpha$ e $2\alpha + \beta = (\alpha + \beta) + \alpha$ e substitua esses valores na relação dada.

207 Faça $\text{sen}\,\alpha = \text{sen}[(\alpha + \beta) - \beta]$ na relação dada, desenvolva e divida ambos os membros por $\cos(\alpha + \beta)$.

208 Desenvolva $\cos(x + y + z)$

209 Note que $\dfrac{\alpha}{2} + \dfrac{\beta}{2} + \dfrac{\gamma}{2} = \dfrac{\pi}{2}$. Faça $\text{tg}\left(\dfrac{\alpha}{2} + \dfrac{\beta}{2}\right) = \text{tg}\left(\dfrac{\pi}{2} - \dfrac{\gamma}{2}\right)$

210 Outro modo é usar a identidade do exercício anterior. Use o resultado do problema 208.

Como resposta, obterá que k deve ser ímpar.

211 Aplique em todas as parcelas da soma a fórmula $\text{sen}^2 x = \dfrac{1 - \cos 2x}{2}$ (que vem de $\cos 2x = 1 - 2\,\text{sen}^2 x$) e depois a fórmula $\dfrac{1 + \cos 2x}{2}$ (que vem da $\cos 2x = 2\cos^2 x - 1$) e obterá para resposta: $\dfrac{3}{2}$

II TÓPICOS DE GEOMETRIA ANALÍTICA

1 – Distância entre pontos

Dados dois pontos $A(x_A, y_A)$ e $B(x_B, y_B)$ a distância AB entre eles é dada por

$$AB = \sqrt{(x_A - x_B)^2 + (y_A - y_B)^2}$$. Vejamos:

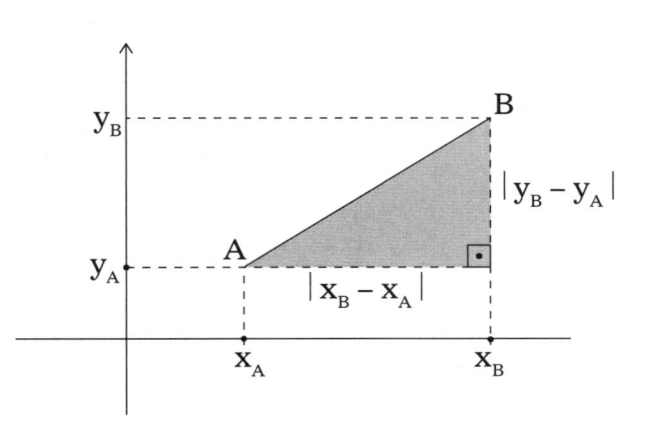

Por Pitágoras, temos:

$$(AB)^2 = |x_B - x_A|^2 + |y_B - y_A|^2$$

$$(AB)^2 = (x_B - x_A)^2 + (y_B - y_A)^2$$

$$\boxed{AB = \sqrt{(x_B - x_A)^2 + (y_B - y_A)^2}}$$

Também podemos escrever:

$$\boxed{AB = \sqrt{(\Delta x)^2 + (\Delta y)^2}}$$

Obs.: 1) Verifica-se que esta fórmula também é válida quando não existe o triângulo, isto é, AB é paralelo a um dos eixos.

2) Como $(x_B - x_A)^2 = (x_A - x_B)^2$, podemos colocar a diferença em qualquer ordem.

Exemplo 1: Determinar a distância entre os pontos $A(-1, -7)$ e $B(7, -1)$

Resolução: A figura é meramente ilustrativa, não é necessário plotar os pontos.

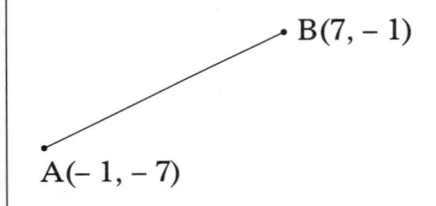

$$AB = \sqrt{(x_B - x_A)^2 + (y_B - y_A)^2}$$

$$AB = \sqrt{(7 - (-1))^2 + (-1 - (-7))^2} \Rightarrow$$

$$AB = \sqrt{8^2 + 6^2} = \sqrt{100} \Rightarrow \boxed{AB = 10}$$

Exemplo 2: Determinar um ponto eixo das abscissas que dista 5 do ponto $A(-7, 3)$.

Resolução: 1) P está no eixo das abscissas $\Rightarrow y_P = 0 \Rightarrow P(x, 0)$

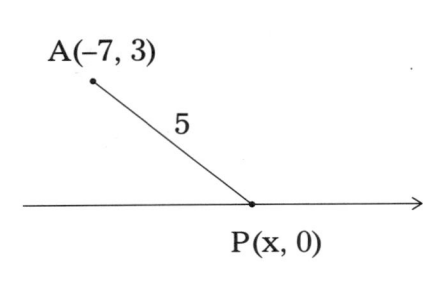

2) $AP = 5$ e $AP = \sqrt{(x_P - x_A)^2 + (y_P - y_A)^2} \Rightarrow$

$5 = \sqrt{(x + 7)^2 + (0 - 3)^2} \Rightarrow (x + 7)^2 + 3^2 = 25 \Rightarrow$

$x^2 + 14x + 49 - 16 = 0 \Rightarrow x^2 + 14x + 33 = 0 \Rightarrow$

$(x + 3)(x + 11) = 0 \Rightarrow x = -3$ ou $x = -11 \Rightarrow$

$$\boxed{P(-3, 0) \text{ ou } P(-11, 0)}$$

213 Determine a distância entre os pontos A(– 3, 7) e B(9, 2).

214 Determine a distância entre os pontos A e B nos casos:

a) A(– 4, 5) e B(2, –3)   b) A(9, – 1) e B(3, – 3)   c) A(0, – 5) e B(4, – 1)

215 Determine um ponto do eixo dos ordenados que dista 5 do ponto A(3, –1).

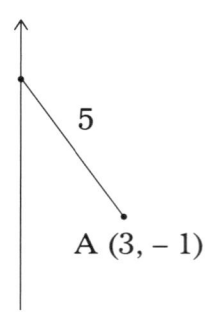

216 Determine um ponto, do eixo das abcissas, que é eqüidistante dos pontos A(1, 6) e B(4, 3).

217 Determine um ponto, da bissetriz dos quadrantes ímpares, que eqüidista dos pontos A(– 3, 2) e B (3, 8).

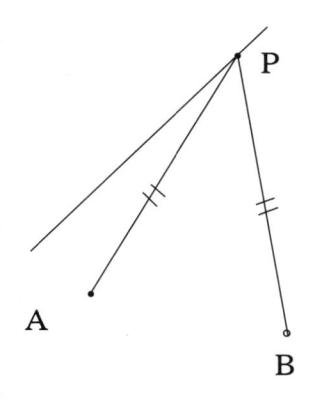

218 Se a distância entre os pontos A(a – 3, – 2a) e B(2a – 1, 1 – a) é 5, determine A e B.

219 Determinar o perímetro de um triângulo ABC dados A(– 3, 1), B(3, –7) e C(–1, – 4).

220 Mostre que o triângulo cujos vértices são A(– 5, 7), B(– 1, 4) e C(– 4, 0) é isósceles.

221 Mostre que o triângulo de vértices A(3, 2), B(– 4, –1) e C(0, 9) é triângulo retângulo.

222 A(–1, 4) e B(5, – 2) são vértices de um quadrado ABCD. Determine.

a) O lado do quadrado	b) A sua diagonal	c) A sua área (Unidade de área = ua.)

223 Dados A(– 2, 6), B(– 4, 3) e C(4, 2), mostre que ABC é triângulo retângulo e determine sua área.

224 Determine um ponto que eqüidista dos pontos A(2, 7), B(4, 3) e C(– 3, – 8).

225 Determine o circuncentro do triângulo ABC, dados A(2, 3), B(4, – 1) e C(5, 2).
(Circuncentro = centro da circunferência circunscrita ao triângulo).

226 $\overline{AB}$ é hipotenusa de um triângulo retângulo ABC. Dados A(– 6, 8) e B(– 2, 1) e sabendo que C está no eixo das ordenadas, determine **C**.

Resp: **213** 13 **214** a) 10   b) $2\sqrt{10}$ c) $4\sqrt{2}$ **215** (0, 3) ou (0, –5)   **216** (– 2, 0)   **217** $\left(\frac{5}{2}, \frac{5}{2}\right)$
218 A(–1, – 4) e B(3, –1) ou A(– 8, 10) e B(–11, 6)   **219** $\sqrt{29}$ + 15   **220** AB = BC = 5 ⇒ Δ Isósceles

227 O vértice A de um triângulo retângulo de hipotenusa BC está na bissetriz dos quadrantes ímpares. Dados B(2, 5), C(11, 7), determine **A**.

228 A(– 1, – 1) e B(1, 1) são vértices de um triângulo equilátero ABC. Determine o vértice C.

229 Dados A(1, – 5), B(5, 2) e C(2 – k, k – 5), determine **k** de modo que o triângulo ABC seja retângulo em **C**.

2 – Equação de uma circunferência

Vejamos que relação devem satisfazer as coordenadas **x** e **y** de um ponto P(x,y) pertencente a uma circunferência de centro C(a, b) e raio **r**.

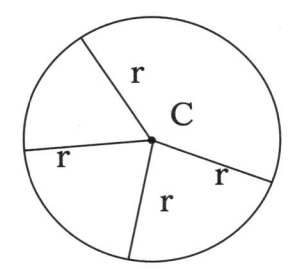

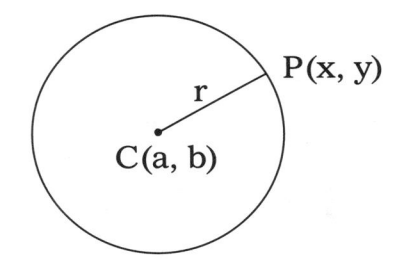

Se P(x, y) pertence à circunferência de centro C(a, b) e raio **r**, então PC = r. Então:

$PC = r \Rightarrow \sqrt{(x-a)^2 + (y-b)^2} = r \Rightarrow (x-a)^2 + (y-b)^2 = r^2$

Então as coordenadas **x** e **y** dos pontos P(x, y) que pertencem a uma circunferência de centro C(a, b) e raio **r** devem satisfazer essa relação ou equação: $(x-a)^2 + (y-b)^2 = r^2$

A equação $\boxed{(x-a)^2 + (y-b)^2 = r^2}$, com r > 0, é chamada **equação reduzida** da circunferência de centro **C(a, b)** e raio **r**.

Se o centro C for a origem (0, 0) do plano cartesiano obtemos a equação $(x-0)^2 + (y-0)^2 = r^2$. Isto é:

$$\boxed{x^2 + y^2 = r^2}$$

Desenvolvendo os quadrados na equação $(x-a)^2 + (y-b)^2 = r^2$, obtemos:

$x^2 - 2ax + a^2 + y^2 - 2by + b^2 = r^2 \Rightarrow x^2 + y^2 - 2ax - 2by + a^2 + b^2 - r^2 = 0$

Essa equação é chamada equação geral da circunferência de centro **C(a, b)** e raio **r**.

Donde concluimos que toda equação de circunferência pode ser escrita assim:

$x^2 + y^2 + Dx + Ey + F = 0$,

onde: $\begin{cases} -2a = D \\ -2b = E \\ a^2 + b^2 - r^2 = F \end{cases} \Rightarrow \begin{cases} a = -\dfrac{D}{2} \\ b = -\dfrac{E}{2} \\ r^2 = a^2 + b^2 - F \Rightarrow r^2 = \dfrac{D^2}{4} + \dfrac{E^2}{4} - F \Rightarrow r^2 = \dfrac{D^2 + E^2 - 4F}{4} \end{cases}$

Então: $(a, b) = \left(-\dfrac{D}{2}, -\dfrac{E}{2}\right)$ e $r = \dfrac{1}{2}\sqrt{D^2 + E^2 - 4F}$

Note que para a equação $x^2 + y^2 + Dx + Ey + F = 0$ ser a equação de uma circunferência devemos ter

$D^2 + E^2 - 4F > 0$, pois o raio r é dado por $r = \dfrac{1}{2}\sqrt{D^2 + E^2 - 4F}$.

Isto satisfeito, o centro **C** e o raio **r** de uma circunferência cuja equação é

$x^2 + y^2 + Dx + Ey + F = 0$ são: $\boxed{C = \left(-\dfrac{D}{2}, -\dfrac{E}{2}\right) \text{ e } r = \dfrac{1}{2}\sqrt{D^2 + E^2 - 4F}}$

Resp: **221** $BC^2 = AB^2 + AC^2 \Rightarrow \Delta$ retângulo **222** a) $6\sqrt{2}$ b) 12 c) 72 u.a. **223** $BC^2 = AC^2 + AB^2 \Rightarrow \Delta$ retângulo, 13 u.a. **224** (–5, 1) **225** (3, 1) **226** C(0, 4) ou C(0, 5)

Outro modo de chegarmos a esse resultado é completando os quadrados:

$x^2 + y^2 + Dx + Ey + F = 0 \Rightarrow x^2 + Dx + \ldots + y^2 + Ey + \ldots = \ldots - F \Rightarrow$

$x^2 + 2 \cdot \dfrac{D}{2}x + \dfrac{D^2}{4} + y^2 + 2 \cdot \dfrac{E}{2}y + \dfrac{E^2}{4} = \dfrac{D^2}{4} + \dfrac{E^2}{4} - F \Rightarrow$

$\left(x + \dfrac{D}{2}\right)^2 + \left(y + \dfrac{E}{2}\right)^2 = \dfrac{D^2 + E^2 - 4F}{4}$

Comparando essa equação com $(x - a)^2 + (y - b)^2 = r^2$, obtemos:

$-a = \dfrac{D}{2}, -b = \dfrac{E}{2}$ e $r^2 = \dfrac{D^2 + E^2 - 4F}{4}$ ou seja:

$a = \dfrac{-D}{2}, b = \dfrac{-E}{2}$ e $r = \dfrac{1}{2}\sqrt{D^2 + E^2 - 4F}$

Resumo:

Equação de circunferência de centro **C(a, b)** e raio **r**: $\boxed{(x - a)^2 + (y - b)^2 = r^2}$

Equação de circunferência de centro C(0,0) e raio r: $\boxed{x^2 + y^2 = r^2}$

Para que a equação $x^2 + y^2 + Dx + Ey + F = 0$ seja a equação de uma circunferência devemos ter:

$$\boxed{D^2 + E^2 - 4F > 0}$$

Se $x^2 + y^2 + Dx + Ey + F = 0$ for equação de uma circunferência, o centro C e raio r são dados por

$$\boxed{C = \left(-\dfrac{D}{2}, -\dfrac{E}{2}\right) \text{ e } r = \dfrac{1}{2}\sqrt{D^2 + E^2 - 4F}}$$

Exemplo: Determine uma equação da circunferência de centro C(– 3, 4) e raio r = 7

$(x - a)^2 + (y - b)^2 = r^2 \quad (x - [-3])^2 + (y - 4)^2 = 7^2 \Rightarrow (x + 3)^2 + (y - 4)^2 = 49$ (equação reduzida)

Como resposta podemos dar a equação acima ou qualquer uma equivalente a ela. Podemos então fazer:

$x^2 + 6x + 9 + y^2 - 8y + 16 = 49 \Rightarrow x^2 + y^2 + 6x - 8y - 24 = 0$ (equação geral)

Costumos dar como resposta: $(x + 3)^2 + (y - 4)^2 = 49$ ou $x^2 + y^2 + 6x - 8y - 24 = 0$.

Exemplo: Determine o centro e o raio da circunferência de equação $(x - 8)^2 + (y + 5)^2 = 64$.

Comparando a equação dada $(x - 8)^2 + (y - [-5])^2 = 8^2$ com a equação $(x - a)^2 + (y - b)^2 = r^2$ obtemos:

a = 8, b = – 5 e r = 8. Então: C(8, – 5) e r = 8

Exemplo: Determine o centro e o raio da circunferência de equação $x^2 + y^2 + 8x - 10y + 32 = 0$.

1º modo: (Usando as fórmulas)

$a = \dfrac{-D}{2} = \dfrac{-8}{2} = -4, b = \dfrac{-E}{2} = \dfrac{-(-10)}{2} = 5 \Rightarrow C(-4, 5)$

$r = \dfrac{1}{2}\sqrt{D^2 + E^2 - 4F} = \dfrac{1}{2}\sqrt{64 + 100 - 4 \cdot 32} = \dfrac{1}{2}\sqrt{36} = \dfrac{1}{2}(6) = 3 \Rightarrow r = 3$

2º modo: (Completando os quadrados)

$x^2 + 8x + \ldots + y^2 - 10y + \ldots = \ldots + \ldots - 32$

$x^2 + 8x + 16 + y^2 - 10y + 25 = 16 + 25 - 32$

$(x + 4)^2 + (y - 5)^2 = 9 \Rightarrow (x - [-4])^2 + (y - 5)^2 = 3^2 \Rightarrow C(-4, 5)$ e r = 3

Exemplo: Determine **k** de modo que equação $x^2 + y^2 - 4x + 8y + k = 0$ seja a equação de uma circunferência.

1º modo: (Usando a fórmula)

$D^2 + E^2 - 4F > 0 \Rightarrow (-4)^2 + (8)^2 - 4k > 0 \Rightarrow 16 + 64 - 4k > 0 \Rightarrow 80 > 4k \Rightarrow$ $\boxed{k < 20}$

2º modo: (Completando os quadrados)

$x^2 - 4x + \ldots + y^2 + 8y + \ldots = \ldots + \ldots - k$

$x^2 - 4x + 4 + y^2 + 8x + 16 = 4 + 16 - k \Rightarrow (x - 2)^2 + (y + 4)^2 = 20 - k$

como $20 - k = r^2$ devemos ter:

$$\boxed{20 - k > 0 \Rightarrow k < 20}$$

A equação é a equação de uma circunferência quando $k < 20$, $k \in \mathbf{R}$.

230 Escreva a equação reduzida da circunferência nos casos:

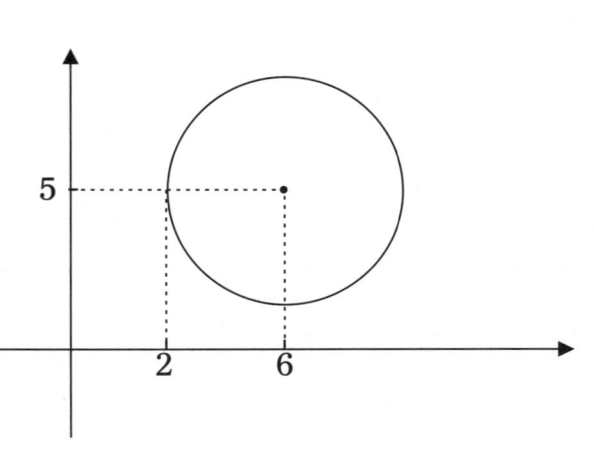

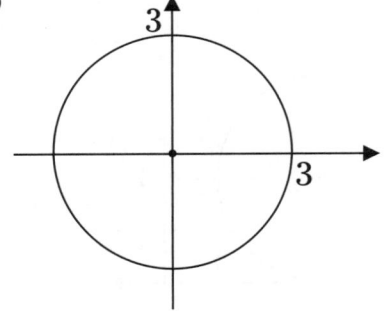

a) C(4, 3), raio 6, ponto P

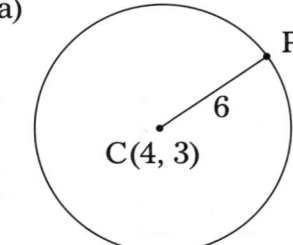

b) centro (6, 5)

c) centro na origem, passa por (3, 0) e (0, 3)

d) centro na origem, diâmetro 16

e) centro (10, 0)

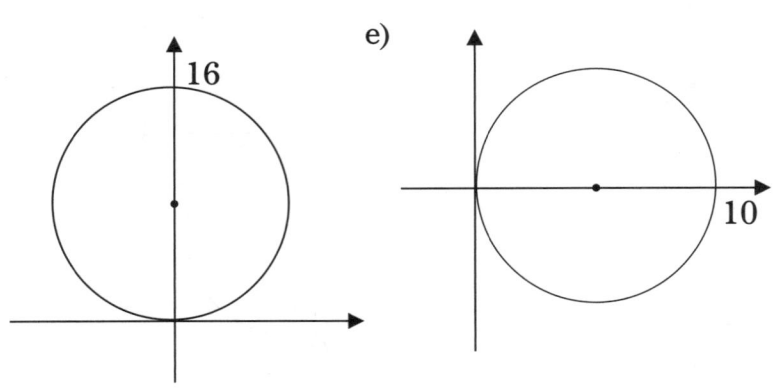

f) $C(-3, 2)$ e $r = \sqrt{5}$

g) $C(5, -2)$ e $r = 5$

h) $C(-4, -5)$ e $r = \sqrt{41}$

i) $C(-2, 3)$ e $r = 6$

Resp: **227** A(3, 3) ou $A\left(\frac{19}{2}, \frac{19}{2}\right)$ **228** $C(-\sqrt{3}, \sqrt{3})$ ou $C(\sqrt{3}, -\sqrt{3})$ **229** $k = 3$ ou $k = -\frac{1}{2}$

231 Em cada caso temos uma circunferência de raio **r** que tangencia os eixos coordenados. Escreva a equação reduzida de cada uma delas:

a) b) c) d)

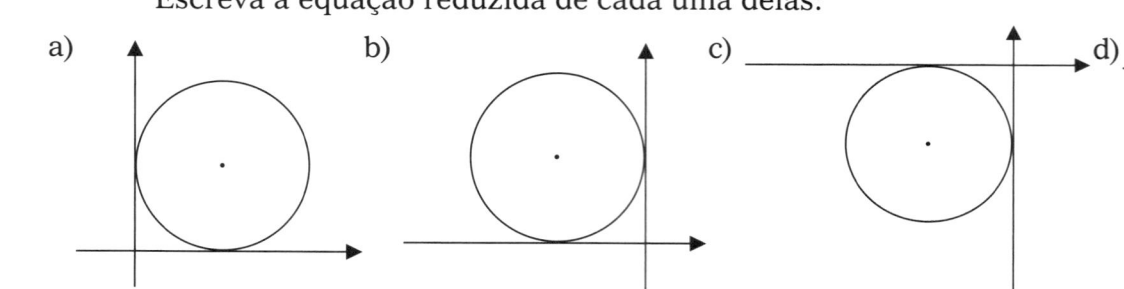

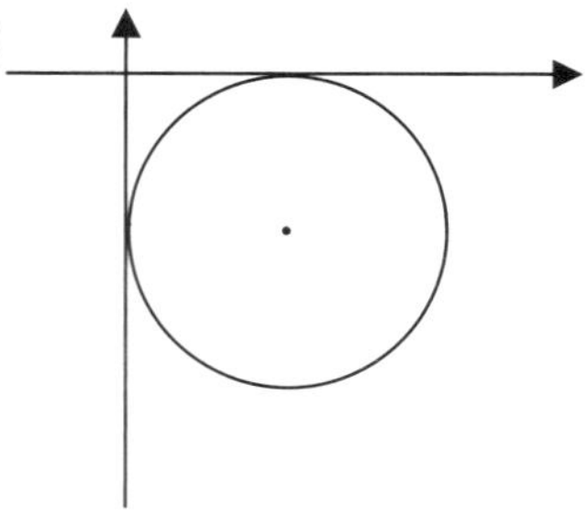

232 Determine a equação geral da circunferência nos casos:

a) b) 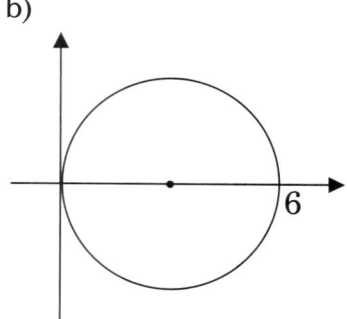 c)

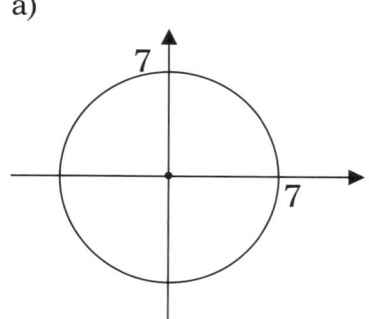

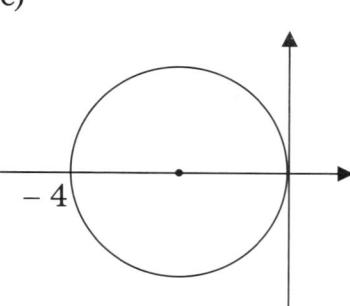

d) 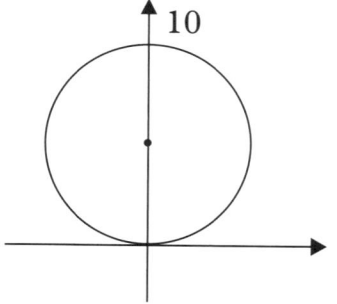 e) 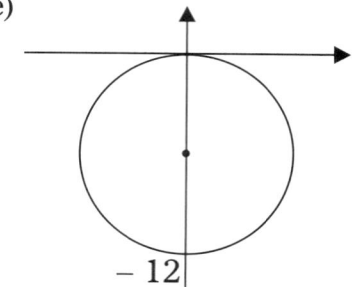 f)

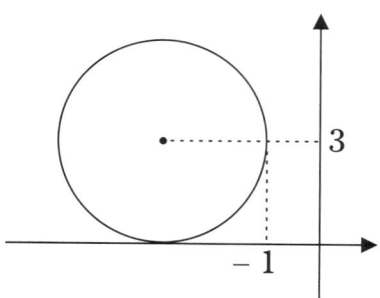

g) $C(-4, -2)$ e $r = 3$

h) $C(-1, 2)$ e $r = 5$

i) $C(0, -4)$ e $r = 4$

j) $C\left(-\dfrac{2}{3}, \dfrac{1}{2}\right)$ e $r = 2$

233 Determine a equação geral da circunferência nos casos:

a) [gráfico: circunferência passando por (16, 0) e (0, −12)]

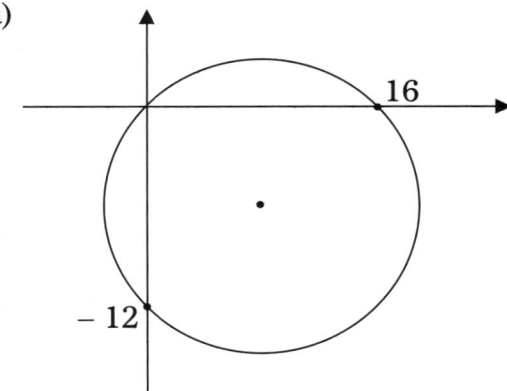

b) [gráfico: circunferência passando por (2, 0) e (0, 4)]

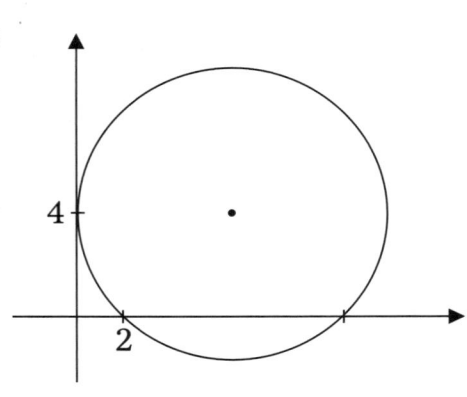

c) [gráfico: circunferência passando por (−24, 0) e (0, −12)]

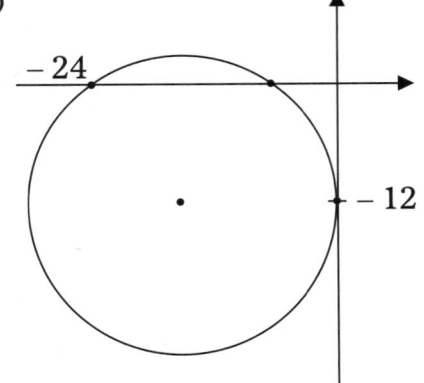

d) [gráfico: circunferência passando por (−4, 0), (9, 0) e (0, 3)]

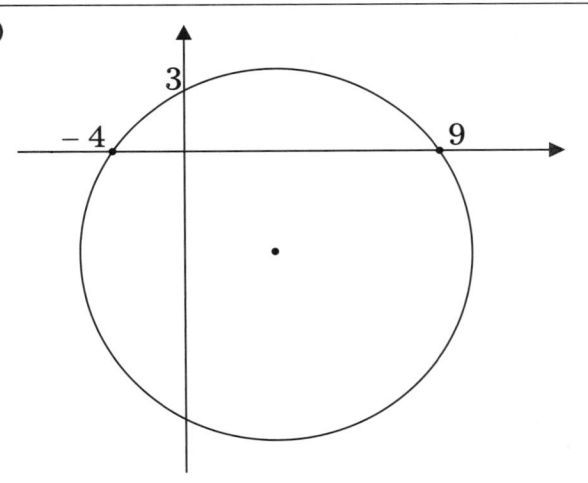

Resp: **230** a) $(x-4)^2 + (y-3)^2 = 36$ b) $(x-6)^2 + (y-5)^2 = 16$ c) $x^2 + y^2 = 9$ d) $x^2 + (y-8)^2 = 64$ e) $(x-5)^2 + y^2 = 25$
f) $(x+3)^2 + (y-2)^2 = 5$ g) $(x-5)^2 + (y+2)^2 = 25$ h) $(x+4)^2 + (y+5)^2 = 41$ i) $(x+2)^2 + (y-3)^2 = 36$

234 Dada a equação reduzida da circunferência determine o centro **C** e o raio **r**, nos casos:

a) $(x-7)^2 + (y-9)^2 = 25$

C (,), r =

b) $(x+5)^2 + (y-3)^2 = 49$
$[x-(-5)]^2 + (y-3)^2 = 49$

C(,), r =

c) $(x-4)^2 + (y+6)^2 = 12$

d) $x^2 + (y-4)^2 = 64$

e) $(x+5)^2 + y^2 = 20$

f) $\left(x-\dfrac{1}{2}\right)^2 + \left(y+\dfrac{5}{3}\right)^2 = 1$

g) $x^2 + y^2 = 81$

h) $x^2 + y^2 = 40$

---

235 Complete a expressão dada, em cada caso, de modo que a expressão obtida seja um trinômio quadrado perfeito e em seguida fatore esse trinômio.

a) $x^2 + 6x + \ldots = (\quad)^2$

b) $x^2 - 10x +$

c) $x^2 - 12x +$

d) $y^2 + 20y +$

e) $x^2 + 3x +$

f) $y^2 - 5y +$

g) $y^2 - y +$

h) $y^2 + \dfrac{3}{2}y +$

i) $x^2 - 2ax +$

j) $y^2 - ay +$

k) $x^2 + bx +$

l) $y^2 + \dfrac{b}{3}y +$

m) $x^2 + Dx +$

n) $y^2 + Ey +$

---

236 Transforme em equação reduzida as seguintes equações de circunferência.

a) $x^2 + 10x + 25 + y^2 - 8y + 16 = 9$

b) $x^2 + y^2 - 6y + 9 = 12$

c) $x^2 + 6x + y^2 + 12y + 29 = 0$

$x^2 + 6x + \ldots + y^2 + 12y + \ldots = -29 \ldots + \ldots$

d) $x^2 + y^2 + 14x - 2y + 2 = 0$

237 Dada a equação geral da circunferência, em cada caso, obtendo primeiramente a equação reduzida, determine o centro e o raio da circunferência.

a) $x^2 + y^2 + 4x - 6y - 3 = 0$

b) $x^2 + y^2 - 10x + 2y + 6 = 0$

c) $x^2 + y^2 + 14y + 41 = 0$

d) $x^2 + y^2 + 12x + 24 = 0$

e) $2x^2 + 2y^2 + 6x - 2y - 3 = 0$

f) $9x^2 + 9y^2 - 6x + 18y + 1 = 0$

238 Complete os trinômios quadrados perfeitos na equação $x^2 + y^2 + Dx + Ey + F = 0$ e mostre que para ela ser a equação de uma circunferência devemos ter $D^2 + E^2 - 4F > 0$ e que o centro e o raio são dados por: $C\left(-\dfrac{D}{2}, -\dfrac{E}{2}\right)$ e $r = \dfrac{1}{2}\sqrt{D^2 + E^2 - 4F}$

239 Determinar o centro e o raio da circunferência $x^2 + y^2 - 4x + 10y + 13 = 0$

a) Fatorando

b) Usando fórmula

Resp: **231** a) $(x-r)^2 + (y-r)^2 = r^2$ b) $(x+r)^2 + (y-r)^2 = r^2$ c) $(x+r)^2 + (y+r)^2 = r^2$ d) $(x-r)^2 + (y+r)^2 = r^2$

232 a) $x^2 + y^2 - 28x + 49 = 0$ b) $x^2 + y^2 - 6x = 0$ c) $x^2 + y^2 + 4x = 0$ d) $x^2 + y^2 - 10y = 0$
e) $x^2 + y^2 + 12y = 0$ f) $x^2 + y^2 + 8x - 6y + 16 = 0$ g) $x^2 + y^2 + 8x + 4y + 11 = 0$ h) $x^2 + y^2 + 2x - 4y - 20 = 0$
i) $x^2 + y^2 + 8y = 0$ j) $36x^2 + 36y^2 + 48x - 36y - 119 = 0$ **233** a) $x^2 + y^2 - 16x + 12y = 0$
b) $x^2 + y^2 - 10x - 8y + 16 = 0$ c) $x^2 + y^2 + 30x + 24y + 144 = 0$ d) $x^2 + y^2 - 5x + 9y - 36 = 0$

240 Pelo método que você preferir, determine o centro e o raio da circunferência nos casos:

a) $x^2 + y^2 + 10x - 6y - 2 = 0$

b) $x^2 + y^2 - 14x + 4y - 68 = 0$

c) $2x^2 + 2y^2 - 6x + 10y - 1 = 0$

d) $x^2 + y^2 + 4x - 3y + 6 = 0$

241 Determine **k** de modo que a equação dada seja a equação de uma circunferência, nos casos:

a) $x^2 + y^2 - 4x + 6y + k = 0$

b) $x^2 + y^2 - 2kx - 2y + k = 0$

c) $x^2 + y^2 - (1 - k)x - 2y + k = 0$

d) $(k + 1)x^2 + (k + 1)y^2 - (k^2 - 1)x + (2k + 2)y + k^2 + 2k + 1 = 0$

242 Determine a equação de uma circunferência que passa por **P** e tem centro **C** nos casos. (Como resposta pode dar a equação reduzida ou geral).

a) C(– 8, 1) e P(– 4, 4)

b) C(0, 3) e P(5, – 9)

c) C(0, 0) e P(– 6, 8)

d) C(– 5, – 2) e P(– 1, 6)

243 Dada a circunferência $(x-8)^2 + \left(y - \frac{9}{2}\right)^2 = \frac{481}{4}$, determine.

a) Os pontos onde ela corta o eixo das abscissas.

b) Os pontos onde ela corta o eixo das ordenadas.

Resp: **234** a) C(7, 9), r = 5   b) C(– 5, 3), r = 7   c) C(4, – 6), r =   d) C(0, 4), r = 8   e) C(– 5, 0), r = $2\sqrt{5}$

f) $C\left(\frac{1}{2}, \frac{5}{3}\right)$, r = 1   g) C(0, 0), r = 9   h) C(0, 0), r = $2\sqrt{10}$ **235** a) + 9, $(x+3)^2$ b) + 25, $(x-5)^2$

c) + 36, $(x-6)^2$ d) + 100, $(x+10)^2$ e) $+\frac{9}{4}, \left(x+\frac{3}{2}\right)^2$ f) $+\frac{25}{4}, \left(y-\frac{5}{2}\right)^2$ g) $+\frac{1}{4}, \left(y-\frac{1}{2}\right)^2$ h) $+\frac{9}{16}\left(y+\frac{3}{4}\right)^2$

i) $+ a^2, (x-a)^2$ j) $+\frac{a^2}{4}, \left(y-\frac{a}{2}\right)^2$ k) $+\frac{b^2}{4}, \left(x+\frac{b}{2}\right)^2$ l) $+\frac{b^2}{36}, \left(y+\frac{b}{6}\right)^2$ m) $+\frac{D^2}{4}, \left(x+\frac{D}{2}\right)^2$ n) $+\frac{E^2}{4}, \left(y+\frac{E}{2}\right)^2$

236 a) $(x+5)^2 + (y-4)^2 = 9$ b) $x^2 + (y-3)^2 = 12$ c) $(x+3)^2 + (y+6)^2 = 16$ d) $(x+7)^2 + (y-1)^2 = 48$

237 a) C(– 2, 3), r = 4   b) C(5, – 1), r = $2\sqrt{5}$ c) C(0, – 7), r = $2\sqrt{2}$ d) C(– 6, 0), r = $2\sqrt{3}$

e) $C\left(-\frac{3}{2}, \frac{1}{2}\right)$, r = 2   f) $C\left(\frac{1}{3}, -1\right)$, r = 1

238 Basta somar a ambos os membros da equação $\frac{D^2}{4} + \frac{E^2}{4}$, fatorar os trinômios e compará-la com $(x-a)^2 + (y-b)^2 = r^2$.

239 C(– 2, 5) r = 4

244 Determine os pontos onde a circunferência $x^2 + y^2 - 14x + 4y - 32 = 0$ encontra os eixos coordenados.

245 Determine os pontos da circunferência $x^2 + y^2 + 12x - 2y + 12 = 0$ nos casos:

a) cuja abscissa é -6

b) cuja ordenada é 1

c) cuja ordenada é 6

d) cuja abscissa é -2

246 Determine k para que o ponto $P(4, -4)$ pertença a circunferência **f** cuja equação é $x^2 + y^2 + 4x - (k-2)y - 8k = 0$.

247 Determine k de modo que o raio da circunferência $x^2 + y^2 - 4x + 10y + k = 0$ seja igual a 9.

248 Determinar a equação da circunferência que passa pelos pontos A(3, 3), B(6, 2) e C(8, − 2).

249 Dada a circunferência $x^2 + y^2 - 10x - 18y + 66 = 0$, determine o comprimento da corda, dessa circunferência, cujo ponto médio é (3, 5).

Resp: **240** a) C(− 5, 3), r = 6   b) C(7, − 2), r = 11   c) $C\left(\frac{3}{2}, \frac{3}{2}\right)$, r = 3   d) $C\left(-2, \frac{3}{2}\right)$, r = $\frac{1}{2}$ **241** a) k < 13
b) ∀ k, k ∈ R   c) k ∈ R | k < 1 ∨ k > 5   d) k ∈ R | k ≠ − 1 ∧ k < 3 − 2√2 ∨ k > 3 + 2√2
242 a) $(x + 8)^2 + (y - 1)^2 = 25$ b) $x^2 + (y - 3)^2 = 169$ c) $x^2 + y^2 = 100$ d) $(x + 5)^2 + (y + 2)^2 = 80$
243 a) (− 2, 0) e (18, 0)   b) (0, − 3) e (0, 12)

250 Determine os pontos onde a circunferência $x^2 + y^2 + 4x - 4y - 24 = 0$ intercepta a bissetriz dos quadrantes pares.

251 Determine a intersecção das circunferências f_1 e f_2 de equações (f_1) $x^2 + y^2 - 26x - 2y + 45 = 0$ e (f_2) $x^2 + y^2 - 2x - 10y + 21 = 0$ e determine o comprimento da corda comum a elas.

252 Determine a equação da circunferência que passa por P(8, 1) e tangencia os eixos coordenados.

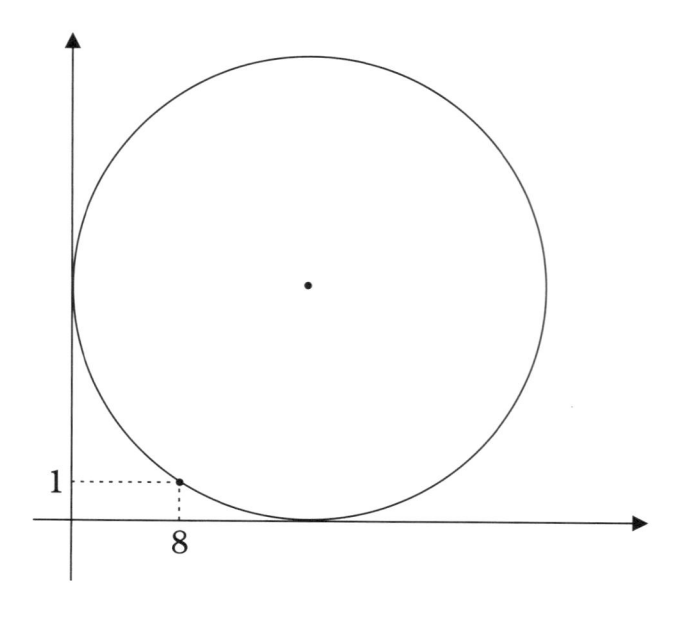

253 Determinar a medida da corda comum às circunferências que passam por P(–6, 2) e tangenciam os eixos coordenados.

254 Resolver:

a) Se a distância entre A(1 – a, a + 1) e B(a – 1, 2a – 5) é $2\sqrt{5}$, determine **A** e **B**.

b) Se A(3, –7) e B(–1, 4) são dois vértices adjacentes de um quadrado, determine a sua área.

c) Se A(3, 5) e C(1, –3) são dois vértices opostos de um quadrado, detemine a sua área.

d) Se A(–3, 2) e B(1, 6) são dois vértices de um triângulo equilátero, determine a sua área.

255 Usando a fórmula da distância, mostre que;

a) A(3, –5), B(–2, –7) e C(18, 1) são colineares.

b) A(1, 1), B(2, 3) e C(5, –1) são vértices de um triângulo retângulo.

c) A(1, 1), B(0, 2) e C(2, –1) são vértices de um triângulo obtusângulo.

256 Dados B(2, 2) e C(5, –2), determine um ponto **A** do eixo das abscissas de modo que o triângulo ABC seja retângulo de hipotenusa BC.

257 Determine o centro e o raio de uma circunferência que passa por P(4, 2) e tangencia os eixos coordenados.

258 Determine o centro de um círculo de raio 5 cuja circunferência passa por P(1, –2) e tangencia o eixo dos **x**.

259 Determine o simétrico de P(1, 2) em relação à reta AB, dados A(1, 0) e B(–1, –2).

260 Resolver:

a) A(3, 0) e C(–4, 1) são dois vértices opostos de um quadrado ABCD. Determine B e D.

b) A(2, –1) e B(–1, 3) são dois vértices adjacentes de um quadrado ABCD. Determine C e D.

261 A(–3, 6), B(9, –10) e C(–5, 4) são os vértices de um triângulo. Determine o centro e o raio da circunferência circunscrita ao triângulo.

262 Determine a equação geral da circunferência dado o centro **C** e o raio **r** nos casos:

a) C(5, 7), r = 2   b) C(–1, 3), r = 5   c) C(0, 0), r = 3

d) C(0, 0), r = 4   e) C(0, –7), r = 5   f) C(0, 3), r = 3

g) C(–4, 0), r = 4   h) C(–6, 0), r = 3   i) C(6, –8), r = 10

Resp: **244** (–2, 0), (16, 0), (0, 4) e (0, –8)   **245** a) (–6, 6) e (–6, –4)   b) (–1, 1), (–11, 1)   c) (–6, 6)   d) (–2, –2) e (–2, 4)
246 k = 10   **247** k = –52   **248** (x – 3)² + (y + 2)² = 25   **249** $4\sqrt{5}$

263 Em cada caso é dada a equação de uma circunferência. Escrevendo primeiramente a equação reduzida dessa circunferência, determine o centro **C** e o raio **r**. Quando for necessário complete os quadrados.

a) $3(x + 4)^2 + 3(y - 7)^2 = 108$

b) $(2x - 8)^2 + (2y + 6)^2 = 64$

c) $(x - 3)^2 + (y + 4)^2 - 25 = 0$

d) $x^2 + y^2 - 8x + 6y - 11 = 0$

e) $x^2 + y^2 + 10x - 6y - 2 = 0$

f) $x^2 + y^2 - 14x + 10y + 25 = 0$

g) $x^2 + y^2 + 10x = 0$

h) $x^2 + y^2 - 18y = 0$

i) $x^2 + y^2 + 4x - 14y - 47 = 0$

j) $4x^2 + 4y^2 - 4x + 12y - 6 = 0$

264 Determine k, em cada caso, de modo que a equação dada seja a equação de uma circunferência.

a) $(kx - 2)^2 + (y + 7)^2 = 25$

b) $(x - 5)^2 + (y + 8)^2 = k$

c) $k(x - 7)^2 + (3y - 12)^2 = 27$

d) $x^2 + y^2 - 2x + 10y + k = 0$

e) $x^2 + y^2 - (k - 2) x + (k + 2) - 2k + 8 = 0$

265 Determine a equação da circunferência que passa por **P** e tem centro **C**, nos casos:

a) C(– 3, 2), P(0, 2)

b) C(7, – 2), P(3, 1)

c) C(– 5, 12), P(0, 0)

d) C(– 3, 5), P(–1, 1)

266 Determine k de modo que a circunferência $x^2 + y^2 - 4x - 2y + k = 0$

a) Tenha raio 5

b) Passe por P(– 2, 3)

267 Resolver:

a) Determine a equação da circunferência de centro C(– 5, 3), que determina no eixo dos **x** uma corda de comprimento 8.

b) Determine a equação da circunferência que passa pelos pontos A(1, 1), B(1, – 1) e C(2, 0).

c) Determine a equação da circunferência circunscrita ao triângulo ABC, dados A(– 1, 5), B(– 2, – 2) e C(5, 5).

Resp: **250** (– 6, 6), (2, – 2)   **251** {(2,3),(3,6)}, $\sqrt{10}$ **252** $(x - 5)^2 + (y - 5)^2 = 25$ ou $(x - 13)^2 + (y - 13)^2 = 169$

253 $4\sqrt{2}$ **254** a) A(– 1, 3), B(1, – 1)   b) 137 u.a.   c) 34 u.a.   d) $8\sqrt{3}$ u.a.   **256** A(1, 0) ou A(6, 0)

257 C(2, 2) e r = 2 ou C(10, 10) e r = 10   **258** C(– 3, – 5) ou C(5, – 5)   **259** (3, 0)

260 a) B(0, 4) e D(– 1, – 3) ou B(– 1, – 3) e D(0, 4)   b) C(– 5, 0) e D(– 2, – 4) ou C(3, 6) e D(6, 2)

261 P(3, – 2) e r = 10   **262** a) $x^2 + y^2 - 10x - 14y + 70 = 0$ b) $x^2 + y^2 + 2x - 6y - 15 = 0$ c) $x^2 + y^2 - 9 = 0$

d) $x^2 + y^2 - 16 = 0$ e) $x^2 + y^2 + 14y + 24 = 0$ f) $x^2 + y^2 - 6y = 0$ g) $x^2 + y^2 + 8x = 0$ h) $x^2 + y^2 + 12x + 27 = 0$

i) $x^2 + y^2 - 12x + 16y = 0$ **263** a) C(– 4, 7), r = 6   b) C(4, – 3), r = 4   c) C(3, – 4), r = 5   d) C(4, – 3), r = 6

e) C(– 5, 3), r = 6   f) C(7, – 5), r = 7   g) C(– 5, 0), r = 5   h) C(0, 9), r = 9   i) C(– 2, 7), r = 10   j) C$\left(\frac{1}{2}, -\frac{3}{2}\right)$, r = 2

264 a) k = ±1   b) k > 0   c) k = 9   d) k < 26   e) k < – 6 ou k > 2   **265** a) $(x + 3)^2 + (y - 2)^2 = 9$

b) $(x - 7)^2 + (y + 2)^2 = 25$ c) $(x + 5)^2 + (y - 12)^2 = 169$ d) $(x + 3)^2 + (y - 5)^2 = 20$ **266** a) k = – 20

b) k = – 15   **267** a) $x^2 + y^2 + 10x - 6y + 9 = 0$ b) $(x - 1)^2 + y^2 = 1$ c) $(x - 2)^2 + (y - 1)^2 = 25$

III GEOMETRIA ESPACIAL
1 – Cilindros

1) Cilindro circular

Definição: Considere dois planos paralelos distintos, uma reta **g** concorrente com ambos e uma região **B** contida em um deles. A união de todos os segmentos paralelos à reta **g**, com uma extremidade em B e a outra no outro plano, chamamos de **cilindro**.

Se a região da definição for uma região poligonal, o cilindro será chamado **prisma**, se a região for elíptica ele é chamado **cilindro elíptico** e se a região for um círculo ele é chamado **cilindro circular**.

Salvo explicação em contrário, quando falarmos apenas **cilindro**, estaremos nos referindo ao **cilindro circular**.

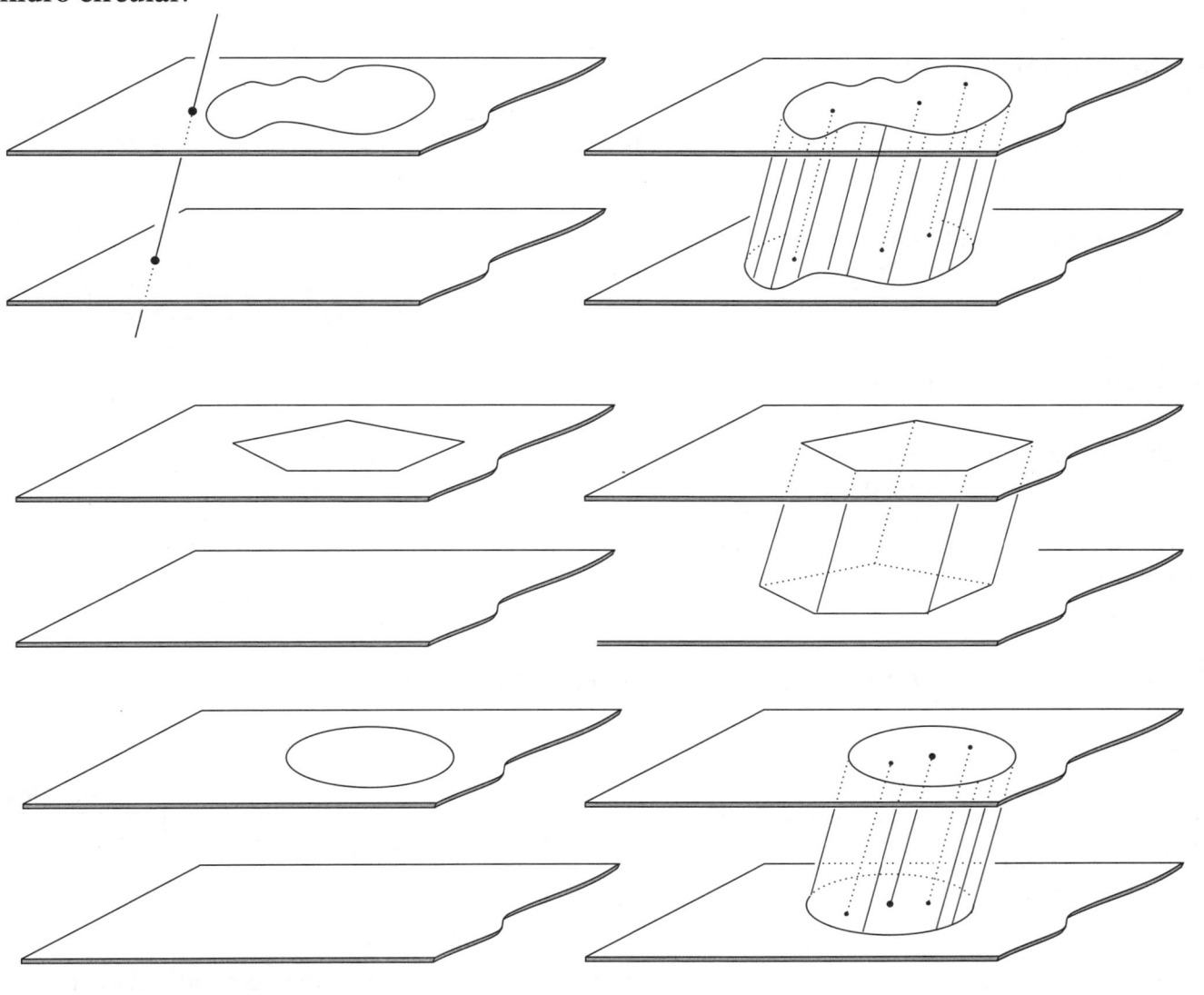

Para o caso do cilindro circular temos:

- Os círculos são chamados **bases**.
- A reta que passa pelos centros das bases é chamada **eixo**.
- O segmento paralelo ao eixo indo de uma circunferência à outra é chamado **geratriz**.
- A distância entre os planos das bases é chamada **altura**.

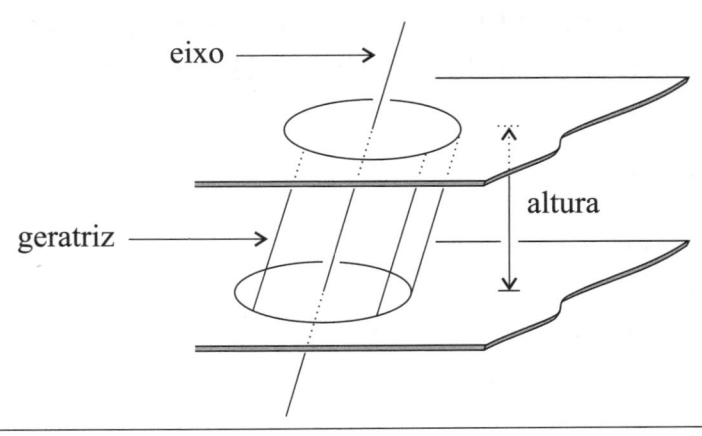

2) Cilindro Circular reto (ou cilindro de revolução)

Um cilindro é chamado **cilindro reto** quando o seu eixo for perpendicular aos planos das bases. Note que as geratrizes também são perpendiculares aos planos das bases. O cilindro reto também é obtido pela rotação de um retângulo quando gira em torno de um eixo que contém um lado.

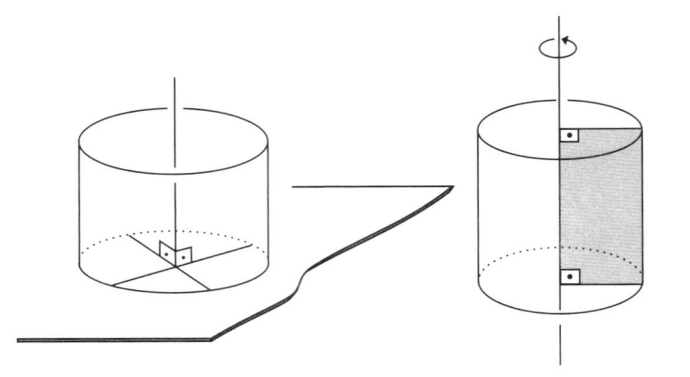

Daí o nome **cilindro de revolução**.

Se o eixo não for oblíquo ao plano da base o cilindro é chamado **oblíquo**.

3) Secção meridiana

A intersecção de um cilindro com um plano que passa pelo eixo é chamada **secção meridiana**.

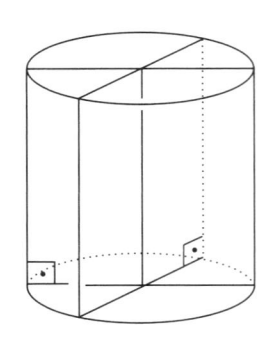

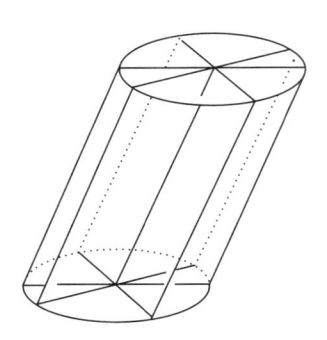

As secções meridianas de um cilindro reto são retângulos e de um cilindro oblíquo são paralelogramos (há apenas uma que é retângulo).

4) Cilindro equilátero

Cilindro equilátero é o cilindro reto cuja geratriz (ou altura) e congruente ao diâmetro da base.

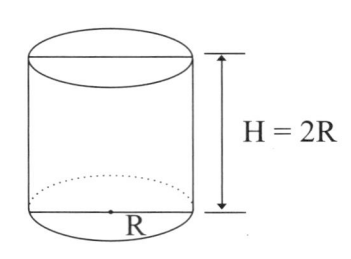

As secções meridianas de um cilindro equilátero são quadrados.

$H = 2R$

5) Área lateral e área total de um cilindro círcular reto

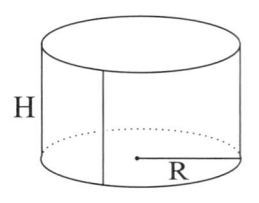

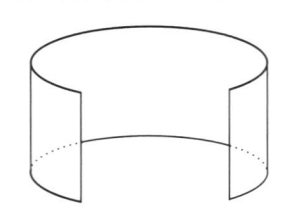

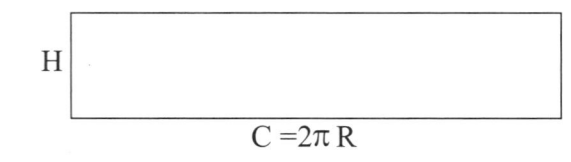

$C = 2\pi R$

$$A_L = 2\pi R \cdot H$$

$A = A_{Total} = 2B + A_L \Rightarrow A = 2(\pi R^2) + 2\pi RH \Rightarrow \boxed{A = 2\pi R(R + H)}$

Obs.: A demonstração da fórmula de volume será vista em outro caderno de atividades.

6) Volume de prisma e de um cilindro circular (reto ou oblíquo)

B = área de uma base, **H** = altura

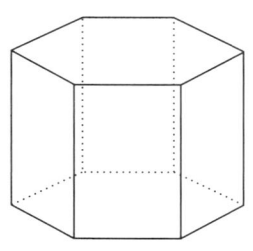

$V_{prisma} = B \cdot H$

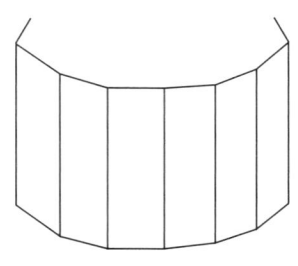

$V_{prisma} = B \cdot H$

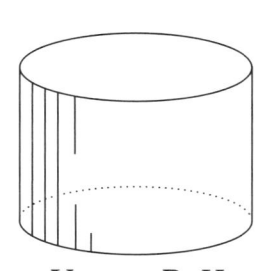

$V_{cilindro} = B \cdot H$

$$V_{cilindro} = (\pi r^2) H$$

Exemplo 1: Determinar o volume e a área de um cilindro circular reto (cilindro de revolução) de raio 5 cm e altura (ou geratriz) de 6 cm.

Resolução:

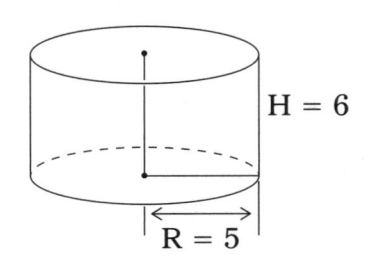

H = 6
R = 5

1) **Volume**

$V = BH$
$V = \pi R^2 \cdot H$
$V = \pi \cdot 5^2 \cdot 6$
$V = 150\pi$

2) **Área**

$A = 2B + A_L$
$A = 2\pi R^2 + 2\pi RH$
$A = 2\pi \cdot 5^2 + 2\pi \cdot 5 \cdot 6$
$A = 50\pi + 60\pi \Rightarrow \boxed{A = 110\pi}$

Resposta: $V = 150\pi$ cm³ , $A = 110\pi$ cm²

Exemplo 2: Um cilindro de revolução (cilindro circular reto) de 3 cm de altura tem 48π cm³ de volume. Qual é a sua área?

Resolução:

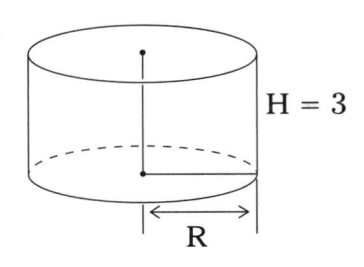

H = 3
R

1) **Cálculo do raio**

$V = \pi R^2 \cdot H \Rightarrow 48\pi = \pi R^2 \cdot 3 \Rightarrow R^2 = 16 \Rightarrow \boxed{R = 4}$

2) **Cálculo da área**

$A = 2B + A_L \Rightarrow A = 2\pi R^2 + 2\pi RH \Rightarrow$
$A = 2\pi \cdot 4^2 + 2\pi \cdot 4 \cdot 5 \Rightarrow A = 32\pi + 40\pi \Rightarrow \boxed{A = 72\pi}$

Resposta: 72π cm²

Exemplo 3: Um cilindro circular reto tem 132π cm² de área e raio 6 cm. Determinar o seu volume.

Resolução:

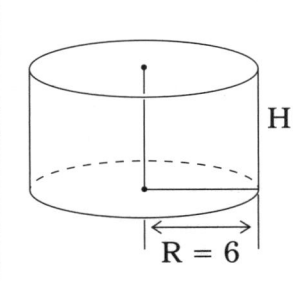

H
R = 6

1) **Cálculo de H**

$A = 2B + A_L \Rightarrow 132\pi = 2\pi R^2 + 2\pi RH \Rightarrow 66 = 6^2 + 6H \Rightarrow$
$6H = 30 \Rightarrow \boxed{H = 5}$

2) **Volume**

$V = BH \Rightarrow V = \pi R^2 H \Rightarrow V = \pi \cdot 6^2 \cdot 5 \Rightarrow \boxed{V = 180\pi}$

Resposta: 180π cm³

Exemplo 4: Um cilindro de revolução tem 7 cm de altura e 156π cm² de área. Determinar o seu volume.

Resolução:

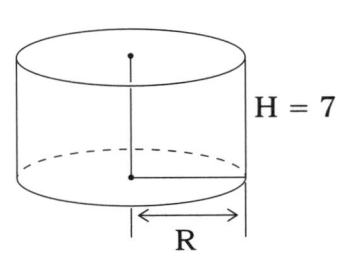

H = 7
R

1) **Cálculo de R**

$A = 2B + A_L \Rightarrow 156\pi = 2\pi R^2 + 2\pi RH \Rightarrow 78 = R^2 + R \cdot 7 \Rightarrow$
$R^2 + 7R - 78 = 0 \Rightarrow (R + 13)(R - 6) = 0 \Rightarrow \boxed{R = 6}$

2) **Volume**

$V = BH \Rightarrow V = \pi R^2 \cdot H \Rightarrow V = \pi \cdot 6^2 \cdot 7 \Rightarrow V = 252\pi$

Resposta: 252π cm³

Exemplo 5: Um cilindro equilátero tem 128π cm³ de volume. Qual é a sua área

Resolução:

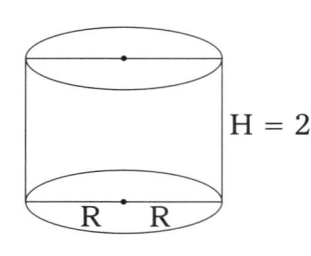

1) Cilindro equilátero $\Rightarrow$ H = 2R

2) **Cálculo de R e H**

$$V = B \cdot H \Rightarrow 128\pi = \pi R^2 \cdot 2R \Rightarrow R^3 = 64 \Rightarrow \boxed{R = 4}$$

$$H = 2R, \ R = 4 \Rightarrow \boxed{H = 8}$$

3) **Área:** $A = 2B + A_L \Rightarrow A = 2\pi R^2 + 2\pi RH \Rightarrow$
$A = 2\pi \cdot 4^2 + 2\pi \cdot 4 \cdot 8 \Rightarrow \boxed{A = 96\pi}$

Resposta: 96π cm²

Exemplo 6: A razão entre o raio e a altura de um cilindro de revolução é $\frac{2}{3}$. Se aumentarmos o raio em 3 cm, sem alterarmos a altura, o seu volume aumenta 405π cm³. Qual é a área deste cilindro?

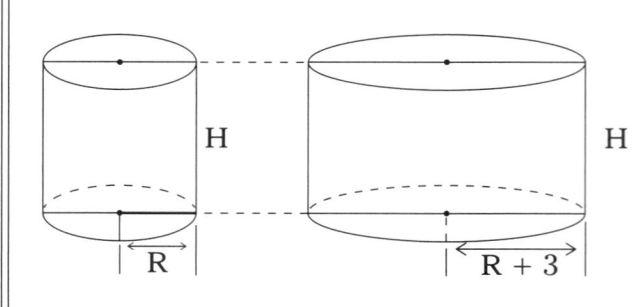

1) $\frac{R}{H} = \frac{2}{3} \Rightarrow H = \frac{3}{2}R$

2) **Cálculo de R e H**

$$\pi(R+3)^2 \cdot H = \pi R^2 \cdot H + 405\pi$$
$$(R^2 + 6R + 9)\frac{3R}{2} = R^2 \cdot \frac{3R}{2} + 405 \Rightarrow$$

$\Rightarrow 3R^3 + 18R^2 + 27R = 3R^3 + 810 \Rightarrow 18R^2 + 27R - 810 = 0 \Rightarrow$
$2R^2 + 3R - 90 = 0$
$\Delta = 9 + 720 = 729 \Rightarrow R = \frac{-3 \pm 27}{4} \Rightarrow \boxed{R = 6} \Rightarrow H = \frac{3}{2}(6) \Rightarrow \boxed{H = 9}$

3) **Área do cilindro**

A área pedida é a do original

$A = 2B + A_L \Rightarrow A = 2\pi R^2 + 2\pi RH$
$A = 2\pi \cdot 6^2 + 2\pi \cdot 6 \cdot 9 \Rightarrow A = 72\pi + 108\pi \Rightarrow \boxed{A = 180\pi}$

Resposta: 180π cm²

Exemplo 7: A geratriz de um cilindro circular reto mede 5 cm e ele tem 208π cm² de área. Uma secção plana deste cilindro é paralela ao eixo e dista 6 cm dele. Qual é a área desta secção plana?

Resolução:

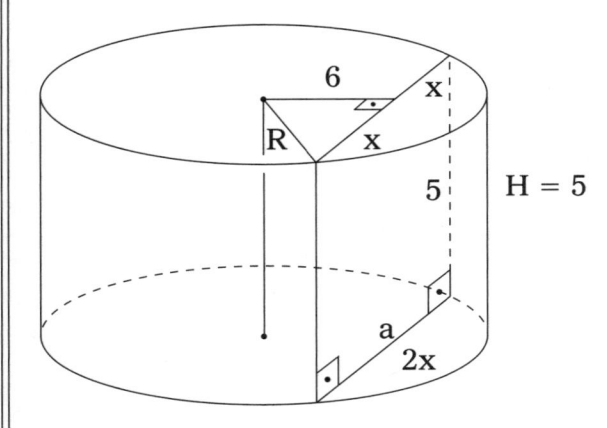

1) Note que a secção plana em questão é um retângulo.

2) A distância da secção plana ao eixo é igual a distância entre o centro da base e o ponto médio da corda obtida.

3) **Cálculo do raio**

$$A = 2B + A_L \Rightarrow 208 = 2\pi R^2 + 2\pi RH \Rightarrow 104 = R^2 + R \cdot 5 \Rightarrow$$
$$R^2 + 5R - 104 = 0 \Rightarrow (R+13)(R-8) = 0 \Rightarrow R = 8$$

4) **Comprimento da corda:** $x^2 + 6^2 = R^2 \Rightarrow x^2 + 36 = 64 \Rightarrow x^2 = 28 \Rightarrow x = 2\sqrt{7} \Rightarrow \boxed{a = 4\sqrt{7}}$

5) **Área da secção:** $A = a \cdot H \Rightarrow A = 4\sqrt{7} \cdot 5 \Rightarrow \boxed{A = 20\sqrt{7}}$

Resposta: $20\sqrt{7}$ cm²

Exemplo 8: Um cilindro de revolução tem 110π cm² de área e a sua secção meridiana tem 32 cm de perímetro. Determinar o volume deste cilindro.

Resolução:

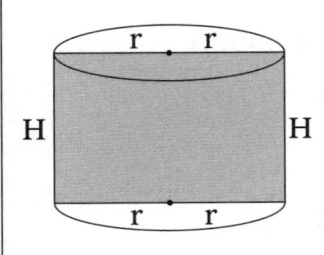

1) **Relação entre r e H**

A secção meridiana é um retângulo de lados H e 2r

$2H + 4r = 32 \Rightarrow H + 2r = 16 \Rightarrow \boxed{H = 16 - 2r}$

2) **Cálculo de H e r**

$$A = 2B + A_L \Rightarrow 110\pi = 2\pi r^2 + 2\pi rH \Rightarrow$$
$$55 = r^2 + r(16 - 2r) \Rightarrow 55 = r^2 + 16r - 2r^2 \Rightarrow$$
$$r^2 - 16r + 55 = 0 \Rightarrow (r-5)(r-11) = 0 \Rightarrow \boxed{r = 5 \lor r = 11}$$

$\boxed{r = 5} \Rightarrow H = 16 - 2 \cdot 5 \Rightarrow \boxed{H = 6}$

$\boxed{r = 11} \Rightarrow H = 16 - 2 \cdot 11 \Rightarrow H = -6$ (Não convém)

3) **Volume:** $V = BH \Rightarrow V = \pi r^2 H \Rightarrow V = \pi \cdot 5^2 \cdot 6 \Rightarrow \boxed{V = 150\pi}$

Resposta: 150π cm³

Exemplo 9: Um cilindro de revolução tem 256π cm³ de volume e a secção meridiana dele tem 64 cm² de área. Determinar a área deste cilindro.

Resolução:

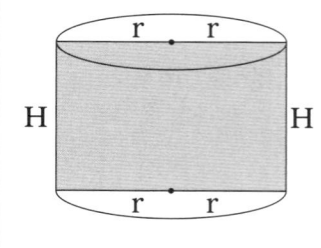

1) **Cálculo de r e H**

$$\begin{cases} 2r \cdot H = 64 \\ \pi r^2 \cdot H = 256\pi \end{cases} \Rightarrow \begin{cases} rH = 32 \\ r(rH) = 256 \end{cases} \Rightarrow$$

$$r(32) = 256 \Rightarrow \boxed{r = 8} \Rightarrow 8 \cdot H = 32 \Rightarrow \boxed{H = 4}$$

2) **Área do cilindro**

$A = 2B + A_L \Rightarrow A = 2\pi r^2 + 2\pi rH \Rightarrow A = 2\pi \cdot 8^2 + 2\pi \cdot 8 \cdot 4 \Rightarrow$

$A = 128\pi + 64\pi \Rightarrow \boxed{A = 192\pi}$

Resposta: 192π cm²

Exemplo 10: O perímetro da secção meridiana de um cilindro circular reto tem 28 cm e o seu volume é de 100π cm³. Se este cilindro tem a maior raio possível, que é a sua área?

Resolução:

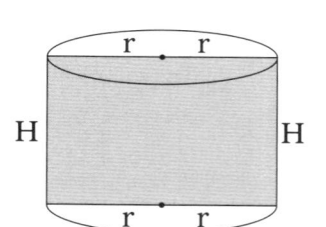

1) **Cálculo de r e H**

$$\begin{cases} 4r + 2H = 28 \\ \pi r^2 \cdot H = 100\pi \end{cases} \Rightarrow \begin{cases} H = 14 - 2r \\ r^2 H = 100 \end{cases} \Rightarrow$$

$r^2(14 - 2r) = 100 \Rightarrow r^2(7 - r) = 50 \Rightarrow 7r^2 - r^3 = 50 \Rightarrow$

$r^3 - 7r^2 + 50 = 0$ (Vamos resolver fatorando o 1º membro)

Substituíndo ($-7r^2$) por ($-5r^2 - 2r^2$), obtemos:

$\underline{r^3 - 5r^2} - \underline{2r^2 + 50} = 0 \Rightarrow r^2(r - 5) - 2(r^2 - 25) = 0 \Rightarrow$

$r^2\underline{(r - 5)} - 2(r + 5)\underline{(r - 5)} = 0 \Rightarrow$

$(r - 5)(r^2 - 2r - 10) = 0 \Rightarrow r - 5 = 0 \Rightarrow \boxed{r = 5} \Rightarrow H = 14 - 2 \cdot 5 \Rightarrow \boxed{H = 4}$ ou

$r^2 - 2r - 10 = 0 \Rightarrow \Delta = 4 + 40 = 44 \Rightarrow r = \dfrac{2 \pm 2\sqrt{11}}{2} \Rightarrow r = \sqrt{11} + 1 < 5$ (Não convém)

Então: $r = 5$ e $H = 4$

2) **Área do cilindro:**

$A = 2B + A_L \Rightarrow A = 2\pi r^2 + 2\pi rH \Rightarrow A = 2\pi \cdot 5^2 + 2\pi \cdot 5 \cdot 4 \Rightarrow \boxed{A = 90\pi}$

Resposta: 90π cm²

268 Determinar o volume do cilindro circular reto (cilindro de revolução), nos casos:

a) 8 m, 5 m

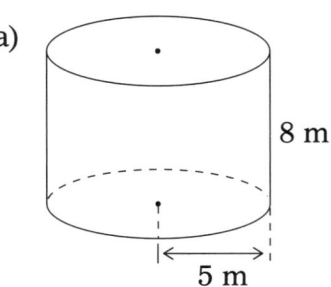

b) 5 m, 12 m

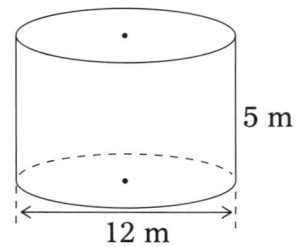

269 Determinar a área lateral do cilindro de revolução (cilindro circular reto), nos casos:

a) 6 m, 4 m

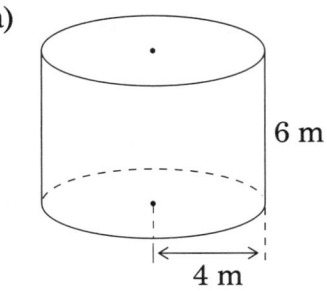

b) 9 m, 14 m

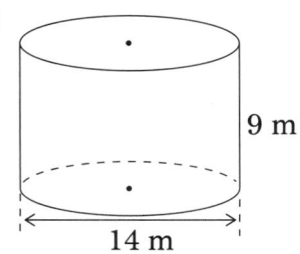

270 Determinar a área do cilindro de revolução, nos casos:

a) 7 m, 3 m

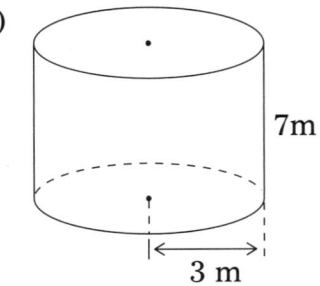

b) 8 m, 8 m

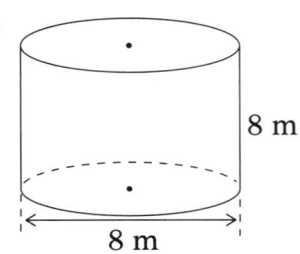

c) 7 m, 6 m

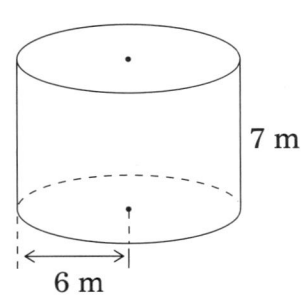

271 Determinar o volume e a área do cilindro de revolução, nos casos:

a) Raio 5 m e altura 7 m.

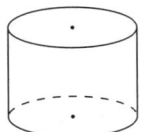

b) Equilátero de raio 3 m.

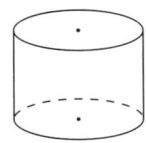

145

272 Um cilindro circular reto tem raio de 3 m e 45π m^3 de volume. Determinar a sua área.

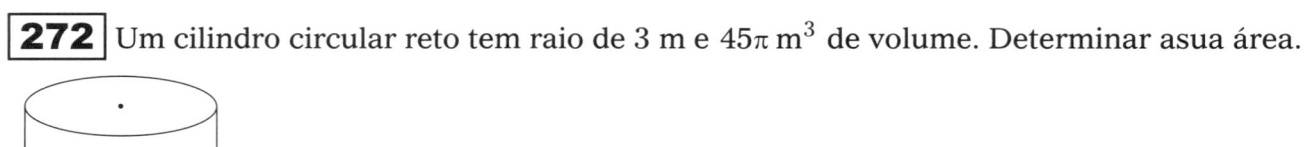

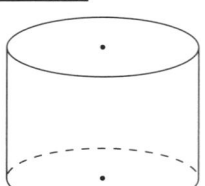

273 Um cilindro de revolução de 4 m de altura tem 144π m^3 de volume. Determinar a sua área.

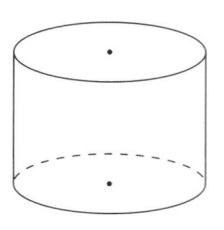

274 Um cilindro circular reto tem 5 m de raio e 120π m^2 de área. Determinar o seu volume.

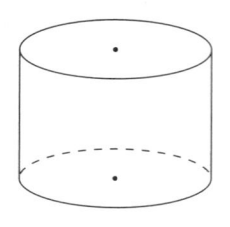

275 Um cilindro de revolução de 8 m de altura tem 66π m^2 de área. Determinar o seu volume.

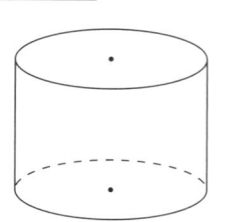

276 Um cilindro equilátero tem 432π cm³ de volume. Qual é a área?

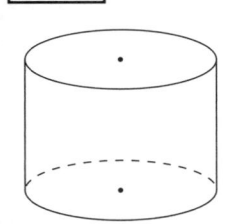

277 Um cilindro equilátero tem 288π m² de área. Qual é o seu volume?

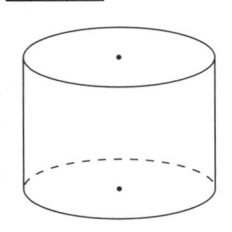

278 Determinar a real tal que $a^3 = 40\sqrt{5}$.

Observe antes, dois modos de fazer, o exemplo. há vários modos.

Exemplo: $a^3 = 250\sqrt{2}$

1º modo	2º modo	
$a^3 = 5^3 \cdot 2\sqrt{2}$ Como $2 = (\sqrt{2})^2$, obtemos: $a^3 = 5^3 \cdot (\sqrt{2})^2 \cdot \sqrt{2}$ $a^3 = 5^3 \cdot (\sqrt{2})^3$ $\boxed{a = 5\sqrt{2}}$	$a^3 = 5^3 \cdot 2\sqrt{2}$ $a^3 = 5^3 \sqrt{2^2 \cdot 2}$ $a^3 = 5^3 \cdot \sqrt{2^3}$ $a^3 = 5^3 \cdot (\sqrt{2})^3$ $\boxed{a = 5\sqrt{2}}$	$a^3 = 40\sqrt{5}$

Resp: **268** a) 200π m³   b) 180π m³   **269** a) 48π m²   b) 126π m²   **270** a) 60π m²   b) 96π m²
c) 156π m²   **271** a) 175π m³, 120π m²   b) 54π m³, 54π m²

279 Determinar a área de um cilindro equilátero de $112\sqrt{7}\,\pi\,\text{m}^3$ de volume.

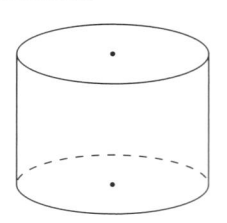

280 Um cilindro circular reto de 7 m de altura tem uma secção meridiana com 56 m² de área. Determinar o seu volume.

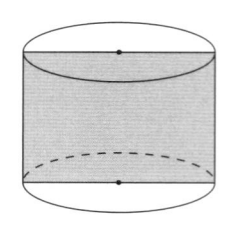

281 Um cilindro de revolução com 8 m de raio tem uma secção meridiana com perímetro de 38 m. Determinar a sua área.

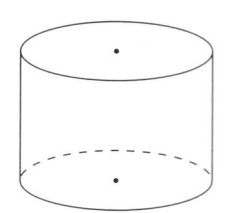

282 Um cilindro circular reto tem $28\pi\,\text{m}^2$ de área e uma secção meridiana com 20 m² de área. Determinar o seu volume.

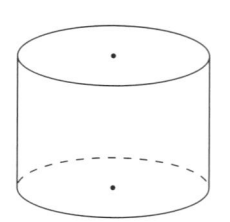

283 Um cilindro circular reto tem 252π m³ de volume e uma secção meridiana de 84 m² de área. Determinar a sua área.

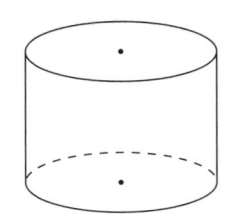

284 Um cilindro de revolução 40π m² de área tem uma secção meridiana com 24 m de perímetro. Determinar seu volume.

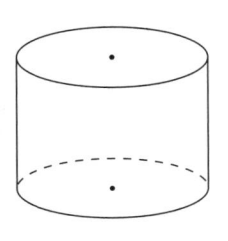

285 Resolver a equação, nos casos:

a) $x^3 - 5x^2 - 9x + 45 = 0$

b) $2x^3 - 5x^2 - 8x + 20 = 0$

Resp: **272** 48π m² **273** 120π m² **274** 245π m³ **275** 72π m³ **276** 216π m² **277** $384\sqrt{3}$ m³ **278** $2\sqrt{5}$

286 Resolver as seguintes equações:

a) $x^3 - 19x + 30 = 0$

b) $2x^3 - 9x^2 + 27 = 0$

287 Um cilindro circular reto tem 64π m³ de volume e secção meridiana com perímetro de 24 m. Determinar a sua área.

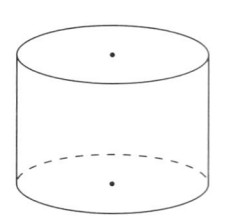

288. Um cilindro de revolução de maior raio possível tem 144π m³ de volume e secção meridiana com perímetro de 32 m. Determinar a área deste cilindro.

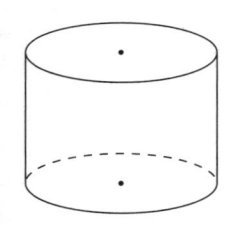

289. Determinar o raio e a altura do cilindro circular reto de menor raio possível, que tem 80π m³ de volume e 26 m para perímetro da secção meridiana.

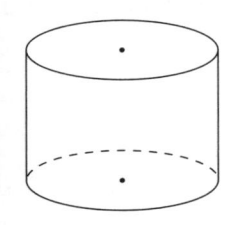

Resp: **279** 168π m²   **280** 112π m³   **281** 176π m²   **282** 20π m³   **283** 156π m²   **284** 32π m³

285 a) $S = \{5; -3, 3\}$ b) $S = \left\{-2, 2, \dfrac{5}{2}\right\}$

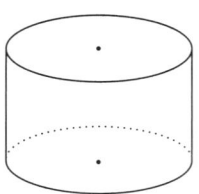

290 A área lateral de um cilindro de revolução é igual à soma das áreas das bases. Se a sua área é de 196π m², qual é o volume?

291 Se aumentarmos o raio ou a altura de um cilindro reto em 6 m, num e noutro caso o seu volume aumenta x m³. Sendo de 2 m a altura do cilindro, determine x.

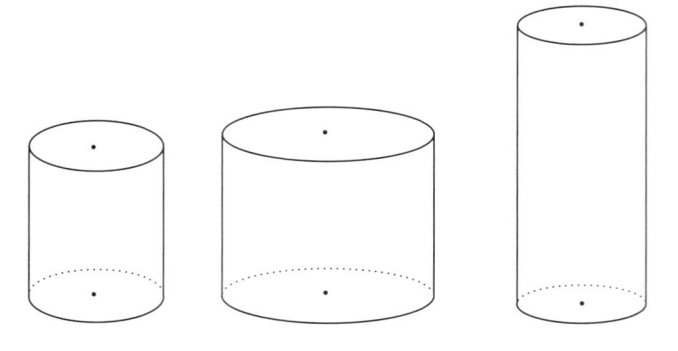

292 Um cilindro reto de 7 m de altura tem 520π m² de área. Determine a área de um secção plana desse cilindro, paralela ao eixo, distante 5 m deste.

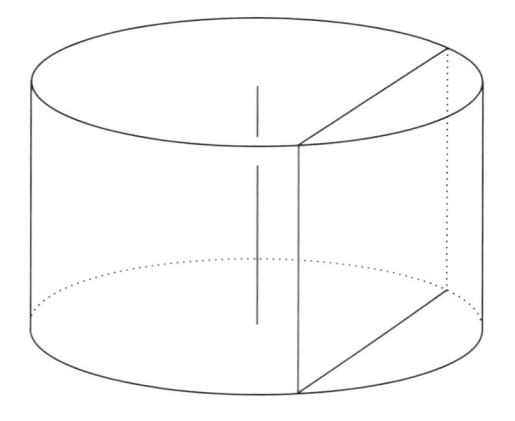

293 Determine a altura de um cilindro reto de 75π m³, sabendo que uma secção plana paralela ao eixo, distante 4 m do eixo, tem 18 m² de área.

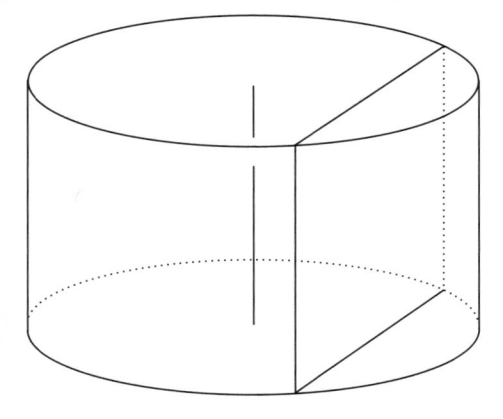

294 A razão entre o raio e a altura de um cilindro de revolução é 2 : 3. Se aumentarmos o raio em 3 m, conservando a altura, o seu volume aumenta 198π m³. Determine a área desse cilindro.

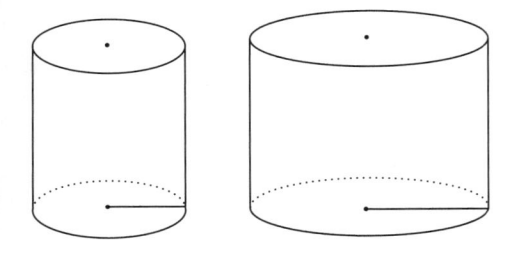

Resp: **286** a) S = {– 5, 2, 3}   b) $\left\{-\frac{3}{2}, 3\right\}$ **287** 64π m²   **288** 120π cm²   **289** r = 4 m e H = 5 m

295 O perímetro da secção meridiana de um cilindro de revolução tem 14 m e se aumentarmos o seu raio e a sua altura em 2 m cada um, o seu volume aumenta 68π m³. Determinar o volume deste cilindro.

296 O volume e a área de um cilindro reto são de 54π m³ e 54π m². Qual é a área da secção meridiana deste cilindro.

297 Duas secções planas de um cilindro de revolução, paralelas ao eixo do cilindro, distam 2 m e 4 m do eixo. Se um delas tem $16\sqrt{5}$ m² de área e outra tem $32\sqrt{2}$ m² de área, determinar o volume deste cilindro.

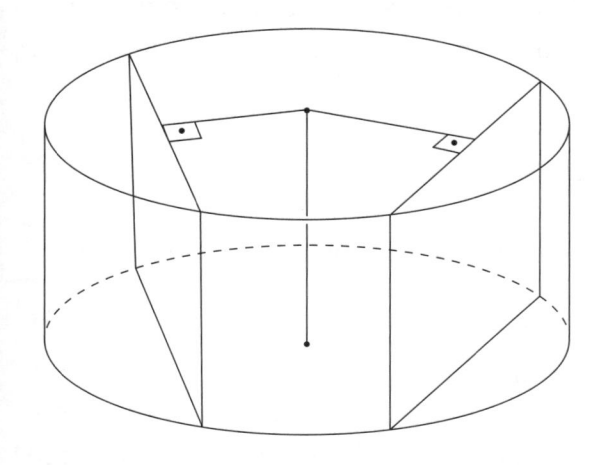

298 O volume e a área de um cilindro circular reto são numericamente iguais (são expressos em m³ e m² por um mesmo número). Se a secção meridiana dele tem 24 m de perímetro, qual o seu volume?

Resp: **290** 343π m³   **291** 216π m³   **292** 168 m²   **293** $\frac{27}{16}$ m ou 3 m   **294** 80π m²

299 Resolver:

a) Determine o volume e a área de um cilindro reto de raio 6 m e altura 8 m.
b) Determine a área de um cilindro reto de 4 m de altura sabendo que o seu volume é de 256π m³.
c) Determinar o volume de um cilindro de revolução de 7 m de altura sabendo que a sua área é de 120π m².

300 Resolver:

a) Determinar o volume de um cilindro equilátero de 150π m².
b) Determinar a área de um cilindro equilátero de 1024π m³.
c) Determinar a razão entre a área lateral e a soma das áreas das bases de um cilindro equilátero.

301 Resolver:

a) Qual é o volume de um cilindro equilátero cuja secção meridiana tem 144 m²?
b) A secção meridiana de um cilindro reto de 130π m² tem 80 m². Qual é o volume desse cilindro?
c) O perímetro da secção meridiana de um cilindro reto de 234π m² tem 44 m. Qual é o volume desse cilindro?

302 Uma secção plana de um cilindro reto de 8m de raio, paralela ao eixo, distante 6m do eixo, tem $16\sqrt{7}$ m² de área. Qual é o volume desse cilindro?

303 Uma secção plana de um cilindro reto, paralela ao eixo e distante 3 m do eixo, tem 16 m² de área. Sabendo que a área lateral desse cilindro é de 20π m², qual é o seu volume?

304 Uma secção plana de um cilindro reto de 6 m de altura, paralela ao eixo, distante 3 m do eixo, tem 48 m² de área. Determine o volume e a área desse cilindro.

305 A superfície lateral de um cilindro de revolução tem 120π m² de área e o cilindro tem 720π m³ de volume. Determine a área desse cilindro.

306 A área lateral de um cilindro de revolução é igual à soma das áreas das bases. Se ele tem 216π m³ de volume, qual é a sua área?

307 A área lateral de um cilindro reto excede a área de uma secção meridiana em 6 m². Determine a área lateral desse cilindro.

308 Determine o volume de um cilindro reto de área lateral 120π m² e área total 170π m².

309 Um cilindro reto tem 40π m² de área e 16π m³ de volume. Determine o raio e a altura desse cilindro.

310 A secção meridiana de um cilindro reto e uma secção plana paralela ao eixo, distante 3 m dele têm 60 m² e 48 m². Determine o volume e a área desse cilindro.

311 Se aumentarmos o raio de um cilindro de revolução em 2 cm, sem alterarmos a medida da altura, a sua área aumenta 56π cm² e o seu volume aumenta 96π cm³. Qual é o volume do cilindro original?

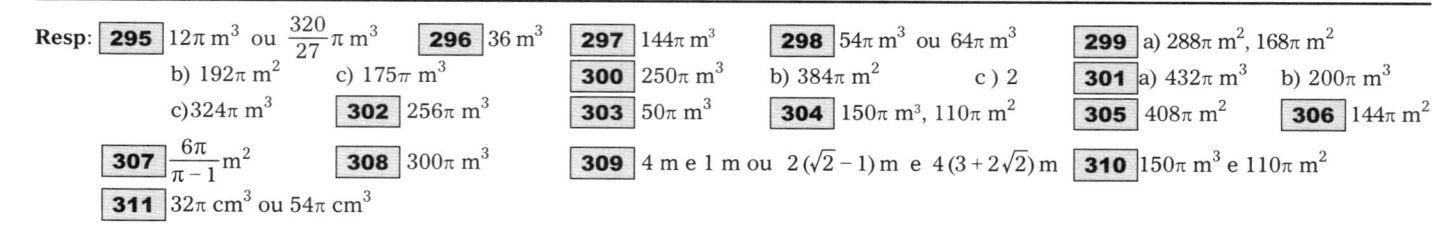

Resp: **295** 12π m³ ou $\frac{320}{27}\pi$ m³   **296** 36 m³   **297** 144π m³   **298** 54π m³ ou 64π m³   **299** a) 288π m², 168π m²
b) 192π m²   c) 175π m³   **300** 250π m³   b) 384π m²   c) 2   **301** a) 432π m³   b) 200π m³
c) 324π m³   **302** 256π m³   **303** 50π m³   **304** 150π m³, 110π m²   **305** 408π m²   **306** 144π m²
307 $\frac{6\pi}{\pi-1}$ m²   **308** 300π m³   **309** 4 m e 1 m ou $2(\sqrt{2}-1)$ m e $4(3+2\sqrt{2})$ m   **310** 150π m³ e 110π m²
311 32π cm³ ou 54π cm³

2 – Cones

1) Cone circular

Definição: Considere um plano, um ponto **P** fora dele e uma região B contida nesse plano. A união de todos os segmentos com uma extremidade em P e a outra na região B chamamos de cone de vértice **P** e base **B**.

Se a região B da definição for uma região poligonal, o cone será chamado pirâmide, se a região for um círculo ele será chamado cone circular etc. Salvo explicação em contrário, quando falarmos apenas **cone**, estaremos nos referindo ao **cone circular**.

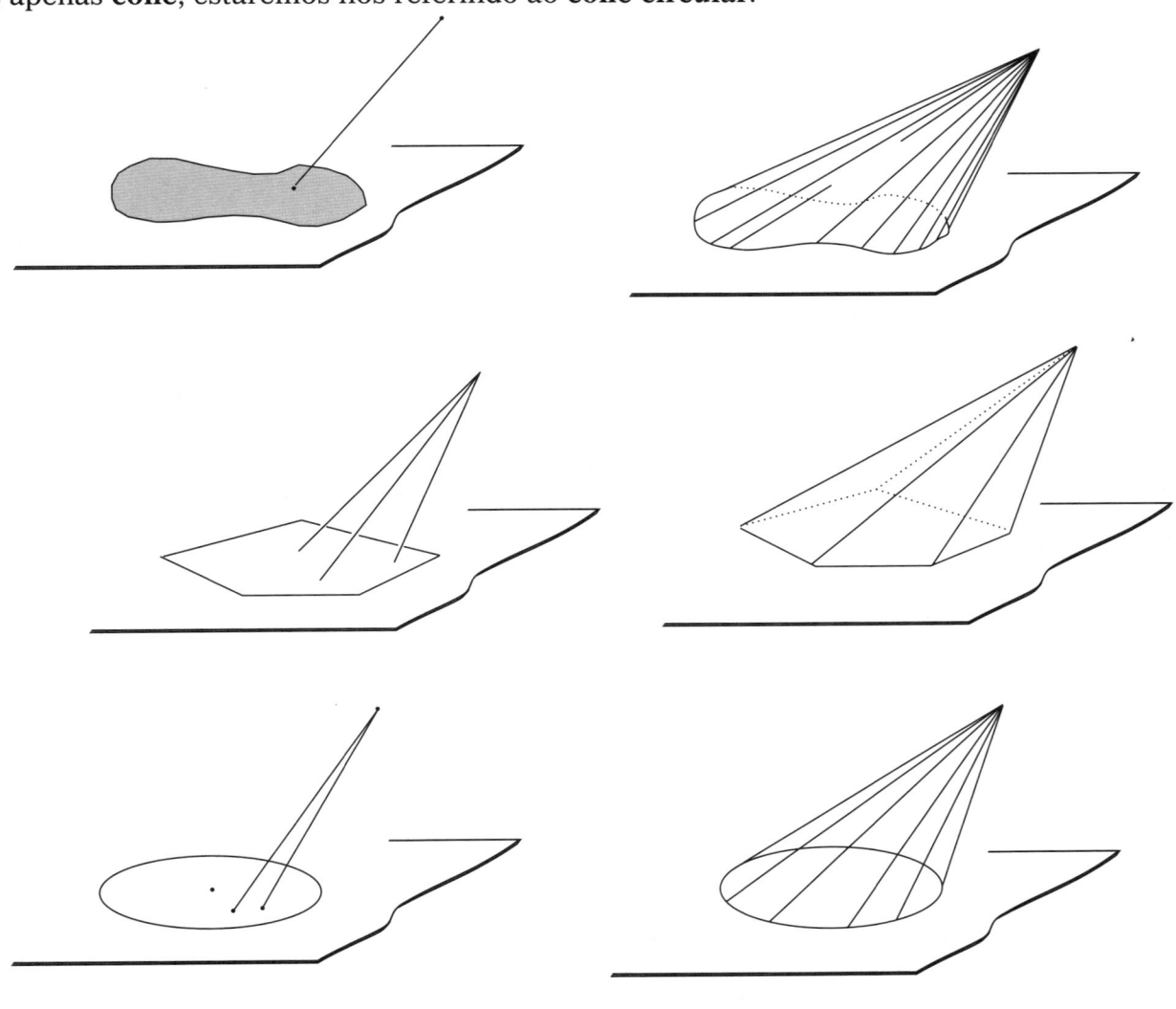

Para o caso do cone circular temos:

- O círculo é chamado base do cone.
- A reta que passa por **P** e pelo centro do círculo é chamada **eixo** do cone.
- O segmento com uma extremidade em P e a outra na circunferência da base é chamado **geratriz** do cone.
- A distância entre o vértice e o plano da base é chamada **altura** do cone.

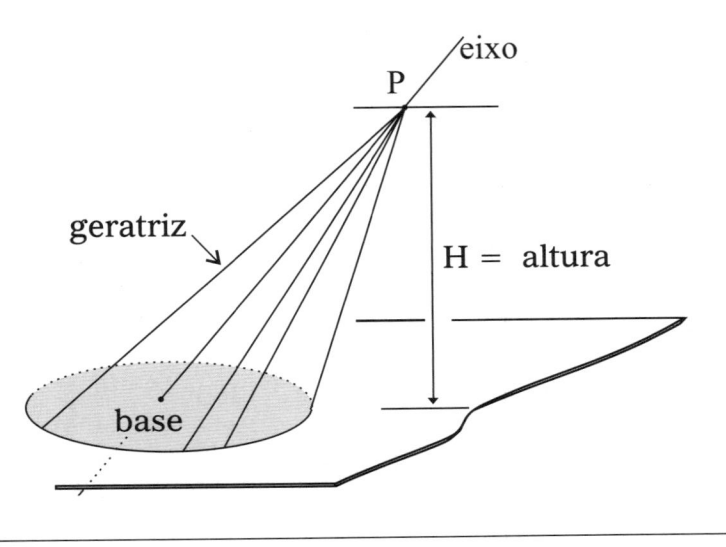

2) Cone circular reto (ou cone de revolução)

Um cone é chamado **cone reto** quando o seu eixo for perpendicular ao plano da base. Se o eixo for oblíquo ao plano da base o cone é oblíquo.

Note que as geratrizes de um cone reto são congruentes entre si.

Um cone reto também é obtido pela rotação de um triângulo retângulo quando gira em torno de um eixo que contém um cateto. Daí o nome **cone de revolução**.

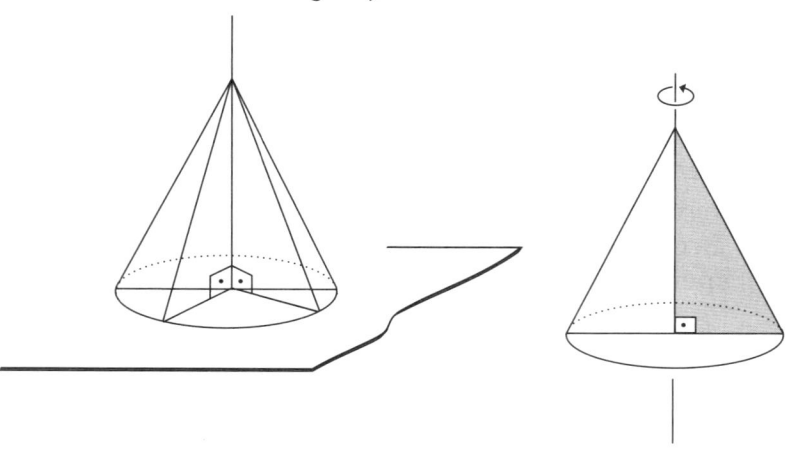

3) Secção meridiana

A intersecção de um cone com um plano que passa pelo eixo é chamada secção meridiana do cone. As secções meridianas de um cone reto são triângulos isósceles (geratrizes são congruentes). Pelo menos uma secção meridiana de um cone oblíquo é um triângulo isósceles.

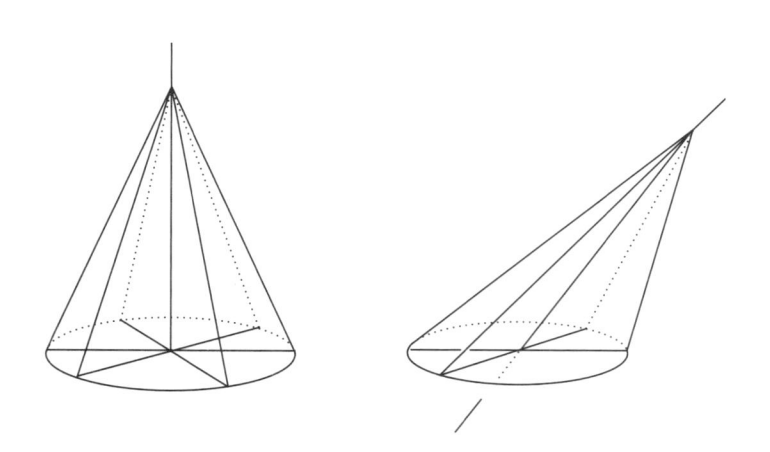

4) Cone equilátero

Cone equilátero é o cone reto cujo geratriz é congruente ao diâmetro da base.

As secções meridianas de um cone equilátero são triângulos equiláteros.

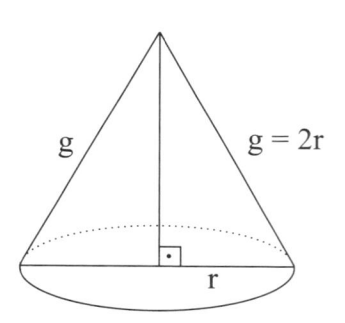

5) Área lateral de cone reto

Sendo R o raio de um círculo, a área A deste círculo e o comprimento C da circunferência correspondente são dados por

$$A = \pi R^2$$
e
$$C = 2\pi R$$

1º) Área de um setor circular e comprimento de um arco dados o raio e o ângulo (em graus).

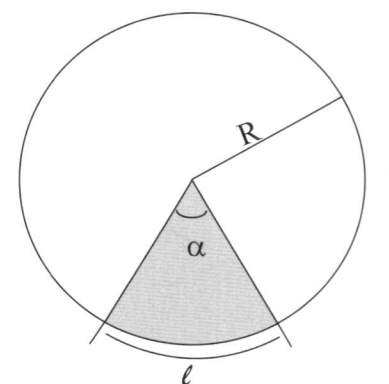

$$A_S = \frac{\alpha}{360°}(\pi R^2)$$

$$\ell = \frac{\alpha}{360°}(2\pi R)$$

2º) Área de um setor circular dado o raio e o comprimento do arco.

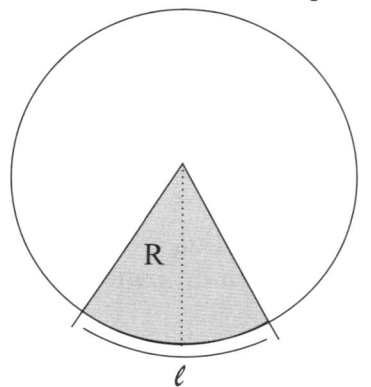

$$A_S = \frac{\ell \cdot R}{2}$$

3º) Área lateral e área total do cone de revolução

Considere um cone de revolução de raio **r**, geratriz **g** e altura **H**. Planificando (desenvolver em um plano) a superfície lateral deste cone obtemos um setor circular de raio g, cujo arco tem comprimento $2\pi r$. Observe as figuras.

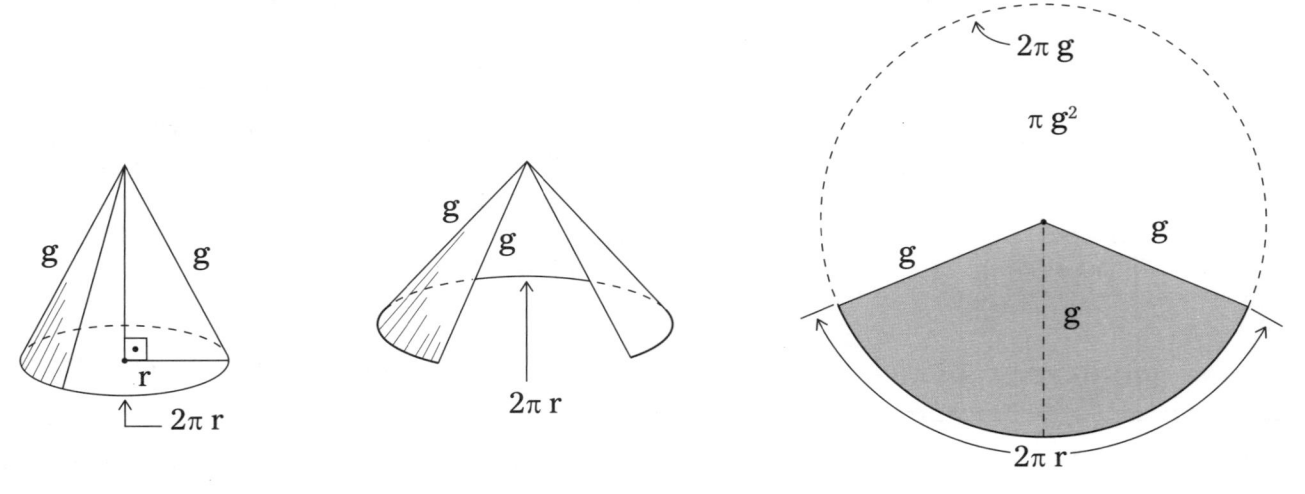

Como a área do setor é dada pela metade do produto do comprimento do arco pelo raio, e neste caso o comprimento do arco é ($2\pi r$), o raio do setor é g (raio do setor é g e raio do cone é r) e a área do setor é igual a área lateral (área da superfície lateral do cone) obtemos:

$$A_{L \cdot cone} = A_{setor} \Rightarrow A_L = \frac{(compr.\ arco) \cdot (raio)}{2} \Rightarrow A_L = \frac{2\pi r \cdot g}{2} \Rightarrow \boxed{A_L = \pi r g}$$

Como a superfície de um cone é formada pela superfície lateral mais a base, obtemos que a área do cone é dada por

$$A = A_{base} + A_{lateral} \Rightarrow \boxed{A = \pi r^2 + \pi r g} \quad \text{ou} \quad \boxed{A = \pi r (\pi + g)}$$

6) Volume de uma pirâmide e de um cone circular (reto ou oblíquo)

B = área da base, **H** = altura

A demonstração desta fórmula será vista em outro caderno de atividade.

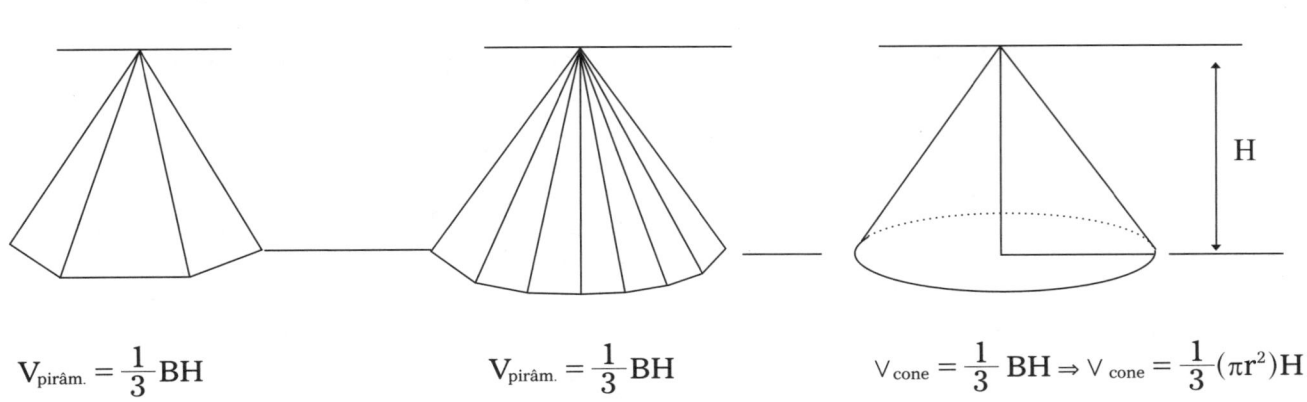

$V_{pirâm.} = \frac{1}{3} BH$ $\quad\quad$ $V_{pirâm.} = \frac{1}{3} BH$ $\quad\quad$ $V_{cone} = \frac{1}{3} BH \Rightarrow V_{cone} = \frac{1}{3} (\pi r^2) H$

Resumindo: $\boxed{V = \frac{1}{3}(\pi r^2)H}$ $\quad$ $\boxed{A_L = \pi r g}$ $\quad$ $\boxed{A = \pi r^2 + \pi r g}$

Exemplo 1: Determinar o volume e a área de um cone circular reto (cone de revolução) com raio de 3 cm e geratriz de 5 cm.

Resolução:

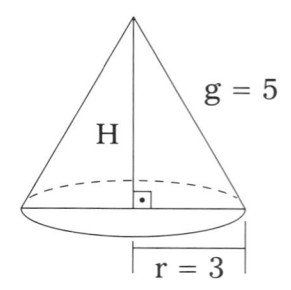

1) **Cálculo de H**

$g = 5$
$r = 3$

$H^2 + 3^2 = 5^2$

$\boxed{H = 4}$

2) **Volume**

$V = \dfrac{1}{3} B \cdot H$

$V = \dfrac{1}{3} \pi \cdot r^2 \cdot H$

$V = \dfrac{1}{3} \pi \cdot 3^2 \cdot 4$

$V = 12\pi$

3) **Área**

$A = B + A_L$

$A = \pi r^2 + \pi r g$

$A = \pi \cdot 3^2 + \pi \cdot 3 \cdot 5$

$\boxed{A = 24\pi}$

Resposta: 12π cm³, 24π cm²

Exemplo 2: Um cone de revolução (cone circular reto) tem raio de 3 cm e volume de $6\sqrt{10}\,\pi$ cm³. Determinar a sua área.

Resolução:

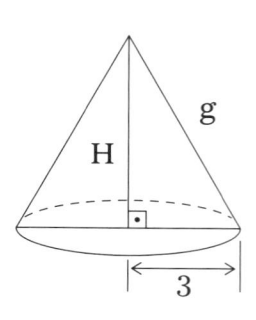

1) **Cálculo de H**

$V = \dfrac{1}{3} B H$

$6\sqrt{10}\,\pi = \dfrac{1}{3} \pi \cdot r^2 \cdot H$

$18\sqrt{10} = 3^2 \cdot H$

$\boxed{H = 2\sqrt{10}}$

2) **Cálculo de g**

$g^2 = r^2 + H^2$

$g^2 = 3^2 + (2\sqrt{10})^2$

$g^2 = 49$

$\boxed{g = 7}$

3) **Área**

$A = B + A_L$

$A = \pi r^2 + \pi r g$

$A = \pi \cdot 3^2 + \pi \cdot 3 \cdot 7$

$\boxed{A = 30\pi}$

Resposta: 30π cm²

Exemplo 3: Um cone circular reto tem $6\sqrt{2}$ cm de altura e $18\sqrt{2}\,\pi$ cm³ de volume. Determinar a sua área.

Resolução:

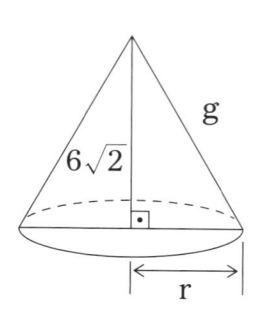

1) **Cálculo de r**

$V = \dfrac{1}{3} B H$

$18\sqrt{2}\,\pi = \dfrac{1}{3} \pi \cdot r^2 \cdot H$

$18\sqrt{2} = \dfrac{1}{3} r^2 \cdot 6\sqrt{2}$

$r^2 = 9$

$\boxed{r = 3}$

2) **Cálculo de g**

$g^2 = H^2 + r^2$

$g^2 = (6\sqrt{2})^2 + 3^2$

$g^2 = 72 + 9$

$g^2 = 81$

$\boxed{g = 9}$

3) **Área**

$A = B + A_L$

$A = \pi \cdot 3^2 + \pi \cdot 3 \cdot 9$

$A = 9\pi + 27\pi$

$A = 36\pi$

Resposta: 36π cm²

Exemplo 4: Um cone de revolução de 3 cm de raio tem 45π cm² de área. Qual é o seu volume?

Resolução:

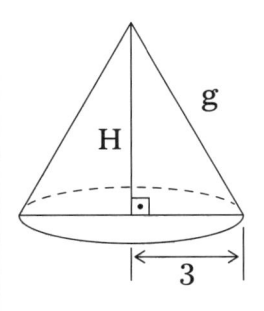

1) Cálculo de g

$A = B + A_L$
$45\pi = \pi r^2 + \pi rg$
$45 = 3^3 + 3 \cdot g$
$3g = 36$

$\boxed{g = 12}$

2) Cálculo de H

$H^2 + 3^2 = g^2$
$H^2 + 9 = 12^2$
$H^2 = 135$
$H^2 = 9 \cdot 15$

$\boxed{H = 3\sqrt{15}}$

3) Volume

$V = \dfrac{1}{3} B \cdot H$

$V = \dfrac{1}{3} \pi r^2 \cdot H$

$V = \dfrac{1}{3} \pi \cdot 3^2 \cdot 3\sqrt{15}$

$\boxed{V = 9\sqrt{15}\,\pi}$

Resposta: $9\sqrt{15}\,\pi$ cm³

Exemplo 5: Um cone circular reto com geratriz de 10 cm tem 96π cm² de área. Qual é o seu volume?

Resolução:

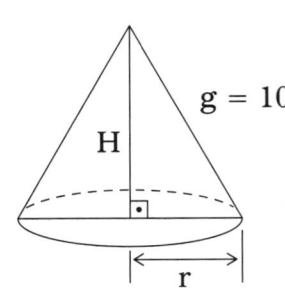

1) Cálculo de r

$A = B + A_L$
$96\pi = \pi r^2 + \pi rg \Rightarrow 96 = r^2 + r \cdot 10 \Rightarrow$
$r^2 + 10r - 96 = 0 \Rightarrow (r + 16)(r - 6) = 0 \Rightarrow \boxed{r = 6}$

2) Cálculo de H

$H^2 + 6^2 = 10^2 \Rightarrow H^2 = 64 \Rightarrow \boxed{H = 8}$

3) Volume

$V = \dfrac{1}{3} BH \Rightarrow V = \dfrac{1}{3} \pi r^2 \cdot H \Rightarrow V = \dfrac{1}{3} \pi \cdot 6^2 \cdot 8 \Rightarrow \boxed{V = 96\pi}$

Resposta: 96π cm³

Exemplo 6: Se um cone equilátero tem 108π cm² de área, qual é o seu volume?

Resolução:

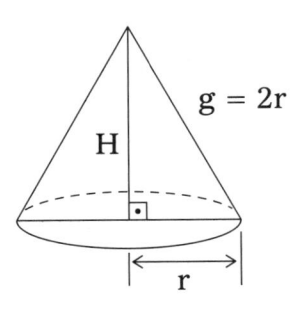

1) Cone equilátero $\Rightarrow g = 2r$

2) H em função de r

$H^2 + r^2 = g^2 \Rightarrow H^2 + r^2 = (2r)^2 \Rightarrow H^2 = 3r^2 \Rightarrow \boxed{H = r\sqrt{3}}$

3) Cálculo de r e H

$A = B + A_L \Rightarrow 108\pi = \pi r^2 + \pi rg \Rightarrow 108 = r^2 + r \cdot (2r)$

$108 = r^2 + 2r^2 \Rightarrow 3r^2 = 108 \Rightarrow r^2 = 36 \Rightarrow \boxed{r = 6} \Rightarrow \boxed{H = 6\sqrt{3}}$

4) Volume

$V = \dfrac{1}{3} BH \Rightarrow V = \dfrac{1}{3} \pi \cdot 6^2 \cdot 6\sqrt{3} \Rightarrow \boxed{V = 72\sqrt{3}}$

Resposta: $72\sqrt{3}\,\pi$ cm³

Exemplo 7: Se um cone equilátero tem $162\sqrt{2}\,\pi$ cm² de volume, qual é a sua área?

Resolução:

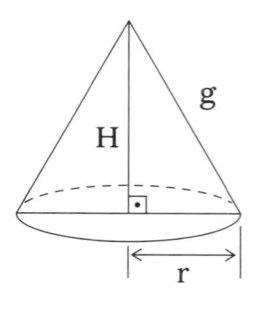

1) **H em função de r**

$$H^2 + r^2 = g^2 \Rightarrow H^2 + r^2 = 4r^2 \Rightarrow H^2 = 3r^2 \Rightarrow \boxed{H = r\sqrt{3}}$$

2) **Cálculo de r e g**

$$V = \frac{1}{3}BH \Rightarrow 162\sqrt{2}\,\pi = \frac{1}{3}\pi r^2 \cdot r\sqrt{3} \Rightarrow$$

$$r^3 = \frac{162 \cdot \sqrt{2} \cdot 3}{\sqrt{3}} \Rightarrow r^3 = \frac{162\sqrt{2} \cdot 3}{\sqrt{3}} \cdot \frac{\sqrt{3}}{\sqrt{3}} \Rightarrow r^3 = 162\sqrt{6}$$

$\Rightarrow r^3 \cdot 3^3 \cdot 3 \cdot 2\sqrt{6} \Rightarrow r^3 = 3^3 \cdot 6\sqrt{6}$. Como $6 = (\sqrt{6})^2$, obtemos:

$r^3 = 3^3 \cdot (\sqrt{6})^2 \cdot \sqrt{6} \Rightarrow r^3 = 3^3 \cdot (\sqrt{6})^3 \Rightarrow \boxed{r = 3\sqrt{6}} \Rightarrow \boxed{g = 6\sqrt{6}}$

3) **Área do cone**

$A = B + A_L \Rightarrow A = \pi r^2 + \pi r g \Rightarrow A = \pi \cdot (3\sqrt{6})^2 + \pi(3\sqrt{6})(6\sqrt{6}) \Rightarrow$

$A = 54\pi + 108\pi \Rightarrow \boxed{A = 162\pi}$

Resposta: 162π cm²

Exemplo 8: A geratriz de um cone circular reto forma um ângulo θ com o plano da base tal que $\text{tg}\,\theta = \frac{\sqrt{21}}{2}$. Se este cone tem 126π cm² de área, qual é o seu volume?

Resolução:

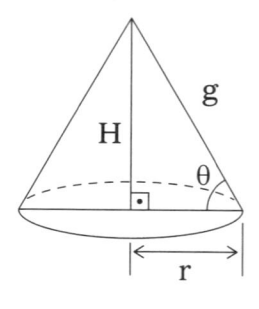

1) **Relação entre H e r**

$$\text{tg}\,\theta = \frac{H}{r} = \frac{\sqrt{21}}{2} \Rightarrow H = \frac{\sqrt{21}\,r}{2}$$

2) **g em função de r**

$$g^2 = H^2 + r^2 \Rightarrow g^2 = \frac{21r^2}{4} + r^2 \Rightarrow g^2 = \frac{25r^2}{4} \Rightarrow \boxed{g = \frac{5}{2}r}$$

3) **Cálculo de r e H**

$A = B + A_L \Rightarrow 126\pi = \pi r^2 + \pi r g \Rightarrow$

$126 = r^2 + r \cdot \frac{5}{2}r \Rightarrow 126 \cdot 2 = 2r^2 + 5r^2 \Rightarrow 7r^2 = 63 \cdot 2 \cdot 2$

$\Rightarrow r^2 = 9 \cdot 4 \Rightarrow \boxed{r = 6} \Rightarrow H = \frac{\sqrt{21} \cdot 6}{2} \Rightarrow \boxed{H = 3\sqrt{21}}$

4) **Volume do cone**

$V = \frac{1}{3}BH \Rightarrow V = \frac{1}{3}\pi r^2 \cdot H \Rightarrow V = \frac{1}{3}\pi \cdot 6^2 \cdot 3\sqrt{21} \Rightarrow \boxed{V = 36\sqrt{21}\,\pi}$

Resposta: $36\sqrt{21}\,\pi$ cm³

Exemplo 9: O perímetro da secção meridiana de um cone de revolução tem 30 cm e este cone tem 90π cm² de área. Qual é o seu volume?

Resolução:

1) **Relação entre g e r**

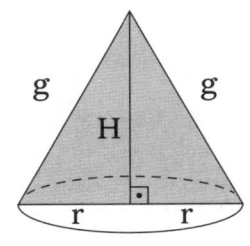

$$2g + 2r = 30 \Rightarrow g + r = 15 \Rightarrow \boxed{g = 15 - r}$$

2) **Cálculo de r e g**

$$A = B + A_L \Rightarrow 90\pi = \pi r^2 + \pi rg \Rightarrow$$
$$90 = r^2 + r(15-r) \Rightarrow 90 = r^2 + 15r - r^2 \Rightarrow \boxed{r = 6} \Rightarrow \boxed{g = 9}$$

3) **Cálculo de H**

$$H^2 + r^2 = g^2 \Rightarrow H^2 + 6^2 = 9^2 \Rightarrow H^2 = 81 - 36 = 45 \Rightarrow \boxed{H = 3\sqrt{5}}$$

4) **Volume do cone**

$$V = \frac{1}{3} BH \Rightarrow V = \frac{1}{3}\pi r^2 \cdot H \Rightarrow V = \frac{1}{3}\pi \cdot 6^2 \cdot 3\sqrt{5} \Rightarrow \boxed{V = 36\sqrt{5}\,\pi}$$

Resposta: $36\sqrt{5}\,\pi$ cm³

Exemplo 10: Um cone circular reto de maior altura possível tem geratriz de 5 cm e volume de 12π cm³. Qual é a sua área?

Resolução:

1) **Cálculo de r e H**

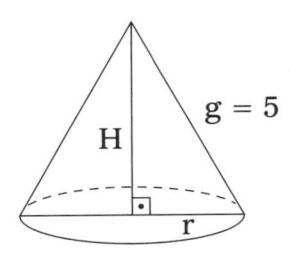

$$\begin{cases} \frac{1}{3}\pi r^2 H = 12\pi \\ H^2 + r^2 = g^2 \end{cases} \Rightarrow \begin{cases} r^2 H = 36 \\ H^2 + r^2 = 25 \end{cases} \Rightarrow r^2 = \frac{36}{H} \Rightarrow$$

$$H^2 + \frac{36}{H} = 25 \Rightarrow H^3 + 36 = 25H \Rightarrow H^3 - 25H + 36 = 0$$

Como $(-25H = -16H - 9H)$, obtemos:

$$H^3 - 16H - 9H + 36 = 0 \Rightarrow H(H^2 - 16) - 9(H - 4) = 0 \Rightarrow$$
$$H(H+4)\underline{(H-4)} - 9\underline{(H-4)} = 0 \Rightarrow (H-4)[H(H+4) - 9] = 0 \Rightarrow$$
$$(H-4)(H^2 + 4H - 9) = 0$$

$$\begin{vmatrix} H - 4 = 0 \Rightarrow \boxed{H = 4} \Rightarrow r^2 = \frac{36}{4} = 9 \Rightarrow \boxed{r = 3} \text{ ou} \\ H^2 + 4H - 9 = 0 \Rightarrow \Delta = 16 + 36 = 52 \Rightarrow H = \frac{-4 \pm 2\sqrt{13}}{2} \Rightarrow H = \sqrt{13} - 2 < 4 \end{vmatrix}$$

Altura maior possível $\Rightarrow H = 4 \Rightarrow r = 3$. Então: $H = 4$ e $r = 3$

2) **Área do cone:**

$$A = B + A_L \Rightarrow A = \pi r^2 + \pi rg \Rightarrow A = \pi \cdot 3^2 + \pi \cdot 3 \cdot 5 \Rightarrow \boxed{A = 24\pi}$$

Resposta: 24π cm²

Exemplo 11: Um cone revolução de altura com $24\sqrt{2}$ cm, tem 576π cm² de área. Determinar o volume deste cone.

Resolução:

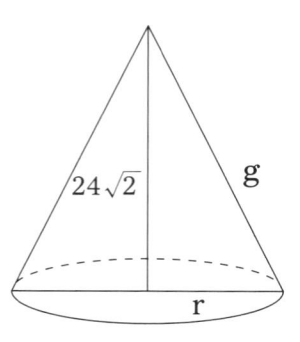

1) **Cálculo de r**

$$\begin{cases} \pi r^2 + \pi rg = 576\pi \\ g^2 = r^2 + (24\sqrt{2})^2 \end{cases} \Rightarrow \begin{cases} r^2 + rg = 576 \\ g^2 - r^2 = 576 \cdot 2 \end{cases}$$

Fatorando os primeiros membros obtemos:

$$\begin{cases} r(r+g) = 576 \\ (g+r)(g-r) = 576 \cdot 2 \end{cases}$$

Dividindo membro a membro, obtemos:

$$\frac{r(r+g)}{(g+r)(g-r)} = \frac{576}{576 \cdot 2} \Rightarrow \frac{r}{g-r} = \frac{1}{2} \Rightarrow g - r = 2r \Rightarrow \boxed{g = 3r} \Rightarrow$$

$$r(r + 3r) = 576 \Rightarrow 4r^2 = 576 \Rightarrow 2r = 24 \Rightarrow \boxed{r = 12}$$

2) **Volume cone**

$$V = \frac{1}{3}BH \Rightarrow V = \frac{1}{3}\pi r^2 H \Rightarrow V = \frac{1}{3}\pi \cdot 12^2 \cdot 24\sqrt{2} \Rightarrow \boxed{V = 1152\sqrt{2}\pi}$$

Resposta: $1152\sqrt{2}\pi$ cm³

Exemplo 12: Um cone revolução de 90π cm² de área tem geratriz de 13 cm. Sendo P o seu vértice, quando deve medir uma corda AB da base para que a área do triângulo PAB seja de $12\sqrt{10}$ cm²?

Resolução:

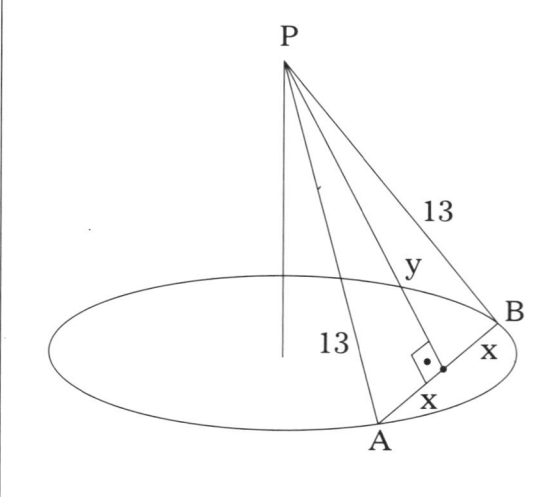

1) **Cálculo do raio**

$A = B + A_L \Rightarrow 90\pi = \pi r^2 + \pi rg \Rightarrow$
$90 = r^2 + r \cdot 13 \Rightarrow r^2 + 13r - 90 = 0 \Rightarrow$
$(r+18)(r-5) = 0 \Rightarrow \boxed{r = 5}$

2) **Cálculo de AB = 2x**

Note que PAB é triangulo isósceles. Seja y a altura dele, relativa à base.

$$\begin{cases} \frac{2x \cdot y}{2} = 12\sqrt{10} \\ x^2 + y^2 = 13^2 \end{cases} \Rightarrow \begin{cases} y = \frac{12\sqrt{10}}{x} \\ x^2 + y^2 = 169 \end{cases} \Rightarrow$$

$x^2 + \left(\frac{12\sqrt{10}}{x}\right)^2 = 169 \Rightarrow x^2 + \frac{144 \cdot 10}{x^2} = 169 \Rightarrow x^4 + 144 \cdot 10 = 169x^2 \Rightarrow$

$x^4 - 169x^2 + 144 \cdot 10 = 0 \Rightarrow x^4 - 169x^2 + 12 \cdot 12 \cdot 10 = 0 \Rightarrow$

$x^4 - 169x^2 + 3 \cdot 4 \cdot 3 \cdot 4 \cdot 10 = 0 \Rightarrow x^4 - 169x^2 + 9 \cdot (160) = 0 \Rightarrow$

$(x^2 - 9)(x^2 - 169) = 0 \Rightarrow x^2 = 9$ ou $x^2 = 160 \Rightarrow \boxed{x = 3} \Rightarrow \boxed{AB = 6}$ ou $x = 4\sqrt{10} \Rightarrow AB = 8\sqrt{10}$

Como $AB = 8\sqrt{10}$ é maior do que o diâmetro 10, obtemos que $AB = 6$

Resposta: 6 cm

Exemplo 13: A altura, raio e a geratriz de um cone circular reto formam, nesta ordem, uma progressão aritmética. Se este cone tem 144π cm² de área, qual é o seu volume?

Resolução:

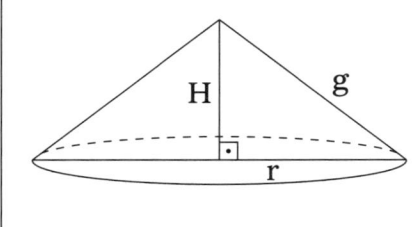

1) (H, r, g) é PA. sendo x a razão da PA, temos:

$$(H, r, g) = (\ , r,\ ) = (r - x, r, r + x)$$

2) $H^2 + r^2 = g^2 \Rightarrow (r-x)^2 + r^2 = (r+x)^2 \Rightarrow$
$r^2 - 2rx + x^2 + r^2 = r^2 + 2rx + x^2 \Rightarrow$
$r^2 - 4rx = 0 \Rightarrow r(r - 4x) = 0 \Rightarrow r = 0$ ou $r = 4x \Rightarrow$
$\boxed{r = 4x} \Rightarrow \boxed{H = 3x \text{ e } g = 5x}$

Note que este triângulo é semelhante ao triângulo 3, 4, 5 (o mais famoso).

"Sempre que os lados de um triângulo retângulo estiverem em PA, ele será semelhante ao de catetos 3 e 4 e hipotenusa 5".

3) **Cálculo de H, r e g**

$A = B + A_L \Rightarrow 144\pi = \pi r^2 + \pi rg \Rightarrow 144 = (4x)^2 + (4x)(5x) \Rightarrow$
$16x^2 + 20x^2 = 144 \Rightarrow 36x^2 = 144 \Rightarrow x^2 = 4 \Rightarrow \boxed{x = 2} \Rightarrow \boxed{H = 6, r = 8 \text{ e } g = 10}$

4) **Volume do cone:**

$$V = \frac{1}{3}B \cdot H \Rightarrow V = \frac{1}{3}\pi r^2 H \Rightarrow V = \frac{1}{3}\pi \cdot 8^2 \cdot 6 = \pi \cdot 64 \cdot 2 \Rightarrow \boxed{V = 128\pi}$$

Obs.: Se fizermos (H, r, g) = (H, H + x, H + 2x), obtemos:

$(H + 2x)^2 = H^2 + (H + x)^2 \Rightarrow H^2 + 4Hx + 4x^2 = H^2 + H^2 + 2Hx + x^2 \Rightarrow$
$H^2 - 2Hx - 3x^2 = 0 \Rightarrow (H - 3x)(H + x) = 0 \Rightarrow H = 3x \Rightarrow r = 4x, g = 5x \ldots$

Resposta: 128π cm³

Exemplo 14: Um cilindro e um cone, ambos equiláteros, têm alturas iguais. Determinar a razão entre suas áreas e a razão entre seus volumes.

Resolução:

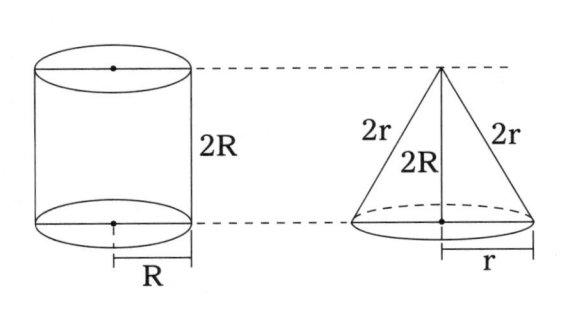

1) $(2R)^2 + r^2 = (2r)^2 \Rightarrow 4R^2 + r^2 = 4r^2 \Rightarrow$
$4R^2 = 3r^2 \Rightarrow \dfrac{R^2}{r^2} = \dfrac{3}{4}$

2) **Razão entre as áreas** (α)

$$\alpha = \frac{A_{cil}}{A_{cone}} = \frac{2\pi R^2 + 2\pi RH}{\pi r^2 + \pi r \cdot g} = \frac{2R^2 + 2R(2R)}{r^2 + r(2r)} \Rightarrow$$

$$\alpha = \frac{6R^2}{3r^2} = 2\left(\frac{R^2}{r^2}\right) = 2 \cdot \frac{3}{4} \Rightarrow \boxed{\alpha = \frac{3}{2}}$$

3) **Razão entre volumes** (β)

$$\beta = \frac{\pi R^2 \cdot 2R}{\frac{1}{3}\pi r^2 \cdot 2R} \Rightarrow \beta = 3\frac{R^2}{r^2} \Rightarrow \beta = 3 \cdot \frac{3}{4} \Rightarrow \boxed{\beta = \frac{9}{4}}$$

Resposta: $\dfrac{3}{2}$ e $\dfrac{9}{4}$

312 Determinar o volume dos seguintes cones circulares (unidade = metro = m)

a) [cone: altura 6, raio 5]

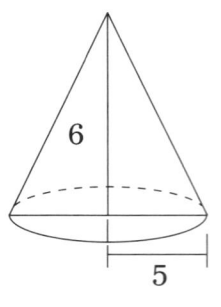

b) [cone: altura 7, raio 6]

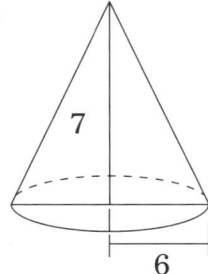

c) [cone: geratriz 10, raio 6]

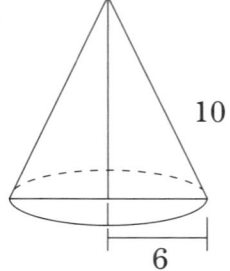

d) [cone: geratriz 13, altura 12]

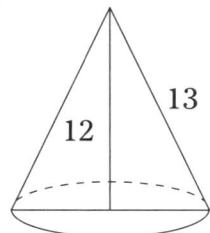

313 Determinar a área lateral do cone de revolução, nos casos:

a) [cone: geratriz 7, raio 5]

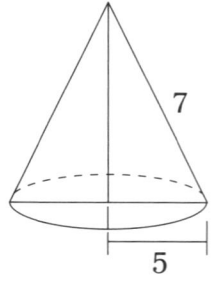

b) [cone: geratriz 8, raio 6]

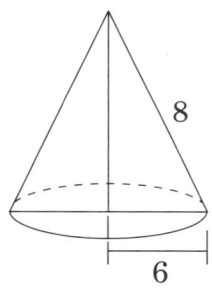

c) [cone: geratriz 12, raio 9]

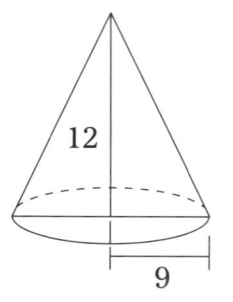

d) [cone: geratriz 17, altura 15]

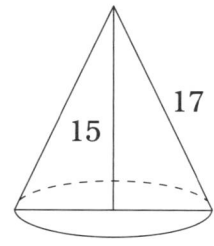

314 Determinar a área dos seguintes cones circulares:

a) [cone with height-side 10, radius 9]

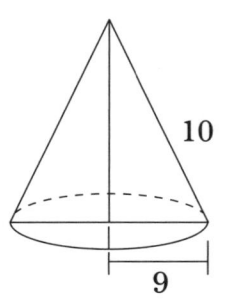

b) [cone with side 10, radius 5]

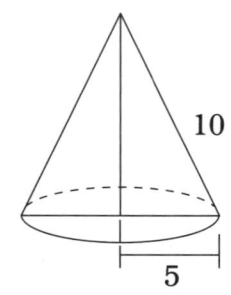

c) [cone with height $\sqrt{7}$, side 4]

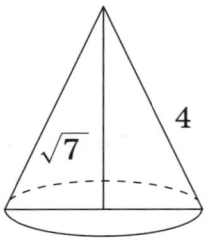

d) [cone with height $2\sqrt{7}$, radius 6]

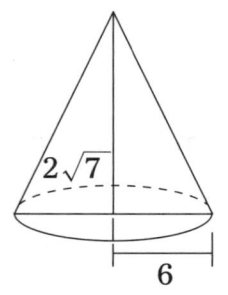

315 Determinar o volume e a área do cone de revolução, nos casos:

a) [cone with side 9, radius 6]

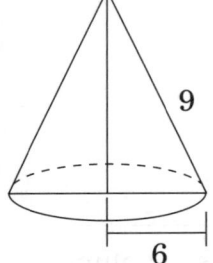

b) [cone with height 24, side 25]

167

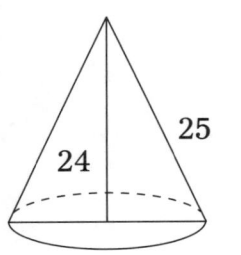

316 Um cone de revolução de raio 6 m tem $48\sqrt{10}\,\pi$ m³ de volume. Determinar a sua área.

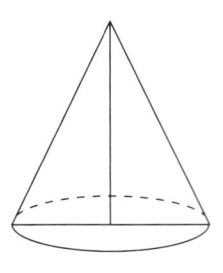

317 Um cone circular reto tem $3\sqrt{15}$ m de altura e $9\sqrt{15}\,\pi$ m³ de volume, determinar a sua área.

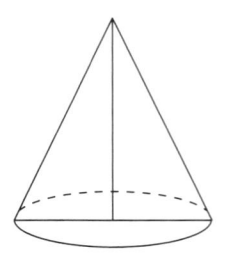

318 Um cone de revolução tem 48π m² de área e raio de $2\sqrt{3}$ m, determinar o seu volume.

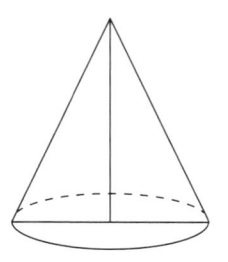

319 Um cone circular reto com geratriz de 15 m tem 216π m² de área, determinar o seu volume.

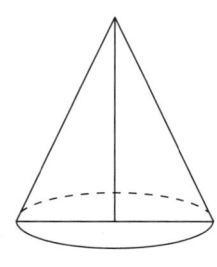

320 Um cone equilátero tem raio de $4\sqrt{3}$ m, determinar o seu volume.

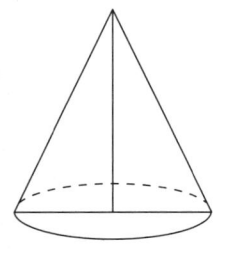

321 Determinar o volume de um cone equilátero de 27π m² de área.

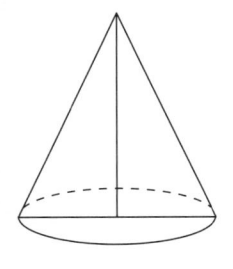

Resp: **312** a) 50π m³ b) 84π m³ c) 96π m³ d) 100π m³   **313** a) 35π m² b) 48π m² c) 135π m² d) 136π m²
314 a) 171π m² b) 75π m² c) 21π m² d) 84π m²   **315** a) $36\sqrt{5}$ m³ e 90π m² b) 392π m³ e 224π m²

322 Um cone equilátero tem $375\pi \, m^3$ de volume. Determinar a sua área.

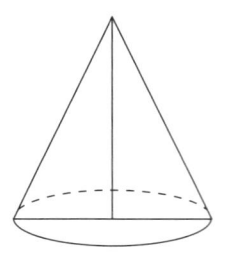

323 O perímetro da secção meridiana de um cone de revolução é de 30 m. Se ele tem $45\pi \, m^2$ de área, qual é o seu volume?

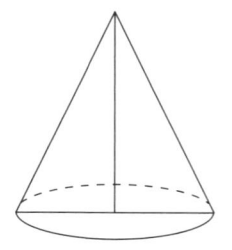

324 A geratriz de um cone circular reto forma um ângulo θ com o plano da base tal que tg θ = $2\sqrt{2}$. Se este cone tem $144\sqrt{2}\,\pi$ cm³ de volume, qual é a sua área?

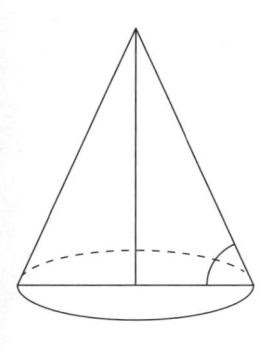

325 A geratriz de um cone de revolução forma um ângulo θ com o plano da base tal que $\cos\theta = \frac{2}{3}$. Se este cone tem $256\sqrt{15}\,\pi$ m³ de volume, qual é a sua área?

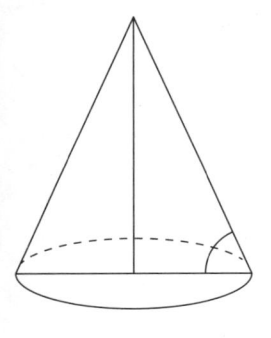

Resp: **316** 120π m² **317** 45π m² **318** $16\sqrt{6}\,\pi$ m³ **319** 324π m³ **320** 144π m² **321** $9\sqrt{3}\,\pi$ m³

326 A geratriz de um cone de revolução forma com o eixo do cone um ângulo θ tal que $\tg \theta = \frac{5}{12}$. Se este cone tem 360π m² de área, determinar o seu volume.

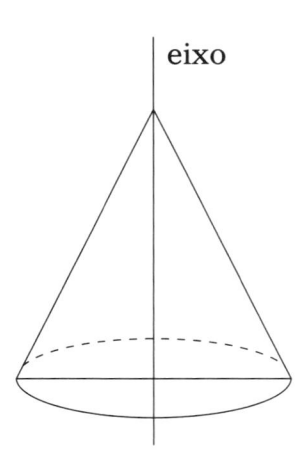

327 Um cone de revolução de maior altura possível tem geratriz de $3\sqrt{10}$ m e volume de 27π m³. Determinar a tgθ, onde θ é o ângulo que a geratriz forma com o eixo do cone.

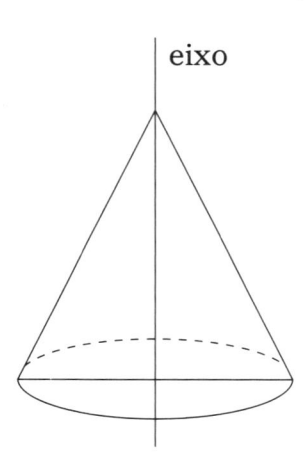

328 Um cone circular reto com altura de 9 m tem 324π m² de área, qual é o seu volume?

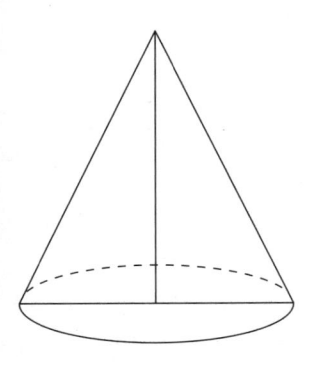

329 Um cone de revolução de menor altura possível tem volume de 12π m³ e área lateral de 15π m². Determinar a sua área.

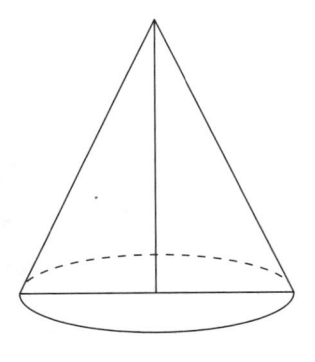

Resp: **322** 225π m²   **323** $9\sqrt{15}\,\pi$ m³   **324** 144π m²   **325** 480π m²

330 O raio, a altura e a geratriz de um cone circular reto formam, nesta ordem uma progressão aritmética. Se este cone tem 768π m³ de volume, qual é a sua área?

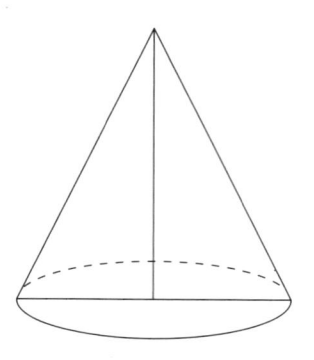

331 Um cone de revolução de 4 m de raio tem 36π m² de área. Sendo P o vértice do cone, quanto deve medir uma corda AB da base para que o triângulo PAB tenha 12 m² de área?

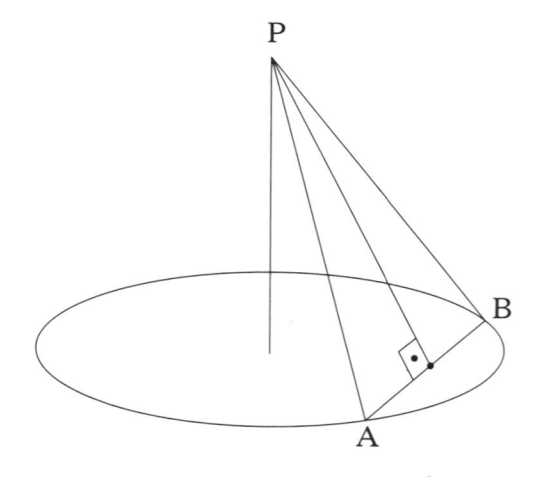

7) Relação entre o raio r, a geratriz g e ângulo α da planificação

A fórmula obtida, não é para ser decorada.
Quando for necessário usá-la, é para deduzi-la por um dos modos apresentados.

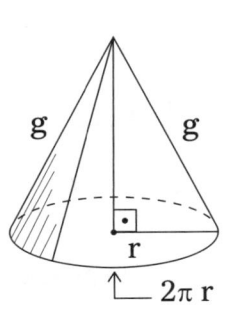

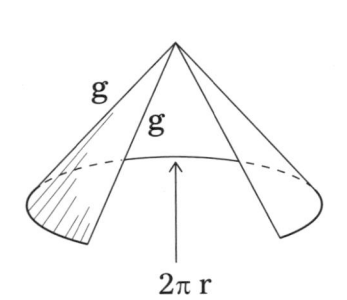

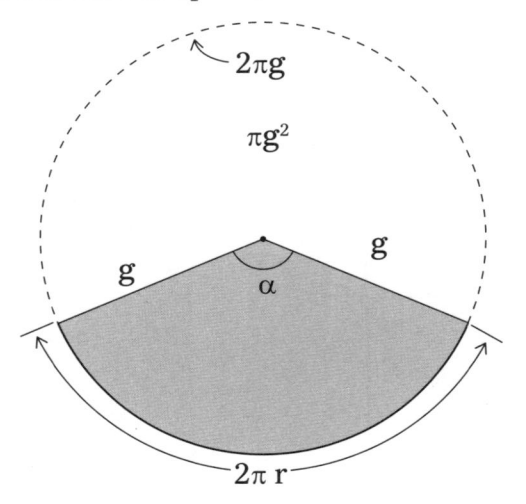

Revisão:

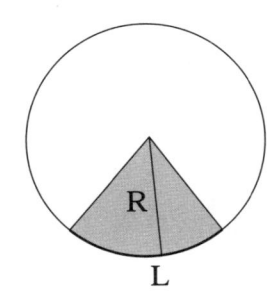

$$A_{setor} = \frac{L \cdot R}{2}$$

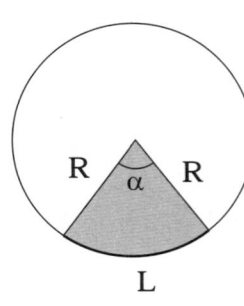

α em graus

$$A_{setor} = \frac{\alpha}{360°}(\pi R^2)$$

$$L = \frac{\alpha}{360°}(2\pi R)$$

1º modo Usando áreas

$A_{Lat.cone} = A_{setor}$

$\pi r g = \frac{\alpha}{360°}(\pi g^2)$

$$\boxed{r = \frac{\alpha}{360°} g}$$

2º modo Usando comprimentos

Comprimento da circunf. da base do cone = Comprimento do arco do setor

$2\pi r = \frac{\alpha}{360°}(2\pi g)$

$$\boxed{r = \frac{\alpha}{360°} g}$$

Exemplo 1: Planificando a superfície lateral de um cone de revolução obtemos um setor de 120°. Determinar uma relação entre a geratriz g e o raio r.

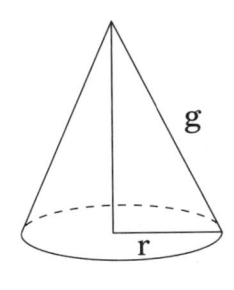

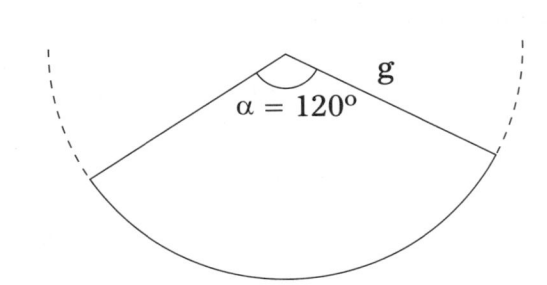

1º modo: (Áreas)

$A_{L.cone} = A_{setor}$

$\pi r g = \frac{\alpha}{360°} \cdot \pi g^2$

$r = \frac{\alpha}{360°} \cdot g \Rightarrow r = \frac{120°}{360°} g \Rightarrow$

$r = \frac{1}{3} g \Rightarrow \boxed{g = 3r}$

Resposta: $g = 3r$

Resp: **326** 800π m³   **327** $\frac{1}{3}$ **328** 432π m³   **329** 24π m²

Exemplo 2: Planificando a superfície lateral de um cone circular reto, obtém-se um setor de 270°. Qual é o cosseno do ângulo que a geratriz forma com o eixo deste cone?

Resolução:

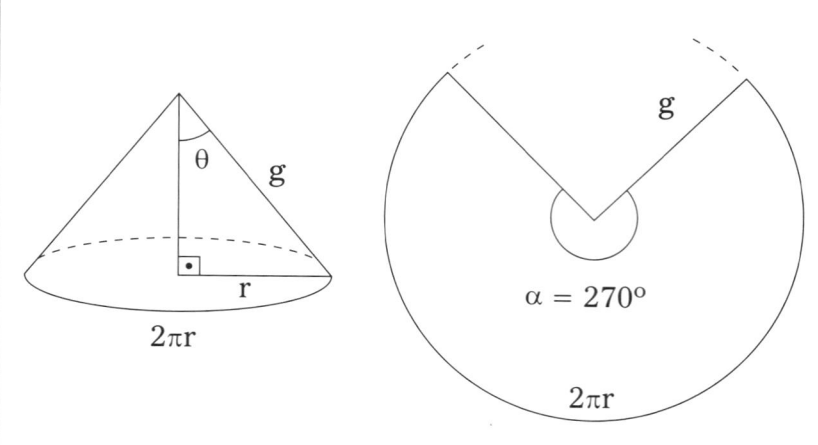

2º modo: (comprimentos)

$2\pi r = \dfrac{\alpha}{360°}(2\pi g)$

$r = \dfrac{\alpha}{360°} g \Rightarrow r = \dfrac{270}{360} g \Rightarrow$

$r = \dfrac{3}{4} g \Rightarrow \dfrac{r}{g} = \dfrac{3}{4} \Rightarrow \text{sen}\theta = \dfrac{3}{4}$

$\text{sen}^2\theta + \cos^2\theta = 1 \Rightarrow \dfrac{9}{16} + \cos^2\theta = 1 \Rightarrow$

$\cos^2\theta = \dfrac{7}{16} \Rightarrow \cos\theta = \dfrac{\sqrt{7}}{4}$

Resposta: $\dfrac{\sqrt{7}}{4}$

Exemplo 3: Planificando a superfície lateral de um cone de revolução, obtemos um setor circular de 216°. Se este cone tem 216π m² de área, qual é o seu volume?

Resolução:

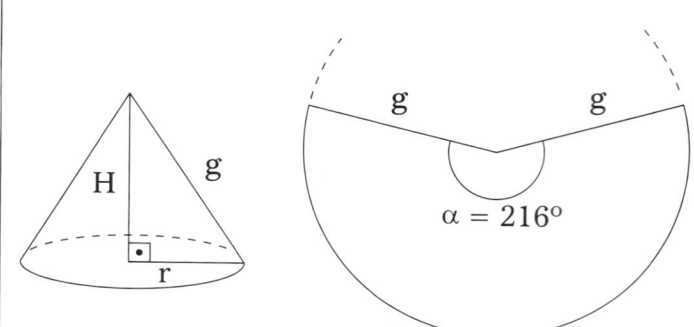

1) **Relação entre g e r**

1º modo: (Áreas)

$A_{L \cdot cone} = A_{setor} \Rightarrow \pi r g = \dfrac{\alpha}{360°} \cdot (\pi g^2)$

$\Rightarrow r = \dfrac{\alpha}{360°} \cdot g \Rightarrow r = \dfrac{216}{360} g \Rightarrow$

$r = \dfrac{3}{5} g \Rightarrow \boxed{g = \dfrac{5}{3} r}$

2) **Cálculo de r e g**

$A = B + A_L \Rightarrow 216\pi = \pi r^2 + \pi r g \Rightarrow 216 = r^2 + r\left(\dfrac{5}{3}r\right) \Rightarrow 216 \cdot 3 = 3r^2 + 5r^2$

$\Rightarrow 8r^2 = 216 \cdot 3 \Rightarrow 4r^2 = 108 \cdot 3 \Rightarrow r^2 = 81 \Rightarrow \boxed{r = 9} \Rightarrow g = \dfrac{5}{3}(9) \Rightarrow \boxed{g = 15}$

3) **Cálculo de H:** $H^2 + r^2 = g^2 \Rightarrow H^2 + 9^2 = 15^2 \Rightarrow H^2 = 144 \Rightarrow \boxed{H = 12}$

4) **Volume:** $V = \dfrac{1}{3} B \cdot H \Rightarrow V = \dfrac{1}{3} \pi r^2 \cdot H \Rightarrow V = \dfrac{1}{3} \pi \cdot 9^2 \cdot 12 \Rightarrow V = 324\pi$

Reposta: 324π m³

Exemplo 4: Planificando a superfície lateral de um cone equilátero, quantos graus terá o setor?

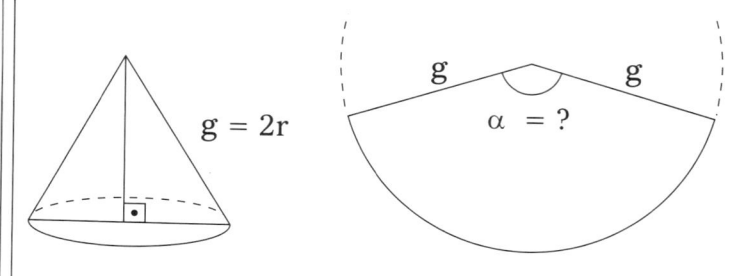

1) Cone equilátero $\Rightarrow g = 2r$

2) $A_L = A_{setor} \Rightarrow \pi r g = \dfrac{\alpha}{360°}(\pi g^2)$

$r = \dfrac{\alpha}{360°} g \Rightarrow r = \dfrac{\alpha}{360°} \cdot 2r \Rightarrow \boxed{\alpha = 180°}$

O setor é um semicírculo

Reposta: 180°

332 Resolver:

a) Qual é a área de um setor circular de 72° de um círculo de raio 15 m?

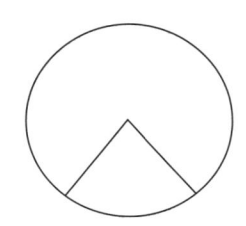

b) Qual é a área de um setor circular cujo arco mede 15 m e o raio 10 m?

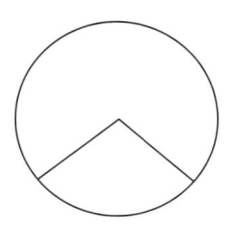

c) Um setor de um círculo de 12 m de raio tem 54π m². Determine o ângulo do setor.

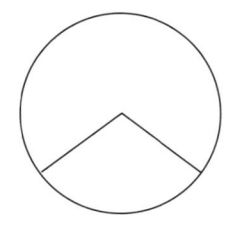

d) Qual é o comprimento de um arco de 100° de um círculo de 27 m de raio?

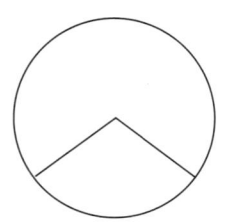

e) Um arco de uma circunferência de 30 m de raio tem 16π m de comprimento. Quantos graus mede esse arco?

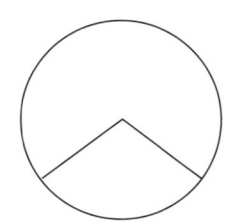

f) Um setor de um círculo de 20 m de raio tem 120π m². Qual é o comprimento do arco do setor?

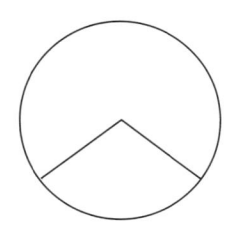

333 Planificando a superfície lateral de um cone reto obtemos um setor cujo arco mede 30π m. Determine o raio desse cone.

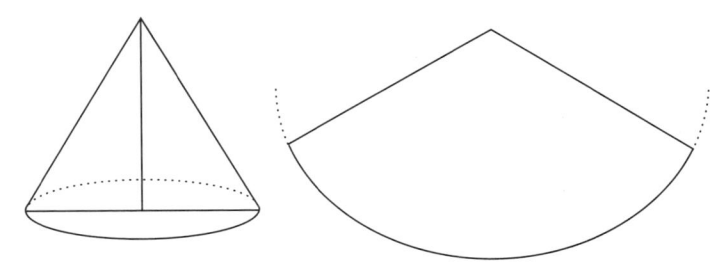

334 Planificando a superfície lateral de um cone de revolução cuja geratriz mede 45 m, obtemos um setor de 132°. Qual é o comprimento da circunferência da base do cone?

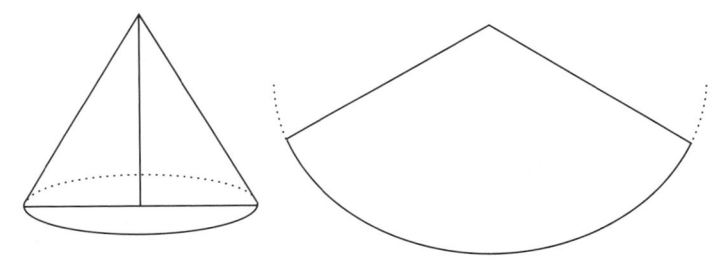

Resp: **330** 384π m²   **331** 6 m e 8 m

335 Planificando a superfície lateral de um cone reto obtemos um setor circular de 252°. Determine uma relação entre r e g.

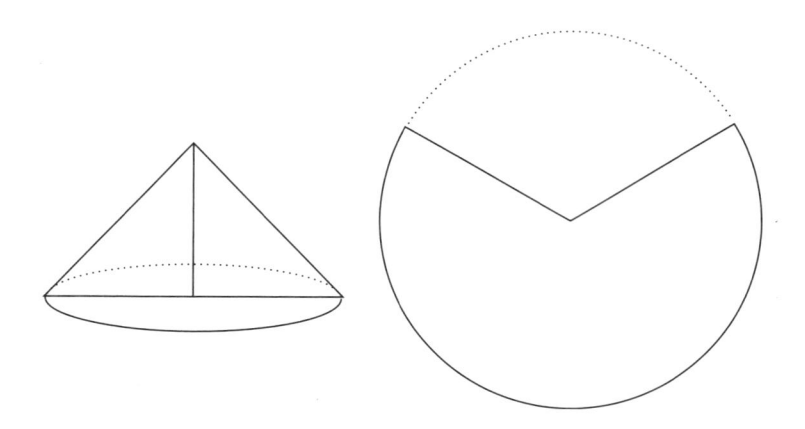

336 Planificando a superfície lateral de um cone reto cuja geratriz mede 80 m, obtemos um setor de 126°.
Determine o raio e a altura desse cone.

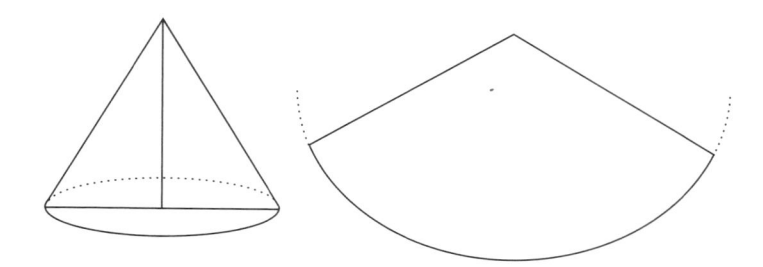

337 Planificando a superfície lateral de um cone reto de $2\sqrt{95}$ m de altura obtemos um setor circular de 210°. Determinar o raio e a geratriz desse cone.

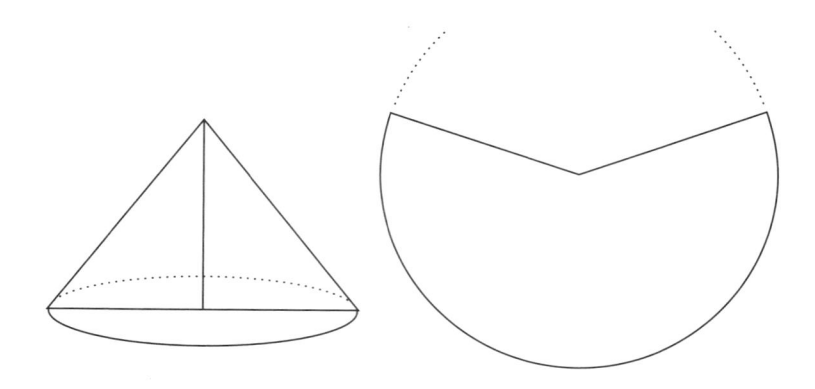

338 Planificando a superfície lateral de um cone reto de altura $2\sqrt{39}$ m e raio 10 m obtemos um setor circular de quantos graus?

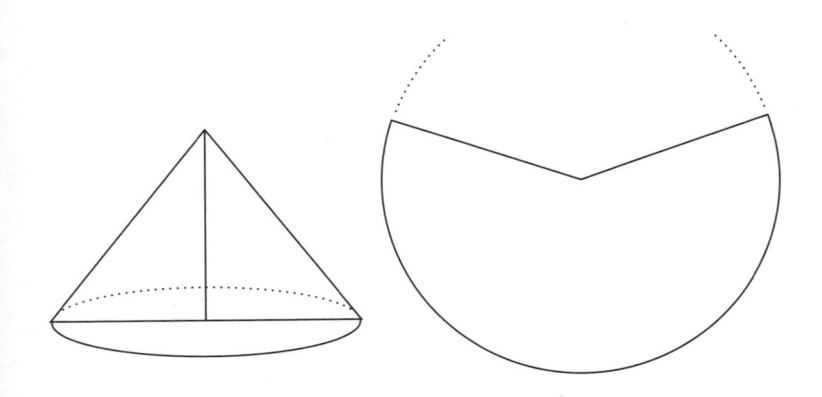

339 Um cone reto tem 24 m de geratriz e planificando a sua superfície lateral obtemos um setor de 135°. Qual é a área desse cone?

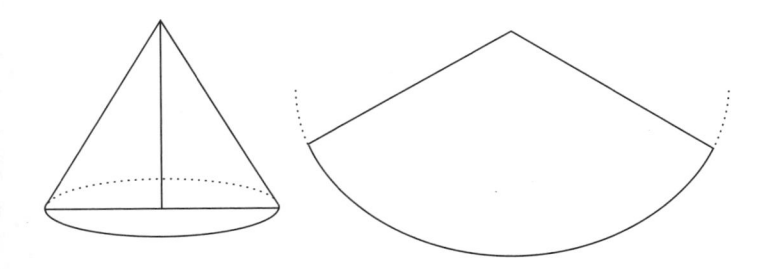

340 A altura de um cone reto mede $4\sqrt{11}$ m e planificando a sua superfície lateral obtemos um setor de 168°. Qual é a área desse cone?

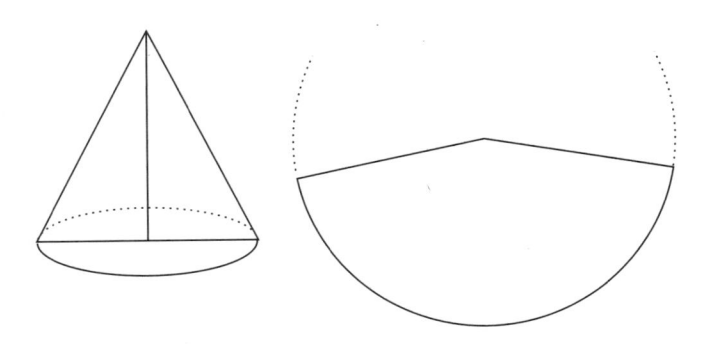

Resp: **332** a) 45π m²   b) 75 m²   c) 135°   d) 15π m   e) 96°   f) 12π m   **333** 15 m   **334** 33π m

341 O raio de um cone de revolução mede 18 m e a planificação da sua superfície lateral é um setor de 162°. Qual é o volume desse cone?

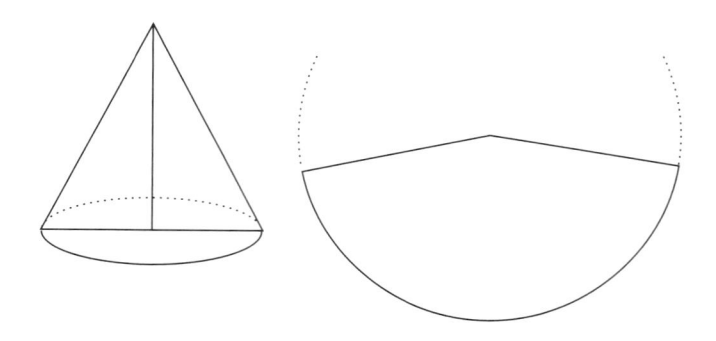

342 A altura de um cone de revolução mede $3\sqrt{21}$ m e a planificação da sua superfície lateral é um setor de 144°. Determine o volume e a área desse cone.

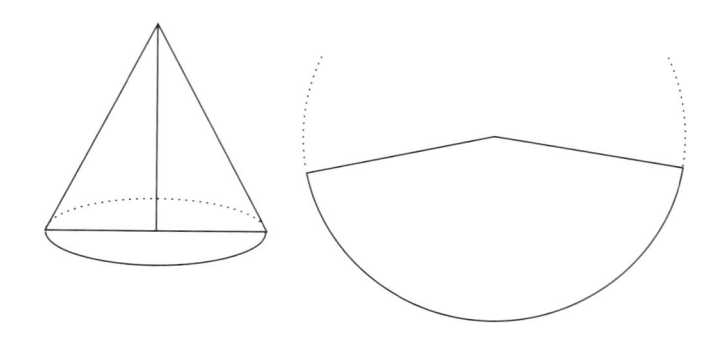

343 Planificando a superfície lateral de um cone reto obtemos um setor de 216°. Determine o ângulo que a geratriz forma com o eixo do cone.

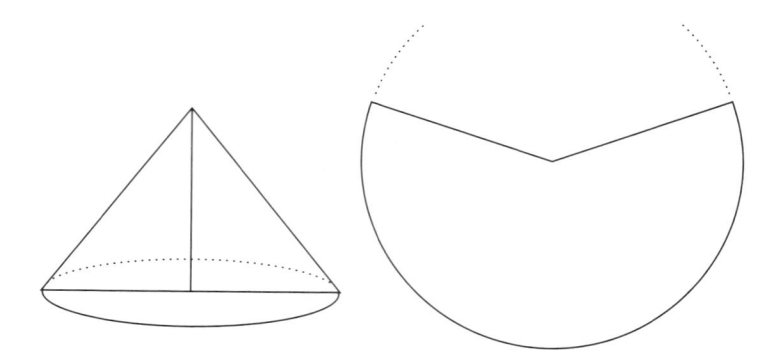

344 Planificando a superfície lateral de um cone de revolução obtemos um setor de 120° cujo arco mede 12π m. Determine o volume e a área desse cone.

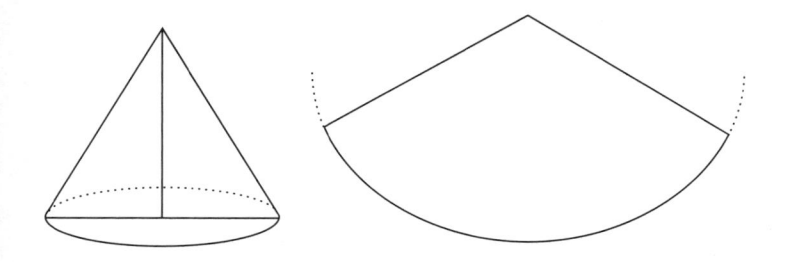

345 Planificando a superfície lateral de um cone de revolução obtemos um setor circular de 216°. Se o volume desse cone é de 324π m³, qual é a sua área?

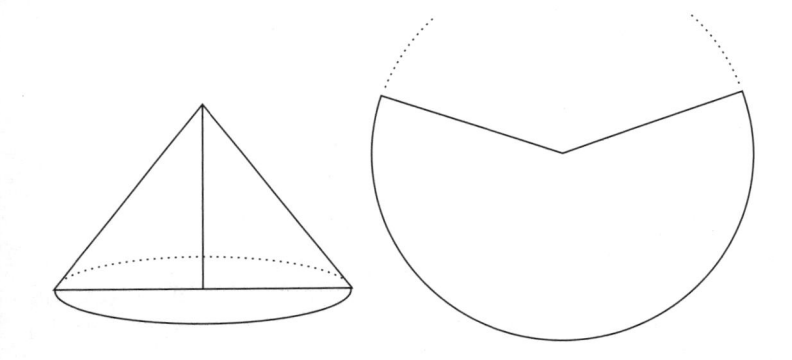

Resp: **335** $r = \frac{7}{10} g$ **336** $R = 28$ m, $H = 12\sqrt{39}$ m **337** 14 m, 24 m **338** 225° **339** 297π m² **340** 154π m²

346 A secção meridiana de um cone circular reto tem 27 m² de área e este cone tem 27π m³ de volume. Qual é a sua área lateral?

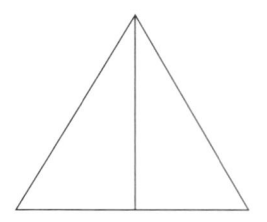

347 Um cilindro equilátero e um cone equilátero têm raios iguais. Determinar a razão α entre os seus volumes e a razão β entre as suas áreas.

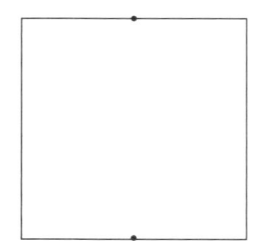

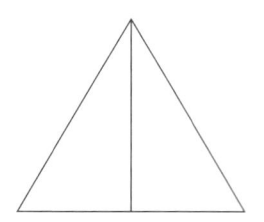

348 O volume e a área de um cone de revolução são numericamente iguais (em m³ e m² expressos por um mesmo número). Considere aquele que tem a altura expressa por um menor número inteiro de metros e determine o seu volume.

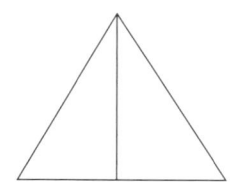

349 Duas geratrizes de um cone reto, que formam um ângulo de 60°, determinam um plano, que ao interceptar o plano da base, determina na circunferência da base um arco de 90° cujo comprimento é de 3π m. Determine o volume desse cone..

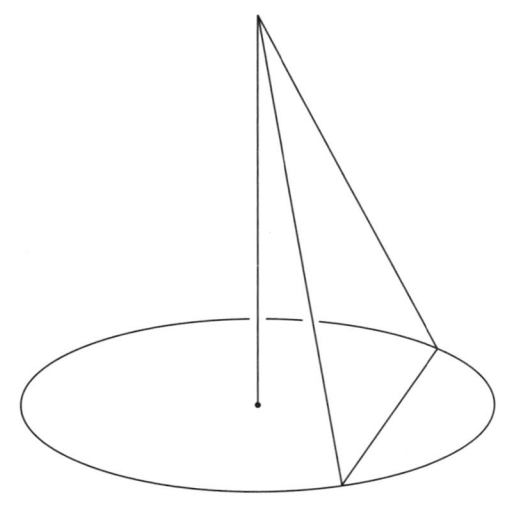

350 O volume e a área de um cone reto são expressos, em m³ e m², por um mesmo número (são numericamente iguais). Se esse cone tem 8 m de altura, qual é o seu volume?

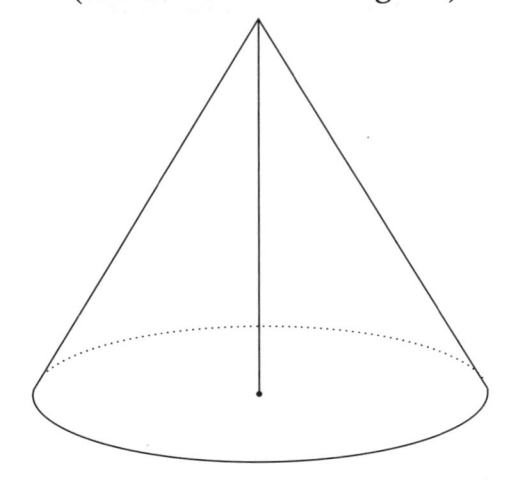

351 A superfície lateral de um cone de revolução tem 70π m². Determinar o volume deste cone sendo 4,8 m a distância entre o centro da base e uma geratriz do cone.

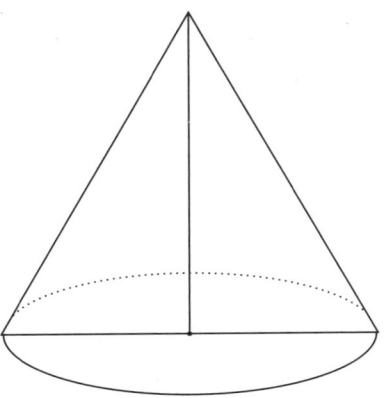

Resp: **341** $216\sqrt{319}\,\pi\,\text{m}^3$ **342** $36\sqrt{21}\,\pi\,\text{m}^3$, $126\pi\,\text{m}^2$ **343** $\text{sen}\,\theta = \frac{3}{5}$ ou $\theta = \text{arc sen}\,\frac{3}{5}$

344 $144\sqrt{2}\,\pi\,\text{m}^3$, $144\pi\,\text{m}^2$ **345** $216\pi\,\text{m}^2$

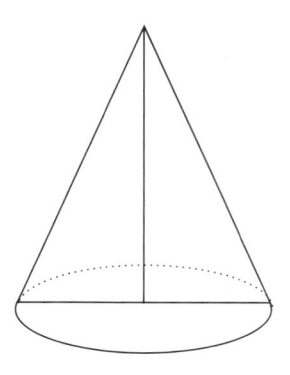

352 Um cone reto cuja altura mede $3\sqrt{7}$ m tem 30π m² de área lateral. Qual é o seu volume?

353 Um cilindro e um cone retos, de alturas iguais têm raios iguais. Se a razão entre as áreas laterais desses sólidos é $\frac{24}{13}$, qual é a razão entre suas áreas?

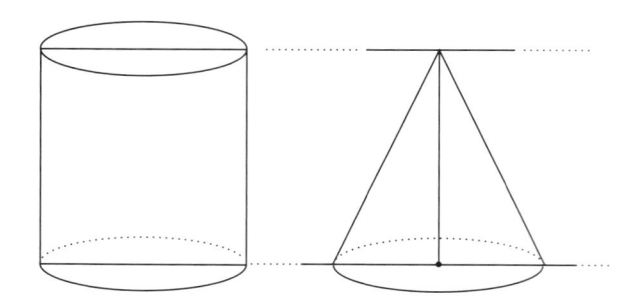

354 Resolver:

a) Determine o volume e a área de um cone reto de raio 8 m e geratriz 17 m.

b) Determine a área de um cone de revolução de altura igual a $3\sqrt{7}$ m, sabendo que o seu volume é de $81\sqrt{7}\,\pi\,m^3$.

c) Determine o volume de um cone reto sabendo que a sua geratriz mede 9m e a sua área é de $90\pi\,m^2$.

d) Qual é o volume de um cone equilátero que tem $324\pi\,m^2$ de área?

e) A secção meridiana de um cone reto de $24\pi\,m^2$ tem 16m de perímetro. Qual é o volume desse cone?

f) A secção meridiana de um cone reto de $100\pi\,m^3$ tem $60m^2$ de área. Qual é a área desse cone?

355 Resolver:

a) Determinar o volume de um cone equilátero de $576\pi\,m^2$.

b) Determine a área de um cone equilátero de $192\pi\,m^3$.

c) Determine o volume e a área de um cone de revolução de 6 m de raio sabendo que sua secção meridiana tem $18\sqrt{21}\,m^2$.

d) Um cone reto de $6\sqrt{5}$ m de altura tem $288\sqrt{5}\,\pi\,m^3$ de volume. Determine a sua área.

e) Um cone reto de 3 m de raio tem $18\sqrt{2}\,\pi\,m^3$. Determine a sua área.

f) Um cone de revolução de 10 m de raio tem $360\pi\,m^2$ de área. Determinar o seu volume.

g) Um cone reto cuja geratriz mede 21 m tem $396\pi\,m^2$ de área. Qual é o seu volume?

h) O cosseno do ângulo que a geratriz de um cone reto forma com o seu eixo vale $\frac{\sqrt{7}}{4}$. Sabendo que a área desse cone é de $189\pi\,m^2$, qual é o seu volume?

i) A geratriz de um cone reto mede $3\sqrt{5}$ m e a secção meridiana desse cone tem $18\,m^2$. Determine o seu volume.

356 Um cone de revolução cuja geratriz mede $\sqrt{13}$ m tem $4\pi\,m^3$ de volume. Determine a área lateral desse cone.

357 Um cone reto de vértice V e raio 4 m tem uma superfície lateral de $8\sqrt{7}\,\pi\,m^2$. Quanto deve medir uma corda AB da base para que a área do triângulo VAB seja de $4\sqrt{6}\,m^2$?

358 Um cone reto cuja altura mede $6\sqrt{5}$ m tem $360\pi\,m^2$ de área. Qual é o seu volume?

359 Planificando a superfície lateral de um cone reto de 20 m de geratriz, obtemos um setor de 108°. Qual é o volume desse cone?

360 Planificando a superfície lateral de um cone reto de $6\sqrt{2}$ m de altura, obtemos um setor de 120°. Qual é o volume desse cone?

361 Desenvolvendo a superfície lateral de um cone reto, em um plano, obtemos um setor circular de 135° de 16 m de raio. Determine o volume desse cone.

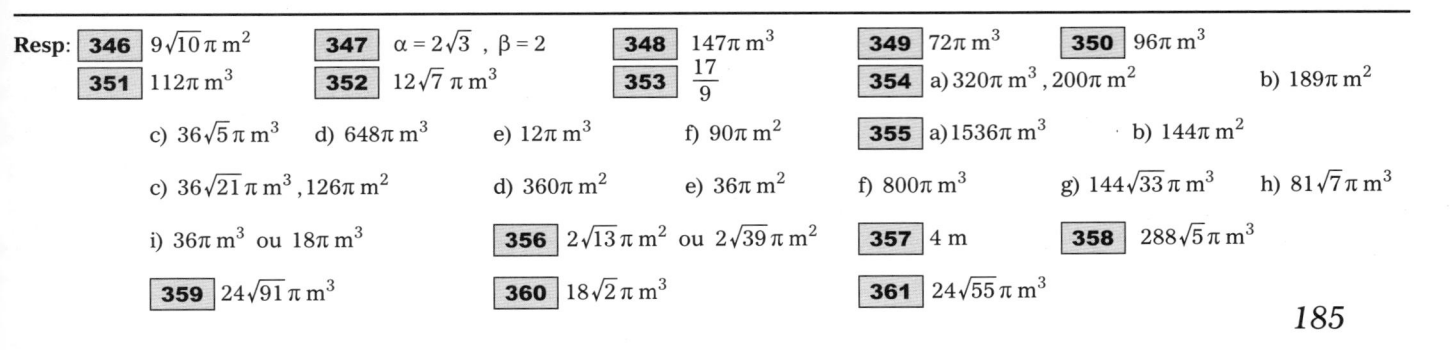

Resp: **346** $9\sqrt{10}\,\pi\,m^2$ **347** $\alpha = 2\sqrt{3}$, $\beta = 2$ **348** $147\pi\,m^3$ **349** $72\pi\,m^3$ **350** $96\pi\,m^3$ **351** $112\pi\,m^3$ **352** $12\sqrt{7}\,\pi\,m^3$ **353** $\frac{17}{9}$ **354** a) $320\,m^3$, $200\pi\,m^2$ b) $189\pi\,m^2$ c) $36\sqrt{5}\,\pi\,m^3$ d) $648\pi\,m^3$ e) $12\pi\,m^3$ f) $90\pi\,m^2$ **355** a) $1536\pi\,m^3$ b) $144\pi\,m^2$ c) $36\sqrt{21}\,\pi\,m^3$, $126\pi\,m^2$ d) $360\pi\,m^2$ e) $36\pi\,m^2$ f) $800\pi\,m^3$ g) $144\sqrt{33}\,\pi\,m^3$ h) $81\sqrt{7}\,\pi\,m^3$ i) $36\pi\,m^3$ ou $18\pi\,m^3$ **356** $2\sqrt{13}\,\pi\,m^2$ ou $2\sqrt{39}\,\pi\,m^2$ **357** 4 m **358** $288\sqrt{5}\,\pi\,m^3$ **359** $24\sqrt{91}\,\pi\,m^3$ **360** $18\sqrt{2}\,\pi\,m^3$ **361** $24\sqrt{55}\,\pi\,m^3$

362 Um cone de revolução com geratriz de $3\sqrt{5}$ m tem 18π m³ de volume. Determinar a sua altura.

363 Desenvolvendo a superfície lateral de um cone reto de $2\sqrt{7}$ m de altura, em um plano, obtemos um setor circular de 270°. Determine a área deste cone.

364 Um cone de revolução de vértice **P** tem 3 m de raio e 6π m³ de volume. Quanto deve medir uma corda AB da base do cone para que a área do triângulo PAB seja de 6 m²?

365 Aumentando de 6 m o raio ou a altura de um cone reto, num e noutro caso, o seu volume aumenta de x m³. Sendo 3 m o raio original, determinar o volume original.

366 No cálculo do volume de um cone, o calculista enganou-se, trocando as medidas do raio e da altura. O volume do cone aumentou ou diminuiu? Discutir.

367 Determinar o volume de um cone reto de 8 m de altura, sabendo que a sua área é de 96π m².

368 O perímetro da secção meridiana de um cone de revolução é de 14 m e ao planificarmos a sua superfície lateral (do cone), obtemos um setor de 60°. Determine o volume deste cone.

369 Um cilindro equilátero e um cone equilátero tem volumes iguais. Determinar a razão entre as áreas destes sólidos.

370 Planificando a superfície lateral de um cone de 144π m² obtemos um setor de 180°. Qual é o volume desse cone?

371 A altura de um cone reto mede 12 m e a área lateral excede a área da base em 54π m². Determine o volume desse cone.

372 Planificando a superfície lateral de um cone reto obtemos um setor circular de 216°. Determinar a área deste cone, sabendo que ele tem 96π m³.

373 Um cone de revolução com geratriz de 10 m tem 96π m³ de volume. Determinar a sua altura.

374 Um cone circular reto com área lateral de $18\sqrt{5}\,\pi$ m² tem 36π m³ de volume. Determinar a sua altura.

Resp: **362** 6 m ou $3(\sqrt{2}-1)$ m **363** 84π m² **364** 6 m ou 4 m **365** $\frac{9}{4}\pi$ m³

366 R = H, não alterou; R < H, aumentou; R > H, diminuiu. **367** 96π m³ **368** $\frac{\sqrt{35}}{3}\pi$ m³

369 $\frac{\sqrt[3]{18}}{3}$ **370** 192π m³ **371** 324π m³ **372** 96π m²

373 8 m ou $2(\sqrt{13}-2)$ **374** 3 m ou $6(\sqrt{2}-1)$ m

3 – Esferas

1) Superfície esférica e esfera

Definição: Considere um ponto O e uma distância R maior que zero.

O conjunto de todos os pontos do espaço que distam **R** de **O** chamamos de superfície esférica de centro **O** e raio **R**. O conjunto dos pontos cuja distância até **O** é menor ou igual a **R** (a superfície esférica mais o seu interior) chamamos de **esfera** de centro **O** e raio **R**.

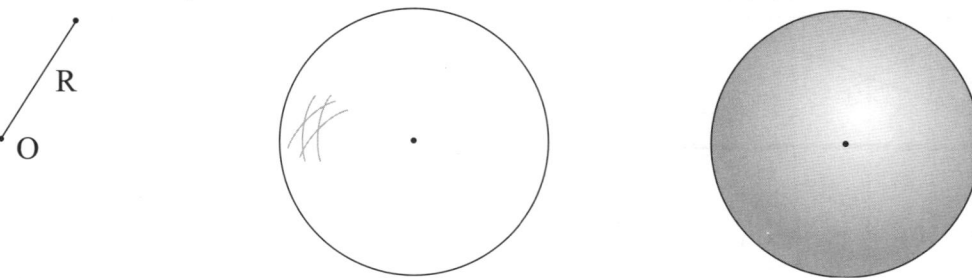

2) Secção plana de uma esfera

Secção plana de uma esfera é a intersecção da esfera com um plano que tem ponto em comum com ela.

Teorema: Uma secção plana de uma esfera, obtida por um plano que é secante com ela (plano que tem mais que um ponto em comum com a esfera), é um círculo.

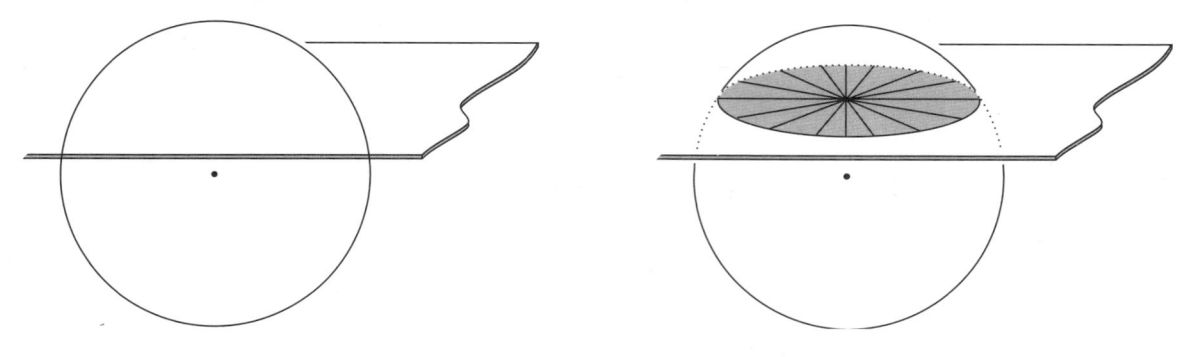

3) Secção meridiana

Secção meridiana de uma esfera é a intersecção da esfera com um plano que passa pelo seu centro.

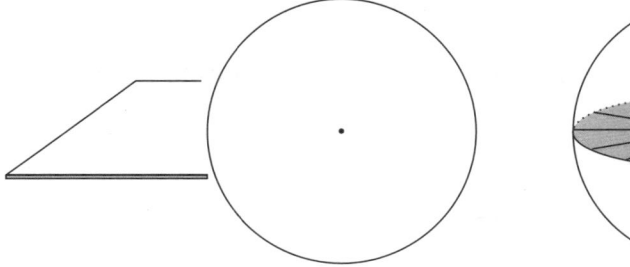

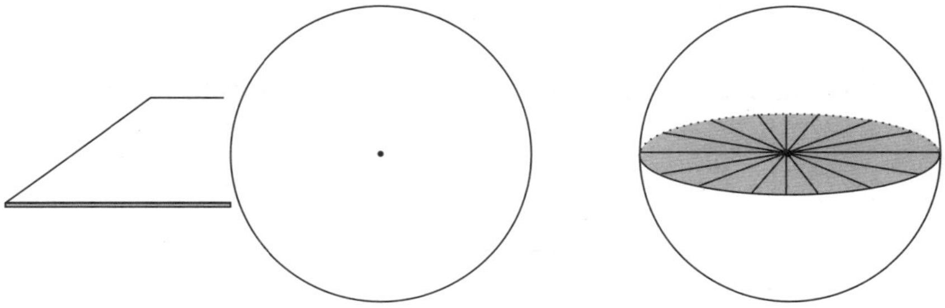

4) Plano tangente e reta tangente a uma esfera

Um plano e uma reta são tangentes a uma esfera se, e somente se, eles têm um único ponto em comum com a esfera.

Teorema: Se um plano é perpendicular a um raio, pela sua extremidade que está na superfície da esfera, então ele é tangente a essa esfera. (E reciprocamente).

Teorema: Se uma reta é perpendicular a um raio, pela sua extremidade que está na superfície da esfera, então ele é tangente a essa esfera. (E reciprocamente).

Obs: 1º) Se a distância entre uma reta e o centro de uma esfera for igual ao raio, essa reta é tangente a essa esfera.

2º) Se a distância entre um plano e o centro de uma esfera for igual ao raio, esse plano é tangente a essa esfera.

a) O plano α é tangente a esfera de raio R e centro O. $d(O, \alpha) = R$.

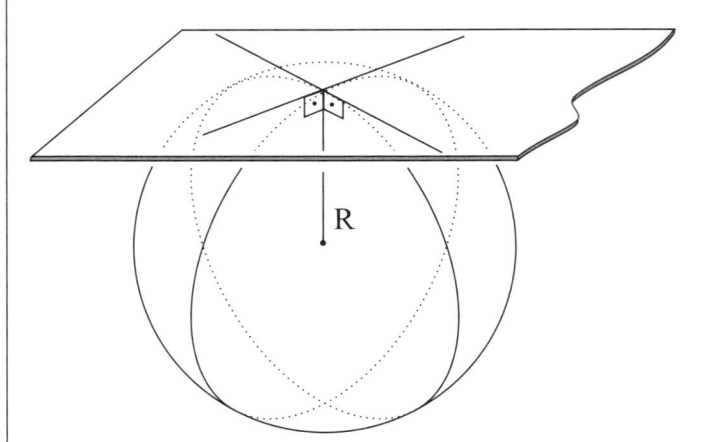

b) A reta **t** é tangente a esfera de raio R e centro O. $d(O, t) = R$.

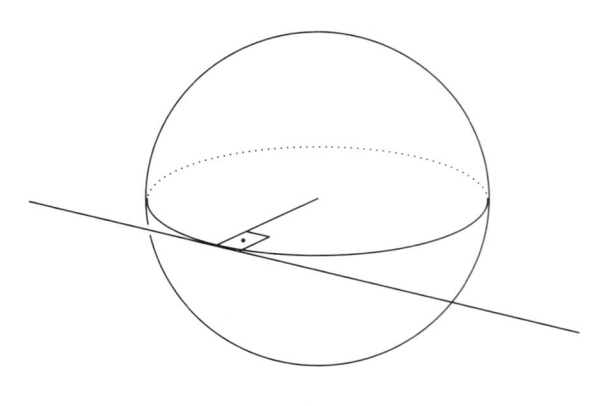

5) Distância entre um ponto e uma superfície esférica

A distância **d** entre um ponto **P** e uma superfície esférica de centro **O** e raio **R** é:

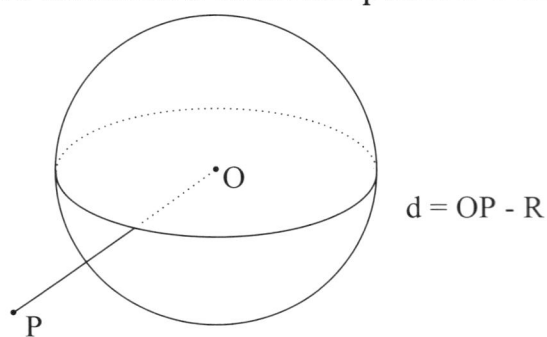

$d = OP - R$

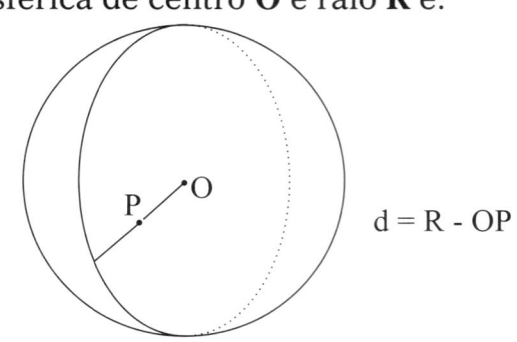

$d = R - OP$

6) Sólidos de revolução

Sólido revolução é o sólido gerado pela rotação de uma região plana quando gira em torno de um eixo que está no mesmo plano

Cilindro de revolução   Cone de revolução   Esfera

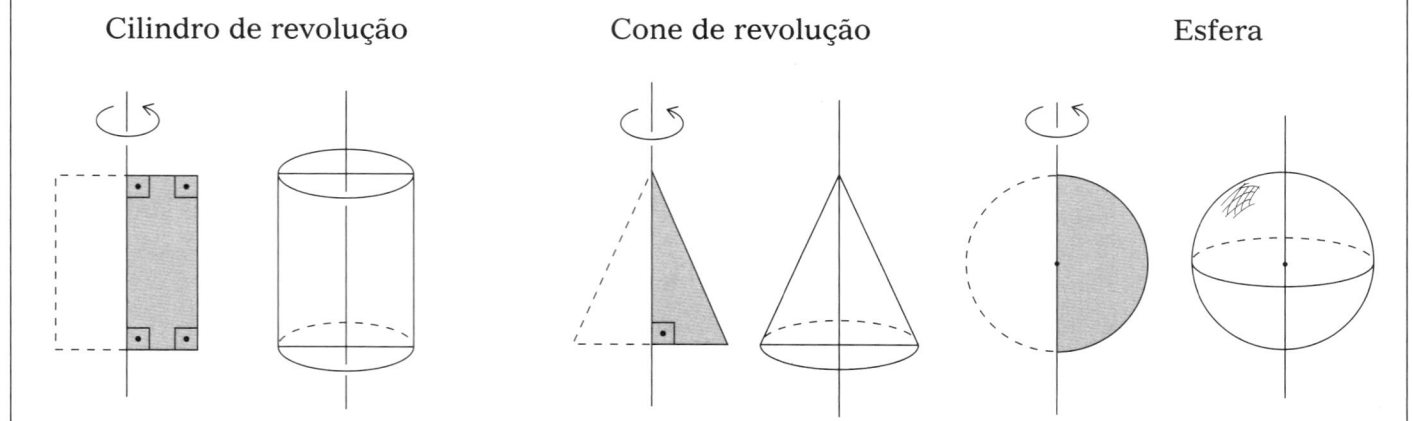

Nem todo cilindro circular é um cilindro de revolução. O de revolução é obtido quando um retângulo gira em torno de um eixo que contem um lado. Ele é cilindro circular reto.

Nem todo cone circular é um cone de revolução. O de revolução é obtido quando um triângulo retângulo gira em torno de um eixo que contém um cateto. E é cone circular reto.

Toda esfera é um sólido de revolução. É obtida quando um semicírculo gira em torno do diâmetro. Quando a semicircunferência girar em torno do diâmetro, obtém-se a superfície esférica.

7) Volume e área de uma esfera

Arquimedes (287 - 212 AC) mostrou que o volume e a área de uma esfera são, respectivamente, iguais a $\frac{2}{3}$ do volume e $\frac{2}{3}$ da área do menor cilindro reto que a contém.

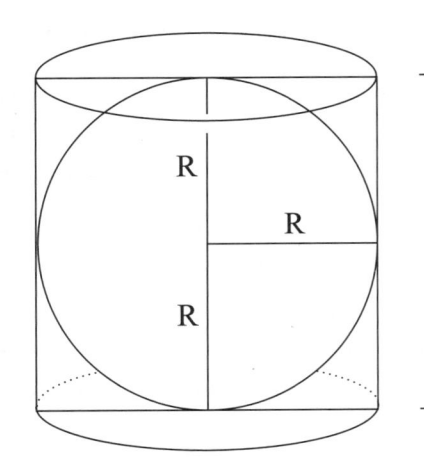

Se o raio da esfera for R, o cilindro será equilátero de raio R e altura H = 2R.

1°) Volume da esfera

$V = \frac{2}{3} [V_{cilindro}]$

$V = \frac{2}{3} [B \cdot H]$

$V = \frac{2}{3} [\pi R^2 \cdot (2R)]$

$\boxed{V = \frac{4}{3}\pi R^3}$

2°) Área da esfera

$A = \frac{2}{3} [A_{cilindro}]$

$A = \frac{2}{3} [2B + A_L]$

$A = \frac{2}{3} [2(\pi R^2) + 2\pi R (H)]$

$A = \frac{2}{3} [2\pi R^2 + 2\pi R (2R)]$

$\boxed{A = 4\pi R^2}$

Obs: Estas fórmulas serão demonstradas posteriormente.

Exemplo 1 (Nos três casos o sólido é o mesmo)

I) Determine o volume e a área de uma esfera de raio $2\sqrt{3}$ cm

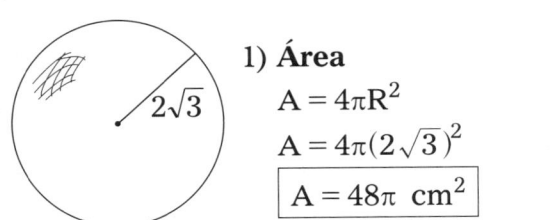

1) Área

$A = 4\pi R^2$

$A = 4\pi (2\sqrt{3})^2$

$\boxed{A = 48\pi \text{ cm}^2}$

2) Volume

$V = \frac{4}{3}\pi R^3 \Rightarrow V = \frac{4}{3}\pi (2\sqrt{3})^3 \Rightarrow$

$\Rightarrow V = \frac{4}{3}\pi \cdot 8 \cdot 3\sqrt{3} \Rightarrow \boxed{V = 32\sqrt{3}\,\pi \text{ cm}^3}$

II) Determinar o volume de uma esfera de 48π cm² de área.

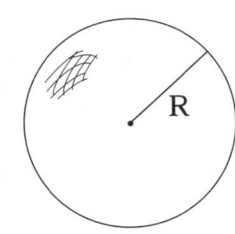

1) Cálculo de R (usamos a área dada)

$A = 4\pi R^2 \Rightarrow 48\pi = 4\pi R^2 \Rightarrow R^2 = 12 \Rightarrow \boxed{R = 2\sqrt{3}}$

2) Volume

$V = \frac{4}{3}\pi R^3 \Rightarrow V = \frac{4}{3}\pi \cdot (2\sqrt{3})^3 \Rightarrow \boxed{V = 32\sqrt{3}\,\pi \text{ cm}^3}$

III) Determinar a área de uma esfera de $32\sqrt{3}\,\pi$ cm³ de volume.

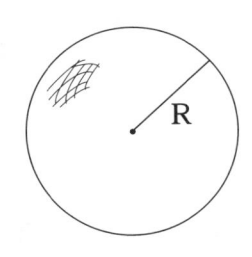

1) Cálculo de R (usamos o volume dado)

Este é o caso do artifício $3 = (\sqrt{3})^2$. Observe.

$V = \frac{4}{3}\pi R^3 \Rightarrow 32\sqrt{3} = \frac{4}{3}\pi R^3 \Rightarrow R^3 = 8 \cdot 3\sqrt{3}$

$R^3 = 2^3 \cdot (\sqrt{3})^2 \cdot \sqrt{3} \Rightarrow R^3 = 2^3 \cdot (\sqrt{3})^3 \Rightarrow \boxed{R = 2\sqrt{3}}$

2) Área

$A = 4\pi R^2 \Rightarrow A = 4\pi (2\sqrt{3})^2 \Rightarrow \boxed{A = 48\pi \text{ cm}^2}$

Exemplo 2: A secção meridiana de uma esfera tem 18π m² de área.
Determinar a área e o volume desta esfera.

Resolução:

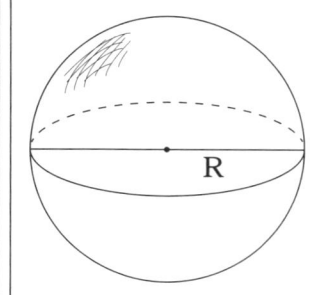

1) O raio da secção meridiana é igual ao raio da esfera. Esta secção é um círculo de área πR^2.

$\pi R^2 = 18\pi \Rightarrow R^2 = 18 \Rightarrow \boxed{R = 3\sqrt{2}}$

2) **Área da esfera:**

$A = 4\pi R^2 \Rightarrow A = 4\pi(18) \Rightarrow \boxed{A = 72\pi}$

3) **Volume:** $V = \frac{4}{3}\pi R^3 \Rightarrow V = \frac{4}{3}\pi(3\sqrt{2})^2 = \frac{4}{3}\pi \cdot 3 \cdot 9 \cdot 2\sqrt{2} \Rightarrow \boxed{V = 72\sqrt{2}\,\pi}$

Reposta: 72π m² e $72\sqrt{2}\,\pi$ m³

Exemplo 3: Uma secção plana de uma esfera, distante 2 m de um dos polos correspondentes tem 36π m² de área. Qual é a área desta esfera?

Resolução:

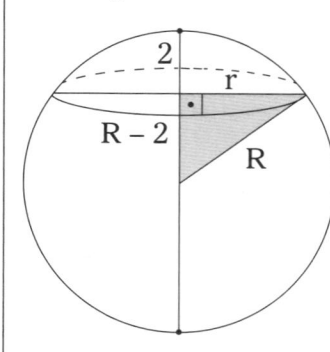

1) Polos são as extremidades do diâmetro perpendicular a secção

2) **raio da secção:** $\pi r^2 = 36\pi \Rightarrow r = 6$

3) Como o raio da esfera é maior que 6, a distância dada é ao polo mais próximo.

4) $R^2 = (R-2)^2 + 6^2 \Rightarrow R^2 = R^2 - 4R + 4 + 36 \Rightarrow \boxed{R = 10}$

5) Área da esfera: $A = 4\pi R^2 \Rightarrow A = 4\pi \cdot 100 \Rightarrow \boxed{A = 400\pi}$

Reposta: 400π m²

Exemplo 4: Uma ponto P dista 9 m de uma esfera. Por P traça-se uma reta que tangencia a esfera num ponto A. Determinar o raio desta esfera, se PA = 15 m.

Resolução

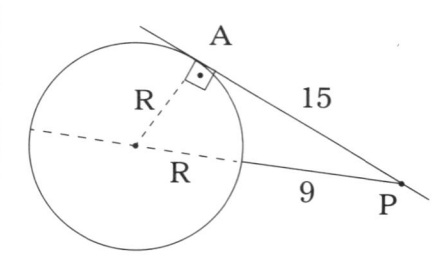

$(R + 9)^2 = R^2 + 15^2$

$R^2 + 18R + 81 = R^2 + 225$

$18R = 144 \Rightarrow \boxed{R = 8}$

Reposta: 8 m

Exemplo 5: Uma esfera tem 196π cm² de área e uma secção plana dela tem 24π cm² de área. Determinar a distância entre esta secção plana e o centro da esfera.
Sejam R e r os raios da esfera e da secção.

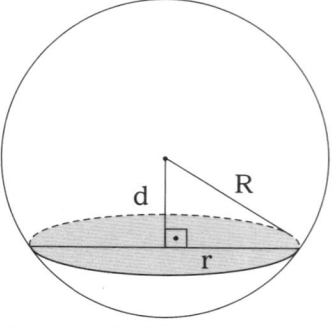

1) $\begin{cases} 4\pi R^2 = 196\pi \\ \pi r^2 = 24\pi \end{cases} \Rightarrow \begin{cases} R^2 = 49 \\ r^2 = 24 \end{cases}$

2) $d^2 + r^2 = R^2 \Rightarrow d^2 + 24 = 49 \Rightarrow d^2 = 25 \Rightarrow \boxed{d = 5\,\text{cm}}$

Exemplo 6: Duas secções planas paralelas de uma esfera têm $27\pi \text{ cm}^2$ e $35\pi \text{ cm}^2$ de área. Se a distância entre estas secções é de 4 cm, qual é o volume desta esfera?

Resolução: Como não está sendo dito se as secções estão de um mesmo lado do centro ou cada uma de um lado, façamos os dois casos e vejamos se os resultados são diferentes

1º caso: O centro entre as secções

No plano de uma secção meridiana, perpendícular às secções planas temos:

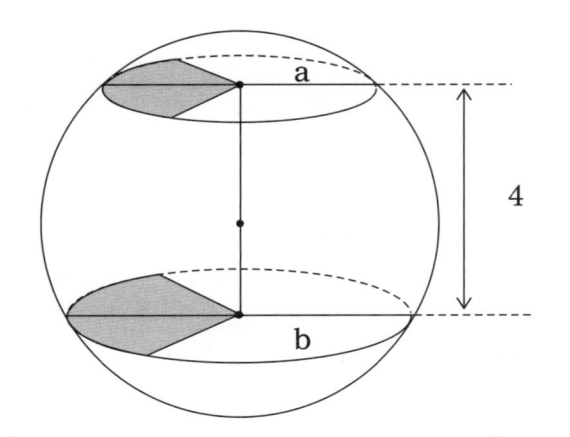

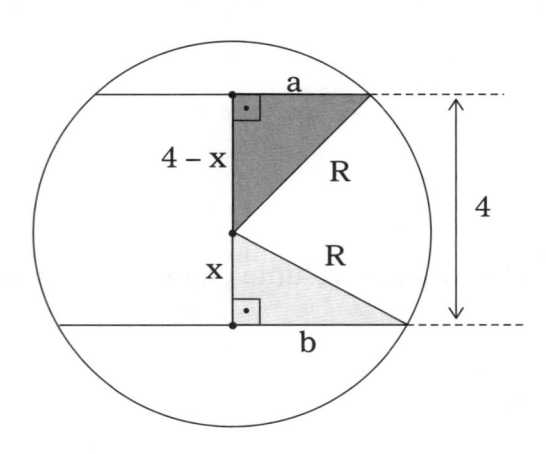

1) **Raios das secções**

$$\begin{cases} \pi a^2 = 27\pi \Rightarrow a^2 = 27 \\ \pi b^2 = 35\pi \Rightarrow b^2 = 35 \end{cases}$$

2) **Raio da esfera**

$$\begin{cases} R^2 = b^2 + x^2 \\ R^2 = a^2 + (4-x)^2 \end{cases} \Rightarrow \begin{cases} R^2 = 35 + x^2 \\ R^2 = 27 + 16 - 8x + x^2 \end{cases}$$

$35 + x^2 = 43 - 8x + x^2 \Rightarrow 8x = 8 \Rightarrow \boxed{x = 1} \Rightarrow$

$R^2 = 35 + 1^2 \Rightarrow R^2 = 36 \Rightarrow \boxed{R = 6}$

3) **Volume da esfera**

$V = \dfrac{4}{3}\pi R^3 \Rightarrow V = \dfrac{4}{3}\pi \cdot 6 \cdot 6 \cdot 6$

$V = 4\pi \cdot 2 \cdot 36 \Rightarrow \boxed{V = 288\pi \text{ cm}^3}$

2º Caso: A secção maior entre o centro e a menor:

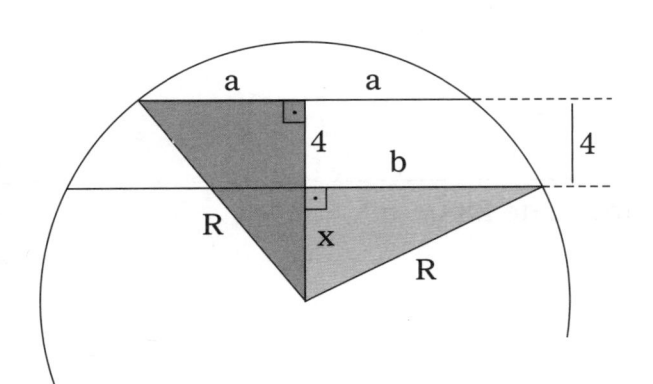

1) $a^2 = 27$ e $b^2 = 35$

2) $\begin{cases} R^2 = b^2 + x^2 \\ R^2 = a^2 + (x+4)^2 \end{cases} \Rightarrow \begin{cases} R^2 = 35 + x^2 \\ R^2 = 27 + x^2 + 8x + 16 \end{cases}$

$35 + x^2 = 43 + 8x + x^2 \Rightarrow 8x = -8 \Rightarrow \boxed{x = -1}$

Este x = – 1 significa que o segmento de medida x teria que estar do "outro lado". Então a figura correta é a primeira.

Obs.: Mas se usarmos (x = – 1) para determinar o raio, também dá certo:

$R^2 = 35 + x^2 \Rightarrow R^2 = 35 + (-1)^2 \Rightarrow R^2 = 36 \Rightarrow \boxed{R = 6}$

375 Determine a área da esfera nos casos:

(A unidade das medidas indicadas nas figuras é o metro).

a) 5

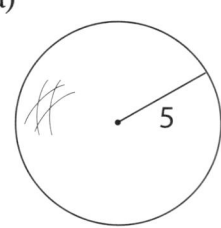

b) 14

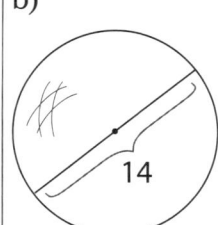

376 Determine o volume da esfera nos casos:

a) 6

b) 18

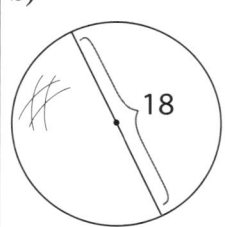

377 Determine o volume e a área de uma esfera de 12 m de raio.

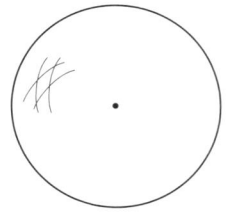

378 Determine o volume de uma esfera cuja área é de 288π m².

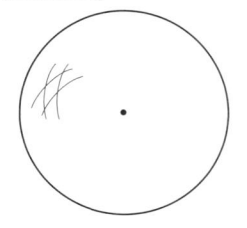

379 Determine a área de uma esfera cujo volume é de 4500π m³.

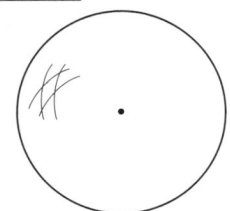

380 Determine a área de uma esfera cujo volume é de $256\sqrt{3}\pi$ m³.

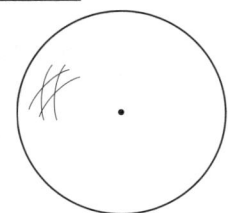

381 A secção meridiana de uma esfera tem uma área de 121π m². Qual é a área dessa esfera?

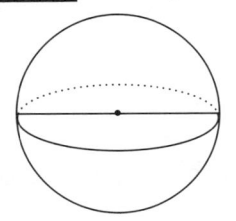

382 Uma secção plana de uma esfera, distante $3\sqrt{5}$ m do centro da esfera, tem 36π m² de área. Determine o volume dessa esfera.

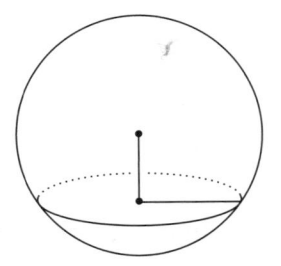

383 Determine as distâncias pedidas.

a) Um ponto externo a uma esfera de 7 m de raio dista 18 m do centro da esfera. Quanto esse ponto dista da superfície dessa esfera?

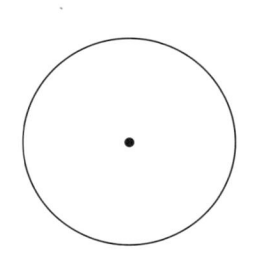

b) Um ponto de uma esfera de 23 m de raio dista 8 m do centro da esfera. Qual é a distância entre esse ponto e a superfície dessa esfera?

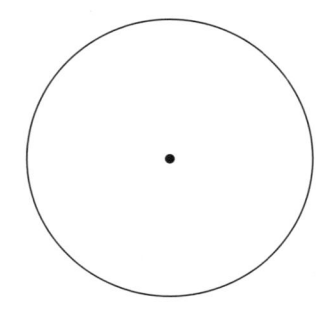

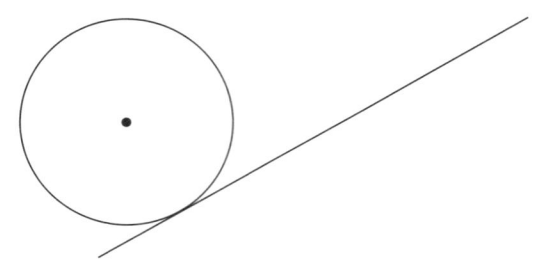

384 Um ponto **P** dista 18 m de uma esfera e uma reta passa por **P** e tangencia a esfera num ponto **A**. Sendo PA = 24 m, determine o raio dessa esfera.

385 Uma secção plana de uma esfera, distante 4 m de um dos pólos correspondentes, tem 64π m² de área. Qual é a área dessa esfera?

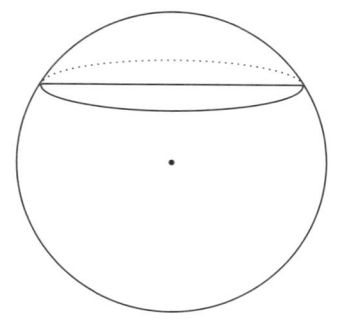

386 Uma secção de uma esfera dista 4 m e 12 m dos pólos correspondentes. Qual é a área dessa secção?

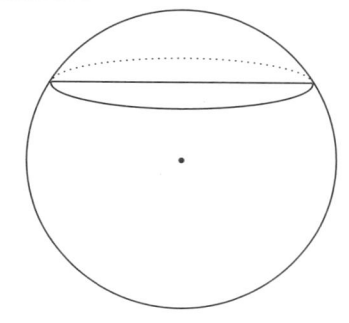

387 Uma esfera 10 m de raio tangencia dois planos perpendiculares. Qual é a distância entre o centro da esfera e a reta intersecção dos planos?

No plano que passa pelo centro e é perpendicular à intersecção dos planos em questão, temos:

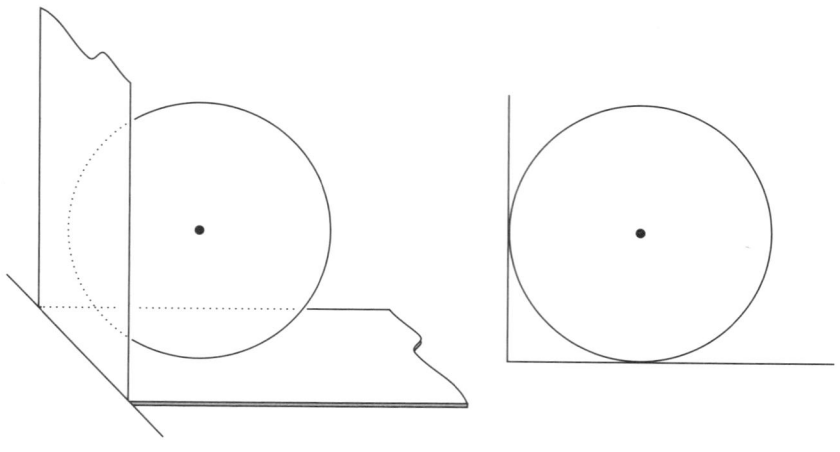

388 Duas esferas de raio 7 m e 8 m são tangentes. Qual é a distância entre os seus centros?

389 Uma esfera de 15 m de raio tangencia dois planos secantes que forma em um ângulo de 60°. Qual é a distância entre o centro da esfera e a reta intersecção dos planos, sabendo que ela é a maior possível.

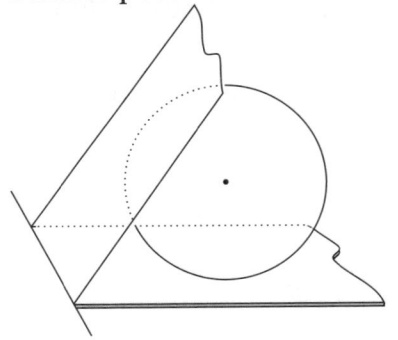

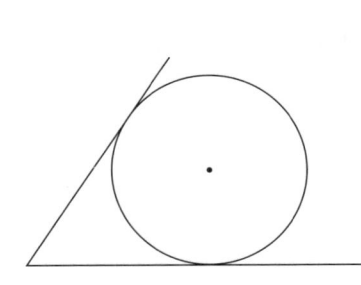

No plano que passa pelo centro e é perpendicular à instersecção dos planos, temos:

390 Dois planos são perpendiculares. Uma esfera tangencia um deles e o outro dista 4 m do centro e secciona a esfera determinando uma secção que dista 2 m da intersecção dos planos. Determinar o raio desta esfera.

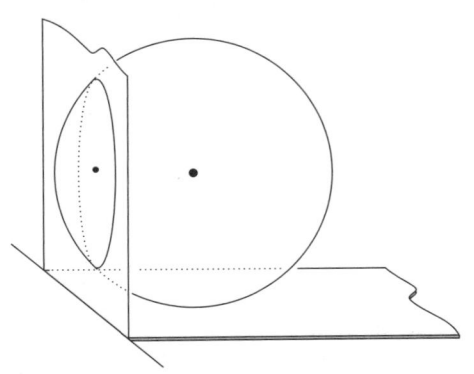

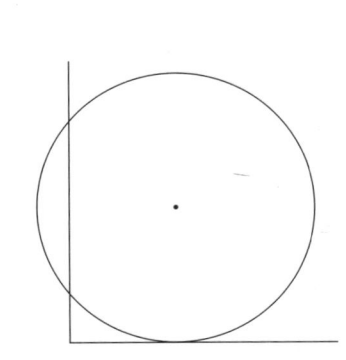

No plano que passa pelo centro e é perpendicular à instersecção dos planos, temos:

391 Dois planos são secantes e formam um ângulo de 30°. Uma esfera que tem o centro em um dos planos, tangencia o outro e dista 8 m da intersecção dos planos, quando mede o raio

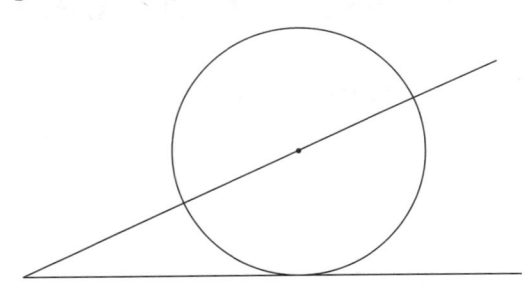

No plano que passa pelo centro e é perpendicular à instersecção dos planos, temos:

392 Duas esferas de raio 9 m e 4 m são tangentes e tangenciam um plano α nos pontos distintos A e B. Determinar a distância entre A e B.

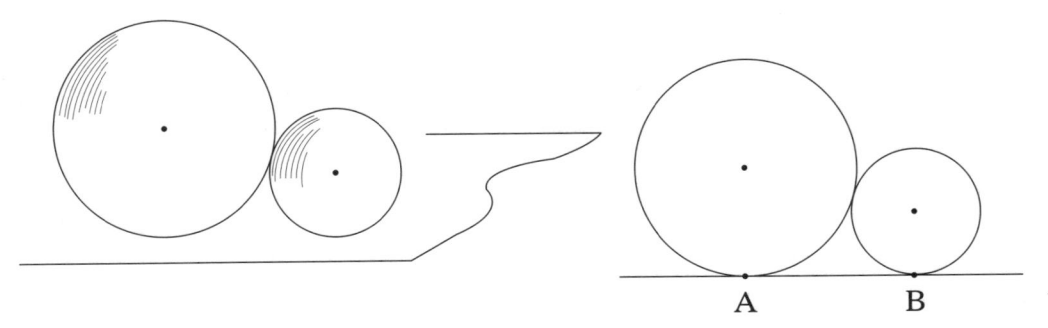

Resp: **375** a) $100\pi \, m^2$ b) $196\pi \, m^2$ **376** a) $288\pi \, m^3$ b) $972\pi \, m^3$ **377** $2304\pi \, m^3$, $576\pi \, m^2$ **378** $576\sqrt{2}\,\pi \, m^3$
379 $900\pi \, m^2$ **380** $192\pi \, m^2$ **381** $484\pi \, m^2$ **382** $972\pi \, m^3$ **383** a) 11 m b) 15 m

393 Duas secções planas paralelas de uma esfera, com a distância entre elas de 9 m, têm 72π m² e 45π m² de área. Determine a área dessa esfera.

Obs: Verifique que o outro caso (as duas secções planas estão de um mesmo lado do centro da esfera) implica num absurdo.

No plano de uma secção meridiana, perpendicular aos planos das secções, temos:

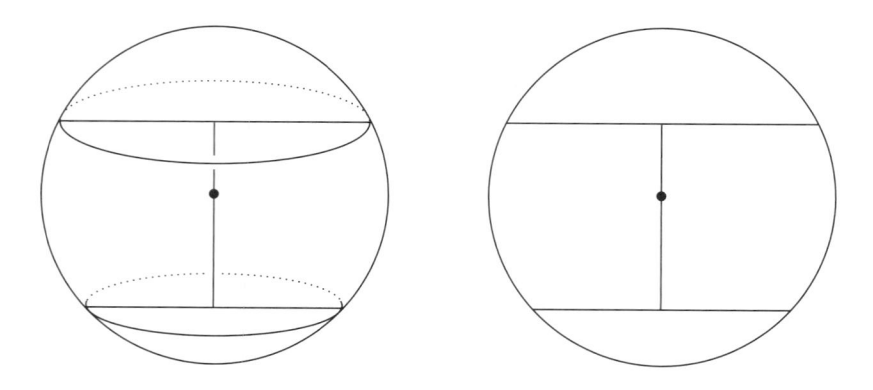

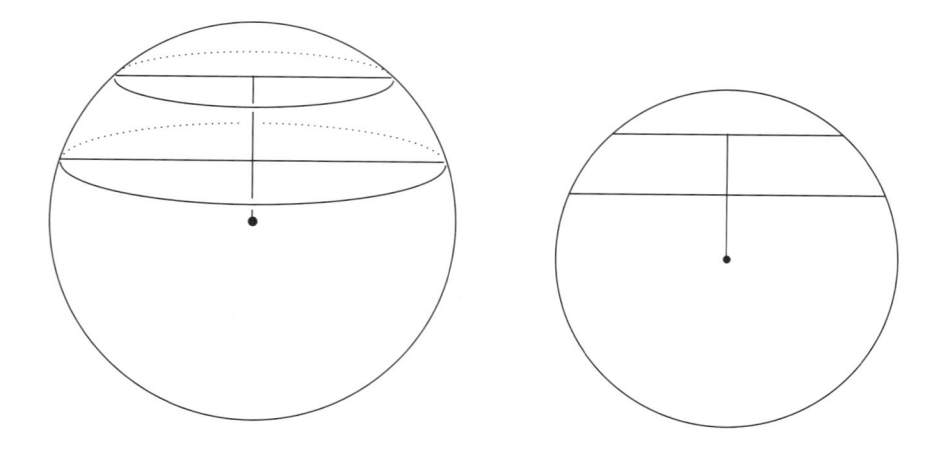

394 Duas secções planas paralelas de uma esfera, distantes 4 m uma da outra, têm 108π m² e 140π m². Determine o volume da esfera.

Obs: Verifique que o outro caso (o centro da esfera está entre as secções planas) implica num absurdo.

No plano de uma secção meridiana, perpendicular aos planos das secções, temos:

Exemplo 1: Neste exemplo sobre sólido de revolução vamos explorar, mudando os dados de um caso para outro, três situações, utilizando o mesmo sólido. Com isto percebe-se a variedade de problemas que podemos montar usando um mesmo sólido.

Vamos fazer problemas sobre sólidos de revolução compostos apenas por cilindro, cone e semiesfera.

(I) Determinar o volume e a área do sólido gerado pela rotação da região sombreada quando gira em torno do eixo **e**. Considere como sendo o metro (m) a unidade das medidas indicadas nas figuras.

Em todos os casos o arco de circunferência mede 90° e é de uma circunferência com centro no eixo **e**.

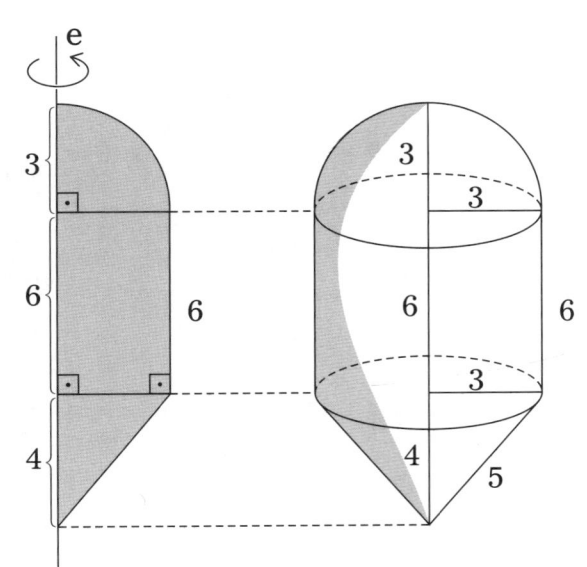

Note que o setor de 90° gera uma semiesfera, o retângulo gera um cilindro e o triângulo um cone e que de acordo com as medidas indicadas na figura, os raios do cilindro e cone também medem 3. E que a geratriz do cone, por Pitágoras, mede 5.

1) Volume do sólido (V_s)

$$V_{s.} = \frac{1}{2}[V_{esfera}] + V_{cilindro} + V_{cone}$$

$$V_{s.} = \frac{1}{2}\left[\frac{4}{3}\pi \cdot 3^3\right] + \frac{1}{3}\pi \cdot 3^2 \cdot 4 + \pi \cdot 3^2 \cdot 6$$

$$V_{s.} = 18\pi + 12\pi + 54\pi \Rightarrow \boxed{V_{s.} = 84\pi \text{ m}^3}$$

2) Área do sólido (A_s)

Note que as bases do cilindro e cone não estão na superfície do sólido, estão no interior, então não serão computados na área do sólido. Somamos apenas as áreas laterais do cilindro e cone.

$$A_s = \frac{1}{2}[A_{esfera}] + A_{L \cdot cil.} + A_{L \cdot cone} \Rightarrow A_s = \frac{1}{2}[4\pi \cdot 3^2] + 2\pi \cdot 3 \cdot 6 + \pi \cdot 3 \cdot 5$$

$$A_s = 18\pi + 36\pi + 15\pi \Rightarrow \boxed{A_s = 69\pi \text{ m}^2}$$

(II) O sólido gerado tem 69π m² de área, qual é o seu volume?

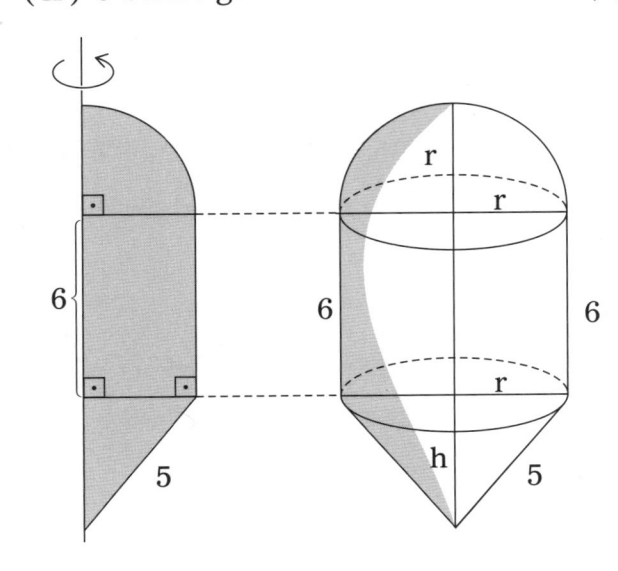

1) Cálculo de r (Usar a área dada)

$$A_s = \frac{1}{2}[A_{esfera}] + A_{L \cdot cil.} + A_{L \cdot cone}$$

$$69\pi = \frac{1}{2}[4\pi r^2] + 2\pi r \cdot 6 + \pi r \cdot 5$$

$$69 = 2r^2 + 12r + 5r \Rightarrow$$

$$2r^2 + 17r - 69 = 0 \Rightarrow \Delta = 289 + 552 = 841$$

$$r = \frac{-17 \pm 29}{4} \Rightarrow \boxed{r = 3} \Rightarrow \boxed{h = 4}$$

2) Volume do sólido

Calcula-se como foi feito acima em (I)

Resp: **384** 7 m   **385** 400π m²   **386** 48π m²   **387** 10√2 m   **388** 15 cm   **389** 30 m   **390** 5 m   **391** 8 m   **392** 12 m

(III) O sólido gerado tem 84π m³ de volume, qual é a sua área?

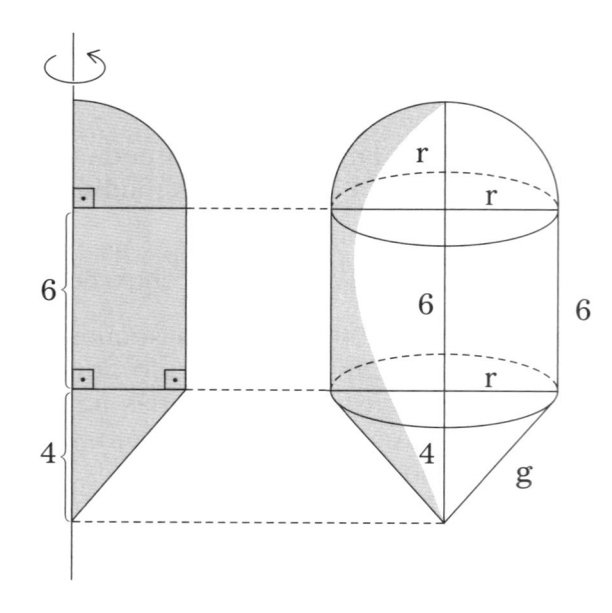

1) **Cálculo de r** (Usar o volume dado)

$$V_s = \frac{1}{2}[V_{esfera}] + V_{cil.} + V_{cone}$$

$$84\pi = \frac{1}{2}\left[\frac{4}{3}\pi r^3\right] + \pi r^2 \cdot 6 + \frac{1}{3}\pi r^2 \cdot 4$$

$$84 = \frac{2r^3}{3} + 6r^2 + \frac{4}{3}r^2 \Rightarrow$$

$$3 \cdot 84 = 2r^3 + 18r^2 + 4r^2 \Rightarrow$$

$$2r^3 + 22r^2 - 3 \cdot 84 = 0$$

$$r^3 + 11r^2 - 3 \cdot 42 = 0$$

$$(r-3)[r^2 + 14(r+3)] = 0 \Rightarrow$$

Como $11r^2 = -3r^2 + 14r^2$, temos:

$$r^3 - 3r^2 + 14r^2 - 3 \cdot 42 = 0 \Rightarrow$$

$$r^2(r-3) + 14(r^2 - 3 \cdot 3) = 0 \Rightarrow$$

$$r^2(r-3) + 14(r+3)(r-3) = 0 \Rightarrow$$

$$(r-3)[r^2 + 14(r+3)] = 0 \Rightarrow$$

$\Rightarrow (r-3)(r^2 + 14r + 42) = 0 \Rightarrow$

$r - 3 = 0 \Rightarrow \boxed{r = 3} \Rightarrow \boxed{g = 5}$ ou $r^2 + 14r + 42 = 0 \Rightarrow \Delta = 196 - 168 = 28$

$\Rightarrow r = \dfrac{-14 \pm 2\sqrt{7}}{2} \Rightarrow r < 0$ (não convém)

2) **Área do sólido** (Calcula-se como no caso (I))

Exemplo 2: A região sombreada gira torno do eixo **e** gerando um sólido de 232π m² de área. Qual o volume dos sólido. (unidade = m)

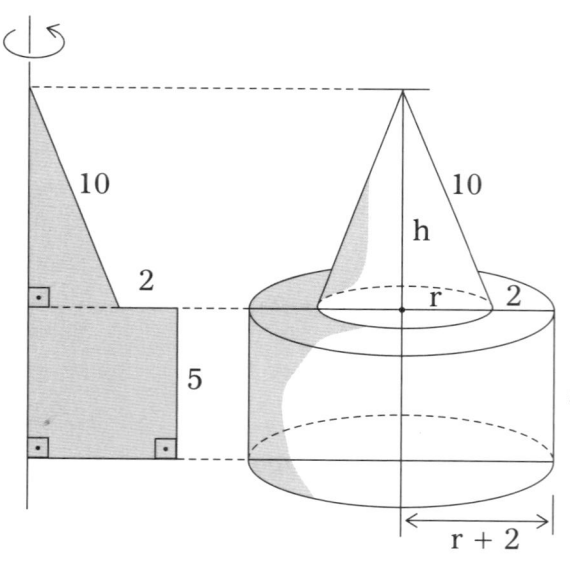

A superfície é formada por uma superfície lateral de cone, uma superfície lateral de cilindro, por um círculo e uma coroa.

1) **Cálculo de r**

$A_s = A_{L \cdot cone} + A_{L \cdot cil.} + A_{círculo} + A_{coroa}$

$232\pi = \pi r \cdot 10 + 2\pi(r+2)5 + \pi(r+2)^2 + [\pi(r+2)^2 - \pi r^2]$

$232 = 10r + 10r + 20 + r^2 + 4r + 4 + 4r + 4$

$r^2 + 28r - 204 = 0$

$(r + 34)(r - 6) = 0 \Rightarrow \boxed{r = 6} \Rightarrow \boxed{h = 8}$

2) **Volume do sólido**

$V_s = V_{cilindro} + V_{cone} \Rightarrow$

$V_s = \pi(r+2)^2 \cdot 5 + \frac{1}{3}\pi r^2 \cdot h \Rightarrow V_s = \pi \cdot 8^2 \cdot 5 + \frac{1}{3}\pi \cdot 6^2 \cdot 8 = 320\pi + 96\pi \Rightarrow$

$$\boxed{V_s = 416\pi \text{ m}^3}$$

395 A região sombreada gira em torno do eixo **e**, gerando um sólido de revolução. Determinar o seu volume e a sua área, nos casos:
(unidade das medidas é o metro (m) neste e nos seguintes).

a) O arco mede 90° e é de circunferência com centro em **e**

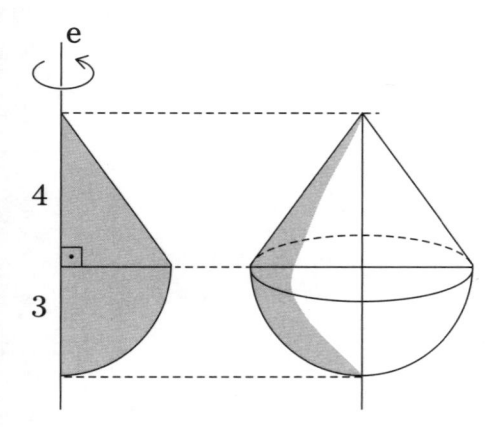

b) O arco mede 90° e é de circunferência com centro em e

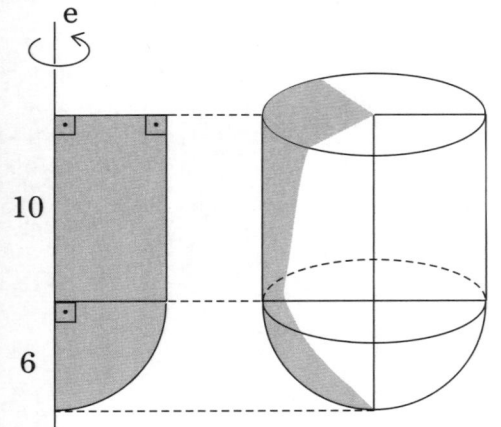

Resp: **393** 324π m² **394** 2304π m³

396 Em cada caso a região sombreada gira em torno do eixo gerando um sólido de revolução. Sabendo que a arco em questão é de 90° e centrado em **e**, determinar o volume e a área do sólido. (unidade = m)

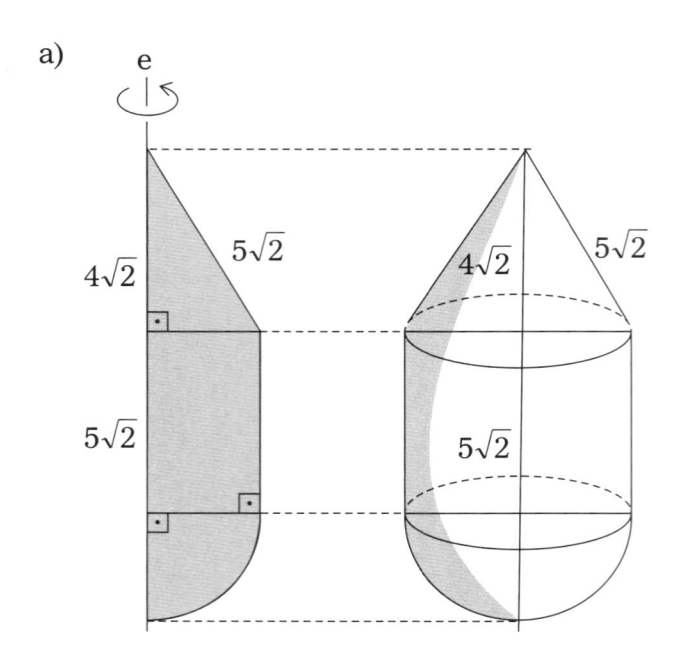

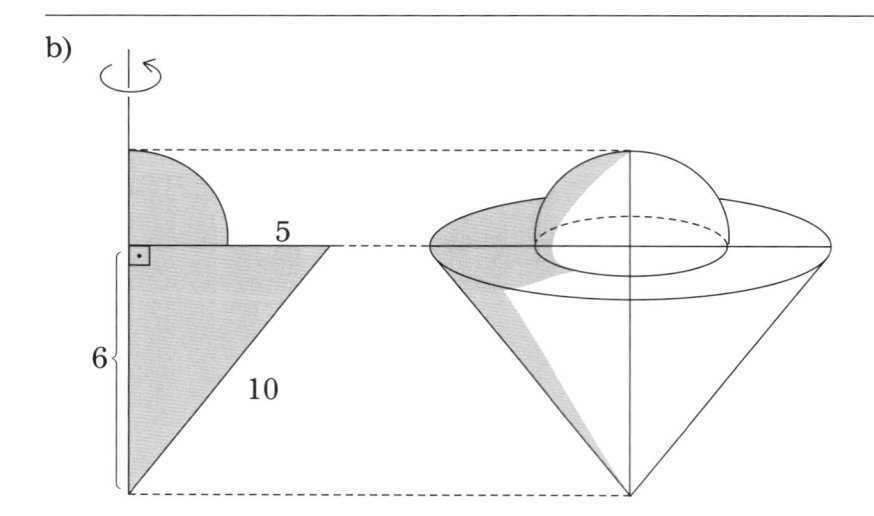

a)

b)

397 A região sombreada gira em torno do eixo e gerando um sólido de 132π m². Determinar o seu volume. O arco mede 90° e é centrado no eixo. Esboçar a figura espacial.

10

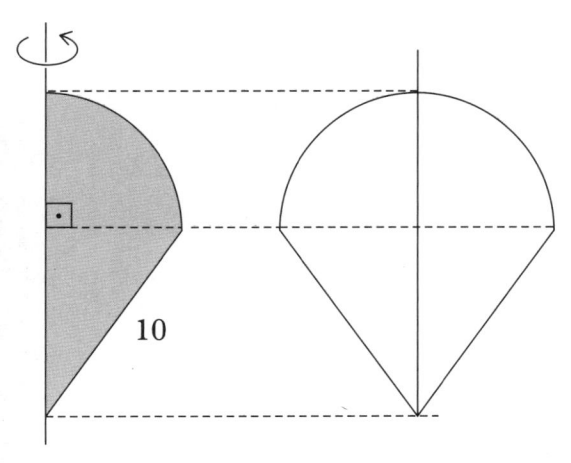

398 A região sombreada gira em torno do eixo e gerando um sólido de revolução de 1122π m³ de volume. Determinar a área do sólido. O arco tem 90° e está centrado no eixo. (Unidade = m). Esboçar a figura espacial.

3
6
5

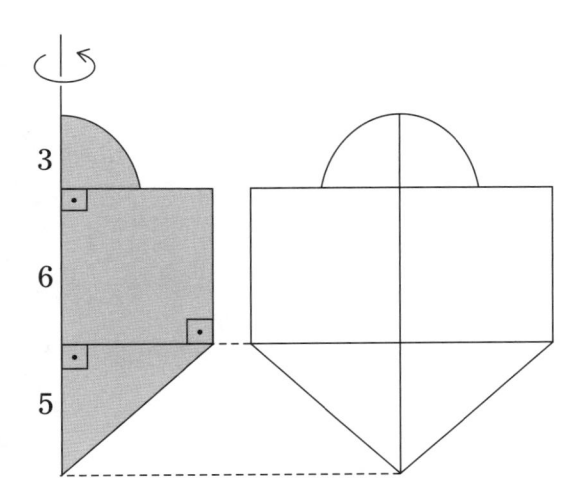

Resp: **395** a) 30π m³ e 33π m² b) 504π m³ e 292π m²

399 A região sombreada gira em torno do eixo e gerando um sólido de 30π m³ de volume. O arco mede 90° e é centrado em e. Determinar a área deste sólido.

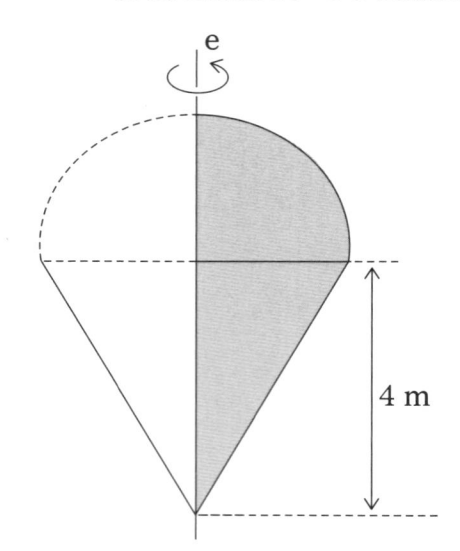

400 Um triângulo retângulo com catetos de 15 m e 20 m gira em torno da hipotenusa. Determinar o volume e a área do sólido de revolução gerado.

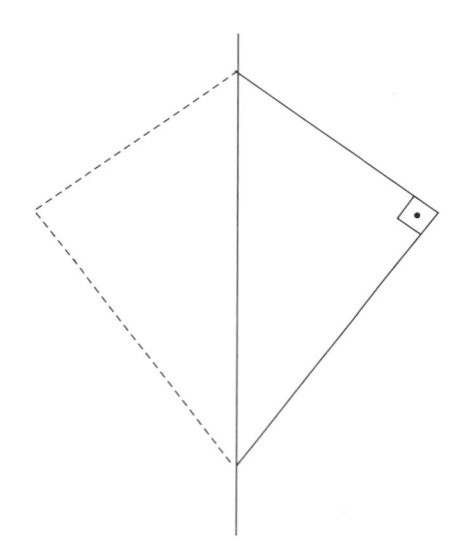

401 Uma peça é obtida pela união de dois cones retos que têm a base em comum, como mostra a figura. Determine área e o volume desse sólido. (A unidade das medidas é o metro).

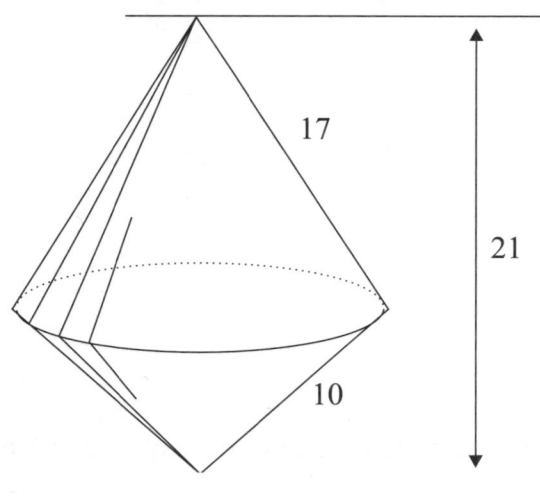

402 Uma peça é obtida de um cone reto com uma cavidade cônica de bases coincidentes, como mostra a figura. A peça não tem a interrupção mostrada na figura. Determine o volume e a área desse sólido.

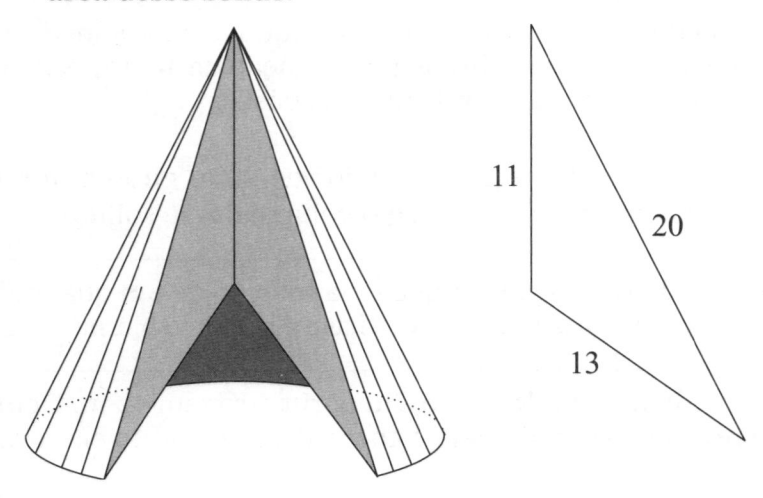

Resp: **396** a) $120\sqrt{2}\pi\,m^3$ e $102\pi\,m^2$ b) $146\pi\,m^3$ e $153\pi\,m^2$ **397** $240\pi\,m^3$ **398** $453\pi\,m^2$

403 Um trapézio retângulo com bases de 6 m e 9 m gira em torno do lado perpendicular às bases, que mede 4 m. Determinar o volume e a área do sólido gerado.

404 Duas secções planos de uma esfera distam 8 m e 3 m do centro. Qual a diferença entre suas áreas.

405 Determinar a área de uma esfera sabendo que uma seção plana, distante 5 m do centro, tem 144π m².

406 Uma secção plana, de uma esfera de $864\sqrt{3}\pi$ m³ de volume, dista 4 m do centro da esfera. Determine a área dessa secção.

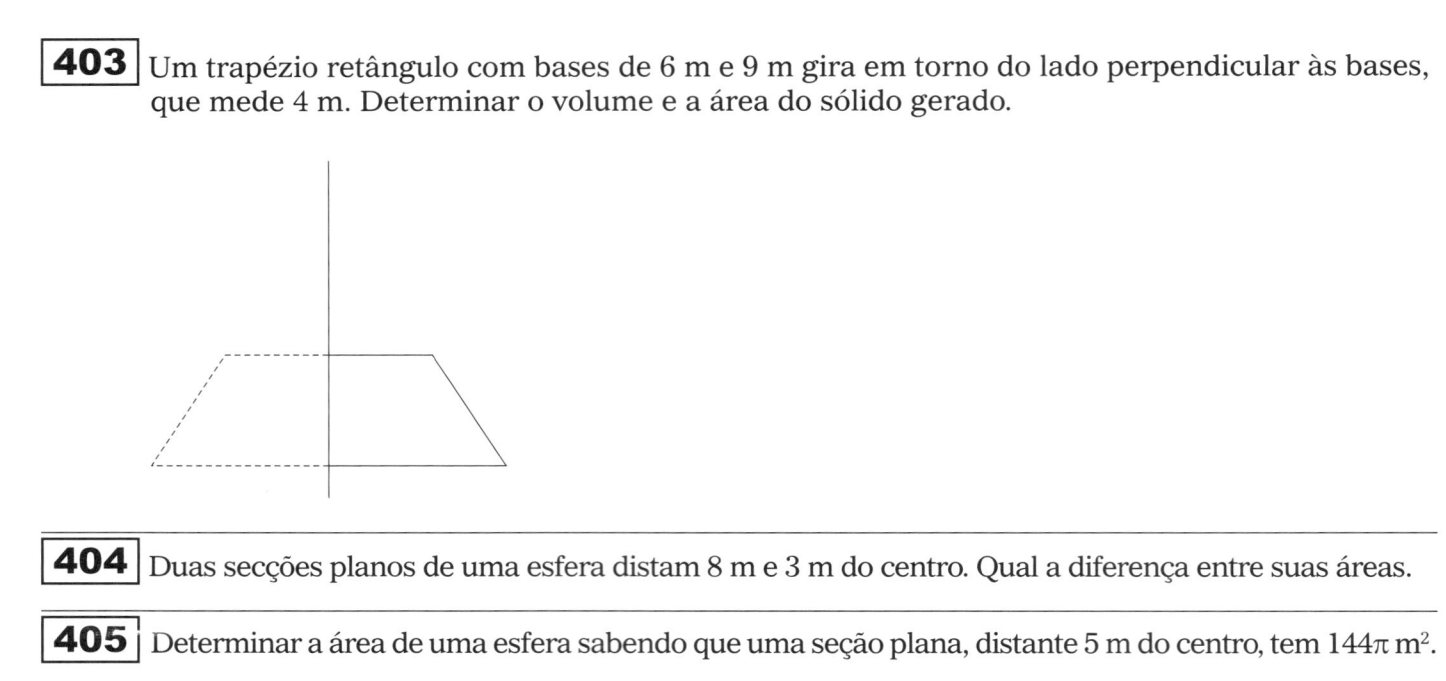

407 Uma secção plana de uma esfera tem 225π m² e dista 9 m do polo correspondente mais próximo. Determine a área da esfera.

408 Determinar o volume e a área do sólido gerado quando um triângulo
a) equilátero de lado **a** gira em torno de um lado.
b) de lados 9 m, 10 m e 17 m gira em torno do lado menor.

409 As bases de um trapézio retângulo medem 3 m e 9 m e o lado oblíquo às bases mede 10 m. Determine o volume e a área do sólido de revolução gerado pela rotação deste trapézio quando gira em torno de um eixo que contém o lado perpendicular às bases.

410 Um triângulo obtusângulo com um lado de 13 m e o lado maior de 20 m gira em torno do terceiro lado, gerando um sólido de 396π m² de área. Qual é o volume desse sólido?

411 Determinar o volume e a área do sólido de revolução, gerado pela rotação de um quadrado de lado a. quando gira em torno de um eixo que passa por um vértice e é paralelo a uma diagonal.

412 As bases de um trapézio retângulo medem 6 m e 18 m e o seu perímetro tem 42 m. Determinar o volume e a área do sólido de revolução gerado pela rotação desse trapézio em torno de um eixo que contém a base menor.

413 Um trapézio retângulo com bases de 1 m e 4 m e lado oblíquo 5 m gira em torno de um eixo paralelo ao lado perpendicular às bases, distante 5 m desse lado e do trapézio. Determine o volume e a área do sólido gerado.

414 Um trapézio retângulo com baes 3 m e 6 m e altura $3\sqrt{3}$ m gira em torno de um eixo paralelo ao lado perpendicular às bases, distante 9 m dele e 3 m do trapézio. Determine o volume e a área do sólido gerado.

Resp: **399** 33π m² **400** 1200π m³ e 420π m² **401** 216π m², 448π m³ **402** 528π m³, 396π m² **403** 228π m³; 192π m²;
404 55π m² **405** 676π m² **406** 92π m² **407** 1156π m² **408** a) $V = \frac{1}{4}\pi a^3$, $A = \sqrt{3}\pi a^2$
b) 192π m³, 216π m² **409** 312π m³, 210π m² **410** 528π m³ **411** $V = \sqrt{2}\pi a^3$, $A = 4\sqrt{2}\pi a^2$
412 350π m³, 270π m² **413** 128π m³ **414** $180\sqrt{3}\pi$ m³, $9(19 + 6\sqrt{3})\pi$ m²

IV FUNÇÃO MODULAR

1 – Função Afim (Função polinomial do 1º grau)

1) Definição

A função $f: \mathbb{R} \to \mathbb{R}$ definida por $f(x) = ax + b$ (ou $y = ax + b$) com **a** e **b** reais e a diferente de zero é chamada função afim ou função polinomial do 1º grau.

Exemplos: $f(x) = 2x - 7$, $f(x) = -5x + 2$, $y = 3x + 5$, $f(x) = 2x$, $y = -3x$

Obs.: 1) Quando $b = 0$, obtemos $f(x) = ax$ (ou $y = ax$).

   Esta função é também chamada função linear

2) Prova-se que o gráfico de uma função afim é uma reta

3) $f(x) = 0 \Rightarrow ax + b = 0 \Rightarrow x = -\dfrac{b}{a}$.

   $-\dfrac{b}{a}$ é chamado raiz de $f(x) \Rightarrow \left(-\dfrac{b}{a}, 0\right)$ pertence a **f**

   $x = 0 \Rightarrow f(0) = a(0) + b \Rightarrow f(0) = b \Rightarrow (0, b)$ pertence a **f**

   O gráfico de $f(x) = ax + b$ passa pelos pontos $(0, b)$ e $\left(-\dfrac{b}{a}, 0\right)$.

4) Em $f(x) = ax + b$, a é chamado coeficiente angular da função (também chamado taxa de variação de **f**) e **b** é chamado coeficiente linear de **f**.

   a é também a tangente do ângulo que a reta forma com o eixo das abscissas.

5) $y = ax + b$ é crescente para $a > 0$ e decrescente para $a < 0$.

Observe:

a) $y = 2x + 4$

$x = 0 \Rightarrow y = 2(0) + 4 = 4 \Rightarrow (0, 4)$

$y = 0 \Rightarrow 2x + 4 = 0 \Rightarrow x = -2 \Rightarrow (-2, 0)$

A reta passa pelos pontos $(0, 4)$ e $(-2, 0)$.

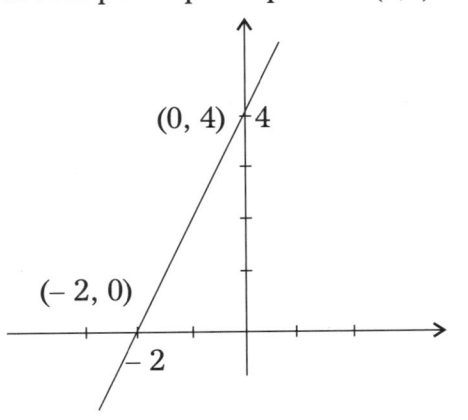

Note que: $f(x) = 2x + 4$ é crescente em $\mathbb{R}$.

$f(x) > 0 \Leftrightarrow x > -2$
$f(x) < 0 \Leftrightarrow x < -2$

b) $y = -3x + 3$

$x = 0 \Rightarrow y = -3(0) + 3 = 3 \Rightarrow (0, 3)$

$y = 0 \Rightarrow 0 = -3x + 3 \Rightarrow x = 1 \Rightarrow (1, 0)$

A reta passa pelos ponto $(0, 3)$ e $(1, 0)$.

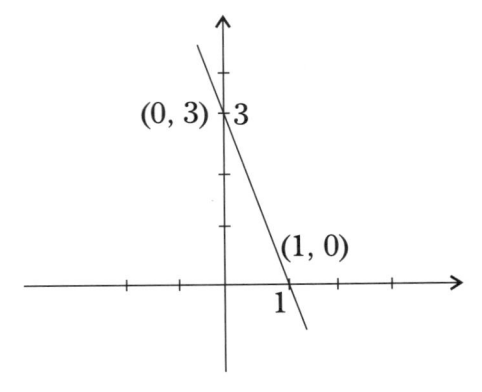

Note: que $f(x) = -3x + 3$ é decrescente em $\mathbb{R}$

$f(x) > 0 \Leftrightarrow x < 1$
$f(x) < 0 \Leftrightarrow x > 1$

2 – Variação do sinal da função afim

Dada a função $f: \mathbb{R} \to \mathbb{R}$, definida por $y = f(x)$, com $f(x) = ax + b$, $a \neq 0$, temos:

$f(x) = ax + b$, $a > 0 \Rightarrow f$ é crescente $\mathbb{R}$ | $f(x) = ax + b$, $a < 0 \Rightarrow f$ é decrescente $\mathbb{R}$

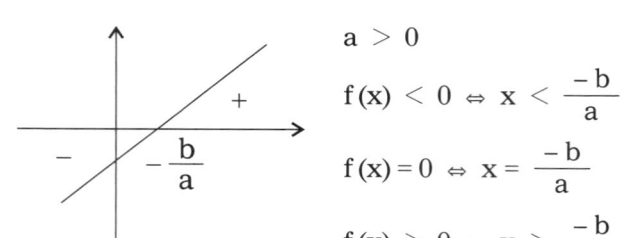

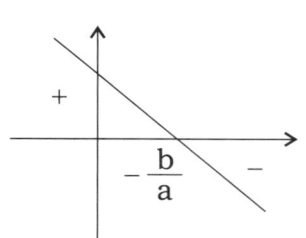

$a > 0$

$f(x) < 0 \Leftrightarrow x < \dfrac{-b}{a}$

$f(x) = 0 \Leftrightarrow x = \dfrac{-b}{a}$

$f(x) > 0 \Leftrightarrow x > \dfrac{-b}{a}$

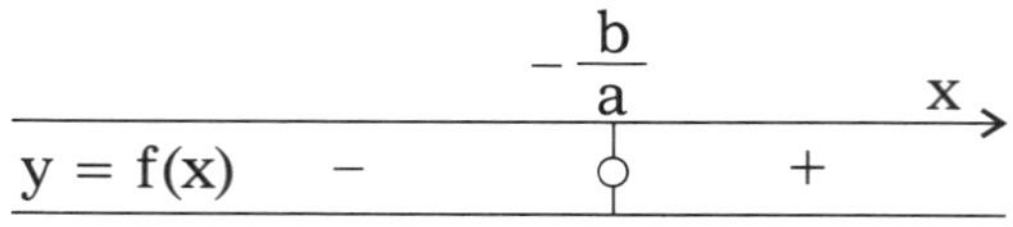

$a > 0$

$f(x) < 0 \Leftrightarrow x < -\dfrac{b}{a}$

$f(x) = 0 \Leftrightarrow x = -\dfrac{b}{a}$

$f(x) > 0 \Leftrightarrow x > -\dfrac{b}{a}$

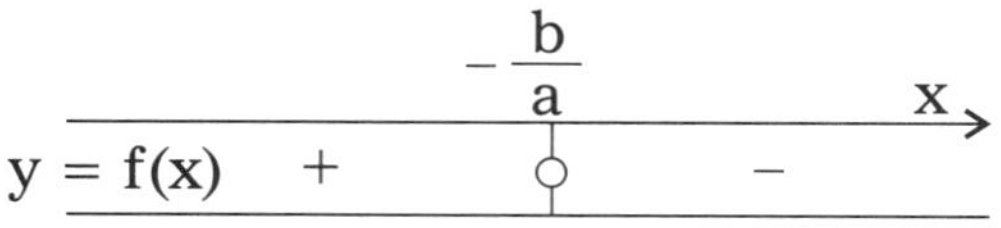

Note que nos dois casos, à direita da raiz $-\dfrac{b}{a}$, $f(x)$ tem o mesmo sinal de a e que à esquerda da raiz $-\dfrac{b}{a}$, $f(x)$ tem o sinal contrário de **a**.

Resumo dos dois casos:

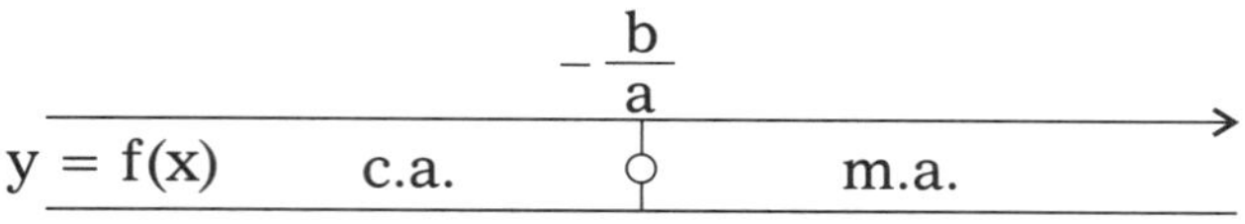

$y = f(x)$ c.a. $-\dfrac{b}{a}$ m.a.

Exemplo 1: Dada a função afim, esboçar o seu gráfico, nos casos:

a) $y = x + 2$
   $(0, 2) \in f$
   $(2, 4) \in f$

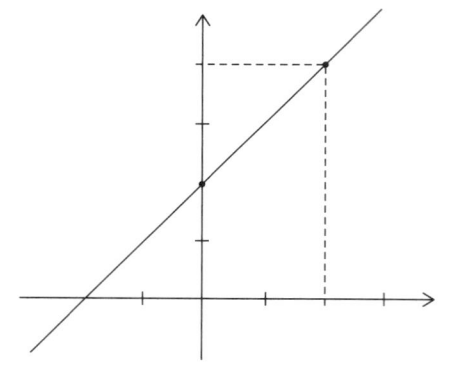

   $a = 1 > 0 \Rightarrow f$ é crescente

b) $y = -2x + 1$
   $(0, 1) \in f$
   $(1, -1) \in f$

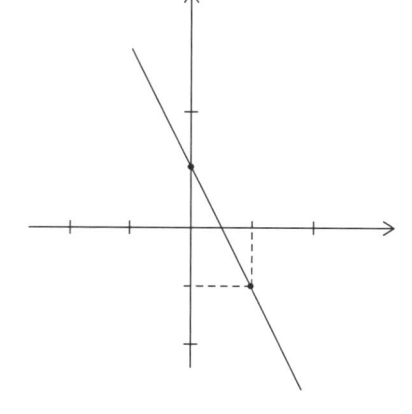

   $a = -2 < 0 \Rightarrow f$ é decrescente

c) $y = -\dfrac{3}{2}x + 2$
   $(0, 2) \in f$
   $(2, -1) \in f$

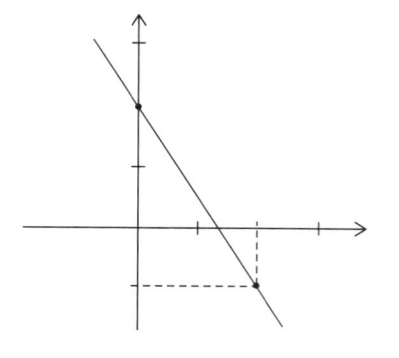

   $a = -\dfrac{3}{2} > 0 \Rightarrow f$ é decrescente

d) $y = \dfrac{1}{2}x$
   $(0, 0) \in f$
   $(4, 2) \in f$

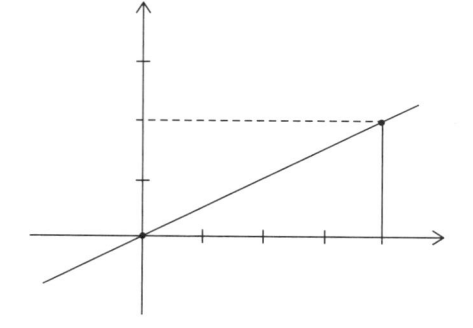

   $a = \dfrac{1}{2} > 0 \Rightarrow f$ é crescente

Exemplo 2: Dado um elemento da função afim $f(x) = ax + b$, determinar o coeficiente incógnito e a equação que a define, nos casos:

a) $f(x) = ax + 5$, $(3, 11) \in f$

$f(3) = 11 \Rightarrow 11 = a(3) + 5 \Rightarrow$

$3a = 6 \Rightarrow \boxed{a = 2}$

$f(x) = 2x + 5$ ou $y = 2x + 5$

b) $f(x) = -7x + b$, $(2, -9) \in f$

$f(2) = -9 \Rightarrow -9 = -7(2) + b \Rightarrow$

$b = 14 - 9 \Rightarrow \boxed{b = 5}$

$f(x) = -7x + 5$ ou $y = -7x + 5$

c) $f(x) = ax$, $(3, 15) \in f$

$f(3) = 15 \Rightarrow 15 = a \cdot 3$

$\Rightarrow \boxed{a = 5}$

$f(x) = 5x$ ou $y = 5x$

d) $f(x) = ax - 6$, $(9, 0) \in f$

$f(9) = 0 \Rightarrow 0 = a(9) - 6 \Rightarrow$

$9a = 6 \Rightarrow a = \dfrac{2}{3}$

$f(x) = \dfrac{2}{3}x - 6$ ou $y = \dfrac{2}{3}x - 6$

Exemplo 3: Determinar a raiz da função f, nos casos:

a) $f(x) = 5x - 30$

$f(x) = 0 \Rightarrow$

$5x - 30 = 0 \Rightarrow \boxed{x = 6}$

b) $y = -3x - 5$

$f(x) = 0 \Rightarrow$

$-3x + 5 = 0 \Rightarrow \boxed{x = \dfrac{5}{3}}$

c) $y = 7x$

$f(x) = 0 \Rightarrow$

$7x = 0 \Rightarrow \boxed{x = 0}$

Exemplo 4: Determinar os interceptos da função afim, nos casos:

(Interceptos são os pontos de f que pertencem aos eixos)

a) $f(x) = 2x - 8$

$\boxed{x = 0} \Rightarrow y = 2(0) - 8 \Rightarrow \boxed{y = -8}$

$\boxed{y = 0} \Rightarrow 2x - 8 = 0 \Rightarrow \boxed{x = 4}$

Interceptos: $(0, -8)$ e $(4, 0)$

b) $f(x) = 3x + 2$

$\boxed{x = 0} \Rightarrow y = 3(0) + 2 \Rightarrow \boxed{y = 2}$

$\boxed{y = 0} \Rightarrow 0 = 3x + 2 \Rightarrow \boxed{x = -\dfrac{2}{3}}$

Interceptos: $(0, 2)$ e $\left(-\dfrac{2}{3}, 0\right)$

Exemplo 5: Dados dois pares distintos da função $f(x) = ax + b$, determinar a equação que define f, nos casos:

a) $(2, 3) \in f$ e $(-1, -3) \in f$

$y = ax + b \Rightarrow$

$\begin{cases} 3 = a(2) + b \\ -3 = a(-1) + b \end{cases} \Rightarrow \begin{cases} 3 = 2a + b \\ 3 = a - b \end{cases} \Rightarrow$

$6 = 3a \Rightarrow \boxed{a = 2} \Rightarrow 3 = 2 - b \Rightarrow \boxed{b = 1} \Rightarrow$

$y = 2x - 1$ ou $f(x) = 2x - 1$

b) $(-2, 1) \in f$ e $(4, -5) \in f$

$y = ax + b \Rightarrow$

$\begin{cases} 1 = a(-2) + b \\ -5 = a(4) + b \end{cases} \Rightarrow \begin{cases} -1 = 2a - b \\ -5 = 4a + b \end{cases} \Rightarrow$

$-6 = 6a \Rightarrow a = -1 \Rightarrow -5 = 4(-1) + b \Rightarrow$

$b = -1 \Rightarrow$

$y = -1x - 1$ ou $f(x) = -x - 1$

Exemplo 6: Fazendo o esboço simplificado do gráfico da função afim (suprimindo o eixo das ordenados), estudar a variação do sinal de f(x), nos casos:

a) $f(x) = 5x - 20$

  1) $a = 5 > 0 \Rightarrow f$ é crescente

  2) Raiz de $f(x)$

  $5x - 20 = 0$

  $\boxed{x = 5}$

  $f(x) = 0 \Leftrightarrow x = 5$

  $f(x) < 0 \Leftrightarrow x < 5$

  $f(x) > 0 \Leftrightarrow x > 5$

b) $y = -2x - 3$

  1) $a = -2 < 0 \Rightarrow f$ é decrescente

  2) Raiz de $f(x)$

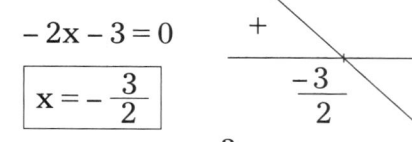

  $-2x - 3 = 0$

  $\boxed{x = -\frac{3}{2}}$

  $f(x) = 0 \Leftrightarrow x = -\frac{3}{2}$

  $f(x) < 0 \Leftrightarrow x > -\frac{3}{2}$

  $f(x) > 0 \Leftrightarrow x < -\frac{3}{2}$

415 Dadas as funções $f(x) = 3x - 1$ e $g(x) = -4x + 7$, determinar, fazendo os cálculos mentalmente, as seguintes imagens:

a) $f(4) =$	b) $g(3) =$	c) $f(0) =$	d) $g(0) =$
e) $f(-5) =$	f) $g(-2) =$	g) $f\left(\frac{1}{3}\right) =$	f) $g\left(\frac{7}{4}\right) =$

416 Dada a função afim, determinar o par de f cuja imagem também é dada, nos casos:

a) $f(x) = 2x - 5$, $f(x) = 9$

b) $y = -3x - 5$, $y = 16$

c) $f(x) = 2x - 9$, $f(x) = 4$

d) $y = -7x + 9$, $y = -2$

e) $y = 3x - 5$, $y = \frac{2}{3}$

f) $y = -\frac{3}{2}x - 2$, $y = \frac{1}{3}$

417 Determinar o ponto de intersecção de f(x) = ax + b com o eixo das ordenadas, nos casos:

a) y = 5x + 8

b) y = – 2x + 8

c) y = –$\frac{2}{3}$x + 8

d) y = 7 – 9x

e) y = 7x

f) y = – 8x

g) y = – 2 – 3x

h) y = –$\frac{2}{3}$ – $\frac{7}{11}$x

418 Em cada caso é dada uma função afim, determinar a sua raiz e o ponto de intersecção de f com o eixo das abscissas.

a) f(x) = 2x – 8

b) y = – 3x + 15

c) y = 7x

d) y = 21 – 7x

e) y = –$\frac{2}{3}$x + 9

f) y = 3x – 2

419 Determinar os interceptos de f(x) = ax + b, nos casos:

a) y = 5x – 10

b) f(x) = 3x – 12

c) y = – 3x – 15

d) y = 4 – 3x

e) y = $\frac{2}{3}$x – $\frac{1}{2}$

420 Através de pontos convenientemente escolhidos, esborçar o gráfico de f(x), nos casos.

a) $f(x) = x + 2$

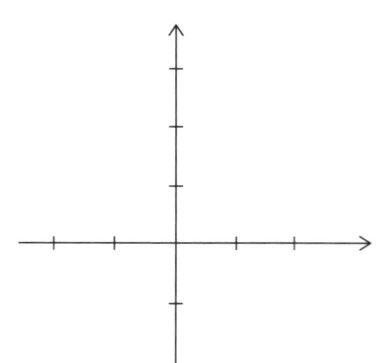

b) $y = -x + 3$

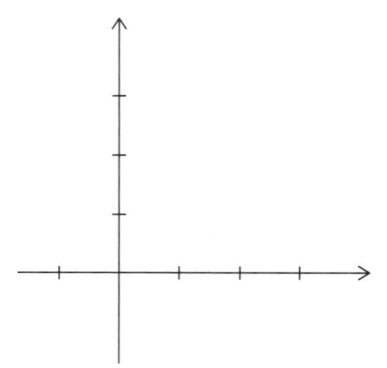

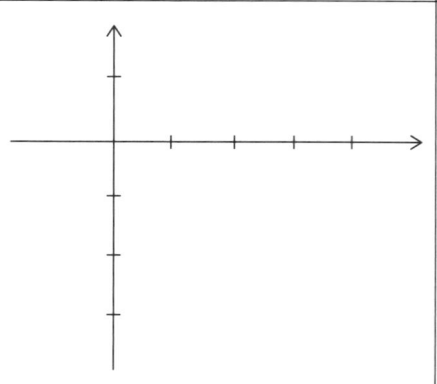

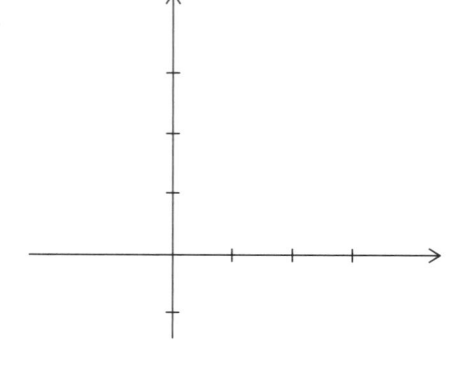

c) $y = \dfrac{1}{2}x - 2$

d) $y = -\dfrac{3}{2}x + 3$

421 Dado o coeficiente angular **a** e um elemento de $f(x) = ax + b$, determinar a lei de correspondência de f, nos casos:

a) $a = 4$, $(5, 6) \in f$

b) $a = -3$, $(3, -5) \in f$

422 Dado o coeficiente linear **b** e um elemento de $f(x) = ax + b$, determinar a lei de correspondência, nos casos:

a) $b = -7$, $(2, -1) \in f$

b) $b = -\dfrac{2}{3}$, $\left(\dfrac{1}{2}, \dfrac{4}{3}\right) \in f$

423 Dados dois elementos distintos de f(x) = ax + b, determinar a equação que a define nos casos:

a) $(2,-1) \in f, (3,1) \in f$

b) $(5,-8) \in f, (3,-2) \in f$

424 Fazendo o esboço simplificado de f(x) = ax + b (suprimindo o eixo das ordenadas, estudar a variação do sinal de f(x), nos casos:

a) f(x) = 3x – 12

b) f(x) = – 2x + 7

Resp: **415** a) 11   b) – 5   c) – 1   d) 7   e) – 16   f) 15   f) 0   h) 0   **416** a) (7, 9)   b) (– 7, 16)   c) $\left(\frac{13}{2}, 4\right)$

d) $\left(\frac{11}{7}, -2\right)$ e) $\left(\frac{17}{9}, \frac{2}{3}\right)$ f) $\left(-\frac{14}{9}, \frac{1}{3}\right)$ **417** a) (0, 8)   b) (0, 8)   c) (0, 8)   d) (0, 7)

e) (0, 0)   f) (0, 0)   g) (0, – 2)   h) $\left(0, \frac{2}{3}\right)$ **418** a) 4, (4, 0)   b) 5(5, 0)   c) 0, (0, 0)

d) 3, (3, 0)   e) $\frac{27}{2}, \left(\frac{27}{2}, 0\right)$ f) $\frac{2}{3}, \left(\frac{2}{3}, 0\right)$ **419** a) (0, – 10), (2, 0)   b) (0, – 12), (4, 0)   c) (0, – 15), (– 5, 0)

d) (0, 4), $\left(\frac{4}{3}, 0\right)$ e) $\left(0, -\frac{1}{2}\right), \left(\frac{3}{4}, 0\right)$

425 Dado o gráfico de f(x) = ax + b, determinar a equação que a define, nos casos:

a)

b)

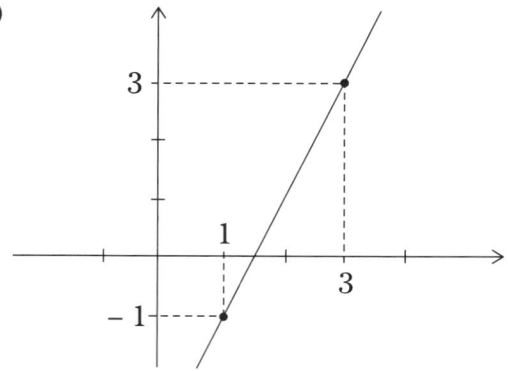

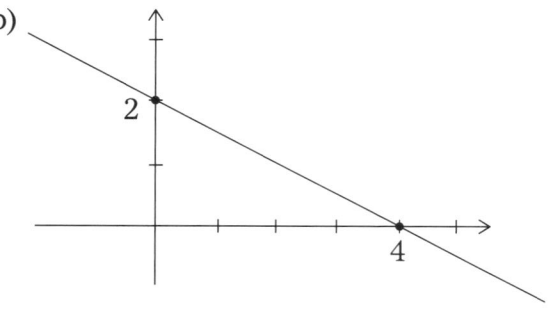

426 (5, – 4) e (– 2, 10) são dois elementos de f(x) = ax + b. Determinar:

a) a equação que define f(x)   b) a raiz de f (x)   c) f (– 7)
d) x tal que f(x) = 30   e) a variação de sinal de f (x)

2 – Função polinomial do 2º grau (Função quadrática)

1 – Definição

A função f: R → R definida por $f(x) = ax^2 + bx + c$ (ou $y = ax^2 + bx + c$) com a, b e c sendo números reais com $a \neq 0$ é chamada **função quadrática** ou função polinomial do 2º grau.

Exemplos: $f(x) = 2x^2 - 5x + 3$; $f(x) = 2x^2 - 16x$; $f(x) = 4x^2$

$f(x) = -3x^2 + 7x - 4$; $f(x) = \frac{1}{4}x^2 + 10$; $f(x) = 2x^2 - 8$

O domínio desta função é $D = \mathbb{R}$. A imagem, vai ser visto adiante.

2 – Parábola

Dada uma reta **d** e um ponto **F** não pertencente a **d**, o conjunto dos pontos, do plano de **d** e **F**, que são equidistante de **d** e **F** é chamado parábola.

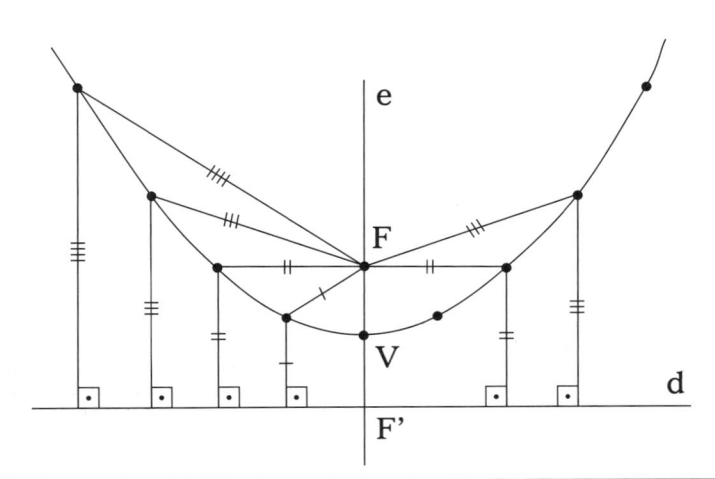

- A reta **d** é chamada diretriz da parábola.
- O ponto **F** é chamado foco da parábola.
- A reta **e** conduzida por **F** e perpendicular à reta **d** é o eixo de simetria da parábola.
- Sendo **F'** a projeção ortogonal de **F** sobre **d**, o ponto médio V de FF' é chamado vértice da parábola.
- FF' é chamado parâmetro da parábola.

Gráfico da função quadrátrica

Prova-se que o gráfico de uma função quadrática $y = ax^2 + bx + c$ é uma parábola. O estudo de parábolas envolvendo foco, diretriz e parâmetro é visto em um assunto chamado **geometria analítica**, normalmente estudado no terceiro ano do ensino médio. Nesta abordagem vamos voltar nossa atenção para o vértice, eixo de simetria, as raízes de **f**, os intervalos nas quais ela é crescente, decrescente, positiva, negativa e os valores máximo e mínimo de **f**, conforme for o caso.

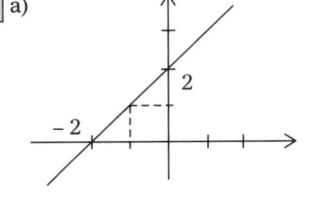

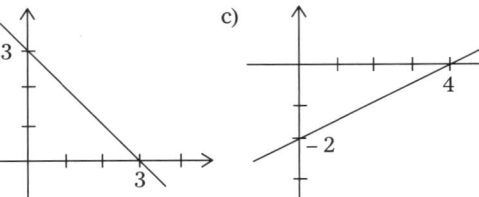

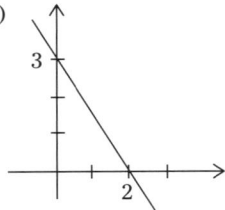

Resp: **420** a), b), c), d) [gráficos]

421 a) $y = 4x - 14$ b) $y = -3x + 4$ **422** a) $y = 3x - 7$ b) $y = 4x - \frac{2}{3}$ **423** a) $y = 2x - 5$ b) $y = -3x + 7$

424 a) $f(x) = 0 \Leftrightarrow x = 4$
$f(x) < 0 \Leftrightarrow x < 4$
$f(x) > 0 \Leftrightarrow x > 4$

b) $f(x) = 0 \Leftrightarrow x = \frac{7}{2}$
$f(x) < 0 \Leftrightarrow x > \frac{7}{2}$
$f(x) > 0 \Leftrightarrow x < \frac{7}{2}$

3) Gráfico de $y = ax^2 + bx + c$, $a \neq 0$

Prova-se que o gráfico de uma função polinomial do 2º grau, função quadrática é uma parábola. Observar:

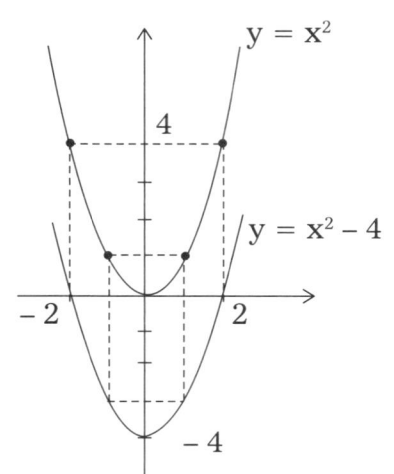

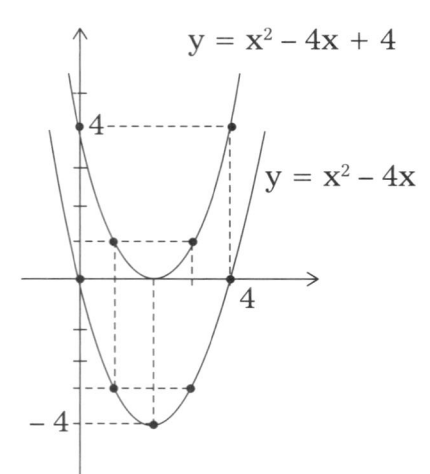

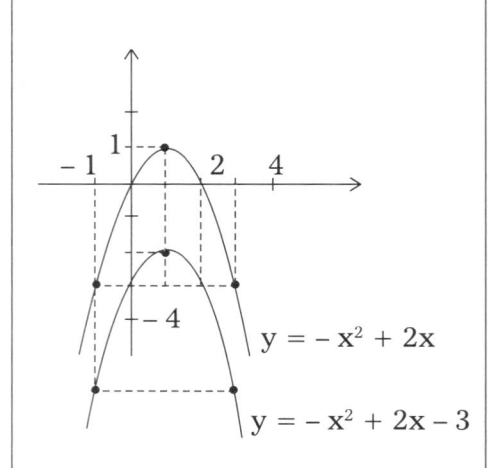

4) Concavidade da parábola e raízes da função quadrática

De acordo com o sinal de a da função $f(x) = ax^2 + bx + c$, prova-se que:

$a > 0 \Leftrightarrow$ a concavidade está voltada para cima

$a < 0 \Leftrightarrow$ a concavidade está voltada para baixo

Dada a função quadrática $f(x) = ax^2 + bx + c$, se $f(x) = 0$, obtemos $ax^2 + bx + c = 0$. Se o discriminante (Δ) desta equação for maior ou igual a zero ela terá duas raízes reais, e essas raízes são chamadas raízes da função quadrática $f(x) = ax^2 + bx + c$. Se o discriminante (Δ) for menor que zero, não existe x real que torne $f(x) = 0$. Neste casos dizemos que o gráfico da parábola não corta o eixo x. Observe os casos.

Para facilitar vamos suprimir, por enquanto, o eixo das ordenadas (eixo dos y).

$a > 0 \Leftrightarrow$ " boca" para cima $\Delta > 0 \Leftrightarrow$ corta o eixo das abcissas	$a > 0 \Leftrightarrow$ " boca" para cima $\Delta = 0 \Leftrightarrow$ tangencia o eixo das abcissas	$a > 0 \Leftrightarrow$ " boca" para cima $\Delta < 0 \Leftrightarrow$ não tem ponto em comum com o eixo das abcissas
Raízes x' e x'' distintas	**Raízes x' e x'' iguais**	**Não tem raízes reais**
$a < 0 \Leftrightarrow$ " boca" para baixo $\Delta > 0$	$a < 0 \Leftrightarrow$ " boca" para baixo $\Delta = 0$	$a < 0 \Leftrightarrow$ " boca" para baixo $\Delta < 0$
Raízes x' e x'' distintas	**Raízes x' e x'' iguais**	**Não tem raízes reais**

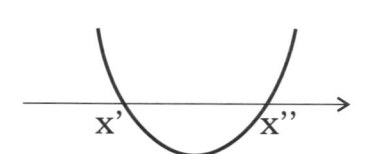

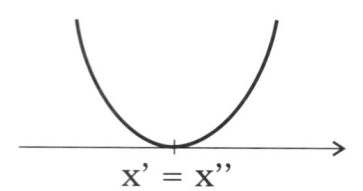

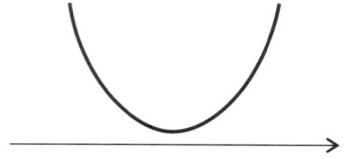

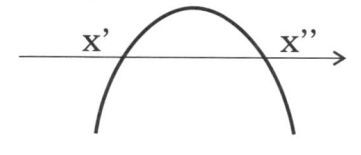

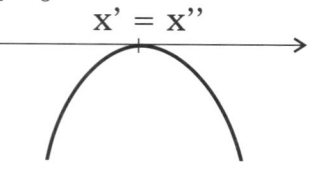

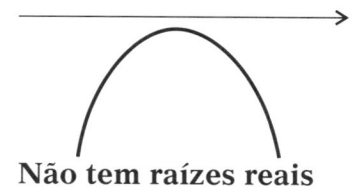

5) Vértice da parábola e valor máximo ou valor mínimo

O vértice da parábola é o ponto dela que pertence ao eixo de simetria e a ordenada dele é o valor máximo da função se a for negativo e é o valor mínimo da função se a for positivo.

Considerando a função $y = f(x) = ax^2 + bx + c$, quando $\Delta > 0$ a parábola corta o eixo dos x em pontos cujas abscissas são as raízes de f(x).

O eixo de simetria passa pelo ponto médio do segmento que as raízes determinam no eixo x.

E note que a abscissa deste ponto, x_M, é dada por $x_M = \dfrac{x' + x''}{2}$

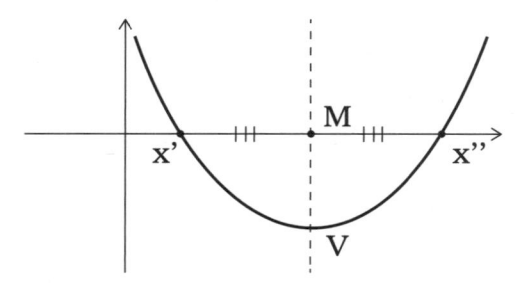

$x_M - x' = x'' - x_M \Rightarrow x_M + x_M = x' + x'' \Rightarrow$

$2x_M = x' + x'' \Rightarrow \boxed{x_M = \dfrac{x' + x''}{2}}$

Note que a abscissa do vértice, x_V, da parábola é igual a x_M.

$x_V = x_M \Rightarrow x_V = \dfrac{x' + x''}{2} \Rightarrow x_V = \dfrac{1}{2}(x' + x'')$

Sabemos que a soma das raízes de $ax^2 + bx + c = 0$ ($\Delta \geq 0$) é dada por $-\dfrac{b}{a}$.

Então: $x' + x'' = -\dfrac{b}{a}$ e $x_V = \dfrac{1}{2}(x' + x'') \Rightarrow x_V = \dfrac{1}{2}\left(-\dfrac{b}{a}\right) \Rightarrow \boxed{x_V = -\dfrac{b}{2a}}$

Substituindo $x = -\dfrac{b}{2a}$ em $y = ax^2 + bx + c$, obtemos ordenada y_V do vértice.

$x_V = -\dfrac{b}{2a} \Rightarrow y_V = a\left(-\dfrac{b}{2a}\right)^2 + b\left(-\dfrac{b}{2a}\right) + c \Rightarrow y_V = a \cdot \dfrac{b^2}{4a^2} - \dfrac{b^2}{2a} + c \Rightarrow$

$y_V = \dfrac{b^2}{4a} - \dfrac{b^2}{2a} + c \Rightarrow y_V = \dfrac{b^2 - 2b^2 + 4ac}{4a} \Rightarrow y_V = \dfrac{-b^2 + 4ac}{4a} \Rightarrow y_V = \dfrac{-(b^2 - 4ac)}{4a}$

Como $\Delta = b^2 - 4ac$, obtemos: $\boxed{y_V = \dfrac{-\Delta}{4a}} \Rightarrow \boxed{V = \left(-\dfrac{b}{2a}, -\dfrac{\Delta}{4a}\right)}$

Observe que para $a > 0$, nenhuma ordenada menor que a do vértice é imagem de algum x de f(x) e que para $a < 0$, nenhuma ordenada maior que a do vértice é imagem de algum x de f(x). Então:

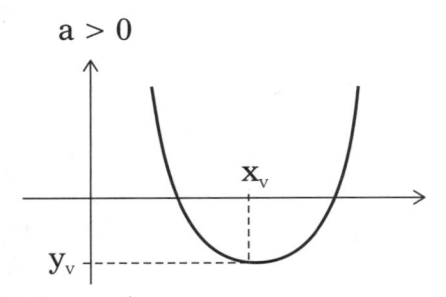

$a > 0$

$y_V = \dfrac{-\Delta}{4a}$ é o valor mínimo de f(x)

$a > 0 \Rightarrow V_{\text{mínimo}} = y_V = \dfrac{-\Delta}{4a}$

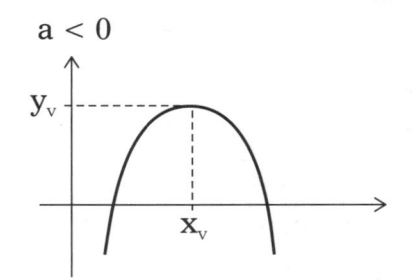

$a < 0$

$y_V = \dfrac{-\Delta}{4a}$ é o valor máximo de f(x)

$a < 0 \Rightarrow V_{\text{máximo}} = y_V = \dfrac{-\Delta}{4a}$

Resp: **425** a) $y = 2x - 3$ b) $y = -\dfrac{1}{2}x + 2$ **426** $f = 0 \Leftrightarrow x = 3, f(x) < 0 \Leftrightarrow x > 3, f(x) > 0 \Leftrightarrow x < 3$

6) Imagem da função quadrática

A imagem da função do 2º grau y = f(x) = ax² + bx + c é o conjunto das ordenadas dos pares que pertencem a f.

$$\text{Im} = \{y \in \mathbb{R} \mid (x, y) \in f\}$$

É o conjunto representado na reta dos números reais pela projeção ortogonal da parábola sobre o eixo das ordenados (eixo dos y).

$a > 0 \Rightarrow$ Valor mínimo igual a $\dfrac{-\Delta}{4a}$

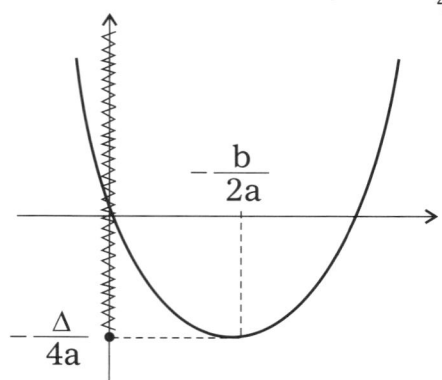

$a < 0 \Rightarrow$ Valor máximo igual a $\dfrac{-\Delta}{4a}$

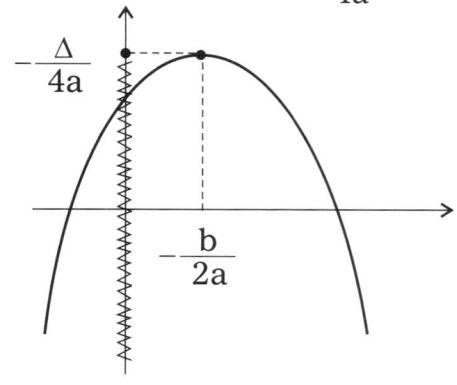

$\boxed{a > 0} \Leftrightarrow \text{Im} = \left\{ y \in \mathbb{R} \mid y \geq \dfrac{-\Delta}{4a} \right\}$

$$\text{Im} = \left[\dfrac{-\Delta}{4a}, +\infty \right[$$

$\boxed{a < 0} \Leftrightarrow \text{Im} = \left\{ y \in \mathbb{R} \mid y \leq \dfrac{-\Delta}{4a} \right\}$

$$\text{Im} = \left] -\infty, \dfrac{-\Delta}{4a} \right]$$

7) Intervalos no qual f(x) é crescente e no qual f(x) é decrescente

Considere a função polinomial do 2º grau y = f(x) = ax² + bx + c e observe o intervalo na qual ela é crescente e o na qual ela é decrescente.

$a > 0 \Rightarrow$ decrescente à esquerda de $-\dfrac{b}{2a}$ e crescente à direita.

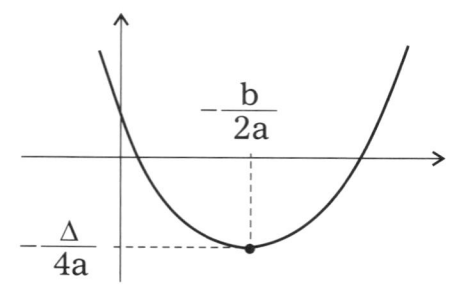

$a > 0 \Rightarrow$ crescente à esquerda de $-\dfrac{b}{2a}$ e decrescente à direita.

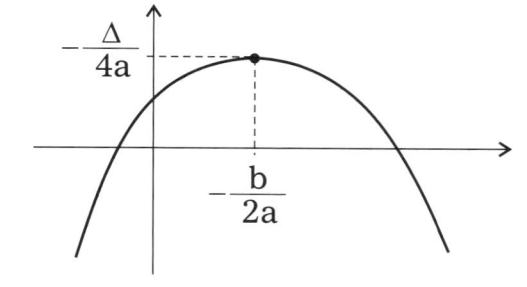

f é decrescente para $x \leq -\dfrac{b}{2a}$

f é crescente para $x \geq -\dfrac{b}{2a}$

f é crescente para $x \leq -\dfrac{b}{2a}$

f é decrescente para $x \geq -\dfrac{b}{2a}$

Obs.: $\boxed{a > 0} \Rightarrow$ f é decrescente em qualquer subconjunto de $\left] -\infty, \dfrac{-b}{2a} \right]$ e crescente em qualquer subconjunto de $\left[\dfrac{-b}{2a}, +\infty \right[$.

$\boxed{a < 0} \Rightarrow$ f é crescente em qualquer subconjunto de $\left] -\infty, \dfrac{-b}{2a} \right]$ e decrescente em qualquer subconjunto de $\left[\dfrac{-b}{2a}, +\infty \right[$.

8) Variação do sinal da função quadrática

Consideremos a função quadrática $y = f(x) = ax^2 + bx + c$. Observar o estudo da variação do sinal de $f(x)$ em $\mathbb{R}$, nos casos $a > 0$ e $a < 0$ e em cada caso, as possibilidades $\Delta > 0$, $\Delta = 0$ e $\Delta < 0$.

1º caso:

I) $a > 0, \Delta > 0, x' < x''$

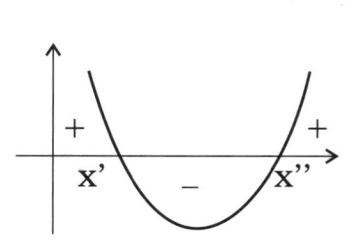

$f(x) = 0 \Leftrightarrow x = x' \lor x = x''$
$f(x) < 0 \Leftrightarrow x' < x < x''$
$f(x) > 0 \Leftrightarrow x < x' \lor x > x''$

II) $a > 0, \Delta = 0$

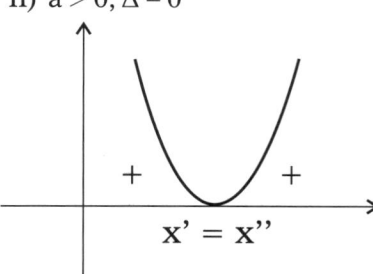

$f(x) = 0 \Leftrightarrow x = x'$
$f(x) > 0 \Leftrightarrow x \neq x', x \in \mathbb{R}$

III) $a > 0, \Delta = 0$

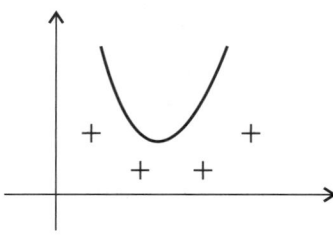

$f(x) > 0, \forall x \in \mathbb{R}$

2º caso:

I) $a < 0, \Delta > 0, x' < x''$

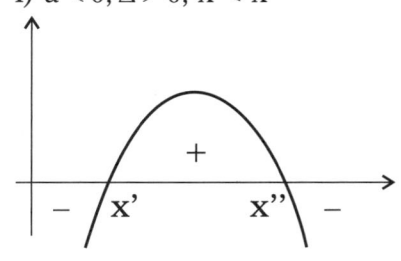

$f(x) = 0 \Leftrightarrow x = x' \lor x = x''$
$f(x) < 0 \Leftrightarrow x < x' \lor x > x''$
$f(x) > 0 \Leftrightarrow x' < x < x''$

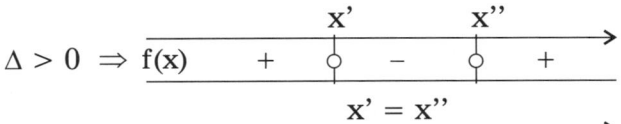

II) $a < 0, \Delta = 0$

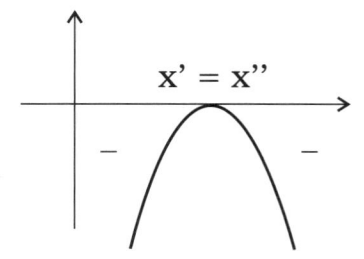

$f(x) = 0 \Leftrightarrow x = x'$
$f(x) < 0 \Leftrightarrow x \neq x', x \in \mathbb{R}$

III) $a < 0, \Delta < 0$

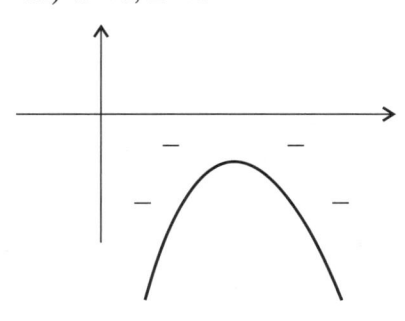

$f(x) < 0, \forall x \in \mathbb{R}$

Note que para $\Delta > 0$, no intervalo das raízes $f(x)$ tem o sinal contrário ao ele **a** e que fora do intervalo das raízes $f(x)$ tem o mesmo sinal de **a**.

Para $\Delta = 0$, $f(x)$ tem o mesmo sinal de **a**, dos dois lados da raiz.

Para $\Delta < 0$, $f(x)$ tem sempre o mesmo sinal de **a**.

$\Delta > 0$	x'	x''	x	$\Delta = 0$	x'	x	$\Delta < 0$	x
f(x)	m.a. c.a. m.a.			f(x)	m.a. m.a.		f(x)	m.a.

1º caso: $a > 0$

$\Delta > 0 \Rightarrow f(x)$ +   x'   −   x''   +

$\Delta = 0 \Rightarrow f(x)$ +   x' = x''   +

$\Delta < 0 \Rightarrow f(x)$ +   +   +

2º caso: $a < 0$

$\Delta > 0 \Rightarrow f(x)$ −   x'   +   x''   −

$\Delta = 0 \Rightarrow f(x)$ −   x' = x''   −

$\Delta < 0 \Rightarrow f(x)$ −   −   −

Exemplo 1: Dada a função quadrática $y = ax^2 + bx + c$, determinar as suas raízes e os pontos onde ela corta o eixo das abscissas, nos casos:

a) $y = 2x^2 + 5x - 3$
   $y = 0 \Rightarrow 2x^2 + 5x - 3 = 0$
   $\Delta = 25 + 24 = 49$
   $x = \dfrac{-5 \pm 7}{4} \Rightarrow$
   $\boxed{x = \dfrac{1}{2} \lor x = -3} \Rightarrow$
   $\left(\dfrac{1}{2}, 0\right)$ e $(-3, 0)$

b) $y = 4x^2 - 9$
   $y = 0 \Rightarrow 4x^2 - 9 = 0 \Rightarrow$
   $4x^2 = 9 \Rightarrow x^2 = \dfrac{9}{4} \Rightarrow$
   $\boxed{x = \pm \dfrac{3}{2}}$
   $\left(-\dfrac{3}{2}, 0\right)$ e $\left(\dfrac{3}{2}, 0\right)$

c) $y = 4x^2 - 12x$
   $y = 0 \Rightarrow 4x^2 - 12x = 0 \Rightarrow$
   $4x(x - 3) = 0 \Rightarrow$
   $\boxed{x = 0 \lor x = 3}$
   $(0, 0)$ e $(3, 0)$

Exemplo 2: Dada a função $f(x) = 3x^2 - 4x - 4$, determinar o x que tem a imagem dada, nos casos:

a) $f(x) = 11$
   $3x^2 - 4x - 4 = 11$
   $3x^2 - 4x - 15 = 0$
   $\Delta = 16 + 12 \cdot 15 = 196$
   $x = \dfrac{4 \pm 14}{6} \Rightarrow$
   $\boxed{x = 3 \lor x = -\dfrac{5}{3}}$

b) $f(x) = \dfrac{-16}{3}$
   $3x^2 - 4x - 4 = -\dfrac{16}{3}$
   $9x^2 - 12x + 4 = 0$
   $\Delta = 144 - 144 = 0$
   $x = \dfrac{12 \pm 0}{18} \Rightarrow$
   $\boxed{x = \dfrac{2}{3}}$

c) $f(x) = -6$
   $3x^2 - 4x - 4 = -6 \Rightarrow$
   $3x^2 - 4x + 2 = 0$
   $\Delta = 16 - 24 = -8$
   Não existe x real
   tal que $f(x) = -6$

Exemplo 3: Determinar o vértice da parábola representativa de $y = 3x^2 - 4x - 4$.

1º modo: $V = \left(\dfrac{-b}{2a}, \dfrac{-\Delta}{4a}\right)$

$\Delta = 16 + 12 \cdot 4 \Rightarrow \Delta = 64$

$x_V = \dfrac{-b}{2a} = \dfrac{-(-4)}{2(3)} \Rightarrow x_V = \dfrac{2}{3}$

$y_V = \dfrac{-\Delta}{4a} = \dfrac{-64}{4 \cdot 3} \Rightarrow y_V = \dfrac{-16}{3}$

$\Rightarrow V = \left(\dfrac{2}{3}, \dfrac{-16}{3}\right)$

2º modo: $V = \left(\dfrac{-b}{2a}, f\left(\dfrac{-\Delta}{2a}\right)\right)$

$x_V = \dfrac{-b}{2a} = -\dfrac{-(-4)}{2(3)} \Rightarrow x_V = \dfrac{2}{3}$

$y_V = f(x_V) \Rightarrow y_V = f\left(\dfrac{2}{3}\right) = 3\left(\dfrac{2}{3}\right)^2 - 4\left(\dfrac{2}{3}\right) - 4$

$y_V = \dfrac{4}{3} - \dfrac{8}{3} - 4 = \dfrac{-4}{3} - 4 \Rightarrow y_V = \dfrac{-16}{3} \Rightarrow$

$V = \left(\dfrac{2}{3}, \dfrac{-16}{3}\right)$

Exemplo 4: Dado o esboço do gráfico da função $f(x) = ax^2 + bx + c$, determinar o valor máximo ou valor mínimo e a imagem de f, nos casos:

a) $V(8, -7)$
   $V_{min.} = -7$
   $\text{Im} = \{y \in \mathbb{R} \mid y \geq -7\}$ ou
   $\text{Im} = [-7, +\infty[$

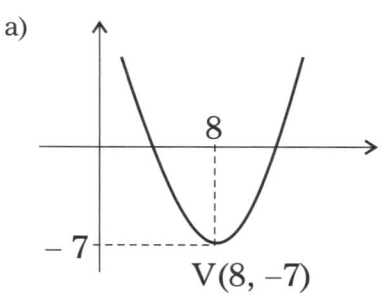

b) $V(-10, 5)$
   $V_{min.} = 5$
   $\text{Im} = \{y \in \mathbb{R} \mid y \geq 5\}$ ou
   $\text{Im} = [5, +\infty[$

c) $V(9, 6)$
   $V_{máx.} = 6$
   $\text{Im} = \{y \in \mathbb{R} \mid y \leq 6\}$ ou
   $\text{Im} =]-\infty, 6]$

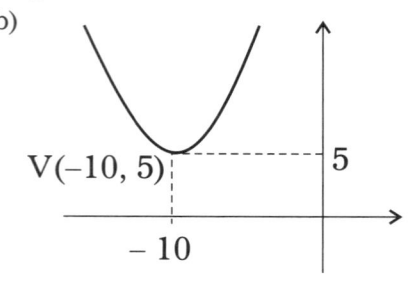

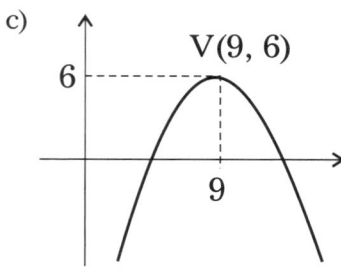

Exemplo 5: Dada a função $f(x) = ax^2 + bx + c$, determinar o valor máximo ou mínimo, conforme for o caso, e determinar a imagem de f, nos casos:

a) $y = 2x^2 - 8x - 9$

$a = 2 \Rightarrow a > 0$ Concavidade voltada para cima (boca para cima)

$\Rightarrow f(x)$ tem valor mínimo.

$\Delta = 64 + 72 \Rightarrow \Delta = 136$

$y_v = \dfrac{-\Delta}{4a} \Rightarrow y_v = \dfrac{-136}{4 \cdot 2} \Rightarrow y = -17$

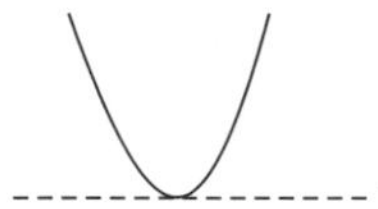

$V_{min.} = -17$

$Im = [-17, +\infty[$

b) $y = -3x^2 - 4x - 2$

$a = -3 \Rightarrow a < 0 \Rightarrow$ Concavidade de voltada para baixo (boca para baixo)

$\Rightarrow f(x)$ tem valor máximo.

$\Delta = 16 - 4(-3)(-2) = 16 - 24 = -8$

$y_v = \dfrac{-\Delta}{4a} = \dfrac{-(-8)}{4(-3)} \Rightarrow y_v = -\dfrac{2}{3}$

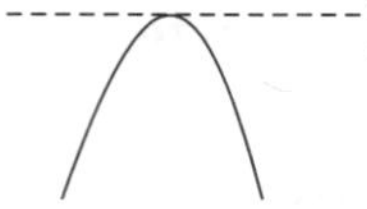

$V_{máx.} = -\dfrac{2}{3}$

$Im = \left]-\infty, \dfrac{-2}{3}\right]$

Exemplo 6: Dado o esboço do gráfico de uma função $f(x) = ax^2 + bx + c$, determiner o maior intervalos possível no qual f é crescente e o maior intervalo possível no qual f é decrescente. V é o vértice

a)

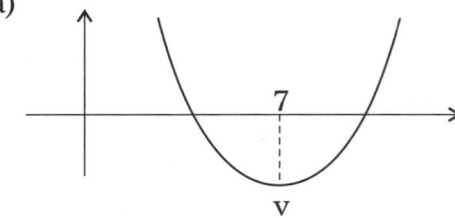

$f(x)$ é decrescente em $]-\infty, 7]$
$f(x)$ é crescente em $[7, +\infty[$

b)

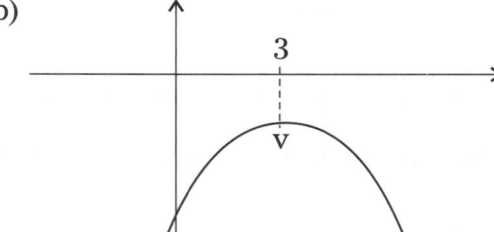

$f(x)$ é crescente em $]-\infty, 3]$
$f(x)$ é decrescente em $[3, +\infty[$

Exemplo 7: Dado o esboço simplificado do gráfico, suprimindo o eixo das ordenadas da função $f(x) = ax^2 + bx + c$, estudar a variação do sinal de $f(x)$.

a)

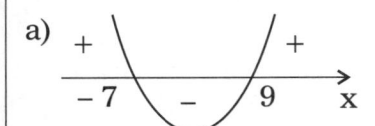

$f(x) = 0 \Leftrightarrow x = -7 \vee x = 9$
$f(x) < 0 \Leftrightarrow -7 < x < 9$
$f(x) > 0 \Leftrightarrow x < -7 \vee x > 9$

b)

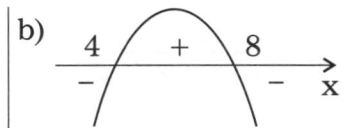

$f(x) = 0 \Leftrightarrow x = 4$ ou $x = 8$
$f(x) < 0 \Leftrightarrow x < 4 \vee x > 8$
$f(x) > 0 \Leftrightarrow 4 < x < 8$

c)

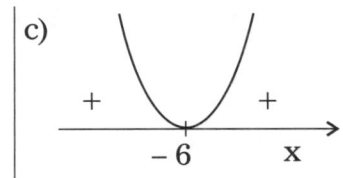

$f(x) = 0 \Leftrightarrow x = -6$
$f(x) > 0 \Leftrightarrow x \neq -6$

d) $f(x) > 0, \forall x \in \mathbb{R}$

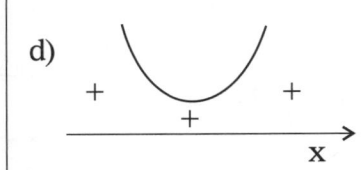

e) $f(x) < 0, \forall x \in \mathbb{R}$

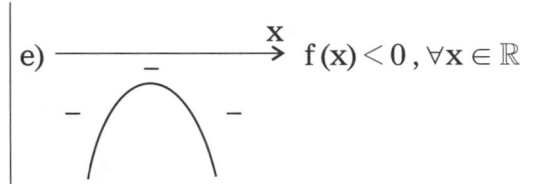

Exemplo 8: Determinar a equação que define a função $f(x) = ax^2 + bx + c$, nos casos:

a) São dados os pares de f que pertencem aos eixos (os pontos onde o gráfico corta os eixos): $(0, -45)$, $(-5, 0)$ e $(3, 0)$.

Note que 3 e -5 são as raízes de $f(x)$. Sabemos que se x' e x'' são as raízes de $ax^2 + bx + c$, podemos escrever $ax^2 + bx + c = a(x - x')(x - x'')$.

Então:

$$f(x) = a(x-3)(x+5) \Rightarrow f(x) = a(x^2 + 2x - 15)$$

$$(0, -45) \in f \Rightarrow f(0) = -45 \Rightarrow -45 = a(0^2 + 2 \cdot 0 - 15) \Rightarrow -15a = -45 \Rightarrow a = 3$$

$$f(x) = a(x^2 + 2x - 15) \text{ e } a = 3 \Rightarrow f(x) = 3(x^2 + 3x - 15) \Rightarrow \boxed{f(x) = 3x^2 + 9x - 45}$$

b) São dados um par de f e as raízes de f: $(-3, 14)$, $x' = \frac{1}{2}$ e $x'' = -2$

$$f(x) = ax^2 + bx + c = a(x - x')(x - x'') \Rightarrow f(x) = a\left(x - \frac{1}{2}\right)(x + 2)$$

$$(-3, 14) \in f \Rightarrow f(-3) = 14 = a\left(-3 - \frac{1}{2}\right)(-3 + 2) \Rightarrow 14 = a \cdot \left(\frac{-7}{2}\right)(-1) \Rightarrow$$

$$\Rightarrow \frac{7}{2}a = 14 \Rightarrow 7a = 28 \Rightarrow a = 4 \Rightarrow f(x) = 4\left(x - \frac{1}{2}\right)(x + 2) \Rightarrow$$

$$f(x) = (4x - 2)(x + 2) \Rightarrow \boxed{f(x) = 4x^2 + 6x - 4}$$

c) São dados três pares quaisquer de f: $(1, -2)$, $(3, 8)$ e $(-2, 13)$

Os intens (a) e (b) podem também ser resolvidos como este.

$$\begin{cases} (1, -2) \in f \Rightarrow f(1) = -2 \Rightarrow a(1)^2 + b(1) + c = -2 \\ (3, 8) \in f \Rightarrow f(3) = 8 \Rightarrow a(3)^2 + b(3) + c = 8 \\ (-2, 13) \in f \Rightarrow f(-2) = 13 \Rightarrow a(-2)^2 + b(-2) + c = 13 \end{cases} \Rightarrow \begin{cases} a + b + c = -2 \\ 9a + 3b + c = 8 \\ 4a - 2b + c = 13 \end{cases}$$

$$a + b + c = -2 \Rightarrow c = -a - b - 2 \Rightarrow$$

$$\begin{cases} 9a + 3b - a - b - 2 = 8 \\ 4a - 2b - a - b - 2 = 13 \end{cases} \Rightarrow \begin{cases} 8a + 2b = 10 \\ 3a - 3b = 15 \end{cases} \Rightarrow \begin{cases} 4a + b = 5 \\ a - b = 5 \end{cases} \Rightarrow 5a = 10 \Rightarrow \boxed{a = 2}$$

$$a = 2, a - b = 5 \Rightarrow 2 - b = 5 \Rightarrow \boxed{b = -3}$$

$$a = 2, b = -3, a + b + c = -2 \Rightarrow 2 - 3 + c = -2 \Rightarrow \boxed{c = -1}$$

$$a = 2, b = -3 \text{ e } c = -1 \text{ e } f(x) = ax^2 + bx + c \Rightarrow \boxed{f(x) = 2x^2 - 3x - 1}$$

---

427 Determinar o ponto onde o gráfico da função $f(x) = ax^2 + bx + c$ corta o eixo das ordendas (eixo dos y), nos casos.

a) $f(x) = 2x^2 - x - 5$

b) $y = 5x^2 - 3x + 9$

c) $y = -3x^2 - 4x + 11$

d) $y = x^2 - 144$

e) $y = 7x^2 + 9x$

f) $f(x) = 7x^2$

428 Determinar os pontos onde o gráfico da função do 2º grau corta o eixo das abscissas (eixo dos x) nos casos:

a) $f(x) = 2x^2 - 7x + 3$

b) $f(x) = 3x^2 + 8x + 4$

c) $y = 3x^2 + x - 4$

d) $y = 9x^2 - 12x + 4$

e) $y = 4x^2 + 20x + 25$

f) $f(x) = 2x^2 - 5x + 4$

g) $f(x) = x^2 - 9$

h) $y = 4x^2 - 20x$

i) $y = 17x^2$

429 Dada a função $f(x) = 2x^2 + 3x - 9$, determinar x, nos casos:

a) $f(x) = 0$

b) $f(x) = -4$

c) $f(x) = -\dfrac{81}{8}$

430 Dada o esboço da parábola $f(x) = ax^2 + bx + c$, destacando apenas o eixo das abscissas, determinar as raízes de $f(x)$ e a abscissa do vértice da parábola, nos casos:

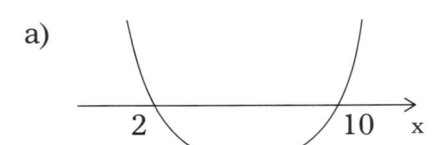

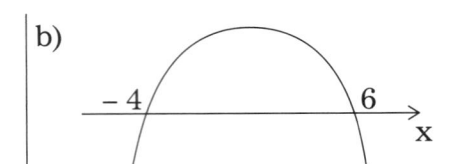

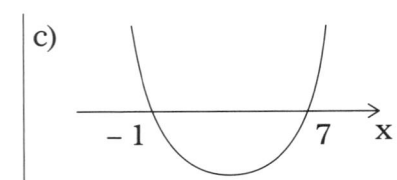

a) (raízes 2 e 10)

b) (raízes −4 e 6)

c) (raízes −1 e 7)

431 Dado o esboço do gráfico de uma função polinomial do 2º grau, determinar o vértice da parábola, o valor máximo ou mínimo de f, conforme for o caso e a imagem de f (conjunto imagem).

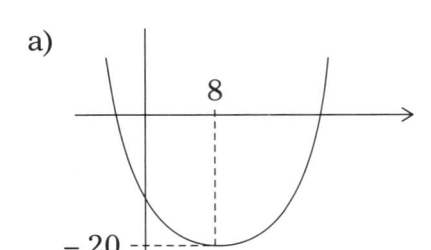

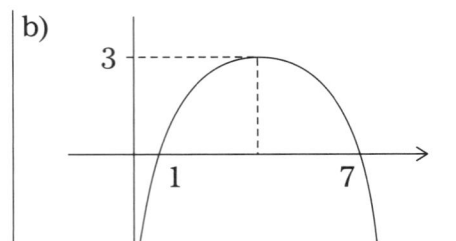

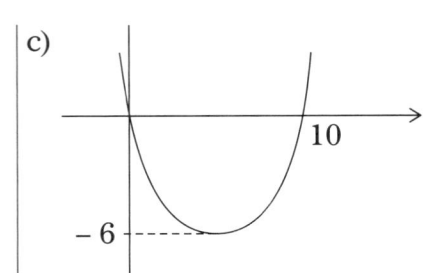

a) (vértice em $x=8$, $y=-20$)

b) (vértice com $y=3$, raízes 1 e 7)

c) (vértice em $x=10$, $y=-6$)

432 Determinar a abscissa do vértice da parábola nos casos:

Lembre de que $x_V = \dfrac{-b}{2a}$

a) $f(x) = 4x^2 - 40x - 1$

b) $f(x) = -2x^2 + 16x + 3$

c) $y = -3x^2 - 8x + 11$

d) $y = -\dfrac{2}{3}x^2 - \dfrac{8}{9}x - \dfrac{1}{5}$

e) $y = \sqrt{2}\,x^2 - 4x + 2$

f) $y = 3x^2 - 7$

433 Dada a função polinomial do 2º grau (função quadrática), determinar a ordenada do vértice, o valor máximo ou mínimo e a imagem de f (conjunto imagem), nos casos:

Lembre-se de que $y_v = \dfrac{-\Delta}{4a}$

a) $f(x) = x^2 - 6x + 1$

b) $y = -2x^2 - 4x + 1$

c) $y = -3x^2 - 4x$

d) $y = 6x^2 - 4$

e) $f(x) = -5x^2 - x + 1$

f) $y = 6x^2 - 12x + 1$

Resp: **427** a) (0, -5) b) (0, 9) c) (0, 11) d) (0, -144) e) (0, 0) f) (0, 0)   **428** a) $(3,0), \left(\dfrac{1}{2}, 0\right)$ b) $(-2, 0), \left(-\dfrac{2}{3}, 0\right)$ c) $(1, 0), \left(-\dfrac{4}{3}, 0\right)$ d) tangencia o eixo em $\left(\dfrac{2}{3}, 0\right)$ e) $\left(-\dfrac{5}{2}, 0\right)$ f) f(x) não tem ponto em comum com o eixo das abscissas.   g) (-3, 0), (3, 0)   h) (0, 0), (0, 5)   i) (0, 0)   **429** a) -3 ou $\dfrac{3}{2}$ b) 1 ou $-\dfrac{5}{2}$ c) $-\dfrac{3}{4}$

434 Determinar o vértice da parábola nos casos:

Determinar $x_v = \dfrac{-b}{2a}$ e depois $y_v = f(x_v) = f\left(\dfrac{-b}{2a}\right)$

a) $f(x) = 2x^2 - 8x + 1$

b) $f(x) = -2x^2 - 4x - 3$

c) $y = -3x^2 + 6x$

d) $y = -4x^2 + 8$

435 Dado o esboço do gráfico de uma função do 2º grau $y = ax^2 + bx + c$, determinar maior intervalo onde ela é crescente e o maior onde ela é descrescente.

a)

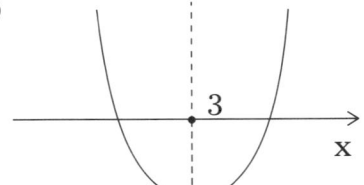

b)

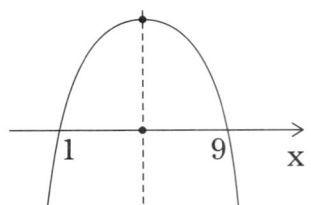

c)

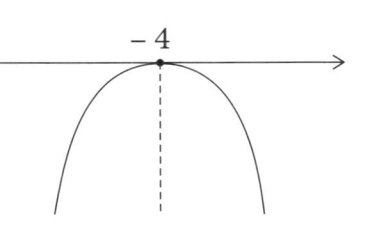

d)

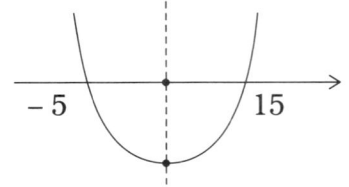

436 Determinar o valor do parâmtro **m** na função do 2º grau dada, de modo que o par dado seja elemento dela, nos casos:

a) $f(x) = 3x^2 - 2x + 3m + 5$, $(-2, 3) \in f$

b) $f(x) = -2x^2 - (2m - 3)x - 4$, $(-3, 17) \in f$

---

437 Determinar a equação que define a função do 2º grau, nos casos:

a) $f(x) = 3x^2 + bx + c$, $f(0) = 4$ e $f(3) = 25$

b) $f(x) = -3x^2 + bx + c$, $f(-1) = -1$ e $f(4) = -21$

c) $f(x) = ax^2 + bx + 12$, $(3, 0) \in f$, $(-4, 84) \in f$

Resp: **430** a) 2;10 e $x_V = 6$ b) $-4;6$ e $x_V = 1$ c) $-1;7$ e $x_V = 3$ **431** a) $V = (8, -20)$, $V_{min.} = -20$, $Im = [-20, \infty[$

b) $V = (4, 3)$, $V_{máx.} = 3$, $Im =]-\infty, 3]$ c) $V = (5, -6)$, $V_{min.} = -6$, $Im = [-6, \infty[$ **432** a) 5   b) 4   c) $-\frac{4}{3}$ d) $-\frac{2}{3}$

e) $\sqrt{2}$ f) 0   **433** a) $V_{min.} = -8$, $Im = [-8, \infty[$ b) $V_{máx.} = 3$, $Im =]-\infty, 3]$ c) $V_{máx.} = \frac{4}{3}$, $Im =]-\infty, \frac{4}{3}]$

d) $V_{min.} = -4$, $Im = [-4, \infty[$ e) $V_{máx.} = \frac{21}{20}$, $Im =]-\infty, \frac{21}{20}]$ f) $V_{min.} = -5$, $Im = [-5, \infty[$

438 Lembre-se de que $ax^2 + bx + c = a(x - x')(x - x'')$, onde x' e x'' são as raízes de $f(x) = ax^2 + bx + c$. Usando esta informação, determinar a função $f(x)$, do 2º grau, dadas as suas raízes e mais um dado, nos casos:

a) $x' = 2$, $x'' = 3$ e $f(7) = 40$

b) $x' = -4$, $x'' = 1$ e $(-3, 16) \in f$

439 4 e $\frac{1}{2}$ são as raízes de uma função do 2º grau. Determinar a equação que define esta função, nos casos:

a) $f(1) = -3$

b) $f(0) = 12$

440 Dados 3 elementos da função do 2º grau $f(x) = ax^2 + bx + c$, determinar esta função, nos casos:

a) $(1, -5)$, $(2, -3)$ e $(-2, 13)$ ou   [$f(1) = -5$, $f(2) = -3$ e $f(-2) = 13$]

b) $(2, -2)$, $(4, -34)$, $(-3, -27)$

Resp: **434** a) V = (2, −7)   b) V = (−1, −1)   c) V = (1, 3)   d) V = (0, 8)

435 a) decrescente em] −∞, 3] e crescente em [3, ∞[b) crescente em]−∞, 5] e decrescente em [5, ∞[

c) crescente em]−∞, −4] e decrescente em [−4, ∞[d) descrescente em]−∞, 5] e crescente em [5, ∞[

436 a) m = −6   b) m = 8   **437** a) $f(x) = 3x^2 - 2x + 4$ b) $f(x) = -3x^2 + 5x + 7$ c) $f(x) = 2x^2 - 10x + 12$

441 Dado o esboço simplificado do gráfico (suprimindo o eixo das ordenadas) de uma função do 2º grau $f(x) = ax^2 + bx + c$, estudar a variação de sinal de $f(x)$.

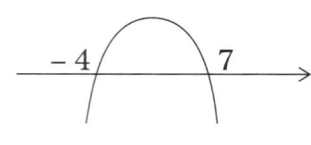

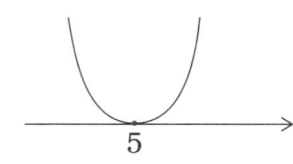

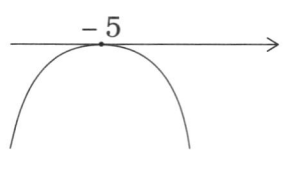

a) [parábola com concavidade para cima, raízes em −3 e 2]

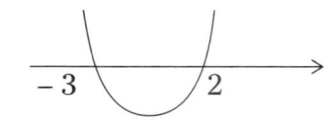

b) [parábola com concavidade para baixo, raízes em −4 e 7]

c) [parábola com concavidade para cima, raiz dupla em 5]

d) [parábola com concavidade para baixo, raiz dupla em −5]

e) [parábola com concavidade para cima, sem raízes reais]

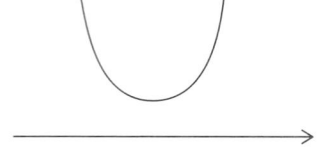

f) [parábola com concavidade para baixo, sem raízes reais]

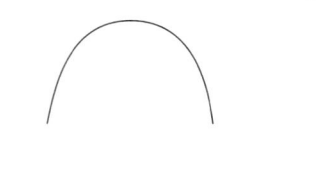

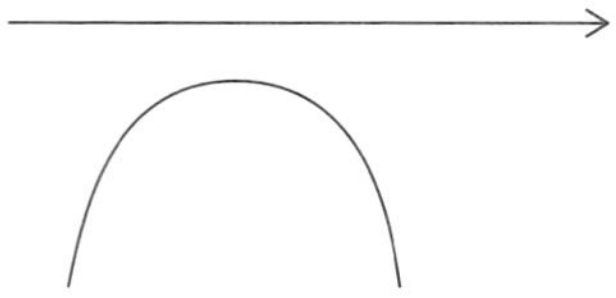

442 Estudar a variação de sinal da função, nos casos:
Faça um esboço simplificado do gráfico, suprimindo o eixo das ordenadas.

a) $f(x) = 2x^2 - 3x - 2$

b) $f(x) = -3x^2 + 5x - 2$

c) $f(x) = -2x^2 + 3x - 5$

d) $f(x) = 4x^2 - 12x + 9$

3 – Função definidas por várias sentenças

Considere um conjunto A e vários subconjuntos disjuntos de A cuja união deles seja A. É dita definida por várias sentenças a função **f** de domínio A definida em cada um daqueles subconjuntos por uma sentença.

Por exemplo, $f : \mathbb{R} \to \mathbb{R}$ definida por:

$\begin{cases} f(x) = x + 2 \text{ para } x \leq 1 \\ f(x) = -x - 1 \text{ para } x > 1 \end{cases}$ Podemos escrever simplificadamente assim:

$f(x) = \begin{cases} x + 2, & x \leq 1 \\ -x - 1, & x > 1 \end{cases}$

Como $f(x) = x + 2$ para $x \leq 1$, observe as imagens de alguns valores deste intervalo: $f(1) = 1 + 2 = 3$, $f(-3) = -3 + 2 = -1$, $f(-2) = -2 + 2 = 0$.

Como $f(x) = -x - 1$ para $x > 1$, observe as imagens de alguns valores deste intervalo: $f(2) = -2 - 1 = -3$, $f(5) = -5 - 1 = -6$, $f(10) = -10 - 1 = -11$.

O gráfico desta função é a união do gráfico de $f(x) = x + 2$ para $x \leq 1$ como o gráfico de $f(x) = -x - 1$ para $x > 1$. Observar.

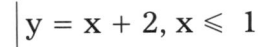

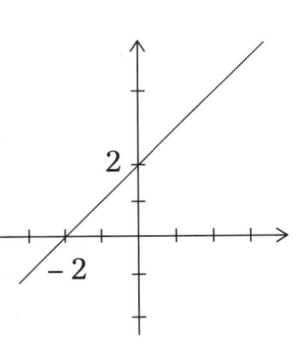

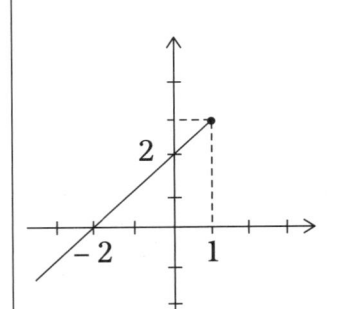

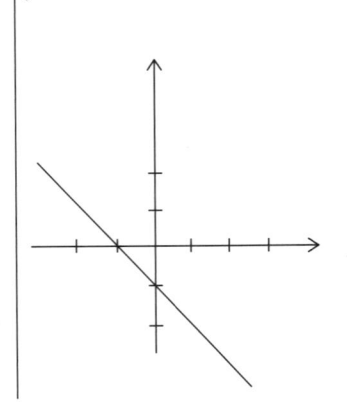

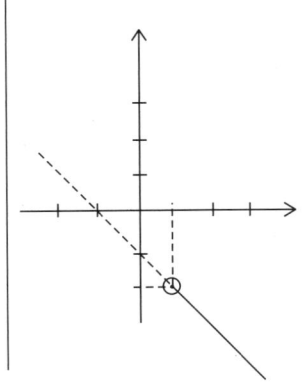

Gráfico de $f(x) = \begin{cases} x + 2, & x \leq 1 \\ -x - 1, & x > 1 \end{cases}$

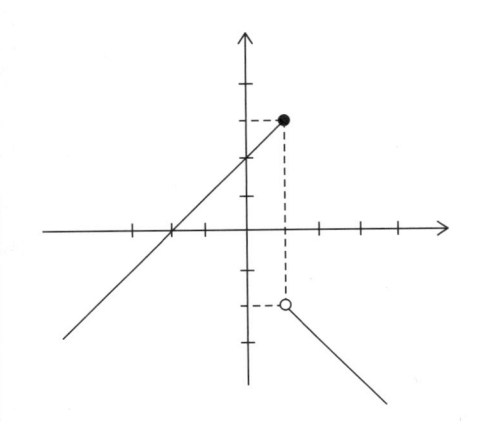

Observe como é o gráfico de
$f(x) = \begin{cases} x + 2, & x < 1 \\ -x - 1, & x \geq 1 \end{cases}$

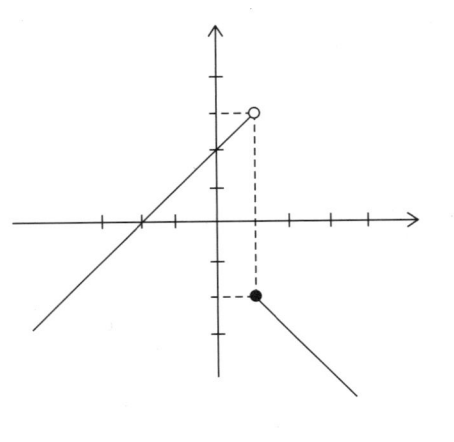

Resp: **438** a) $f(x) = 2x^2 - 10x + 12$ b) $f(x) = -4x^2 - 12x + 16$ **439** a) $f(x) = 2x^2 - 9x + 4$ b) $f(x) = 6x^2 - 27x + 12$

440 a) $f(x) = 2x^2 - 4x - 3$ b) $f(x) = -3x^2 + 2x + 6$

Exemplo 1: Dada a função:

$$f(x) = \begin{cases} -5, & x \leq -2 \\ 2x^2 - 3, & -2 < x \leq 3 \\ 2x + 3, & x > 3 \end{cases}$$

Determinar

$f(-7)$, $f(-3)$

$f(-2)$, $f(-1)$, $f(0)$, $f(2)$

$f(3)$, $f(5)$, $f\left(\dfrac{11}{2}\right)$

Resolução: 1) $f(-7) = f(-3) = f(-2) = -5$

2) $f(-1) = f(-1)^2 - 3 = -1$; $f(0) = 2(0)^2 - 3 = -3$

$f(2) = 2 \cdot 2^2 - 3 = 5$; $f(3) = 2 \cdot 3^2 - 3 = 15$

3) $f(5) = 2 \cdot 5 + 3 = 13$; $f\left(\dfrac{11}{2}\right) = 2\left(\dfrac{11}{2}\right) + 3 = 14$

Exemplo 2: Esboçar o gráfico de

$$f(x) = \begin{cases} 3, & x \leq -2 \\ x^2 - 1, & -2 < x \leq 1 \\ \dfrac{x}{2} - \dfrac{1}{2}, & 1 < x \leq 3 \\ 2x - 5, & x > 3 \end{cases}$$

Resolução: Esboçamos os gráficos sem nos preocupar com os intervalos e depois destacamos a parte correspondente a cada intervalo

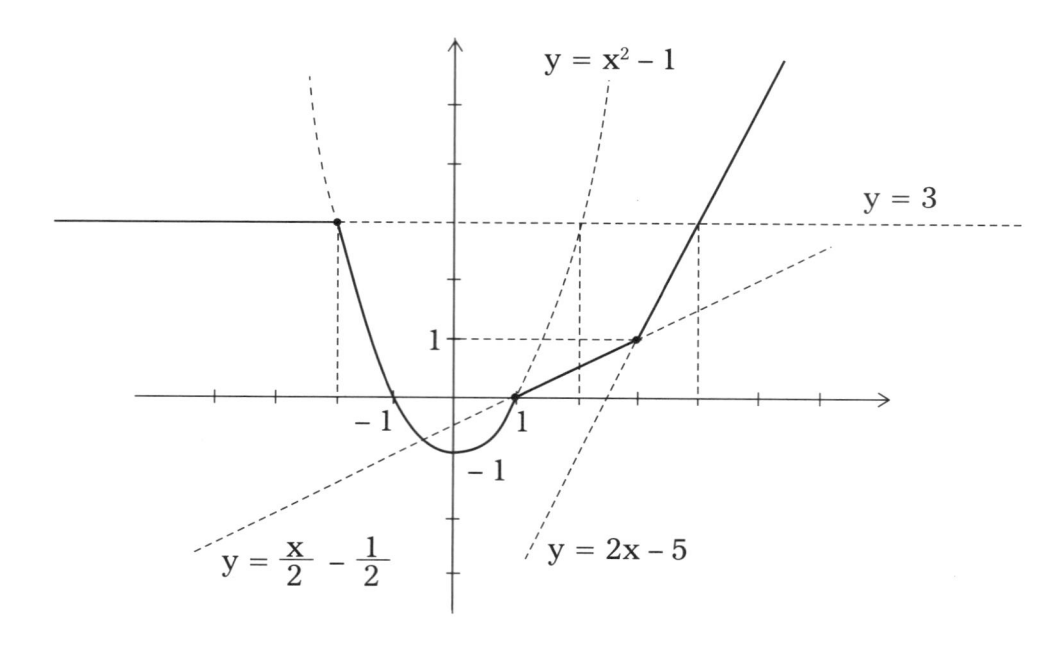

Obs.: Há infinitos x tal que f(x) = 3.

O valor mínimo de f(x) é – 1.

Não existe x tal que f(x) < – 1.

Para cada f(x) > 3, existe um único x cuja imagem é f(x).

Para cada – 1 < f(x) < 3, há 2 valores de x cujas imagens são f(x).

443 Dada a função f(x), determinar o que se pede, nos casos:

a) $f(x) = \begin{cases} 2x - 5, & x \leqslant -3 \\ 2x^2 - 3x, & -3 < x < 2 \\ -3x + 7, & x \geqslant 2 \end{cases}$

$f(-5), f(-3), f(0), f(1), f(5)$

b) $f(x) = \begin{cases} x^2 + 2x, & x \leqslant -1 \\ 2x - 1, & -1 < x \leqslant 2 \\ x^2 - 2x, & x > 2 \end{cases}$

$f(-3), f(-1), f(0), f(2), f(5)$

444 Considere a função $f(x) = \begin{cases} x^2 - 4x, & x \leqslant 6 \\ x - 5, & x > 6 \end{cases}$

Determinar x, nos casos

a) $f(x) = 5$

b) $f(x) = -3$

Resp: **441** a) $f(x) = 0 \Leftrightarrow x = -3 \lor x = 2, f(x) < 0 \Leftrightarrow -3 < x < 2, f(x) > 0 \Leftrightarrow x < -3 \lor x > 2$

b) $f(x) = 0 \Leftrightarrow x = -4 \lor x = 7, f(x) < 0 \Leftrightarrow x < -4 \lor x > 7, f(x) > 0 \Leftrightarrow -4 < x < 7$ c) $f(x) = 0 \Leftrightarrow x = 5, f(x) > 0 \Leftrightarrow x \neq 5$

d) $f(x) = 0 \Leftrightarrow x = -5, f(x) < 0 \Leftrightarrow x \neq -5$ e) $f(x) > 0, \forall x \in \mathbb{R}$ f) $f(x) < 0, \forall x \in \mathbb{R}$

442 a) $f(x) = 0 \Leftrightarrow x = -\frac{1}{2} \lor x = 2, f(x) < 0 \Leftrightarrow -\frac{1}{2} < x < 2, f(x) > 0 \Leftrightarrow x < -\frac{1}{2} \lor x > 2$

b) $f(x) = 0 \Leftrightarrow x = \frac{2}{3} \lor x = 1, f(x) < 0 \Leftrightarrow x < \frac{2}{3} \lor x > 1, f(x) > 0 \Leftrightarrow \frac{2}{3} < x < 1$ c) $f(x) < 0, \forall x \in \mathbb{R}$

d) $f(x) = 0 \Leftrightarrow, x = \frac{3}{2}, f(x) > 0 \Leftrightarrow x \neq \frac{3}{2}$

445 Esboçar o gráfico das seguintes funções

a) $f(x) = \begin{cases} x+2, & x<1 \\ -x, & x \geqslant 1 \end{cases}$

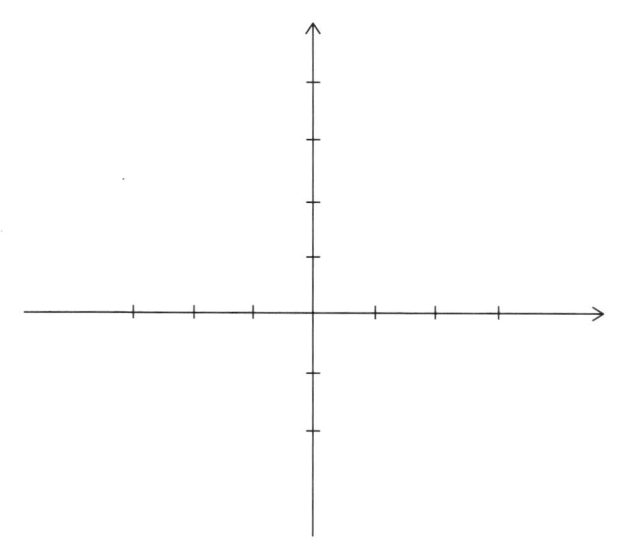

b) $f(x) = \begin{cases} -\dfrac{1}{2}x+2, & x \leqslant -1 \\ x-1, & x>1 \end{cases}$

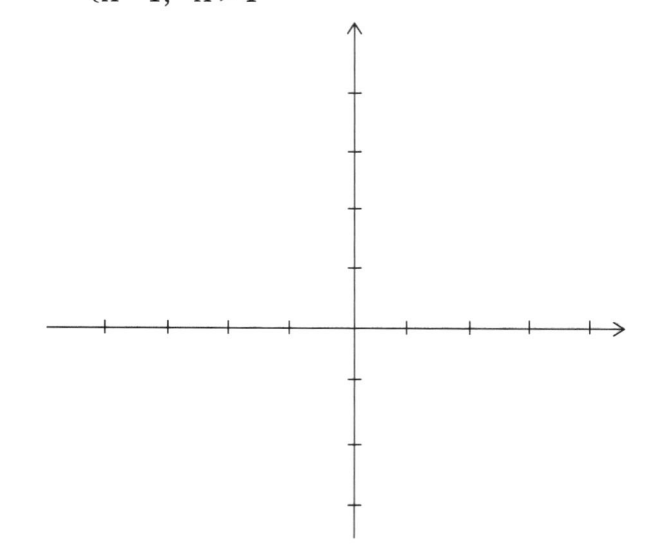

c) $f(x) = \begin{cases} \dfrac{1}{2}x+2, & x<2 \\ -x+5, & x \geqslant 2 \end{cases}$

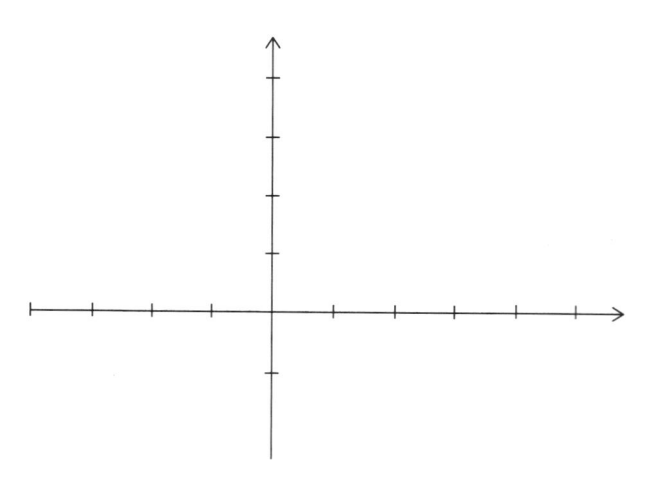

d) $f(x) = \begin{cases} -x-1, & x \leqslant 1 \\ 2x-4, & x>1 \end{cases}$

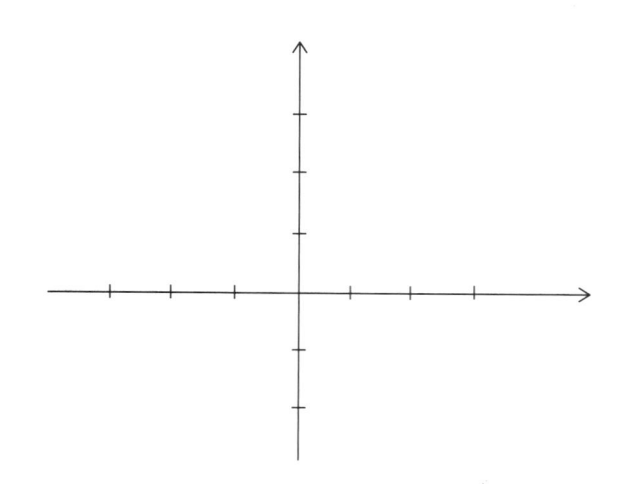

e) $f(x) = \begin{cases} -x, & x<0 \\ x, & x \geqslant 0 \end{cases}$

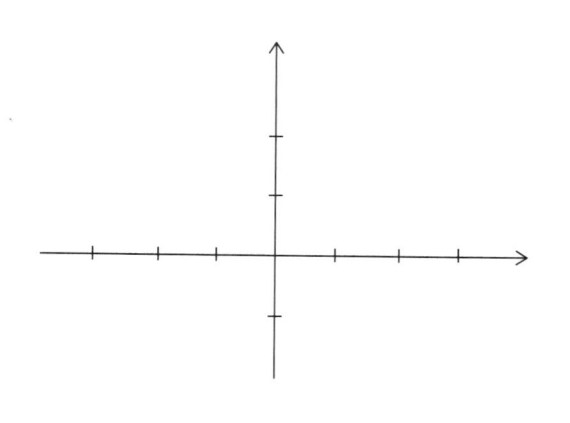

f) $f(x) = \begin{cases} -x+2, & x<2 \\ x-2, & x \geqslant 2 \end{cases}$

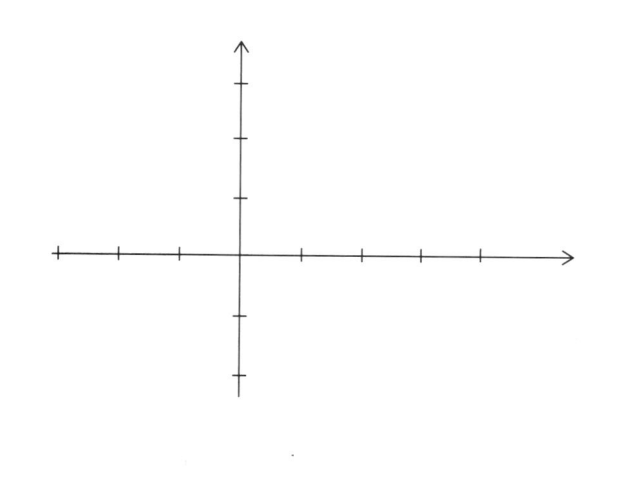

446 Esboçar o gráfico de f(x), nos casos:

a) $f(x) = \begin{cases} x^2 + 4x, & x < 0 \\ -x^2 + 4x, & x \geq 0 \end{cases}$

b) $f(x) = \begin{cases} -x^2 + 4, & -2 \leq x \leq 2 \\ x^2 - 4, & x < -2 \vee x > 2 \end{cases}$

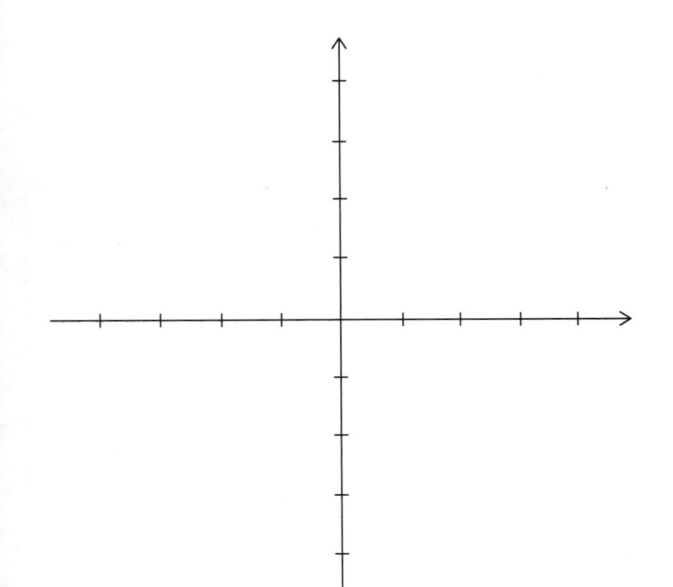

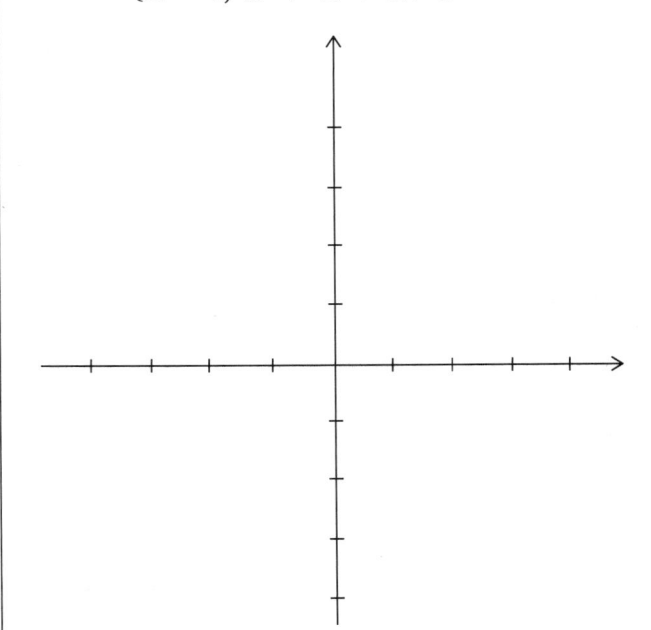

c) $f(x) = \begin{cases} -x - 1, & x < -1 \\ x^2 - 2x - 3, & -1 \leq x \leq 2 \\ -3, & x > 2 \end{cases}$

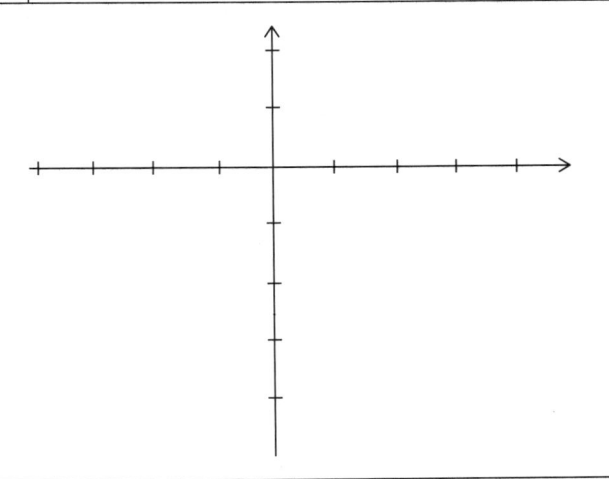

4 – Módulo de um número real

Se um número for positivo ou nulo (maior que zero ou igual a zero), o módulo dele será ele próprio, e se ele for negativo o módulo será o oposto (ou o simétrico) dele.

Notação: módulo de $x = |x|$

1) **Definição:** $\begin{cases} |x| = x \text{ para } x \geq 0 \\ |x| = -x \text{ para } x < 0 \end{cases}$ ou $|x| = \begin{cases} x, & x \geq 0 \\ -x, & x < 0 \end{cases}$

Exemplos: $|3| = 3$, $|5| = 5$, $|0| = 0$, $|-2| = -(-2) = 2$, $|-1| = -(-1) = 1$

$\left|-\frac{2}{3}\right| = -\left(-\frac{2}{3}\right) = \frac{2}{3}$, $|\sqrt{5} - \sqrt{3}| = \sqrt{5} - \sqrt{3}$, $|\sqrt{3} - \sqrt{5}| = -(\sqrt{3} - \sqrt{5}) = \sqrt{5} - \sqrt{3}$

Obs.: Como $-0 = 0$, podemos definir $|x| = \begin{cases} x, & x > 0 \\ -x, & x \leq 0 \end{cases}$

Resp: **443** a) −15, −11, 0, −1, −8   b) 3, −1, −1, 3, −15   **444** a) $x = -1$ ou $x = 5$ ou $x = 10$ b) $x = 1 \vee x = 3$

2) Interpretação geométrica

No eixo dos números reais, $|x|$ representa a distância entre x e 0.

Quando falarmos em distância entre dois números reais, estamos nos referindo à distância entre os pontos que os representa sobre o eixo dos reais.

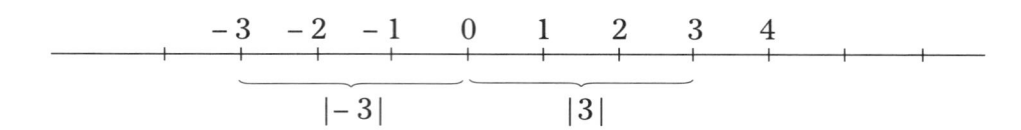

$$\underbrace{-3 \quad -2 \quad -1}_{|-3|} \quad \underbrace{0 \quad 1 \quad 2 \quad 3}_{|3|} \quad 4$$

Da mesma forma, $|x-5|$ representa a distância entre x e 5 e $|x+8| = |x-(-8)|$ representa a distância entre x e (-8).

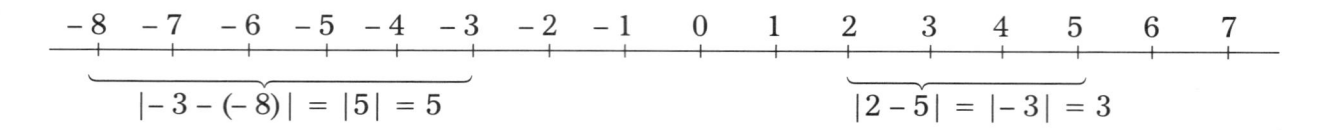

$$\underbrace{-8 \; -7 \; -6 \; -5 \; -4 \; -3}_{|-3-(-8)| \;=\; |5| \;=\; 5} \quad -2 \; -1 \; 0 \; 1 \; \underbrace{2 \; 3 \; 4 \; 5}_{|2-5| \;=\; |-3| \;=\; 3} \; 6 \; 7$$

3) Propriedades dos módulos de um número real

Estas propriedades serão provadas posteriormente, mas para o seu entendimento podemos verificar que são válidas para valores particulares dos números reais em questão

P1	$|x|=0 \Leftrightarrow x=0$	P2	$|x| \geq 0, \ \forall x \in \mathbb{R}$
P3	$|-x|=|x|$	P4	$|x-y|=|y-x|$
P5	$-|x| \leq x \leq |x|$	P6	$x \leq |x|$
P7	$|x|^2 = x^2$	P8	$\sqrt{x^2} = |x|$
P9	$|x \cdot y| = |x| \cdot |y|$	P10	$\left|\dfrac{1}{x}\right| = \dfrac{1}{|x|}, \ x \neq 0$
P11	$\left|\dfrac{x}{y}\right| = \dfrac{|x|}{|y|}$	P12	$a>0, (|x|=a \Leftrightarrow x=-a \lor x=a)$
P13	$|x|=|y| \Leftrightarrow x=-y \lor x=y$	P14	$a>0, (|x|<a \Leftrightarrow -a<x<a)$
P15	$a>0, (|x|>a \Leftrightarrow x<-a \lor x>a)$		
P16	Desigualdade triangular: $|x+y| \leq |x|+|y|$		
P17	$|x-y| \leq |x|+|y|$	P18	$|x-y| \geq |x|-|y|$
P19	$|x-y| \geq ||x|-|y||$	P20	$|x+y+z| \leq |x|+|y|+|z|$

5 – Função modular

1) **Definição:** Chamamos de função modular a função f definida em R e com imagens em $\mathbb{R}$ que associa a cada x de $\mathbb{R}$, o seu módulo

$$f: \mathbb{R} \to \mathbb{R}, \ f(x) = |x|$$

Note que $f(x) = |x| \Rightarrow f(x) = \begin{cases} x, & x \geq 0 \\ -x, & x < 0 \end{cases}$

2) **Gráfico:** A partir dos gráficos de $y = x$ e $y = -x$ obtemos o de $y = |x|$.
   Para $x \geq 0$, $|x| = x$, o gráfico de $y = |x|$ é igual ao de $y = x$.
   Para $x < 0$, $|x| = -x$, o gráfico de $y = |x|$ é igual ao de $y = -x$.
   É a união das bissetrizes dos 1º e 2º quadrantes. Observe:

$y = x$ \qquad\qquad $y = -x$ 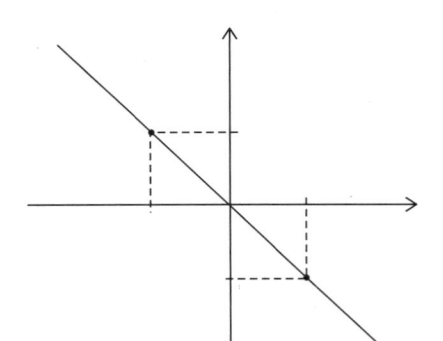 \qquad\qquad $y = |x|$

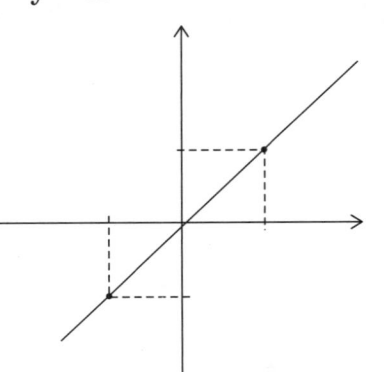

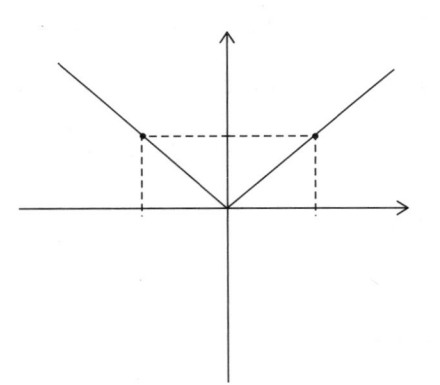

Resp: **445** a) 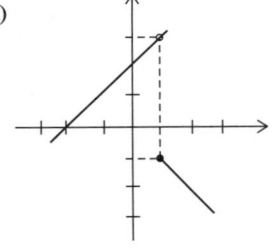 b) 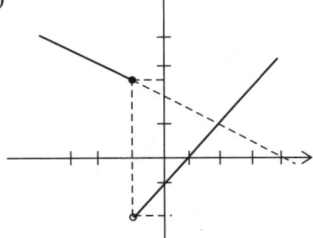 c) 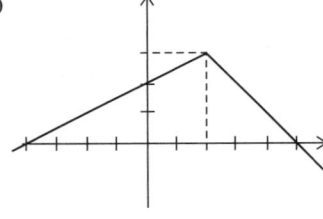 d) 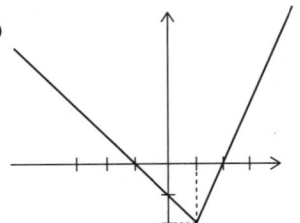 e) 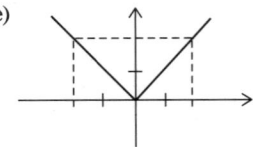 f)

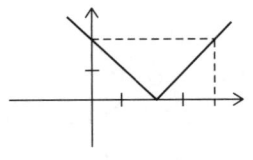

446 a) 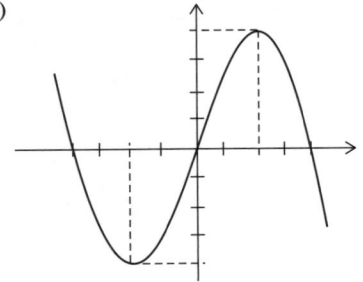 b) 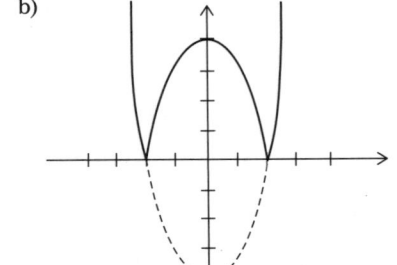 c)

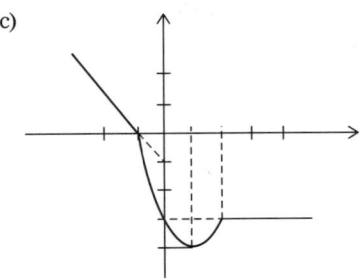

235

3) $f(x) = |g(x)|$

Vamos ver como expressar $f(x) = |g(x)|$ sem o símbolo de módulo.

Exemplo: $|\alpha| = \begin{cases} \alpha, \alpha \geq 0 \\ -\alpha, \alpha < 0 \end{cases}$ se $\alpha = 2x - 6$, observe:

$|\alpha| = |2x - 6| = \begin{cases} 2x - 6, \text{ se } 2x - 6 \geq 0 \\ -(2x - 6), \text{ se } 2x - 6 < 0 \end{cases} \Rightarrow |2x - 6| = \begin{cases} 2x - 6, x \geq 3 \\ -2x + 6, x < 3 \end{cases}$

Então, se $f(x) = |g(x)|$, podemos escrever

$f(x) = \begin{cases} g(x), & g(x) \geq 0 \\ -g(x), & g(x) < 0 \end{cases}$

Note então que o gráfico de $f(x) = |g(x)|$ é igual a união do $f(x) = g(x)$ para $g(x) \geq 0$ com o de $f(x) = -g(x)$ para $g(x) < 0$.

Observe o de $f(x) = |x - 2|$ ou $y = |x - 2|$

$x - 2 \geq 0 \Rightarrow \boxed{x \geq 2}$ e $x - 2 < 0 \Rightarrow \boxed{x < 2}$. Então:

$f(x) = |x - 2| = \begin{cases} x - 2, x \geq 2 \\ -(x - 2) = -x + 2, x < 2 \end{cases}$

$y = x - 2$

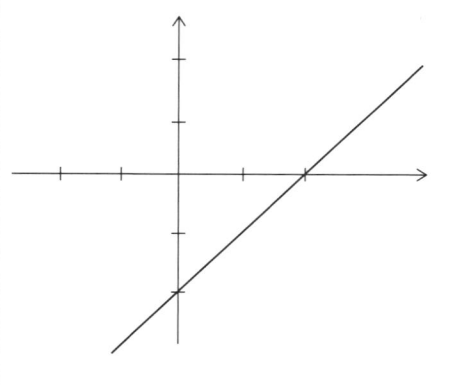

$y = -x + 2$

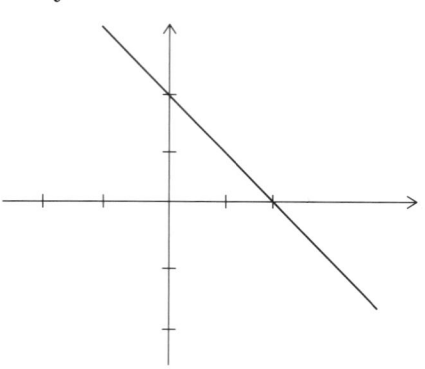

$y = |x - 2|$

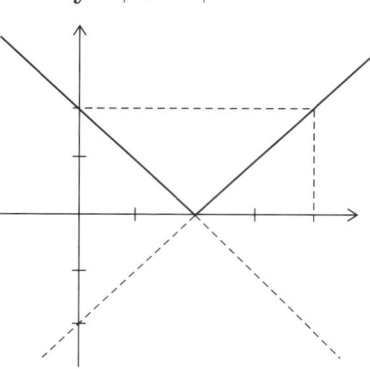

Um outro modo e fazer este gráfico, é fazer o de $y = x - 2$ ou $y = -x + 2$ e rebater a parte que está abaixo do eixo das abscissas, para cima. É pegar o simétrico desta parte em relação ao eixo das abscissas.
Observe:

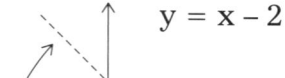

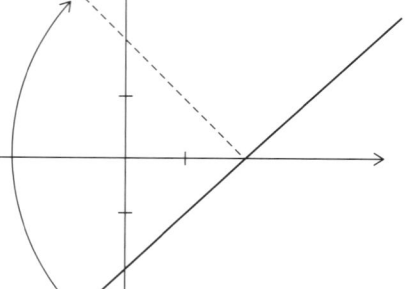

$y = x - 2$

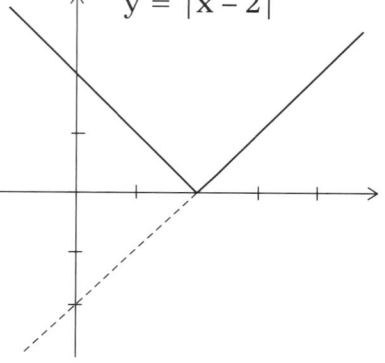

$y = |x - 2|$

Exemplo 1: Expressar a função f de $\mathbb{R}$ em $\mathbb{R}$ sem usar símbolo de módulo, nos casos:

a) $f(x) = |3x - 15|$

Resolução: $3x - 15 \geq 0 \Rightarrow \boxed{x \geq 5}$ e $3x - 15 < 0 \Rightarrow \boxed{x < 5}$. Então

$$f(x) = |3x-15| = \begin{cases} 3x-15, & 3x-15 \geq 0 \\ -(3x-15), & 3x-15 < 0 \end{cases} \Rightarrow \boxed{f(x) = \begin{cases} 3x-15, & x \geq 5 \\ -3x+15, & x > 5 \end{cases}}$$

b) $f(x) = |-2x + 7|$

Resolução: Como $|\alpha| = |-\alpha|$, podemos escrever $f(x) = |-2x + 7|$ ou $f(x) = |2x - 7|$

$2x - 7 \geq 0 \Rightarrow \boxed{x \geq \dfrac{7}{2}}$ e $2x - 7 < 0 \Rightarrow \boxed{x < \dfrac{7}{2}}$. Então:

$$f(x) = |-2x+7| = |2x-7| = \begin{cases} 2x-7, & 2x-7 \geq 0 \\ -(2x-7), & 2x-7 < 0 \end{cases} \Rightarrow \boxed{f(x) = \begin{cases} 2x-7, & x \geq \dfrac{7}{2} \\ -2x+7, & x < \dfrac{7}{2} \end{cases}}$$

Olhe como seria se não tivéssemos trocado o sinal:

$-2x + 7 \geq 0 \Rightarrow -2x \geq -7 \Rightarrow \boxed{x \leq \dfrac{7}{2}}$ e $-2x + 7 < 0 \Rightarrow -2x < -7 \Rightarrow \boxed{x > \dfrac{7}{2}}$

$$f(x) = |-2x+7| = \begin{cases} -2x+7, & -2x+7 \geq 0 \\ -(-2x+7), & -2x+7 < 0 \end{cases} \Rightarrow \boxed{f(x) = \begin{cases} -2x+7, & x \leq \dfrac{7}{2} \\ 2x-7, & x > \dfrac{7}{2} \end{cases}}$$

Note que deu na mesma pois também podemos escrever:

$|\alpha| = \begin{cases} \alpha, & \alpha \geq 0 \\ -\alpha, & \alpha < 0 \end{cases}$ ou $|\alpha| = \begin{cases} \alpha, & \alpha > 0 \\ -\alpha, & \alpha \leq 0 \end{cases}$

c) $f(x) = |2x^2 - 7x - 9|$

Resolução: Estudemos a variação de $g(x) = 2x^2 - 7x - 9$

1) $2x^2 - 7x - 9 = 0$

$\Delta = 49 + 72 = 121 \Rightarrow x = \dfrac{7 \pm 11}{4} \Rightarrow x = \dfrac{9}{2} \vee x = -1 \Rightarrow$

$g(x) \geq 0 \Leftrightarrow \boxed{x \leq -1 \vee x \geq \dfrac{9}{2}}$ e $g(x) < 0 \Leftrightarrow \boxed{-1 < x < \dfrac{9}{2}}$. Então:

$$f(x) = |2x^2-7x-9| = \begin{cases} 2x^2-7x-9, & 2x^2-7x-9 \geq 0 \\ -2x^2+7x+9, & 2x^2-7x-9 < 0 \end{cases} \Rightarrow \boxed{f(x) = \begin{cases} 2x^2-7x-9, & x \leq -1 \vee x \geq \dfrac{9}{2} \\ -2x^2+7x+9, & -1 \leq x \leq \dfrac{9}{2} \end{cases}}$$

Note que a resposta também pode ser: $f(x) = \begin{cases} 2x^2-7x-9, & x < -1 \vee x > \dfrac{9}{2} \\ -2x^2+7x+9, & -1 \leq x \leq \dfrac{9}{2} \end{cases}$

Há outros modos equivalentes.

Exemplo 2: Expressar a função f(x) sem usar módulo, nos casos:

a) $f(x) = |5x - 20| + 2x - 7$

Resolução:

$5x - 20 \geq 0 \Rightarrow \boxed{x \geq 4}$ e $5x - 20 < 0 \Rightarrow \boxed{x < 4}$. Então:

$f(x) = |5x - 20| = \begin{cases} 5x - 20 + 2x - 7, & x \geq 4 \\ -5x + 20 + 2x - 7, & x < 4 \end{cases} \Rightarrow \boxed{f(x) = \begin{cases} 7x - 27, & x \geq 4 \\ -3x + 13, & x < 4 \end{cases}}$

Esta resposta acima é equivalente a: $f(x) = \begin{cases} 7x - 27, & x > 4 \\ -3x + 13, & x \leq 4 \end{cases}$

Note que $7(4) - 27 = 1$ e que $-3(4) + 13 = 1$

---

b) $f(x) = |2x - 8| + |-x + 1| + 8x - 5$

Resolução: Esta função é a mesma que $f(x) = |2x - 8| + |x - 1| + 8x - 5$, uma vez que $|-x + 1| = |x - 1|$.

Neste caso fazemos a variação de sinal de $(2x - 8)$ e $(x - 1)$ e usamos o dispositivo prático apresentado abaixo.

$2x - 8 = 0$ $\underset{-\quad 4}{\xrightarrow{\quad\quad +\quad\quad}}$ $x - 1 = 0$ $\underset{-\quad 1}{\xrightarrow{\quad\quad +\quad\quad}}$
$x = 4$ $x = 1$

		1		4	
$|2x - 8|$	$-2x - 8$		$-2x + 8$	⓪	$2x - 8$
$|x - 1|$	$-x + 1$	⓪	$x - 1$		$x - 1$
$8x - 5$	$8x - 5$		$8x - 5$		$8x - 5$
Soma	$5x + 4$		$7x + 2$		$11x - 14$

$f(x) = \begin{cases} 5x + 4, & x < 1 \\ 7x + 2, & 1 \leq x < 4 \\ 11x - 14, & x \geq 4 \end{cases}$ O sinal de igualdade pode aparecer em qualquer extremo de intervalo $x \leq 1, 1 < x \leq 4, x > 4$, etc...

Exemplo 3: Expressar sem utilizar módulo a função

$f(x) = 2x^2 + 3x - 1 + 3x^2 - 2|x| - 4$

Resolução: Como $|x| = x$ para $x \geq 0$ e $|x| = -x$ para $x < 0$, temos:

Para $x \geq 0$, $f(x) = 2x^2 + 3x - 1 + 3x^2 - 2x - 4 \Rightarrow f(x) = 5x^2 + x - 5$

Para $x < 0$, $f(x) = 2x^2 + 3x - 1 + 3x^2 - 2(-x) - 4 \Rightarrow f(x) = 5x^2 + 5x - 5$

Então: $f(x) = \begin{cases} 5x^2 + x - 5, & x \geq 0 \\ 5x^2 + 5x - 5, & x < 0 \end{cases}$

Exemplo 4: Esboçar o gráfico da função $f(x) = |-x^2 + 2x + 3|$

Resolução: Note que $f(x) = |-x^2 + 2x + 3| = |x^2 - 2x - 3|$

Podemos fazer o gráfico de $g(x) = -x^2 + 2x + 3$ ou o de $h(x) = x^2 - 2x - 3$ e rebater para cima a parte abaixo do eixo das abscissas, em qualquer um dos casos para obter o gráfico pedido. Observe:

1) raízes: $x^2 - 2x - 3 = 0 \Rightarrow (x-3)(x+1) = 0 \Rightarrow x = -1 \lor x = 3$

2) $x_V = -\dfrac{b}{2a} = \dfrac{2}{2a} = 1$ (nos dois casos)

3) $g(x) = -x^2 + 2x + 3 \Rightarrow y_V = -1^2 + 2 \cdot 1 + 3 \Rightarrow y_V = 4 \Rightarrow V = (1, 4)$

4) $h(x) = x^2 - 2x - 3 \Rightarrow y_V = 1^2 - 2 \cdot 1 - 3 \Rightarrow y_V = -4 \Rightarrow V = (1, -4)$

5) Gráficos

$g(x) = -x^2 + 2x + 3$	$f(x) = |-x^2 + 2x + 3|$	$h(x) = x^2 - 2x - 3$	$f(x) = |x^2 - 2x - 3|$

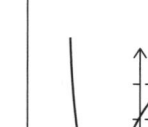

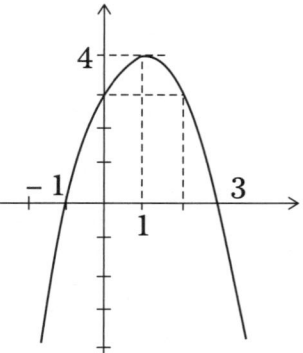

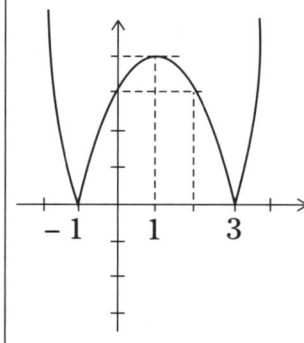

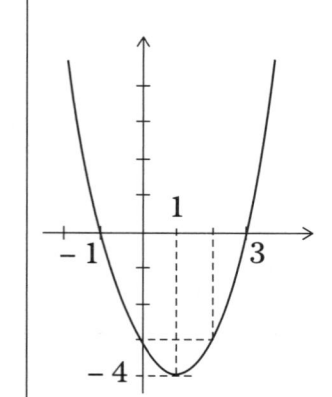

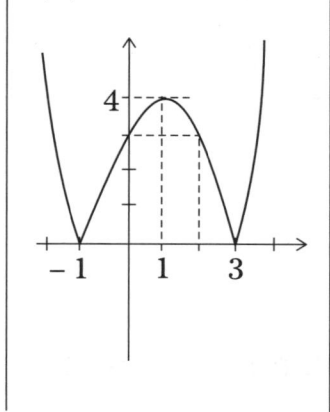

---

447 Determinar os seguintes módulos

a) $|-9| =$	b) $|15| =$	c) $|\sqrt{2} - 1| =$
d) $|1 - \sqrt{2}| =$	e) $|\sqrt{3} - \sqrt{2}| =$	f) $|-(\sqrt{5} - \sqrt{3})| =$
g) $|-(\sqrt{3} - \sqrt{5})| =$	h) $|\pi - 3| =$	i) $|\pi - 4| =$
j) $|-(\pi - 2)| =$	k) $|-(\pi - 5)| =$	l) $|-(1 - \sqrt{2})| =$

448 Escrever a função f(x) sem o auxílio de módulo, nos casos:

a) $f(x) = |2x - 10|$

b) $f(x) = |-7x + 21|$

449 Escrever sem usar módulo, f(x), nos casos:

a) $f(x) = |2x - 1|$

b) $f(x) = |-3x + 7|$

c) $f(x) = |-3x + 12| + 2x - 3$

d) $f(x) = |x^2 - 2x - 15|$

e) $f(x) = |-3x^2 - 13x + 10|$

450 Escrever sem usar módulo, a função f, nos casos:

a) $f(x) = |4x^2 - 20x + 25|$

Como $4x^2 - 20x + 25 = (2x-5)^2 \geq 0$ para todo $x \in \mathbb{R}$, temos:

$$f(x) = 4x^2 - 20x + 25$$

b) $f(x) = |-x^2 + 3x|$

1º modo: Estudando o sinal de $-x^2 + 3x$

As raízes de $-x^2+3x$ são $x=0$ e $x=3$. Como o coeficiente de x^2 é negativo:
- $-x^2+3x \geq 0$ para $0 \leq x \leq 3$
- $-x^2+3x < 0$ para $x<0$ ou $x>3$

$$f(x) = \begin{cases} -x^2+3x, & 0 \leq x \leq 3 \\ x^2-3x, & x<0 \text{ ou } x>3 \end{cases}$$

2º modo: Fazendo $f(x) = |x^2 - 3x|$ e estudando o sinal de $x^2 - 3x$

As raízes de x^2-3x são $x=0$ e $x=3$. Como o coeficiente de x^2 é positivo:
- $x^2-3x \geq 0$ para $x \leq 0$ ou $x \geq 3$
- $x^2-3x < 0$ para $0 < x < 3$

$$f(x) = \begin{cases} x^2-3x, & x \leq 0 \text{ ou } x \geq 3 \\ -x^2+3x, & 0 < x < 3 \end{cases}$$

c) $f(x) = |3x^2 - 2x + 1|$

O discriminante é $\Delta = 4 - 12 = -8 < 0$ e o coeficiente de x^2 é positivo, então $3x^2 - 2x + 1 > 0$ para todo $x \in \mathbb{R}$. Logo:

$$f(x) = 3x^2 - 2x + 1$$

Resp: 447 a) 9 b) 15 c) $\sqrt{2}-1$ d) $\sqrt{2}-1$ e) $\sqrt{3}-\sqrt{2}$ f) $\sqrt{5}-\sqrt{3}$ g) $\sqrt{5}-\sqrt{3}$ h) $\pi-3$ i) $-\pi+4$ j) $\pi-2$ k) $-\pi+5$ l) $\sqrt{2}-1$

448 a) $f(x) = \begin{cases} 2x-10, & x \geq 5 \\ -2x+10, & x < 5 \end{cases}$ b) $f(x) = \begin{cases} 7x-21, & x \geq 3 \\ -7x+21, & x < 3 \end{cases}$

451 Expressar f(x) sem o auxílio de módulo, nos casos:

a) $f(x) = |-3x^2 + 2x - 1|$

b) $f(x) = |x^2 - 9| + |5x + 10| + 3 - x^2$

452 Esboçar o gráfico das seguintes funções

a) $f(x) = |x - 3|$

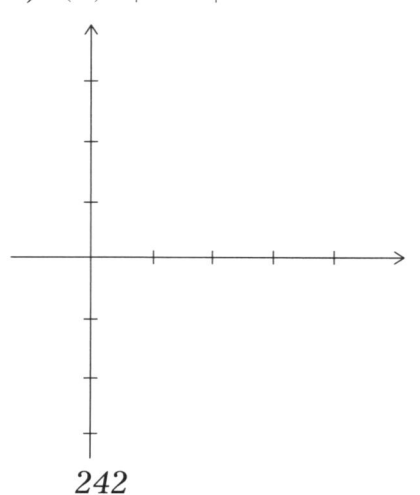

b) $f(x) = |x + 2|$

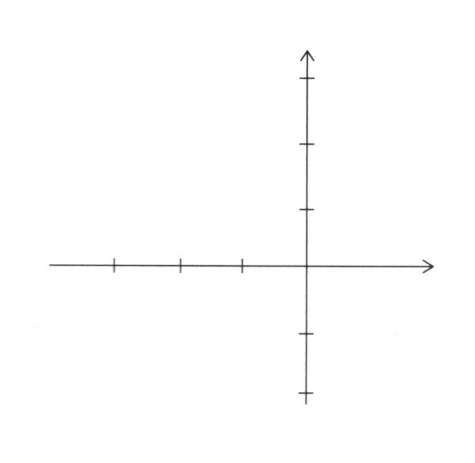

c) $f(x) = |2x - 1|$

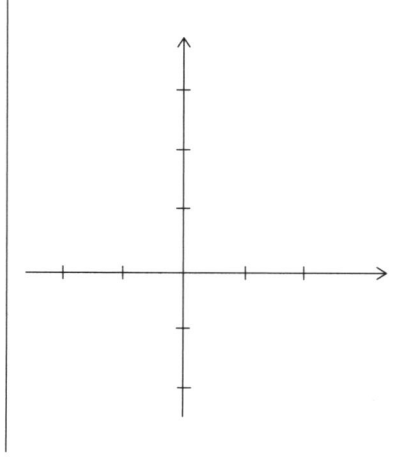

453 Esboçar o gráfico das seguintes funções

a) $f(x) = ||x-1|-2|$

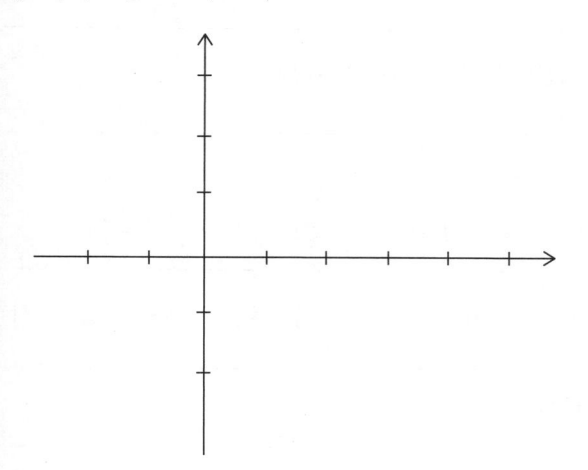

b) $f(x) = ||x+2|-1|$

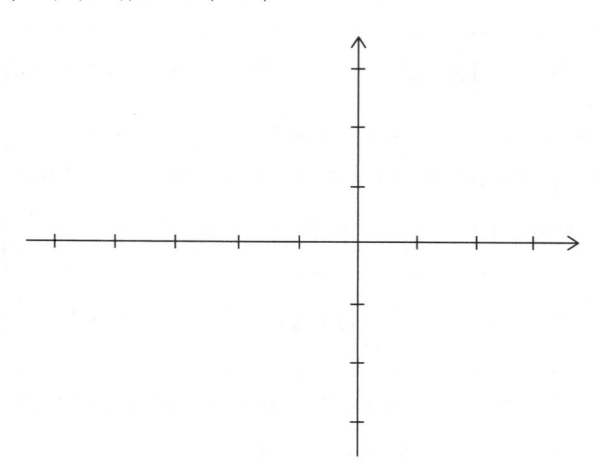

c) $f(x) = |-x^2 - 2x + 3|$

d) $f(x) = ||x^2 - 6x + 5| - 4|$

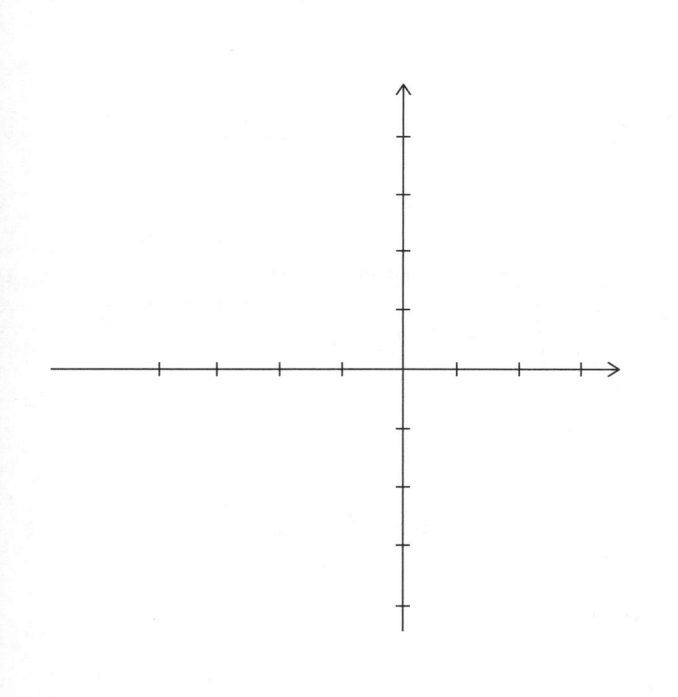

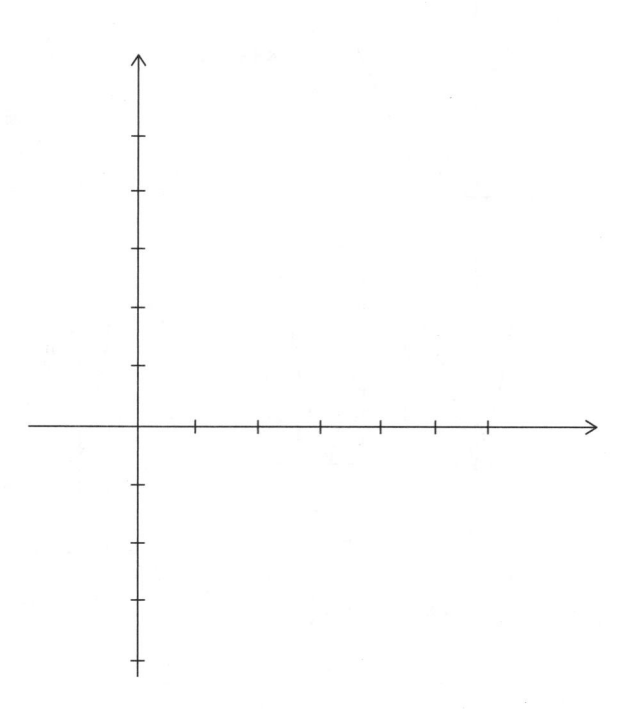

Resp: **449** a) $f(x) = \begin{cases} 2x-1, x \geq \frac{1}{2} \\ -2x+1, x < \frac{1}{2} \end{cases}$ b) $f(x) = \begin{cases} -3x+7, x \leq \frac{7}{3} \\ 3x-7, x > \frac{7}{3} \end{cases}$ c) $f(x) = \begin{cases} 5x-15, x \geq 4 \\ -x+9, x < 4 \end{cases}$ d) $f(x) = \begin{cases} x^2 - 2x - 15, x \leq -3 \vee x \geq 5 \\ -x^2 + 2x + 15, -3 < x < 5 \end{cases}$

e) $f(x) = \begin{cases} 3x^2 + 13x - 10, x \leq -5 \vee x \geq \frac{2}{3} \\ -3x^2 - 13x + 10, -5 < x < \frac{2}{3} \end{cases}$

2º modo $f(x) = \begin{cases} x^2 - 3x, x \leq 0 \vee x \geq 3 \\ -x^2 + 3x, 0 < x < 3 \end{cases}$

450 a) $f(x) = 4x^2 - 20x + 25$ b) 1º modo $f(x) = \begin{cases} -x^2 + 3x, 0 \leq x \leq 3 \\ x^2 - 3x, x < 0 \vee x > 3 \end{cases}$

Estas respostas são equivalentes pois a igualdade pode ser colocada em qualquer extremidade de intervalo

c) $f(x) = 3x^2 - 2x + 1, \forall x \in \mathbb{R}$

243

454 Definir sem o auxílio de módulo a função f(x), nos casos:

a) $f(x) = |2x - 5|$
b) $f(x) = |-3x - 1|$
c) $f(x) = |x^2 - 25|$
d) $f(x) = |x^2 + 25|$

e) $f(x) = |2x^2 + 11x - 21|$
f) $f(x) = |-3x^2 + 13x + 10|$
g) $f(x) = |-x^2 + x - 1|$

455 Expressar sem módulo a função real f nos casos:

a) $f(x) = |2x - 6|$
b) $f(x) = |8 - 2x|$
c) $f(x) = |-3x - 15|$
d) $f(x) = |x^2 - 1|$

e) $f(x) = |x^2 + 5x|$
f) $f(x) = |x^2 + 3x - 18|$
g) $f(x) = |x^2 - 6x + 9|$
h) $f(x) = |x^2 - 5x + 7|$

456 Definir sem o auxílio de módulo a função f nos casos:

a) $f(x) = |x + 4| + |x - 1| + 3x - 5$

b) $f(x) = |x^2 - 25| + |x^2 - x - 6| - x^2 + x - 2$

Resp: **451** a) $f(x) = 3x^2 - 2x + 1$ b) $\begin{cases} -5x - 16, & x \leq -3 \\ -2x^2 - 5x + 2, & -3 < x < -2 \\ -2x^2 + 5x + 22, & -2 \leq x < 3 \\ 5x + 4, & x \geq 3 \end{cases}$

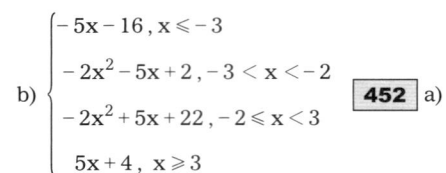

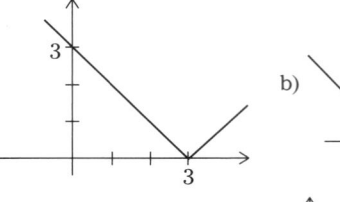

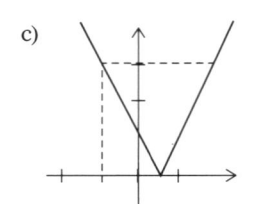

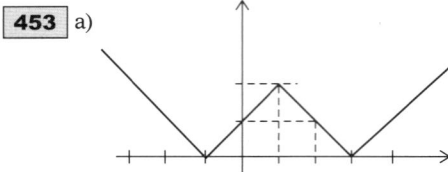

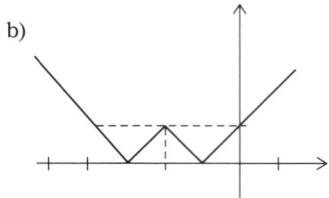

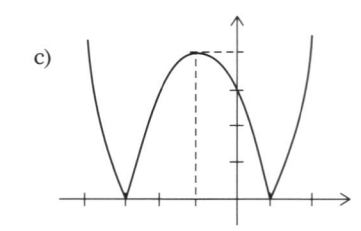

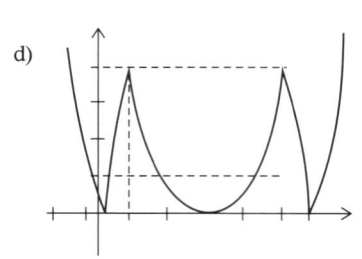

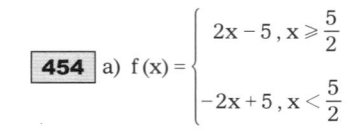

452 a) [gráfico] b) [gráfico]

c) [gráfico] **453** a) [gráfico] b) [gráfico]

c) [gráfico] d) [gráfico] **454** a) $f(x) = \begin{cases} 2x - 5, & x \geq \frac{5}{2} \\ -2x + 5, & x < \frac{5}{2} \end{cases}$

b) $f(x) = \begin{cases} 3x + 1, & x \geq -\frac{1}{3} \\ -3x - 1, & x < -\frac{1}{3} \end{cases}$

c) $f(x) = \begin{cases} x^2 - 25, & x \leq -5 \vee x \geq 5 \\ -x^2 + 25, & -5 < x < 5 \end{cases}$

d) $f(x) = x^2 + 25$

e) $f(x) = \begin{cases} 2x^2 + 11x - 21, & x \leq -7 \vee x \geq \frac{3}{2} \\ -2x^2 - 11x + 21, & -7 < x < \frac{3}{2} \end{cases}$

f) $f(x) = \begin{cases} 3x^2 - 13x - 10, & x \leq -\frac{2}{3} \vee x \geq 5 \\ -3x^2 + 13x + 10, & -\frac{2}{3} < x < 5 \end{cases}$

455 a) $f(x) = \begin{cases} 2x - 6, & x \geq 3 \\ -2x + 6, & x < 3 \end{cases}$

b) $f(x) = \begin{cases} 8 - 2x, & x \leq 4 \\ 2x - 8, & x > 4 \end{cases}$

c) $f(x) = \begin{cases} -3x - 15, & x \geq -5 \\ 3x + 15, & x < -5 \end{cases}$

d) $f(x) = \begin{cases} x^2 - 1, & x \leq -1 \vee x \geq 1 \\ -x^2 + 1, & -1 < x < 1 \end{cases}$

e) $f(x) = \begin{cases} x^2 + 5x, & x \geq -5 \\ -x^2 - 5x, & x < -5 \end{cases}$

f) $f(x) = \begin{cases} x^2 + 3x - 18, & x \leq -6 \vee x \geq 3 \\ -x^2 - 3x + 18, & -6 < x < 3 \end{cases}$

g) $f(x) = x^2 - 6x + 9, \forall x \in \mathbb{R}$

h) $f(x) = x^2 - 5x + 7, \forall x \in \mathbb{R}$

456 a) $f(x) = \begin{cases} x - 8, & x < -4 \\ 3x, & -4 \leq x < 1 \\ 5x - 2, & x \geq 1 \end{cases}$

b) $f(x) = \begin{cases} x^2 - 33, & x < -5 \vee x \geq 5 \\ -x^2 + 17, & -5 \leq x < -2 \vee 3 \leq x < 5 \\ -3x^2 + 2x + 29, & -2 \leq x < 3 \end{cases}$